NOVELAS BREVES DE
ESCRITORAS ESPAÑOLAS
1900-1936

BIBLIOTECA DE ESCRITORAS

NOVELAS BREVES DE ESCRITORAS ESPAÑOLAS (1900-1936)

Edición, introducción y notas
de
ANGELA ENA BORDONADA

EDITORIAL CASTALIA

INSTITUTO DE LA MUJER

Copyright © Editorial Castalia, S.A., 1989

Zurbano, 39 - 28010 Madrid - Tels. 419 89 40 - 419 58 57

Cubierta de Víctor Sanz

Impreso en España. Printed in Spain

por Unigraf, S.A. (Móstoles) Madrid

I.S.B.N. 84-7039-570-X

Depósito Legal: M. 20.555 - 1990

SUMARIO

INTRODUCCIÓN
    I. Una edición de escritoras 7
    II. Luces y sombras de una generación de escritoras profesionales 11
    III. La mujer en la literatura de la mujer 19
    IV. Las colecciones de novela breve 27
    V. Las narraciones ofrecidas 29
    Criterio de la selección 51

BIBLIOGRAFÍA SELECTA SOBRE LOS AUTORES 53

Blanca de los Ríos
Las hijas de don Juan 61

Caterina Albert (*Víctor Catalá*)
Idilio trágico 127

Sofía Casanova
Princesa del Amor Hermoso 151

Carmen de Burgos (*Colombine*)
Los negociantes de la Puerta del Sol 195

Margarita Nelken
La aventura de Roma 261

Eva Carmen Nelken (*Magda Donato*)
La carabina 311

Pilar Millán Astray
Las dos estrellas 349

María Teresa León
El tizón en los trigos 389

Federica Montseny
Heroínas 419

ÍNDICE DE LÁMINAS 499

Introducción

A mi hija Laura, pequeña gran lectora ya.

I. Una edición de escritoras

El primer tercio del siglo XX se caracteriza por desarrollar una rica, intensa e innovadora actividad literaria, que permite calificar este período como uno de los más fructíferos de la Historia de la Literatura Española. Las condiciones socio-culturales son propicias para ello. Hay una serie de factores que contribuyen a este enriquecimiento. El progresivo aumento del nivel de instrucción del público repercute en la ampliación del número potencial de lectores. Por otra parte, la creación de nuevas editoriales (con planteamientos mercantiles modernos) y la abundancia de revistas literarias y colecciones de novela breve facilitan al escritor la posibilidad de publicar sus obras y —lo que es más importante— que el escritor pueda vivir de su literatura. En este ambiente ocupa un lugar importante la labor de la mujer escritora.

Ya no es extraño encontrar la firma de una mujer en la portada de un libro o al pie de un artículo periodístico. Sería largo hacer una relación de nombres de escritoras, que en un momento determinado gozaron de fama y prestigio, social y literario, pero hoy han caído en el más absoluto de los olvidos. ¿Quién recuerda a Carmen Abad, Angelina Alcaide de Zafra, Inés Alfaro, Mercedes Alonso, Rosa Arciniega, Rafaela Aroca, Ángela Barco, Adela Carbone, Teresa Claramunt, M.ª Pilar Contreras, María Doménech, María de Echarri, Magdalena de Santiago Fuentes, Concepción Gimeno de Flaquer, Ángela Graupera, Soledad Gustavo, Sara Insúa, Gloria Laguna, María Lejárraga, Eva León, Sara Martí, M.ª Luz Morales, Matilde Muñoz, Angélica Palma, Teresa Partagás, Pilar Pascual San Juan, Gloria de la Prada, Matilde Ras, Sofía Romero, Carmen Velacoracho, Ángeles Vicente, Pepita Vidal, etc.?

Sin embargo, sus nombres pueden resultar familiares al habituado a consultar las hemerotecas y los catálogos de las principales editoriales de esa época.

Las escritoras aquí seleccionadas, Blanca de los Ríos, Caterina Albert (*Víctor Catalá*), Sofía Casanova, Carmen de Burgos (*Colombine*), Margarita Nelken, Eva Carmen Nelken (*Magda Donato*), Pilar Millán Astray, María Teresa León y Federica Montseny, participan —en mayor o menor grado— de este olvido generalizado en lo que se refiere a su literatura. Pero, si bien sus nombres —cuando menos algunos— pueden ser desconocidos para un amplio sector del público de hoy, al ahondar ligeramente en la biografía y en las actividades culturales, literarias, sociales o políticas, que estas escritoras llevaron a cabo, se descubre la importante función que muchas de ellas desempeñaron en su momento histórico, cuyas consecuencias nos conducen al terreno de lo próximo y lo conocido. Y esto lo consiguen desde posiciones sociales e ideológicas muy diversas: desde el conservadurismo aristocrático de Sofía Casanova —y aun de Blanca de los Ríos— o el integrismo político de Pilar Millán Astray; desde la posición de mujer culta, autodidacta de Caterina Albert (*Víctor Catalá*), que gusta de leer y escribir en el ambiente conservador —cerrado y, en algunos aspectos, oprimido— de un pequeño pueblo de provincias; la profesional, con ideas y actividades avanzadas, siempre en defensa de la mujer, del progreso y de las libertades, Carmen de Burgos (*Colombine*) y Carmen Nelken (*Magda Donato*); hasta la posición de mujeres, para quienes la política forma parte sustancial de sus trayectorias personales y profesionales con una militancia activa en las filas del socialismo, Margarita Nelken, del comunismo, María Teresa León, del anarquismo, Federica Montseny.

Representantes de distintas posturas ideológicas van a coincidir en su profesionalidad con respecto a la literatura. No escriben por un afán de protagonismo, ni como "un acto de rebeldía contra aquella sociedad que asignaba a las mujeres un espacio delimitado"[1] y preestablecido dentro del hogar y la familia. Escriben guiadas por unas razones en las que no cabe hacer distingos de un sexo u otro. Manifiestan unas motivaciones de vocación cultural y literaria. Sienten una necesidad de comunicar, a través de la literatura, su pensamiento, inquietudes e ideología, o —simplemente— convierten en profesión lo que, en un principio, fue sólo una marcada afición a escribir. Desarrollan, además, un trabajo o disfrutan de una situación económica, que les permite disponer de una autonomía imprescindible para el libre ejercicio de su vo-

---

1. Traduzco del catalán esta frase de Isabel Segura, "Unes experiéncies a recuperar", en Isabel Segura y otros, *Literatura de dones: una visió del mon*, Barcelona, La Sal, Clàssiques catalanes, 1988, p. 17. Isabel Segura refiere este texto a algunas escritoras de la segunda mitad del siglo XIX y primeros años del XX.

cación[2]. Son, pues, escritoras con méritos propios para ocupar un lugar en el panorama literario de su época.

Las escritoras de esta época —presentes o no en esta edición— contribuyen con su obra y con su actitud ante la vida y ante la sociedad a romper el esquema preestablecido de la literata tradicional y marcan un camino, salvando innumerables escollos, a la escritora del futuro.

No obstante, pese a la función que desempeñan, las escritoras del primer tercio del siglo XX —con las debidas y honrosas excepciones— sufren las consecuencias del olvido por parte del lector y por parte de la crítica, en mayor grado que las escritoras del siglo XIX y que las de la posguerra y de la segunda mitad del siglo XX. Sus obras difícilmente se encuentran en ediciones actuales, si no es por motivos inicialmente extraliterarios, que pueden ser políticos, es el caso de María Teresa León y de Federica Montseny; o de exaltación de la lengua de un nacionalismo concreto, es el caso de *Víctor Catalá* (Caterina Albert). Resulta, igualmente, complejo y dificultoso obtener —en algunos casos— datos biográficos actualizados, así como estudios críticos sobre sus obras y los repertorios biobibliográficos que existen sobre escritoras españolas, si recogen algunos nombres, les dedican una atención escasa e incompleta[3].

2. Quiero recordar el famoso texto de Virginia Woolf, cuando, comentando los obstáculos encontrados por la mujer para desarrollar una actividad literaria o cultural en plenitud de su capacidad, dice: "estamos mirando a lo lejos, a esa dorada y quizá fabulosa época en que las mujeres tendrán lo que durante tanto tiempo les ha sido denegado: tiempo libre, dinero y un cuarto [habitación] para ellas", en "Las mujeres y la narrativa", *The Forum* (mayo, 1929); reproducido, en castellano, en *La Torre inclinada,* Barcelona, Lumen, 1977; y en "La mujer en la Literatura", *Camp de l'arpa,* núm. 47, Barcelona, febrero, 1978, pp. 9-16.

3. Los diccionarios bibliográficos que incluyen a las escritoras de esta época son generales y abarcan a las de otros períodos, por lo que el trata-

II. LUCES Y SOMBRAS EN UNA GENERACIÓN DE ESCRITORAS PROFESIONALES

La mujer culta, intelectual, y —sobre todo— escritora, hasta época bien reciente, ha despertado recelos en la sociedad, tanto por parte del hombre como por parte de la mujer. Ricos testimonios de ello nos ofrece la literatura de todos los tiempos[4], que vienen a ser un suave reflejo de lo que sucedía en la realidad.

La mujer —y en este caso la escritora— del primer tercio del siglo XX ha debido enfrentarse a una sociedad influída por un doble misoginismo. Por una parte, el heredado de la tradición, de profundas raíces populares, originado en tres culturas: la oriental, la romana y la judeo-cristiana. Por otra, el incubado en la filosofía de

---

miento que reciben es breve e incompleto: Carolyn L. Galerstein, *Women Writes of Spain. An Annotated Bio-Bibliographical Guide,* New York, Greemnood Press, 1986, no trata de Blanca de los Ríos, ni de Carmen Nelken (*Magda Donato*); Plutarco Marsá Vancells, *La mujer en la literatura,* Madrid, Ediciones Torremozas, 1987, no habla de Caterina Albert (*Víctor Catalá*), ni de *Magda Donato;* Federico Carlos Sáinz de Robles, *Diccionario de mujeres célebres,* Madrid, Aguilar, 1959, sólo incluye a Caterina Albert, Carmen de Burgos (*Colombine*) y Sofía Casanova.

4. Sobre el tratamiento de la mujer en la literatura hay una extensa bibliografía, sobre todo cuando se estudia como personaje literario en la obra de autores determinados. En cuanto a la interpretación de este tema, en estudios generales, es imprescindible recordar los ya clásicos de M.ª Pilar Oñate, *El feminismo en la Literatura Española,* Madrid, Espasa-Calpe, 1938; y de Jacob Ornstein, "La misoginia y el profeminismo en la literatura castellana", *Revista de Filología Hispánica,* III, 1942, pp. 219-232. Interesa también, por la bibliografía aportada, María Angeles Durán y M. D. Temprano, "Mujeres, misóginos y feministas en la literatura española" en *Literatura y vida cotidiana,* Actas de las IV Jornadas de Investigación Interdisciplinaria, Univ. Autónoma de Madrid, Univ. de Zaragoza. 1986, pp. 412-484. Resulta, igualmente, muy útil sobre diversos aspectos de la mujer los *Cuadernos bibliográficos del Instituto de la Mujer* (son anuales y han aparecido dos números hasta ahora).

ilustres figuras que ejercieron una influencia decisiva sobre los intelectuales españoles del primer tercio de nuestra centuria: Schopenhauer[5] (1788-1860), Kierkegaard (1813-1855) y Nietzsche (1844-1900). Particularmente, la influencia de este último es notable en los escritores de la llamada Generación del 98[6]. Dominado por una fuerte misoginia manifestada en toda su obra[7], Nietzsche es autor de textos como los siguientes, donde se refiere a la inteligencia femenina:

> Cuando una mujer tiene inclinaciones doctas, hay de ordinario en su sexualidad algo que no marcha bien.

o sobre la escritora:

> La mujer incurre en la literatura de la misma manera que incurre en un pecado pequeño, por probar, de pasada, mirando alrededor por si alguien lo nota y para que alguien lo note... Cuando la mujer tiene virtudes masculinas es para salir corriendo; y cuando no tiene virtudes masculinas, ella es la que sale corriendo[8].

5. La frase de este filósofo acerca de la mujer como "animal con ideas cortas y cabellos largos", ha conocido gran fortuna y aparece utilizada tanto en niveles coloquiales, como en los textos y conversaciones de nuestros más conocidos escritores. En una entrevista hecha a Valle-Inclán, a la pregunta: "¿Y qué porvenir les asigna a las mujeres en la nueva España?", responde el escritor: "¡Pero hombre! ¡Qué cosas! ¡Las mujeres! A las pobres se les puede hacer únicamente la justicia de la conocida frase de Schopenhauer. ¡Y ahora ya ni siquiera tienen los cabellos largos! En la presente civilización no tienen nada que hacer las mujeres", *El Sol* (20-XI-1931), entrevista recogida por Dru D'Ougherty en *Un Valle-Inclán olvidado: entrevistas y conferencias,* Madrid, Fundamentos, 1983, p. 223.

6. Véase Gonzalo Sobejano, *Nietzsche en España,* Madrid, Gredos, 1967.

7. Es de gran interés el artículo de Javier García Sánchez, "Nietzsche y las mujeres", *Tiempo de Historia,* núm. 44, 1978, pp. 78-89.

8. Los dos textos, el primero de *Más allá del Bien y del Mal* y el segundo de *El crepúsculo de los ídolos,* están tomados de J. García Sánchez, *Op. cit.*

Son numerosas las lamentaciones de escritoras de esta época ante la situación de incomprensión que en ocasiones sufren. Es significativo un texto de Margarita Nelken, donde se queja de que "aun en las esferas más cultas se considera novedad inaudita el que una española frecuente las aulas, o manifieste su personalidad por medio de la pluma"[9]. La misma Margarita Nelken, aludiendo a las discriminaciones que la mujer ha vivido con respecto al hombre en el mundo de la literatura, recuerda el hecho de que incluso la censura eclesiástica ha sido siempre más rígida con los escritos femeninos, impidiendo la publicación de no pocos de ellos[10]. No hay duda de que la mujer ha sufrido mayores problemas de conciencia y trabas morales que el hombre. Isabel Segura observa, en este sentido, el caso de Dolores Monserdá, primera novelista catalana moderna, que se sintió obligada a consultar a su confesor "si su ilusión por escribir y el deseo de darlo a conocer no eran pura perversidad"[11]. Las mayores quejas de las escritoras de esta época se centran en las dificultades que encuentran, para que sus valores literarios les sean reconocidos. Cuando Blanca de los Ríos recibe la Gran Cruz de Alfonso XII, el 12 de marzo de 1924, entre las cartas de adhesión al homenaje que le ofrecen, hay una de Caterina Albert (*Víctor Català*) de la que merece la pena destacar un texto que descubre un tono de denuncia ante la situación de la mujer escritora:

---

9. Margarita Nelken, *Las escritoras españolas,* Madrid, 1930, p. 9.
10. *Ibídem,* p. 24, comenta algún caso de escritoras censuradas.
11. Isabel Segura, "La literatura de mujeres como fuente de documentación para la recuperación de la experiencia histórica de las mujeres (La literatura femenina en catalán)", en *Literatura y vida cotidiana, Op. cit.,* pp. 251-260 (véase p. 254).

"Y en nuestro caso, al respeto y a la admiración profundas se aúna el orgullo, orgullo de sexo que, merced a usted, sube de nivel una vez más y se impone, por imposiciones de estricta justicia a la conciencia medrosa o fariseica del hombre vulgar, del hombre mediocre, que hasta hace poco, siempre retardatario en el comprender, siempre excesivamente parco en el acatar, representaba la dominante en el ambiente español... por no decir mundial"[12].

No son para menos estas lamentaciones de nuestras escritoras si recordamos algunas opiniones de críticos, escritores e intelectuales, en general, con los que, por otra parte, mantuvieron una perfecta convivencia al coincidir en tertulias, publicar en los mismos periódicos, revistas, colecciones y editoriales y participar en los mismos actos. Cuando Margarita Nelken, en 1931, obtuvo un escaño de diputada en las Cortes, declaró Manuel Azaña:

Esto de que la Nelken opine en cosas de política me saca de quicio. Es la indiscreción en persona. Se ha pasado la vida escribiendo sobre pintura y nunca me pude imaginar que tuviese ambiciones políticas. Mi sorpresa fue grande cuando la vi candidata por Badajoz (...) Se necesita vanidad y ambición para pasar por todo lo que ha pasado la Nelken hasta conseguir sentarse en el Congreso.[13]

Por su parte, el célebre novelista y crítico Rafael Cansinos-Assens dice:

[...] de toda esta labor literaria femenina, de esta obra de las musas, ¿qué revelación única y genial hemos recibido? ¿En

12. Carta de Caterina Albert a Blanca de los Ríos, publicada en *Homenaje a Doña Blanca de los Ríos,* Madrid, 1924.
13. Manuel Azaña, *Memorias políticas y de guerra,* Obras Completas, Vol. IV. México, Ed. Oasis, 1968, p. 295.

qué se han mostrado superiores las inspiradas a los inspiradores? ¿Qué ha sido su obra, salvo algunas excepciones, más que una emulación de la obra masculina? Más ilustran acerca del alma del hombre, e incluso de la mujer, unas páginas de Martínez Sierra o de Felipe Trigo que toda la labor literaria de las escritoras de esta época.[14]

Más expresivas son las palabras de Ángel Guerra, autor de la traducción del catalán al castellano de la colección de cuentos de Caterina Albert (*Víctor Catalá*) titulada *Vida trágica,* de donde procede *Idilio trágico,* publicado en la presente edición. En el prólogo, Ángel Guerra destaca la labor literaria de Caterina Albert, frente a las demás escritoras, de las que sólo merecen sus elogios otras dos: Emilia Pardo Bazán y Blanca de los Ríos. Al resto —el prólogo está escrito en 1907— le dedica este juicio:

Adviértese en cuanto escribe [Caterina Albert] un nervio robusto, un ímpetu de lucha, un rebullir pasional, que no se acomodan a los desmayos femeniles, y mucho menos se reconcilian con las eternas y llorosas sensiblerías de las mujeres que se consagran a escribir [...] No caigo en misoginismos a estilo de Barbey D'Aurevilly. Por el contrario, inclino mucho mis simpatías a la producción de las escritoras, ya que abundan tanto las de talento en las letras contemporáneas en el extranjero. [...] En España, las mujeres despuntan más por la aguja que por la pluma. Hay, sin embargo, una grafomanía reinante entre ellas, que es una verdadera peste literaria. *De omni re scibile.* Tan pronto zurzen versos nuestras escritoras, como emborronan páginas novelescas. Todo, ciertamente, sin arte ni médula intelectual. Tengo para mí que muchas de ellas apenas si podrían acertar en el pergeño de un artículo de modas, insustancial y frívolo. Mas, espigando en campos de ma-

14. Rafael Cansinos-Assens, *La Nueva Literatura,* Vol. II, Madrid, 1925, pp. 226-227.

yor empeño artístico, se les advierte al instante la impotente
fatiga y el azoramiento ante lo desconocido [...] No hagan
aspavientos, ni se pongan ridículos moños, muchas de las que
escriben y alborotan el charco de ranas periodístico, plumean-
do a diestro y siniestro, por lo que va dicho, no en son de
agravio, y sí con espíritu de escrupulosa justicia.[15]

Cuando una escritora ha sido reconocida por sus méritos literarios, entre los elogios a ella adjudicados siempre
se localiza alguna interpretación de su carácter o estilo
como condiciones y aptitudes propiamente masculinas.
Sin tener que remontarnos a las matizaciones de San
Agustín sobre el origen de la mujer, basta con recordar
una frase de Baudelaire, autor que también marcó un camino con su influencia en amplios sectores de la literatura
de esta época: "En toda mujer de letras, hay un hombre
fracasado". Esta frase subyace en el fondo de numerosos
juicios referidos a la obra de escritoras. Pues, aunque el
gran científico Santiago Ramón y Cajal, aun dentro del
misoginismo habitual en la época, misógino él mismo, se
había encargado de desmentir, en nombre de la ciencia, la
opinión de que el volumen del cerebro fuera causa de mayor o menor inteligencia —aludiendo a la creencia tradicional de que la mujer es menos inteligente por el tamaño
menor de su cerebro—, otro gran científico, Gregorio
Marañón, precisaría en *Tres ensayos sobre la vida sexual:*

Insistimos una vez más en el carácter sexualmente anormal de
estas mujeres que saltan al campo de las actividades masculinas y en él logran conquistar un lugar preeminente. Agitado-
ras, pensadoras, artistas, inventoras: en todas las que han dejado un nombre ilustre en la Historia se pueden descubrir los

15. Angel Guerra, prólogo a *Vida trágica* de Caterina Albert (*Víctor Catalá*), Madrid, Biblioteca Patria, Vol. XXXV, 1907, p. X.

rasgos del sexo masculino, adormecido en las mujeres norma-
les, y que en ellas se alza con anormal pujanza, aunque sean
compatibles con otros aspectos de una femineidad perfecta.[16]

Así, cuando a Blanca de los Ríos le ofrecen el homenaje anteriormente citado —en el que se solicita el ingreso
de la escritora en la Real Academia de la Lengua—, un
periodista de *El Correo Catalán* le dedica el siguiente elogio: "Blanca de los Ríos, mujer de corazón viril, alma de
reina en cuerpo de escritora"[17]. Y este modo de interpre-
tar, como aptitud masculina, lo que de meritorio puede
tener una obra femenina aparece, incluso, cuando esa crítica procede de una mujer. Inés Durruti, tras comentar el
vigor estilístico de Carmen de Burgos (*Colombine*) y de
Blanca de los Ríos, prosigue la crítica a otras escritoras de
este modo: "Gloria de la Prada, una escritora del momento, [está] menos dotada quizá de virtudes masculinas que
estas señeras figuras literarias"[18]. El antes citado traductor y prologuista de la colección de cuentos *Vida trágica,*
de *Víctor Catalá,* Ángel Guerra, en el prólogo a esta obra,
hace una curiosa interpretación estilística, basada en la
diferencia de sexos, con la que intenta explicar la alter-
nancia de pasajes predominantemente duros y truculentos
con otros de contenido y lenguaje poético, que se localiza
en el estilo de esa escritora:

Así a la impresión que dejan en el ánimo las emociones fuertes, producidas por un arte intensamente masculino, suceden
las sensaciones blandas, desmayos delicados, admirables vi-

16. Gregorio Marañón, *Tres ensayos sobre la vida sexual,* Madrid, 1927,
3.ª ed. (la 1.ª ed. es de 1926), pp. 139-140.
17. *Homenaje a Doña Blanca de los Ríos de Lampérez, Op. cit.*
18. En Else Hope (ed.) *El hombre en la literatura de la mujer,* Madrid,
Gredos, 1964, p. 85.

siones de una realidad poética, donde se revela, en toda su plenitud, un alma sensitiva de mujer.[19]

Fue, precisamente, Caterina Albert (*Víctor Català*) una de las escritoras que sufrió con mayor intensidad esta situación. Su estilo, calificado como "crudo" —con abundancia de elementos tremendistas propios de la literatura naturalista que cultivó—, fue considerado como no habitual en una mujer, ni adecuado para la sensibilidad femenina. Unido esto a su condición de soltera, acentuó la valoración, como masculinos, de sus logros literarios. Sin duda, la interpretación más sorpendente del arte de Caterina Albert es la que hace Josep Miracle en una biografía reciente de la escritora: lo atribuye a "cierto desequilibrio de cromosomas [...] ella tendía más a las manifestaciones masculinas que no a las femeninas"[20].

La reacción, instintiva o voluntaria, de algunas escritoras fue ocultar su identidad bajo un pseudónimo masculino. Son varios los casos registrados a lo largo de la Historia de la Literatura de todos los países: junto a nuestra Cecilia Böhl de Faber (1796-1877), que utilizó el pseudónimo de *Fernán Caballero,* hay que recordar a la inglesa Mary Ann Evans Cross, *George Eliot* (1819-1880), o la francesa Aurore Dupin, *George Sand* (1804-1876), por citar los casos más conocidos. También en la época a la que atendemos se localizan situaciones semejantes. Caterina Albert utilizó el pseudónimo (*Víctor Català*), provocando un escándalo, cuando en 1898 obtuvo el primer premio de los Juegos Florales de Olot por su obra *La infanticida* y el

---

19. Ángel Guerra, *Op. cit.,* p. XIII.
20. Josep Miracle, *Caterina Albert Paradís "Víctor Catalá",* Barcelona, Dopesa, 1978, p. 100. Tomo esta observación de Isabel Segura, *Op. cit.,* p. 253.

jurado descubrió su identidad femenina[21]. Hay otras escritoras que adoptan el pseudónimo masculino por esta época, como las catalanas Palmira Ventós (*Felip Palma*), María Doménech (*Joseph Miralles*)[22]. También la prolífica y popular Sara Insúa utiliza el pseudónimo *Próspero Miranda,* en las traducciones que hace de autores franceses[23].

III. LA MUJER EN LA LITERATURA DE LA MUJER

En las primeras décadas del siglo XX se observan los resultados del creciente interés por la educación de la mujer —y por la educación en general— manifestado a lo largo del último tercio del siglo XIX[24]. El ambiente está preparado para la incorporación de la mujer a la cultura y a la sociedad, no sólo en el papel pasivo de receptora-espectadora, sino a través de su activa participación en el

21. Josep Miracle, *Op. cit.,* p. 100, interpreta el uso de este pseudónimo masculino "por razón del subconsciente. En el fondo de todo su ser palpitaba el espíritu masculino". Véase Isabel Segura *Op. cit.,* pp. 254-255.

22. Véase Isabel Segura, *La literatura de mujeres...* p. 254, y "Unes experiències a recuperar" en *Literatura de dones: una visió del mon,* (*cit.*), p. 16.

23. El caso contrario, escritores que usan pseudónimos femeninos, es menos frecuente, pero se da alguno. El novelista Álvaro Retana firma sus colaboraciones en *El Liberal* bajo el pseudónimo de *Claudina Regnier* (véase Rafael Cansinos-Assens, *La novela de un literato,* (*cit.*), vol. I, pp. 366 y 372-373). Margarita Nelken comenta otros casos del siglo XVI y sobre todo del s. XVIII, *Op. cit.,* pp. 19-20.

24. Remito al estudio de M.ª Rosa Capel, *El trabajo y la educación de la mujer en España* (1900-1931), Madrid, Ministerio de Cultura, 1982, 2.ª ed. El tema trabajo-educación de la mujer es también tratado por Mercedes G. Basauri, "La mujer en el reinado de Alfonso XIII", *Tiempo de Historia,* núm. 46 (sept. 1978), pp. 26-39. Igual interés tiene el estudio de Encarnación González Rodríguez, *Sociedad y educación en la España de Alfonso XIII,* Madrid, Fundación Universitaria Española, 1988, aunque trata el tema de modo general y no referido específicamente a la mujer.

campo de la enseñanza, de la política, del periodismo, de la literatura, del arte y, aun, de la investigación. Las escritoras presentadas en esta edición son genuinas representantes de este acceso de la mujer, de clase media y alta, a la sociedad desde una sólida base cultural: enseñanza secundaria —y en algunos casos, superior—, dominio de varios idiomas, afición a viajar, capacidad y aptitud oratoria, desempeño de diversas profesiones, defensa de unos ideales, etc. Estos rasgos de su personalidad, que definen a la mujer moderna del primer tercio de siglo, van a determinar la temática de su obra literaria que acusa un notable cambio. Con respecto a la escritora del siglo XIX, se mantiene la presencia del protagonismo femenino, característica peculiar de la literatura escrita por la mujer decimonónica. Pero la visión espacial y temática se amplía al salir de los límites en que se desenvolvía la literatura femenina de la anterior centuria. Se abandona el contenido autobiográfico y la más próxima cotidianeidad[25], como temas casi exclusivos. El matrimonio y la maternidad dejan de ser motivaciones centrales de la obra literaria. En relación con la narrativa escrita por el hombre se observan también importantes diferencias, sobre todo, como se verá más adelante, en lo que se refiere a la construcción del personaje femenino.

Todos los relatos publicados en la presente edición tienen protagonista femenino excepto dos: *Idilio trágico* de Caterina Albert (*Victor Catalá*) y *Los negociantes de la Puerta del Sol* de Carmen de Burgos (*Colombine*).

En el resto de las narraciones aparece una variada gale-

25. Isabel Segura, *La literatura de mujeres como fuente de documentación...*, (*cit.*), pp. 256-257 y *Unes experiències a recuperar,* (*cit.*), pp. 19-22. Véase también, Biruté Ciplijauskaité, "La novela femenina como autobiografía". *Actas del VIII Congreso Internacional de Hispanistas,* Madrid, Istmo, 1986, Vol. I, pp. 397-405.

ría de personajes centrales femeninos que pertenecen a distintos grupos sociales: la mujer de la alta burguesía vinculada a la aristocracia, que desempeña las actividades propias de la dama: ocio doméstico y social (*Princesa del Amor Hermoso,* de Sofía Casanova); la mujer de origen ilustre obligada a enfrentarse al duro problema de desempeñar un trabajo (*La carabina,* de *Magda Donato*); la mujer de la pequeña burguesía, acuciada por una problemática de convivencia y de dinero, exhibiendo una diversidad de actividades domésticas (*Las hijas de don Juan,* de Blanca de los Ríos); las jóvenes que aspiran —y lo consiguen— al éxito en el mundo del espectáculo (*Dos estrellas,* de Pilar Millán Astray); la mujer intelectual, moderna (*La aventura de Roma,* de Margarita Nelken); la mujer campesina, propuesta como modelo de virtudes (*El tizón en los trigos,* de María Teresa León); e, incluso, la maestra, de ideología anarquista, que termina convertida en guerrillera tras la revolución de octubre en Asturias, 1934, (*Heroínas,* de Federica Montseny). Únicamente falta el tema de la mujer obrera, si bien en este último relato, de Federica Montseny, hay abundantes alusiones a la mujer del minero. De modo que el conjunto de relatos proporciona una amplia cobertura, atendiendo al personaje femenino no sólo bajo la óptica de los diversos grupos sociales, sino en un espacio rural, industrial-minero y urbano.

Especial atención merece, en la observación del tratamiento de la mujer por la mujer, el modo de presentar al personaje femenino: su retrato. Sofía Casanova, cuyo relato presenta abundantes matices románticos, presta más atención al aspecto espiritual que al físico. Blanca de los Ríos reparte el protagonismo femenino entre las dos hermanas, hijas de don Juan. Insiste más en el carácter que en lo externo, al presentarlas como una correspondencia de los personajes evangélicos Marta y María: bondad y responsabilidad, frente a frivolidad y picardía. Pilar Millán Astray —dramaturga antes que novelista— da preferencia a los detalles de vestuario y adorno, y a las partes del cuerpo femenino que pueden proporcionar una más destacada expresividad visual y gestual: las manos, los ojos, el cabello. Carmen de Burgos gusta presentar una visión general del personaje para detenerse, con una abundante adjetivación, en el rostro, del que destaca los ojos, la boca, el cabello y la blancura de la piel:

> Anita no era fea, delgada, alta, mórbida, su palidez era blancura y su anemia le daba un cutis fino, lleno de suavidades y de dulzura para los ojos. El hermoso y abundante cabello que tan pocas veces se trenzaba, formaba una selva virgen, encrespada con matices de oro cobrizo, que hacía aparecer enormemente grande la cabeza y más pequeño el rostro de facciones correctas, boca rosada y ojos claros, muy vagos y soñadores.
>
> (*Los negociantes de la Puerta del Sol*, p. 221)

El mismo planteamiento inicial se descubre en el retrato construido por Federica Montseny, aunque ésta, tras presentar los rasgos físicos de la mujer, aprecia el aspecto espiritual e intelectual de la protagonista:

> Era María Luisa alta, robusta, de hermoso pelo negro y ojos de un castaño luminoso, profundos y pensativos. No podía ser considerada hermosa, pero había en su persona tal aire de distinción y de inteligencia, una elegancia natural tan discreta y tan señora, que pocos hombres dejaban de encontrarla atractiva.
>
> (*Heroínas*, p. 424)

María Teresa León resume la belleza de la mujer —campesina— en la fortaleza y naturalidad, destacando también los ojos y la boca, en una perfecta y poética combinación de matices físicos y psicológicos:

> Ahí está más crecida, amasando la hornada semanal con los brazos espolvoreados y la cabeza fresca sobre el brazado de lilas de su cuerpo. No es hermosa; es más y es menos. Sus labios tienen la miel eterna y todas las sabidurías pulen las niñas de sus ojos.
>
> (*El tizón en los trigos*, p. 403)

Margarita Nelken, como pintora que fue, insiste más en el detalle y no se limita a observar sólo algunos rasgos del rostro del personaje. Intenta ofrecer la visión total de un tipo de mujer, que por las características de su personalidad —moderna, independiente— coincide en muchos rasgos con el modelo femenino que popularizó e impuso el gran dibujante Rafael de Penagos:

> Era alta, un poco masculina, sin pecho ni caderas casi, con su pelo pajizo cortado a media melena, su sombrero flexible y su traje de seda cruda de hechura completamente sastre. Pero tenía unos ojos dorados bastante hermosos, y, bajo la nariz, algo grande, una boca carnosa y sensual. El cuello, largo, y el escote con esa veladura roja que el sol pone en las carnes muy blancas y muy finas.
>
> (*La aventura de Roma*, p. 274)

A través de estos textos, puede observarse que estas escritoras, por lo general, prestan más atención al rostro —ojos, boca, cabellos—, sin olvidar totalmente el aspecto espiritual. Como elemento coincidente en todas ellas —apartándose, además, de lo que es habitual en el retrato femenino construido por el hombre— evitan el idealizador canon de belleza perfecta. Ponen de relieve, en la descripción de sus personajes, frases como "No era fea",

23

"No podía ser considerada hermosa, pero...", "No es hermosa; es más y es menos", o señalan algún defecto en sus rasgos que lleva, desde una óptica femenina, a un tipo de mujer situado en la normalidad, rechazando el personaje femenino convertido en el objeto sensual y erótico creado y deseado por el hombre[26].

El personaje masculino tiene una función secundaria, aunque fundamental, en el desarrollo de la acción. El tratamiento que recibe es desigual de unas escritoras a otras. No estamos ya en el voluntario desinterés hacia el hombre, comentado por Isabel Segura, como rasgo característico de la mayoría de las escritoras del siglo XIX[27]. Aquí el hombre aparece perfectamente definido en los papeles asignados de padre-esposo (*Las hijas de don Juan*), hijo (*La carabina*) y pareja de la protagonista en el resto de los relatos. En *Princesa del Amor Hermoso* y en *Heroínas* —de autoras tan distintas como Sofía Casanova[28] y Federica Montseny— el co-protagonismo masculino se desdobla en dos personajes, oponiendo unos valores positivos frente a unos valores negativos, ante los cuales la protagonista se debate en una duda que por sí misma no resuelve. En general, se atiende más al carácter del personaje masculino que a la descripción del físico. Hay una insistencia bastante generalizada en ofrecer una imagen del hombre frívolo, mujeriego: Blanca de los Ríos, Sofía Casanova

---

26. *Colombine* ataca en este sentido a Felipe Trigo, habla de su falsedad y de su ignorancia sobre el carácter femenino. Véase Rafael Cansinos-Assens, *La novela de un literato (cit.)*, I, pp. 320 y 343-344.

27. Isabel Segura, *La literatura de mujeres... (cit.)*, p. 256.

28. Sofía Casanova, al presentar a un personaje masculino frívolo, mujeriego, experto y mundano, frente a otro caracterizado por la ingenuidad, y un cierto halo de misticismo poético, hace recordar los dos tipos de mujer, experta, frívola, frente a la joven ingenua, adornada de una gracia prerrafaelista, que imperaba en la época. Parece que la autora quiere darnos la versión masculina de estos dos modelos femeninos.

—en uno de los dos personajes masculinos que presenta—, Margarita Nelken, Pilar Millán Astray, María Teresa León, aunque ésta responsabiliza de "la caída del hombre" a la habilidad de una mujer. A este tratamiento negativo hay que sumar el que ofrece *Magda Donato* en el personaje hijo de la protagonista, causante parcial, pero decisivo, de la desgracia de ésta. También Carmen de Burgos, *Colombine,* que en su relato prescinde de presentar estas relaciones hombre-mujer en profundidad, demuestra este tono antimasculino cuando se detiene a describir el físico de algunos personajes. En todos, incluso en los tratados con simpatía, introducirá alguna nota peyorativa que lleva fácilmente a la caricaturización:

> Su barba y su cabellera poco cuidadas tenían, con la mezcla de sus canas, un aspecto de atochera madura, y entre este tono pajizo y el pajizo de su tez, los párpados irritados y sin pestañas, formaban un ribete rojo en torno de las pupilas rubias, de un modo que recordaba a los conejos de Indias.
>
> (*Los negociantes de la Puerta del Sol,* p. 207)

> apareció otro hombre alto, barbudo, con una cara de Cristo martirizado y macilento, (...)
>
> (*Ibídem,* p. 233)

Atendiendo a la temática, frente a lo que predominaba en la literatura femenina decimonónica, el amor no es el único motivo argumental localizado en estas narraciones. En *Los negociantes de la Puerta del Sol,* de Carmen de Burgos, el tema está ausente, igual que en *La carabina,* de *Magda Donato.*

En otros relatos, aunque presente, el amor es desplazado por otros temas de mayor relevancia en la obra: la derrota del mito donjuanesco en Blanca de los Ríos, la marginalidad social en *Víctor Catalá,* el deseo de triunfo en Pilar Millán Astray, la política en Federica Montseny. El amor, pues, como motivo principal de la narración, sólo aparecerá —con distintos tratamientos— en *Princesa del Amor Hermoso* de Sofía Casanova, bajo unos tintes románticos; en *La aventura de Roma* de Margarita Nelken, con una visión irónica y desmitificadora, y en *El tizón en los trigos* de María Teresa León, con un sentimiento primitivo que desencadena las pasiones de un drama rural.

Pero, aun cuando el tema del amor, en mayor o menor grado, puede estar latente en la mayoría de estas obras, todas las escritoras, con importantes diferencias cronológicas, sociales, literarias e ideológicas entre ellas, van a coincidir en renunciar a presentar el matrimonio como final —feliz o no— de sus narraciones. Construyen unos personajes femeninos que conocen el amor y lo viven en distintas situaciones, pero, en todos los casos, llegan a la renuncia del hombre amado. Las causas de esta renuncia pueden ser varias: la frivolidad del hombre (*Princesa del Amor Hermoso, Dos Estrellas*), la imposibilidad de hacer realidad el ideal amoroso ante la existencia de otra mujer (*El tizón en los trigos* y *Heroínas*)). Destaca por la originalidad en el tratamiento del amor *La aventura de Roma,* de Margarita Nelken. La protagonista adopta una actitud considerada como tradicionalmente masculina. Mujer moderna, intelectual, de nacionalidad norteamericana, aparenta dejarse seducir para, cerebralmente, dejar abandonado al galán, español, cuando ella ha conseguido ya los fines que perseguía.

El tema de la maternidad tiene tratamientos distintos: exaltación del amor materno y sacrificio de la madre en Sofía Casanova y Pilar Millán Astray, consideración de la maternidad como única opción a la esperanza de la mujer, en María Teresa León, o, por el contrario, la maternidad como motivo de destrucción de la mujer en *Magda Donato.*

IV. LAS COLECCIONES DE NOVELA BREVE

Los relatos que constituyen la presente edición fueron publicados en colecciones de novela breve, con la excepción de *Idilio trágico* de *Víctor Catalá,* que apareció en un libro de cuentos de la autora —*Vida trágica*—, y *El tizón en los trigos* de María Teresa León, publicado también en su libro *La Bella del Mal Amor,* compuesto de seis cuentos. El relato breve es uno de los géneros más característicos de la época que tratamos. Su éxito viene a coincidir con la creación de *El Cuento Semanal,* por Eduardo Zamacois, en 1907. Considerada la pionera de este tipo de colecciones[29], en parte debe su popularidad a la variedad de sus colaboradores: figuras consagradas de la novela decimonónica como Benito Pérez Galdós y Emilia Pardo Bazán, junto a escritores más jóvenes de distintas tendencias, algunos hoy olvidados, pero otros tan famosos como Jacinto Benavente, Miguel de Unamuno, Ramón del Valle-Inclán, Ramón Pérez de Ayala, etc. Blanca de los Ríos, Sofía Casanova y Carmen de Burgos (*Colombine*) son asiduas colaboradoras de esta colección. Los relatos *Las hijas de don Juan* y *Princesa del Amor Hermoso,* de

---

29. Michel Bouché, en VV.AA., *Ideología y texto en "El Cuento Semanal" (1907-1912),* Madrid, Ediciones de la Torre, 1986, p. 49, precisa que antes de la fundación de *El Cuento Semanal* ya existían otras colecciones de relatos breves como *La Novela de Ahora,* la *Biblioteca Patria* (destinada a publicar obras premiadas), la *Colección Diamante* y la *Biblioteca Contemporánea.* Pero, *El Cuento Semanal* tiene otras características que hacen muy popular a esta colección.

las primeras, se publicaron ahí. No hay que olvidar el prestigio que aportan a la colección las ilustraciones realizadas por los más afamados dibujantes de la época. Son de destacar las ilustraciones de Castelao en *Princesa del Amor Hermoso,* de Sofía Casanova[30].

El éxito de *El Cuento Semanal* (1907-1912) contribuyó a la aparición de una treintena de colecciones, algunas tan populares o más, que mantienen la misma diversidad y prestigio de sus colaboradores como *Los contemporáneos* (1909-1926); *La Novela Corta,* donde publica Carmen de Burgos *Los negociantes de la Puerta del Sol;* en la *Novela de Hoy* publica Margarita Nelken *La aventura de Roma* y Carmen Nelken (*Magda Donato*), *La carabina*; en *Los Novelistas* aparece *Las dos estrellas* de Pilar Millán Astray; y otras colecciones que alcanzan la misma popularidad como *La Novela Semanal* (1921-1925), *La Novela Mundial* (1926-1928), etc. Al comenzar la década de los años treinta se inicia la decadencia de este género, que se mantiene hasta 1936: *La Novela de una Hora, La Novela de Noche, La Novela Femenina, La Novela Libre,* donde Federica Montseny publica *Heroínas, La Novela Roja,* etc.[31].

---

30. Hay ya una básica bibliografía sobre *El Cuento Semanal,* a la que remito para conocer más aspectos de la colección: Federico Carlos Sáinz de Robles, *La promoción de "El Cuento Semanal",* Madrid, Espasa-Calpe, 1975; o los estudios de conjunto: *"El Cuento Semanal:* la litterature de grande diffusion et son public", *Trames,* III, Limoges, 1981, pp. 217-248; *Ideología y texto en "El Cuento Semanal" (1907-1912), (cit.).* Véase también, Luis S. Granjel, "La novela corta en España (1907-1936)", en *Cuadernos Hispanoamericanos,* núm. 223 (jul. 1968) pp. 477-508, de interés para observar la novela breve en su conjunto y *Eduardo Zamacois y la novela corta,* Universidad de Salamanca, 1980. Igualmente hay que consultar de Manuel Martínez Arnaldos, "El género novela corta en las revistas literarias (Notas para una sociología de la novela corta, 1907-1936), en *Estudios dedicados al profesor Mariano Baquero Goyanes,* Universidad de Murcia, 1974, pp. 233-250.

31. La relación de títulos de colecciones se podría prolongar ampliamente, incluso recordando algunos que se apartan del modelo de las arriba cita-

V. LAS NARRACIONES OFRECIDAS

Las hijas de don Juan es un relato que reúne los rasgos más relevantes del estilo de Blanca de los Ríos, por lo que puede ser plenamente representativo de su literatura[32]. Combina sin dificultad las dos actividades desarrolladas por la escritora en el campo literario: escribe un relato de ficción sobre un personaje-mito, Don Juan, cuyos orígenes en nuestra literatura hay que buscarlos en la obra de Tirso de Molina, del que nuestra autora es una especialista bien conocida por los estudios eruditos que sobre él ha publicado[33]. Pero el tratamiento que recibe dicho personaje-mito es el correspondiente a la época de Blanca de los Ríos. Conviene recordar, para empezar, y situándonos en esa época, que, para su público, el título de este relato, *Las hijas de don Juan,* tendría unas connotaciones (tal vez irónicas) que desconoce el público actual. En 1904 conceden el Premio Nobel al popular dramaturgo español José Echegaray, lo que provoca un rechazo de la clase intelectual y del mundillo literario en general[34]. Blanca de

---

das, ya sea por su contenido, por la frecuencia de aparición, o por publicar obras no inéditas: *La novela famosa, La novela de bolsillo, La novela vivida, La novela popular, La novela proletaria, La novela ilustrada, El cuento azul, Cuentos del sábado,* etc.

32. Publicado en *El Cuento Semanal* (año I, núm. 42, 18-XII-1907), *Las hijas de don Juan* se tradujo al alemán, a los pocos meses de su publicación en España, por A. Rudolph. Véase *Homenaje a Doña Blanca de los Ríos,* Madrid, 1924.

33. *Estudio biográfico y crítico de Tirso de Molina* (1889), *Tirso de Molina. Obras dramáticas completas* (la 2.ª ed. en Madrid, Aguilar, 1962), *Del Siglo de Oro. Estudios literarios* (1910), etc.

34. En marzo de 1905, ante la convocatoria de un homenaje nacional a Echegaray por la concesión del premio Nobel, patrocinado por la revista *Gente vieja,* los jóvenes escritores redactan un documento de protesta, cuya larga lista de firmas va encabezada por Azorín, Unamuno, Rubén Darío,

los Ríos parece participar de esta reacción construyendo, en clave femenina, una obra que sigue muy de cerca, aunque con notables diferencias estilísticas, uno de los dramas de Echegaray: *El hijo de don Juan* (1892). El paralelismo entre ambas obras se refleja no sólo en el título, sino en los principales elementos argumentales. El protagonista de Echegaray es hijo de un borracho mujeriego, de quien —siguiendo los dictados de la literatura naturalista— hereda una serie de taras que lo llevan a la locura. Blanca de los Ríos, al introducir la variante femenina, acentúa las consecuencias trágicas y, de las dos hijas[35] de don Juan, para una, Lita, el final será la muerte, y para la otra, Dora, la prostitución.

El tema de Don Juan no es infrecuente en la literatura de principios del siglo XX[36]. El Modernismo ha impuesto esa corriente de dandismo que ha dado uno de sus mejores frutos en el Marqués de Bradomín de las *Sonatas* de Valle-Inclán: "un Don Juan feo, católico y sentimental"; pero, frente al matiz estético-irónico que Valle ofrece al

---

Maeztu... y no faltan Valle-Inclán, Machado, etc. Véase Melchor Fernández Almagro, *Vida y literatura de Valle-Inclán,* Madrid, Taurus, 1966, p. 95 y Luis S. Granjel, *La generación literaria del 98,* Salamanca, Anaya, 1973, 3.ª ed. pp. 135-136.

35. De ellas, Lita será la *buena* y Dora, la *mala,* recogiendo la simbología ya presente en los personajes evangélicos de Marta y María, que inician una larga tradición literaria, o en la oposición *niña buena / niña mala,* eje ideológico y argumental de los *Manuales de Urbanidad* imprescindibles en la educación de la mujer del s. XIX y del primer tercio del XX.

36. Es un tema que preocupa a la Generación del 98: *Azorín, Don Juan* (1922); Ramiro de Maeztu, *Don Quijote, don Juan y la Celestina* (1926). Y, a un nivel más popular, hay que recordar que las representaciones de *Don Juan Tenorio* cosechan grandes triunfos, que permiten atrevidas e irónico-humorísticas innovaciones en el tema como las que contiene la obra *Tenorio feminista* de Servet y Valdivia, estrenada en el Teatro Eslava de Madrid, a primeros de noviembre de 1907.

personaje, Blanca de los Ríos participa de una línea de desprestigio del mito, desarrollada ya en el siglo XIX, en la que —utilizo palabras de Ignacio Javier López— don Juan "pasa de ser personaje de tragedia a figurón de comedia"[37].

Blanca de los Ríos —y antes Echegaray— añaden dos elementos que desvirtúan el sentido del mito: el matrimonio y los hijos. En *Las hijas de don Juan* el personaje don Juan se caracteriza por su elegancia y su amor a todos los placeres, como corresponde a su naturaleza. Pero, casado con una mujer vulgar y primitiva y sufriendo una progresiva decadencia económica, se muestra, a la vez, inmerso en el prosaísmo de un entorno doméstico y familiar. Causante de la destrucción de su familia, vencido por el amor a sus hijas, tiene un final mísero. Embargado por las deudas, termina en el "guardillón" realquilado por la caridad de una planchadora, prima de su mujer. Es, además, un don Juan moderno: en su desesperanza recurre a la droga. Llora, sufre, se desespera. Es el final del mito:

> Y como ya no hay donjuanes, y al donjuanismo sucede algo más decadente y perverso, en Lita acabó la estirpe de don Juan.
>
> (*Las hijas de don Juan*, p. 125)

Para Blanca de los Ríos, el donjuanismo es un ingrediente más del casticismo que, en cualquiera de sus manifestaciones —taurinismo, flamenquismo, majismo, populismo—, era considerado, en la época en que se publica este relato, como una de las causas de la decadencia de España y contra el que arremeten las doctrinas regene-

---

37. Ignacio Javier López, *Caballero de novela. Ensayo sobre el donjuanismo en la novela española moderna. 1880-1930,* Barcelona, Puvill Libros S.A., 1986, (Ver pp. 17, 18 y ss.).

racionistas de Joaquín Costa y de sus seguidores, con quienes coinciden los noventayochistas en su fase inicial[38]. Hay pasajes de *Las hijas*... claramente significativos en este sentido:

> Además, ha de tenerse muy en cuenta que el flamenquismo-taurófilo-sentimental y la chulapería romántica, abigarrado amasijo de todas las fomas degenerativas de nuestra españolería andantesca, estaba entonces en su apogeo; el valor legendario resolvíase en bravuconería y matonismo; (...) El flamenquismo era, pues, moda, fiebre, sugestión de aquellos días, y venía a ser como el espaldarazo —más propiamente— la *alternativa* en donjuanismo.[39]
>
> (*Las hijas de don Juan,* p. 71)

El contenido de este texto es semejante al tono de denuncia que se descubre en la obra de algunos noventayochistas, particularmente coincide con el Unamuno de *En torno al casticismo* (1902). Hay que pensar que no es una mera casualidad. Si quisiéramos caer en la tentación del fácil encasillamiento de la obra literaria en que tantas veces caemos, y si quisiéramos seguir manteniendo el concepto —hoy poco defendible— de generación y de Generación del 98 podríamos decir que Blanca de los Ríos es por muchas razones "la mujer de la Generación del 98".

* * *

Caterina Albert (*Víctor Català*) rompe el esquema que existía sobre la literatura escrita por la mujer. Se aparta de las "eternas y llorosas sensiblerías de las mujeres que

---

38. Véase Rafael Pérez de la Dehesa, *El pensamiento de Costa y su influencia en el 98,* Madrid, Sociedad de Estudios y Publicaciones, 1966.
39. Remito al texto completo que, por su extensión, he debido abreviar.

se consagran a escribir"[40] y con un estilo vigoroso y enérgico[41] amplía el marco temático novelesco a unos límites no conocidos en una obra literaria femenina de su época.

Idilio trágico[42] es un relato breve que ha sido presentado, igual que otros cuentos de la autora, como "cuadro de costumbres, verdadera aguafuerte"[43]. Aquí, Caterina Albert desciende a los más bajos fondos de la marginalidad rural[44], para mostrarnos el mundo de los mendigos. Hay todo un escaparate de tipos a través de los cuales la autora revela su magisterio en la creación de personajes y en la expresión de sus pasiones y frustraciones. Los personajes de *Idilio trágico* podrían enlazar directamente con la línea tradicional picaresca española, pero, antes que nada, hay que contar con la capacidad de observación y de captación que Caterina Albert muestra en las descripciones expresivas y detalladas, de gran viveza y colorido, que exigen un conocimiento directo del material y constituyen uno de los grandes logros de su estilo. Es indiscutible su participación en la corriente naturalista catalana —bien conocida es la admiración y amistad que le unía al famoso escritor, seguidor del más puro naturalismo de

40. El autor de la frase es Angel Guerra, *Op. cit.*, p. VIII.

41. Ella fue mujer que vivió y conoció directamente el mundo rural y supo aplicar a la literatura el vigor, la potencia y (¿por qué no decirlo?) la aspereza externa de la mujer campesina. Baltasar Porcel, en el prólogo a la versión al castellano de la más famosa novela de *Víctor Català, Soledad,* Madrid, Alianza Ed./Enciclopedia Catalana, 1986, al describir el físico de la escritora dice que tenía "Rostro de mujer de pueblo".

42. *Idilio trágico* se publicó en el libro *Vida trágica,* Madrid, 1907, selección de cuentos —traducido al castellano por Angel Guerra, autor también del prólogo, ya comentado— tomados de *Drames rurals* y de *Ombrívoles,* donde están los relatos más famosos y representativos de Caterina Albert.

43. Angel Guerra, *Op. cit.*, p. XIV.

44. Véase Helena Alvarado, "Caterina Albert / *Víctor Català:* una autora motriu/matriu dins la literatura catalana de dones" en Isabel Segura (y otros), *Literatura de dones: una visió del mon,* (cit.), p. 36.

Zola, Narcís Oller—, como se comprueba en ese gusto que siente la autora por la truculencia y el tremendismo de muchas escenas, la descripción de heridas, lesiones, tumores, etc. Rinde culto a un feísmo que, en ocasiones, está muy próximo a la corriente de esperpentismo que se desarrolla en España (Valle-Inclán) y en el resto de Europa, durante las primeras décadas de nuestro siglo:

> Él era bajo de cuerpo, con una cabeza ancha, cubierta por greñas enmarañadas, la nariz grande, roja, con pelos que parecían, por lo recios, púas de erizo, y el belfo caído. Trabajosamente podía caminar, ayudándose con dos bastones y removiendo el cuerpo como un barco deslastrado. Sus rodillas no levantaban un palmo del suelo y las piernas las movía como un par de remos que chapoteasen en el agua pesadamente y sin ritmo.
>
> (*Idilio trágico*, p. 137)

Como se desprende de este texto, en Caterina Albert hay algo más que una simple militancia en la postura naturalista. Incluso con materiales que entran en el terreno de lo grotesco —es maestra en el cultivo de la estética de lo grotesco—, consigue provocar una emoción poética. Y no me refiero sólo a esos pasajes en que, voluntariamente, la prosa adquiere ritmo poético y contenido lírico (siempre, cuando se detiene a contemplar la naturaleza):

> Era un día magnífico; las hierbas de las orillas del camino, cuajadas de rocío, erguíanse agitando sus hojas hacia lo alto como si quisieran acariciar al sol; y la tierra húmeda exhalaba un vaho caliente y saludable.
>
> (*Idilio trágico*, p. 138)

Hay un halo romántico en medio de la truculencia. En *Idilio trágico* se manifiesta la esperanza de amor y de vida que surge de las relaciones de los protagonistas, la pareja de mendigos. Esta esperanza se truncará en tragedia, provocada por la brutalidad y el cerrilismo de la sociedad rural, cerrada y anquilosada. El didactismo de *Idilio trágico* es notable y enlaza con las ideas regeneradoras de la época. Hay una llamada a la necesidad imperiosa de educar al pueblo. Tras la muerte de Nel, el protagonista, en un acto de barbarie colectiva, entroncado en las costumbres más tradicionales y "castizas" —la *cencerrada* que se da a los viudos o viejos que contraen matrimonio— dice el cura que, dado el carácter conservador y religioso de la escritora, recibe un tratamiento muy positivo:

> "Vean a lo que llevan los escarnios!... Vean la educación que dan a sus hijos".
>
> (*Idilio trágico*, p. 150)

La lengua literaria de *Víctor Catalá* es el catalán y en catalán escribe la parte más importante de su producción, pero demuestra el mismo dominio del lenguaje cuando utiliza el castellano[45]. La consistencia y sustancialidad de su estilo permiten que, a través de la traducción, se mantengan vivos los valores más relevantes de su hacer literario.

* * *

Princesa del Amor Hermoso[46], de Sofía Casanova, es un relato basado exclusivamente en una historia de amores y desamores. Laura, la protagonista, decide romper su

---

45. No es extraño encontrar relatos suyos en revistas y colecciones castellanas: "Cruz y Raya" (Novela) en la revista *Renacimiento* (agosto de 1907); *Carnaval,* novela breve publicada en el núm. 2 de *La novela femenina,* etc.
46. Se publicó en *El Cuento Semanal,* año III, núm. 156, 24-XII-1909. Las ilustraciones son de Castelao.

largo y tradicional noviazgo con Fernando, diplomático mujeriego y frívolo. A la vez determina cambiar su conducta y su sensibilidad ante los hombres y ante el amor, lo que le impide aceptar —si no es como un juego de galanteo— las sinceras manifestaciones amorosas de José Luis, joven y enfermizo muchacho que vive exclusivamente animado por ese amor. La parte más destacada de la acción se localiza en Galicia y lo gallego ocupa un lugar importante: abundantes referencias a elementos ambientales, frecuentes galleguismos, presencia de la poesía gallega, popular o culta (Rosalía de Castro). Se encuadra, pues, dentro de la obra de tema gallego de Sofía Casanova. Hay otros dos temas que destacan en la temática de esta escritora, relacionados ambos con las vivencias de su intensa y dilatada existencia[47]: Rusia y, sobre todo, Polonia —donde vivió parte de su vida—, los recuerdos de los trágicos acontecimientos bélicos, las dos guerras mundiales y la revolución rusa, de los que fue testigo directo[48].

En *Princesa del Amor Hermoso* se localizan abundantes elementos de origen romántico, con ocasionales aproximaciones al tono enfático y melodramático de la novela folletinesca del siglo XIX. A la vez se descubren las huellas que el modernismo deja en la literatura de la época. Pero, este tono idealizador que predomina en la obra, no impide que la autora, por otra parte, se detenga en la observación de una problemática existente en la realidad social,

---

47. Remito al, hasta hoy, más completo estudio biográfico y bibliográfico —registra toda la obra poética, novelística y periodística— sobre Sofía Casanova, de M.ª Carmen Simón Palmer, "Tres escritoras en el extranjero", *Cuadernos Bibliográficos*, núm. 47, 1987, pp. 157-180.

48. Sobre estos temas recuérdense las obras: *El doctor Wolski. Páginas de Polonia y Rusia* (1894), *Sobre el Volga helado* (1903), *Viajes y aventuras de una muñeca española en Rusia* (1920), *De la guerra. Crónicas de Polonia y Rusia* (1916), *De la revolución en 1917* (1917), etc.

como la defensa de los aldeanos gallegos en el pleito de
los foros o la denuncia de la indefensión de la mujer ante
el hombre:

> Centenario robledal, donde muchos mayorazgos de cruz san-
> tiaguista en pecho aspiraron fragancias de labios campesinos
> —que en los tiempos bárbaros los señores se divertían como
> en los civilizados de hoy, con la mujer— y dieron rubores a
> mejillas plebeyas.
>
> (*Princesa del Amor Hermoso,* p. 162)

* * *

En *Los negociantes de la Puerta del Sol*[49], Carmen de
Burgos (*Colombine*) se apoya sobre una débil trama argumental, la historia de una familia de provincias que se
enfrenta a los problemas de la gran ciudad, para adentrar
al lector en el verdadero tema desarrollado: la recreación
del ambiente de la Puerta del Sol madrileña. Ofrece una
visión histórica y actualizada de su entorno, insistiendo,
desde el más definido estilo costumbrista, aunque con una
destacada crítica social, en el aspecto de la Plaza a través
de los distintos momentos del día y de la noche, su croma-
tismo visual y sonoro, sus tiendas, sus cafés, sus monumentos, las fiestas y acontecimientos más populares y, sobre todo, sus gentes. La magistral presentación de la
picaresca de sus gentes constituye lo más valioso de este
relato. Entronca con esa tradición de Madrid como tema
literario, iniciada ya en el siglo XVII, que adquiere mayor
entidad en el siglo XVIII (Ramón de la Cruz) y en la primera mitad del siglo XIX (R. Mesonero Romanos) y se
convierte en tema y motivo literario, con distintos enfo-
ques —positivo o negativo— según el punto de vista del

---

49. Se publicó en *La Novela Corta,* año IV, núm. 195, 27-IX-1919.

autor, en el último tercio del siglo XIX y en el primero del XX[50]. Pero además el tema de Madrid, y, concretamente, el de la Puerta del Sol es frecuente en los periódicos y revistas de la época[51]. Es muy significativo que unos meses antes de aparecer *Los negociantes de la Puerta del Sol*, en la misma colección de novela breve, *La Novela Corta*, se publique *Escenas Matritenses* de R. Mesonero Romanos, el día 31-V-1919, en un número homenaje a este escritor, con una semblanza literaria del autor firmada por Carmen de Burgos (*Colombine*)[52]. Por otra parte, Ramón Gómez de la Serna, que mantuvo una estrecha e íntima relación con *Colombine*, publicó *Toda la Historia de la Puerta del Sol*, texto que presenta grandes coincidencias con el relato de Carmen de Burgos. No hay duda de que ambos utilizaron las mismas fuentes en su documentación sobre la Puerta del Sol o las trabajaron juntos. *Colombine*

50. Para Manuel Enguídanos, *Fin de siglo: estudios literarios sobre el período 1870-1930 en España,* Madrid, J.P. Turanzas, 1983, p. 29, el triunfo del madrileñismo como tema literario, hay que situarlo entre 1860 y 1925, aunque, dice, viene de antes y se mantiene hasta los años treinta. No quiero tratar aquí de la presencia de Madrid en la novela del realismo (B. Pérez Galdós: *Fortunata y Jacinta*) y de la Generación del 98 (Pío Baroja: *La lucha por la vida,* y otros), donde también Madrid supera el mero valor de espacio donde se desarrolla la acción. Remito a mi estudio "La literatura y la sociedad madrileña en la Restauración", en Angel Bahamonde Magro y Luis Enrique Otero Carvajal (eds.), *La sociedad madrileña durante la restauración. 1876-1931,* Madrid, Comunidad de Madrid, 1989, Vol. II, pp. 163-180.

51. Atendiendo sólo a los años próximos a la fecha en que *Colombine* publica *Los negociantes de la Puerta del Sol:* José Francos Rodríguez publica "Antaño y hogaño. La Puerta del Sol" (*La Esfera,* 1-I-1916) y "Lo viejo y lo Nuevo (La Puerta del Sol)" (*La Esfera,* 1-I-1917); José M.ª Donosty, "La Puerta del Sol. La Parada en Palacio" (*Mundo Gráfico,* 11-9-1918); Emiliano Ramírez Ángel, "El hombre que se pasa la vida en la Puerta del Sol", (*La Esfera,* 8-9-1923), etc.

52. *Colombine* publica *Los negociantes...* cuatro meses después, el 27 de septiembre de 1919, en la misma colección.

somete el material a una mayor literaturización y queda novelado, mientras que Gómez de la Serna mantiene su valor informativo y documental. El relato de *Colombine* aparece antes que el de Gómez de la Serna, pues, aunque éste no lo fecha, hace en él un encendido elogio de *Los negociantes de la Puerta del Sol* y de su autora, e incluso incorpora un fragmento de aquél[53].

Colombine es una gran escritora que sabe recoger tendencias de diverso origen, las asimila y las vierte en un estilo personal, donde predomina un deseo de ofrecer naturalidad y frescura a la narración. Esto no le impide hacer uso de tradiciones y leyendas de fondo histórico utilizados en perfecto hermanamiento con elementos de la más palpable actualidad. Esta postura ecléctica enriquece su obra y es, tal vez, su nota más característica. La propia autora presenta en esta línea la autocrítica de su literatura, cuando dice en su *Autobiografía*[54]: "¿Tendencias? Yo soy *naturalista romántica* y variable con mis *yoes*. Me gusta todo lo bello y la libertad de hacerlo sin afiliarse a escuelas".

* * *

La aventura de Roma[55], de Margarita Nelken, es un relato en el que se descubre un doble plano de atención. La historia de los dos personajes que intervienen en la acción sirve de justificación a la autora, para detenerse en la presentación del ambiente de Roma en el aspecto artís-

---

53. *Toda la Historia de la Puerta del Sol*, de Ramón Gómez de la Serna, se incluye posteriormente en *Elucidario de Madrid*, aunque suprime el texto de Colombine y los elogios a su obra. Hay una edición reciente: Madrid, Comunidad de Madrid, 1988.

54. Publicada en *Prometeo*, II, agosto, 1909.

55. Se publicó en *La Novela de Hoy*, año II, núm. 40, 16-II-1923.

tico y en el costumbrista. Así, el lector puede recorrer, junto con los protagonistas, los más importantes monumentos de la ciudad[56] e integrarse en el ambiente abigarrado, colorista y multitudinario de las peregrinaciones, romerías y canonizaciones en la basílica de San Pedro. Y todo ello, bajo la mirada crítica de Margarita Nelken que determina la presencia de una constante anticlerical. Así presenta a San Pedro:

> la milagrera imagen del Santo, más ídolo que nunca con su enjoyado atavío de los días de fiesta y su escolta de cuatro guardas reales apoyados en la barrera que lo circunda, poniendo prudente distancia entre sus fieles y sus pedrerías.
>
> (*La aventura* de *Roma*, p. 285)

Del protagonista, un andaluz pensionado en Roma, dice haciendo una perfecta interpretación de las formas más externas y populares de la religión como una manifestación más del casticismo:

> meridional hasta los tuétanos, gustábale sobremanera el ambiente de las muchedumbres meridionales, y ese público vocinglero, irrespetuoso y confianzudo de las "entradas públicas" de San Pedro que le consolaba —aseguraba él— de la nostalgia del público de las corridas de toros.
>
> (*La aventura de Roma,* p. 285)

La misma intención crítica se orienta hacia la burguesía y, curiosamente en una escritora combativa en favor de los derechos femeninos, se muestra extremadamente irónica al referirse a ciertos tipos de mujer, particularmente, cuando se refiere a la mujer representante de la burguesía más conservadora. De una peregrina francesa destaca:

---

56. Muestra la autora, aunque con suavidad y sin pedantería, su erudición en el campo del arte, actividad a la que se dedicó hasta el final de su vida.

el busto voluminoso de una peregrina que, a todas luces, resultaba una viviente acción de gracias al Hacedor de tan saludable físico.

(*La aventura de Roma,* p. 276)

Sin embargo, muestra una gran ternura hacia las tías del protagonista, dos ancianas de la burguesía de provincias, que soportan con estrechez económica las aspiraciones artísticas de su sobrino:

Andrés vio mentalmente a *mamá* Isabel y *mamá* Charito menguando cada día más su reducidísimo tren de vida para enviar, con la pensión de cada mes, algunas golosinas al "niño". Las veía recomponiendo hasta lo inverosímil su eterno traje negro; ahorrando el brasero; suprimiendo el café después de las comidas —¡su único vicio!—, y hasta reemplazando por una mísera lamparilla de aceite el farol que siempre lucía ante una imagen del Perpetuo Socorro, en memoria de los muertos queridos...

(p. 304)

El personaje central femenino, Kate, es una mujer moderna, intelectual, atractiva, de nacionalidad norteamericana. Sabe utilizar, para conseguir sus fines particulares, el amor que provoca —sin pretenderlo— en Andrés. Cuando éste —un andaluz paradigma del joven seductor y con sed de aventuras eróticas— se entrega febrilmente al culto de ese amor, Kate resuelve con energía la situación, adoptando un comportamiento que ha sido tradicionalmente el propio del seductor: el abandono. Margarita Nelken presenta un modelo de conducta de la mujer moderna ante las redes tendidas por el hombre en el plano amoroso. Viene a significar la victoria de la mujer, guiada por la fuerza clarificadora de su intelecto, sobre el seductor, que, a su vez, sabe utilizar unas armas igualmente modernizadas, las culturales, impuestas por la propia personalidad de la mujer deseada.

* * *

Magda Donato en *La carabina*[57] trata de la tragedia de una mujer perteneciente a una ilustre familia que, venida a menos y sola, debe luchar entre las exigencias impuestas por unas normas sociales que condicionan su conducta y actuación en la vida, las dificultades provocadas por una situación económica ruinosa hasta límites insoportables y su amor materno hacia un hijo único, causa de parte de sus desgracias. A través del personaje central, Paulina, expone una serie de problemas orientados fundamentalmente a denunciar la situación de desamparo en que se encuentra la mujer que necesita trabajar:

> Su clientela no era la de las casas de lujo, capaces de pagar una cantidad crecida por la creación de un nuevo modelo, sino la de las fábricas y mercerías que pagan miserablemente las copias adocenadas.
>
> (*La Carabina,* p. 324)

Incide, sobre todo, en la indefensión de la mujer de origen burgués que, para salvar las apariencias, sólo encuentra, como salida honrosa, la de acompañar señoritas, en función de carabina, debiendo soportar las humillaciones provocadas por su desclasamiento. Con la ironía habitual en el estilo de la autora, y en uno de los muchos ataques que lanza contra la burguesía, define la situación de "la carabina" a través de un recurso de cosificación. Cuando Lily, la señorita a la que acompaña Paulina, llega a casa de unos amigos, donde se celebra una reunión:

57. Se publicó en *La Novela de Hoy,* año III, núm. 129, 31-X-1924.

al entrar, y después de depositar su paraguas en el perchero del recibimiento, Lily depositó a su señora de compañía en una habitación contigua a la sala, en la que se hallaban ya unas cuantas señoras modestas y resignadas.

(*La Carabina*, p. 332)

Magda Donato demuestra una gran habilidad en la descripción, tanto a la hora de construir personajes como de crear situaciones. En su relato predomina la narración y la descripción sobre el diálogo, dominando incluso, en abundantes pasajes, el llamado estilo libre indirecto con una aproximación al monólogo. En el lenguaje empleado se manifiesta la periodista que fue, huyendo de las formas artificiosas y con pretensiones estilísticas, para ofrecer una lengua sencilla, clara y fácil de entender por el público[58], con abundantes términos coloquiales de su actualidad, pero sin caer nunca en el uso del vulgarismo.

* * *

Las dos estrellas[59], de Pilar Millán Astray, presenta el mundo del espectáculo a través de las dos protagonistas, Charito y Margarita, que aspiran a alcanzar el éxito y lo consiguen por sus propios méritos. Es un relato que denota las aptitudes dramáticas de su autora que es, ante todo, dramaturga[60], incluso cuando escribe novela. Hay abundantes elementos de indudable procedencia teatral como el predominio de unos diálogos breves, rápidos, de gran

58. La claridad de su prosa hace pensar también en la otra actividad a la que se dedicó la autora: la literatura infantil, que exige ante todo sencillez de lenguaje y ausencia de ornato estilístico.

59. Se publicó en *Los Novelistas,* año I, núm. 11, 24-V-1928.

60. Pilar Millán Astray es una de las pocas dramaturgas españolas que hay en nuestra Historia de la Literatura hasta época reciente. (Véase resumen biográfico, pp. 351-352).

expresividad, que, en ocasiones, se prolongan para poner en antecedentes al lector —a manera de acotación— sobre la historia o circunstancias de algún personaje. La misma relevancia dada a la descripción de interiores, frente a la total ausencia de paisajes exteriores, nace de las condiciones dramatúrgicas de Pilar Millán Astray. El humor fácil, conseguido a través de recursos casi guiñolescos, la división maniquea de los personajes en "buenos", los de origen popular, y "malos", los "señoritos del trueno madrileño" que intentan seducir a las dos jóvenes estrellas, son elementos que conducen al relato por el camino inconfundible del género sainetesco[61], género que Pilar Millán Astray domina con maestría.

Hay además, una exaltación de valores tradicionales como la maternidad, la unidad de la familia o el orgullo de la patria basado en una búsqueda de sus raíces en lo andaluz aflamencado con tintes de gitanismo. Dice Charito, la estrella del baile flamenco, comentando su propio triunfo:

> Poquito orgullo que siento cuando leo en los periódicos que Rosario de Córdoba es la encarnación de la raza española, que lleva a las almas la fragancia de nuestros cármenes andaluces. ¿No es mérito que naciendo en pobre cuna llegara la humilde Charito a ser ídolo de su patria?[62]
>
> (*Las dos estrellas*, p. 385)

A pesar de estas afirmaciones, que ponen de manifiesto su pensamiento tradicional y conservador, Millán Astray coincide con otras escritoras de ideología más progresista

---

61. Véanse los rasgos constitutivos del sainete en M.ª Pilar Espín Templado, "El sainete del último tercio del siglo XIX: culminación de un género dramático histórico en el teatro español", *Epos. Revista de Filología*, Madrid, III, 1987, pp. 97-122.

62. En este sentido, Pilar Millán Astray aparece como el envés de la posición anticasticista de Blanca de los Ríos.

a la hora de hacer claras y firmes denuncias de la situación de la mujer como: "Pagan tan mal el trabajo de la mujer" (p. 353). El desenlace del relato viene a ser un canto a la soledad en que se ve obligada —y amenazada— la mujer triunfadora, si no quiere someterse a la voluntad arbitraria del hombre.

En conjunto, *Las dos estrellas* es una obra de fácil lectura, con un lenguaje que procura mantener la naturalidad. Son muy frecuentes los coloquialismos en los pasajes narrativos y los andalucismos en los diálogos, siempre utilizados por personajes populares que resultan caracterizados —y localizados— por su modo de hablar. Hay un cierto abuso en el empleo del diminutivo y del superlativo, junto con la presencia de un léxico que, en ocasiones, delatan una procedencia indudablemente femenina[63], pero todo esto queda a la sombra frente a la agilidad de la prosa, la frescura y el gracejo de esta escritora que, sin duda, merece ser recordada.

* * *

La obra literaria de María Teresa León es extensa y variada, con una nota común: el contenido lírico de su prosa. *El tizón en los trigos* es un relato incluido en el libro *La Bella del Mal Amor*[64], que lleva como subtítulo, muy significativo, *Cuentos Castellanos*. Participa, pues,

63. Me refiero a formas léxicas más frecuentes en el habla femenina que en la masculina; "Empezó el cuplé con voz *deliciosamente* timbrada; sus actitudes eran *encantadoras*", etc. Igualmente se denota un uso excesivo del diminutivo en la narración: "Sus pies pequeños, con las *uñitas* rojas, jugaban nerviosos", "dijo Perla, presentándole con coquetería el gracioso *hociquito* (...)", etc.; y del superlativo en —*ísimo*: "en sus ojos brilló la *purísima* llama del arte", "Aquella niña casi sin formar resultaba sobre las tablas *esbeltísima*", etc.

64. Se publicó en Burgos, 1930.

de la tradición literaria que cultiva el tema de la Castilla rural, tan frecuente entre algunos de nuestros escritores de finales del siglo XIX y de principios del XX[65]. Pero, además, es un "drama" rural que —con un tono lírico, en medio de la dureza de muchos pasajes— descubre una serie de pasiones que conducen fatalmente a los personajes hacia la tragedia de sus destinos.

El protagonismo, en los seis cuentos que forman el libro *La Bella del Mal Amor,* es siempre femenino, mujeres todas ellas destrozadas por un *mal amor.* En *El tizón en los trigos* aparecen dos tipos de mujer, perfectamente diferenciados, en una abierta oposición. Mujeres procedentes ambas de un mismo origen, que el ambiente y la sociedad se encargaron de distanciar, hasta constituir una clara dicotomía, a través de la cual la autora propone dos modelos opuestos de conducta femenina. La protagonista, honesta, fuerte, valerosa, trabajadora, vive en el campo. La hermana, causante de la tragedia de aquélla y del resto de los personajes, es una prostituta que viene de la ciudad.

Del contraste de las dos mujeres se desprende la honda exaltación que María Teresa León, en éste y en el resto de los cuentos de *La Bella del Mal Amor,* hace de la mujer rural, de lo rural frente a lo urbano. Muy significativo es el siguiente texto, que contiene un auténtico canto a la mujer campesina castellana:

> La moza defendía la casa con la autoridad que la llegaba a la sangre de aquellas mujeres, hoscas como espinos y blandas como mieles, que se perdían en la noche de los linajes humildes de un pueblo de Castilla.
>
> (*El tizón en los trigos,* pp. 411-412)

---

65. Véase Gregorio Torres Nebrera, "La obra literaria de María Teresa León (Cuentos y Teatro)", *Anuario de Estudios Filológicos,* Cáceres, VII, 1984, p. 365.

La serenidad, el equilibrio, que irradia la naturaleza y mantiene la tradición, es alterado y destruido por lo que viene de la ciudad, representante del progreso[66]. Con una sostenida alegoría, la llegada de la hermana, que arruina la convivencia familiar, coincide con la aparición del *tizón,* ruina de las cosechas:

> El tizón negreaba los campos y los corazones.
>
> (p. 409)

La hermana —el tizón— morirá al alumbrar una nueva vida —el alba o la primavera—, que en un canto a la maternidad[67] despierta de la desesperanza a la protagonista, quien al ver a la recién nacida

> Se acercó suave a la cama, ligera, con un brazado de maternidades entre las manos y un calor de nido en el regazo.
>
> (*El tizón...* p. 417)

Mientras:

> Sobre las sementeras —sobre los corazones— rompía el alba.
>
> (p. 417)

66. La autora adopta en este relato una postura próxima a la de algunos novelistas del Realismo —Pereda—, para quienes lo urbano, en oposición a lo rural, viene a significar la destrucción de lo que de bueno tiene el hombre; y, sobre todo, coincide con algunos escritores casticistas. José Gutiérrez Solana escribe en una ocasión: "Las criadas que vienen del pueblo sanas y honradas, en la ciudad enferman o se prostituyen".

67. No es la única vez que alude, en este cuento, a la maternidad. En otro pasaje y refiriéndose a la madre de la protagonista, con un hondo sentido poético, la reduce a una imagen de temblor y de fragilidad: "La madre —¿pero había existido alguna vez?— se llamó Cándida y fue un temblor de paloma. Aleteó lo suficiente para que nacieran los pequeñuelos y los dejó una mañana de Sábado Santo en que temblaban de luz los cristales del caserío" (p. 400).

El tizón en los trigos destaca, como todas las obras de María Teresa León, por el lirismo de su prosa. El ritmo y la estructura poética de algunos de los pasajes narrativos quedan acentuados por la intensa selección a que está sometido el lenguaje, buscando siempre la foma menos vulgar o menos común, haciendo, por el contrario, frecuente uso de cultismos, neologismos, arcaísmos y, sobre todo —dado el tema rural del relato y el tratamiento positivo que le da—, se localizan abundantes términos pertenecientes al léxico del campo. En *El tizón de los trigos* —obsérvese la presencia de este léxico ya en el título— aparecen tratados con auténtico mimo términos como *mieses, trigales, cebadas, sementeras, helechales, mimbreral, vendimia, molienda, yunta, azada, reguera,* etc., que producen un efecto estético de gran belleza plástica en la prosa:

> Y Cándida salta por el saco de harina, vuelca la cacharra del agua, pisa sobre las aliagas del horno, rueda en las cestas y, por fin, cuando llega al portalón, trae las mejillas rojas, los ojos brillantes y los tomillos que se han enganchado en el pelo y el traje, la perfuman de mocedad.
>
> (*El tizón en los trigos*, pp. 405-406)

* * *

Heroínas es un relato plenamente representativo de la literatura y del pensamiento de Fererica Montseny. Se publicó en la colección *La Novela Libre*[68], editada por "Ediciones de la Revista Blanca", que regentaban sus padres. Trata sobre la revolución de octubre de 1934 en las cuencas mineras de Asturias, en la que el apoyo de los sindicatos, particularmente de la CNT, tuvo un papel

---

68. Aparece sin fecha. Por los acontecimientos narrados, hay que pensar en 1935 o los primeros meses de 1936.

fundamental. En *Heroínas* la acción se centra en el protagonismo de una joven maestra racionalista[69] —símbolo de la intervención heroica de la mujer[70] en dichos acontecimientos— que, con su tesón y valentía, dirige la resistencia de un grupo de milicianos guerrilleros, refugiados en las montañas tras la derrota del levantamiento obrero frente a las fuerzas del gobierno.

Hay que situar el relato de Federica Montseny en la tradición de la literatura de ideología anarquista[71], que se desarrolla en España entre finales del siglo XIX y principios del XX, pudiéndose prolongar, en algunos casos, hasta la década de los años 30. El valor artístico de Federica Montseny es superior a la mayoría de los relatos que aparecen publicados en las revistas anarquistas, pero muchos de los rasgos que determinan su obra tienen ese origen. Hay un didactismo político y social que lleva a entender el magisterio —profesión de la protagonista— como un

69. Las escuelas racionalistas fueron fundadas en 1901 por el pedagogo anarquista Francisco Ferrer i Guardia, que fue fusilado tras los acontecimientos de la Semana Trágica de Barcelona, en 1909. Fundó también una Escuela Normal para formar al profesorado y unas Conferencias Dominicales Públicas. Para más información sobre este tema, véase M.ª Rosa Capel, *El trabajo y la educación de la mujer en España (1900-1931), (cit.),* p. 307. En el relato de Federica Montseny se pone de relieve la diferencia existente entre la imagen y los métodos tradicionales de la "maestra nacional" y los modernos y progresistas de la "maestra racionalista".

70. No hay duda de que la protagonista de *Heroínas* recoge aspectos y gestos de la participación valerosa de algunas mujeres en estos incidentes. Se podría establecer un paralelismo con Libertad Lafuente, que combatió cuerpo a cuerpo en las calles de Oviedo (véase nota 22 de *Heroínas*) y de tantas otras mujeres, cuyas acciones han quedado en el anonimato. Recuérdese el libro de Luis M. Jiménez de Aberasturi, *Kasilda —miliciana—. Historia de un sentimiento,* San Sebastián, Txertoa, 1985, sobre el relato autobiográfico de una miliciana anarquista entre 1934 y 1936.

71. Para observar los rasgos característicos de este tipo de literatura, véase Lily Litvak, *El cuento anarquista. Antología (1880-1911),* Madrid, Taurus, 1982.

apostolado, "cruzada en busca de almas que modelar"; una moralización constante que busca la bondad en lo natural, localizado, por un lado, en el campo y, por otro, en la condición humana, con una visión rousseauniana, cuando no ha sido desviada por la ambición y los intereses de la sociedad. La cultura es imprescindible como complemento de lo natural. Consecuencia de este enfoque —de acuerdo con las tendencias pedagógicas libertarias— es la mitificación de la vida de la clase obrera y, sobre todo, de la protagonista —maestra perteneciente a la clase media— que desarrolla una vocación de renuncia de sí misma muy próxima a un sentimiento de misticismo laico[72]:

> A través del diálogo, el alma de María Luisa se transparentaba, mostrándose con toda su altivez sencilla, en su misticismo innato, en aquel desinterés por sí misma, que era el mejor y más extraordinario adorno de su carácter.
>
> (*Heroínas*, p. 453)

En la maestra racionalista-guerrillera, Federica Montseny proyecta, además de sus ideales sociales y políticos, el modelo de mujer, culta, moderna, independiente, con capacidad de decisión, defensora de sus derechos, entre los que, tal vez, el más importante es la libertad.

ÁNGELA ENA BORDONADA

---

72. Véase nota 9 de *Heroínas*.

Criterio de la selección

A la hora de seleccionar los textos que han de publicarse en una edición de estas características, como cuando se trata de hacer una antología, el autor experimenta siempre la responsabilidad sobre el acierto en elegir y el temor de que esa elección no sea aceptada por el público a quien va dirigida.

La limitación temporal está justificada por un procedimiento habitual —la búsqueda de fechas significativas—, que, en este caso, y particularmente el final del período elegido, 1936, supera las motivaciones puramente emblemáticas. La guerra civil supone una ruptura que afecta profundamente a la mayoría de las escritoras aquí seleccionadas, tanto en su vida como en su literatura, en mayor grado que a otros testigos de aquellos avatares históricos. Significa el exilio para unas (Margarita Nelken, *Magda Donato*, María Teresa León, Federica Montseny); es el principio de la destrucción de una sociedad que era la suya, en medio del caos de la guerra europea (Sofía Casanova); o la imposibilidad de seguir utilizando la que era su primera lengua literaria, el catalán, (*Víctor Català*). Para

todas ellas, incluso para aquellas que resultan menos per-
judicadas por los acontecimientos (Blanca de los Ríos y
Pilar Millán Astray) —Carmen de Burgos había muerto
en 1932—, nada será igual a partir de 1936. Con la excepción de María Teresa León, cuya literatura recibe un nuevo impulso en el exilio, en el resto de estas escritoras la
llama de la inspiración literaria —en lo que a producción
propiamente literaria se refiere— parece extinguirse o,
cuando menos, debilitarse. El mundo ha cambiado, la literatura también y sus formas literarias parecen no tener
ya cabida. Incluso las colecciones de novela breve, de las
que fueron asiduas colaboradoras, han desaparecido.

Por otra parte, se ha seguido el criterio de, en un intento de rescatar del olvido nombres que lo merecen, establecer una selección basada exclusivamente en la calidad
artística de las escritoras y en la variedad de sus manifestaciones literarias. Así, se ha prescindido de autoras como
Emilia Pardo Bazán o Concha Espina, cuya obra no precisa ser recuperada, pues ha sido reconocida y publicada
sin dificultad en su época y en la nuestra. Igualmente se
ha evitado incluir a escritoras cuyo máximo interés reside
no tanto en el valor artístico de su literatura como en el
exotismo o rareza que aporta su condición femenina. Esto
no significa que, dentro del primer tercio del siglo XX —y
aparte de las arriba citadas— sólo nueve narradoras me-
rezcan ser destacadas. En algunos casos la renuncia ha
sido dolorosa: Concepción Gimeno de Flaquer, Sara Insúa, Matilde Muñoz... Pero, se ha procurado que entre
las escritoras seleccionadas existiese una variedad crono-
lógica, social, ideológica y, fundamentalmente, literaria,
de manera que pudiesen ser representativas de las variadas tendencias que se manifiestan en la literatura de las
tres primeras décadas del siglo XX.

A.E.B.

Bibliografía selecta

Bibliografía sobre Blanca de los Ríos

Estudios:

Solano, M.ª Luisa: "Una gran escritora española: doña Blanca de los Ríos de Lampérez", *Hispania,* Stanford (California), XIII, 1930, pp. 389-98.

Ambruzzi, Lucio: "Una letterata spagnola grande amica dell'Italia: Blanca de los Ríos", en *Italia e Spagna. Saggi sui rapporti storici, filosofici ed artistici tra le due civiltà,* Florencia, Le Monnier, 1941.

Chacón y Calvo, José M.ª.: "Doña Blanca de los Ríos" *Boletín de la Academia Cubana de la Lengua,* V, 1956, pp. 194-198.

Le dedican breve espacio:

González Blanco, Andrés: *Historia de la novela en España. Desde el Romanticismo a nuestros días,* Madrid, 1909, p. 702.

Hurtado, Juan y Ángel González Palencia: *Historia de la Literatura Española,* 1935, 3.ª ed., p. 1.016.

Valbuena Prat, Ángel: *Historia de la Literatura Española,* III, 1963, pp. 449-450.

Pedraza Jiménez, Felipe y Milagros Rodríguez Cáceres: *Manual de Literatura Española,* Tafalla, Cénlit ed., 1987, IX, pp. 669-670.

Marsá Vancells, Plutarco: *La mujer en la literatura,* Madrid, Torre-mozas, 1988, p. 206.

Bibliografía sobre Víctor Catalá

Ediciones recientes de obras de la autora:

Obras Completas, Barcelona, Selecta, 1972.
Drames rurals, Barcelona, Edic. 62, 1982.
Solitud, Barcelona, Edic. 62, 1983; Barcelona, Selecta, 1984.
"La infanticida" i altres textos, Barcelona, La Sal, Col. Clàssiques Catalanes, 1984.
Caires vius, Barcelona, Edic. 62, 1985.
Soledad, Madrid, Alianza Ed. Enciclopedia Catalana, 1986. (Versión al castellano de Basilio Losada, pról. de Baltasar Porcel).
Un film (3.000 metres), Barcelona, Ed. 62, 1987.

Estudios:

Guerra, Ángel: Prólogo a *Vida trágica,* Madrid, Bibl. Patria, vol. XXXV, 1907.
Garcés, Tomás: "Conversa amb Víctor Catalá", *Revista de Catalunya,* Barcelona, 1926.
Sainz de Robles, Federico Carlos: *Diccionario de mujeres célebres,* Madrid, Aguilar, 1959, p. 29.
Miracle, Josep: *Caterina Albert i Paradís "Víctor Catalá",* Barcelona, Dopesa, 1978.
Porcel, Baltasar: "Un retrato", prólogo a *Soledad,* Madrid, Alianza Ed., 1986.
Segura i Soriano, Isabel: "La literatura de mujeres como fuente de documentación para la recuperación de la experiencia histórica de las mujeres (La literatura femenina escrita en catalán)" en *Literatura y vida cotidiana,* Actas de las IV jornadas de investigación interdisciplinaria, Seminario de Estudios de la Mujer de la Univ. Autónoma de Madrid, Univ. de Zaragoza, 1987, pp. 251-261.
Alvarado, Helena: "Caterina Albert/*Víctor Catalá:* una autora motriu/matriu dins la literatura catalana de dones", en Isabel Segura (y otros), *Literatura de dones: Una visió del mon,* Barcelona, La Sal, Col. Clàssiques Catalanes, 1988.

Espadaler, Antón M.ª *Literatura catalana,* en *Historia crítica de la Literatura Hispánica,* vol. XXVII, Madrid, Taurus, 1989, pp. 139-140.

Bibliografía sobre Sofía Casanova

Estudios:

Carretero Novillo, José M.ª *(El Caballero Audaz):* "Sofía Casanova", en *Más de cien vidas extraordinarias contadas por sus protagonistas.* Vol. II, Madrid, 1943-48, pp. 397-403.

Sainz de Robles, Federico Carlos: *Diccionario de mujeres célebres,* Madrid, Aguilar, 1959, p. 223.

Fuentes Pila, M.ª Pilar: *Mujeres corresponsales en la historia del periodismo español: Sofía Casanova,* Madrid, Facultad de Ciencias de la Información, 1961 (tesis de licenciatura).

Bugallal Marchesi, José Luis: "Sofía Casanova. Un siglo de glorias y dolores", *Boletín de la Real Academia Gallega,* La Coruña, 1964.

Simón Palmer, M.ª Carmen: "Tres escritoras españolas en el extranjero", *Cuadernos Bibliográficos,* núm. 47, 1987, pp. 157-180.

Alayeto, Ofelia Luisa: "Sofía Casanova: A Link between Polish and Spanish Literatures (1862-1958)" *DAI,* 1983, nov. 44.

Breves referencias en:

Cansinos-Assens, Rafael: *La novela de un literato,* I, Madrid, Alianza Ed. 1982, pp. 212-215.

Galerstein, Carolyn L. (ed.): *Women Writes of Spain. An Annotated Bio-Bibliographical Guide,* New York, Greemnood Press, 1986, pp. 69-72.

Marsá Vancells, Plutarco: *La mujer en la literatura,* Madrid, Torremozas, 1987, pp. 178-179.

Bibliografía sobre Carmen de Burgos (Colombine)

Ediciones recientes de obras de la autora:

El hombre negro, Ed. de Rosa Romá, Madrid, Emiliano Escolar Ed., 1980.

Villa María, Ed. de Rosa Romá, Madrid, Emiliano Escolar Ed., 1980.

Mis mejores cuentos, Ed. de Ana Martínez Marín, Sevilla, Editoriales Andaluzas Unidas, 1986.

Los Anticuarios, Madrid, Biblioteca Nueva, 1989.

La flor de la playa y otras novelas cortas. Madrid, Biblioteca de Escritoras, 1989. Edición, introducción y selección de Concepción Núñez Rey.

Estudios:

Starcevic, Elizabeth: *Carmen de Burgos: defensora de la mujer,* Almería, Librería Editorial Cajal, 1976.

Suárez Galbán, Eugenio: "Sobre dos novelas cortas recuperadas de Carmen de Burgos", *Insula,* núm. 436, sept. 1982.

Clemessy, Nelly: "Carmen de Burgos: novela española y feminismo hacia 1920", *Iris,* Montpellier, 1984, núm. 4, pp. 39-53.

Núñez Rey, Concepción: "Introducción" a la edición de *La flor de la playa y otras novelas cortas,* Madrid, Ed. Castalia *Biblioteca de escritoras,* 1989.

Referencias a su vida y a su obra:

Sainz de Robles, Federico Carlos: *Diccionario de mujeres célebres,* Madrid, Aguilar, 1959, p. 200.

— *La promoción de "El Cuento Semanal",* Madrid, Espasa-Calpe, 1975.

Cansinos-Assens, Rafael: *La novela de un literato,* Madrid, Alianza, 1982, vols. I y II.

Galerstein, Carolyn L. (ed.): *Women Writes of Spain. An Annotated Bio-Bibliographical Guide,* New York, Greemnood Press, 1986, pp. 52-54.

Marsá Vancells, Plutarco: *La mujer en la literatura,* Madrid, Torremozas, 1987, p. 176.

Bibliografía sobre Margarita Nelken

Capmany, M.ª Aurelia: "Un libro polémico sin polémica", prólogo al libro de M. Nelken *La condición social de la mujer en España,* Madrid, Ediciones CVS, 1975 (la 1.ª ed. apareció en 1919).

Rodrigo, Antonina: "Margarita Nelken", *Historia y vida*, 127, Barcelona, oct. 1978.

— *Mujeres de España (Las silenciadas)*, Barcelona, Plaza y Janés, 1979, pp. 158-171. (Contiene la biografía más completa de Margarita Nelken, hasta ahora.)

García Méndez, Esperanza: *La actuación de la mujer en las Cortes de la Segunda República*, Madrid, Almena, 1979, pp. 37-39.

Galerstein, Carolyn L.: *Women Writes of Spain. An Annotated Bio-Bibliographical Guide*, N. York, Greemnood Press, 1986, pp. 233-234.

Marsá Vancells, Plutarco: *La mujer en la literatura*, Madrid, Torremozas, 1987, p. 199.

Bibliografía sobre Carmen Eva Nelken (Magda Donato)

(No aparece tratada en ningún diccionario ni repertorio de escritoras. Muy breves referencias en)

Bravo-Villasante, Carmen y J. García Padrino: *Homenaje a Salvador Bartolozzi*, Madrid, Porrúa Turanzas, 1984.

Espina, Antonio: *Salvador Bartolozzi. Monografía de su obra*, México, Unión Editorial, 1951.

Bravo-Villasante, Carmen: *Historia de la Literatura Infantil*, Madrid, Doncel, 1972, p. 221.

Rodrigo, Antonina: *Mujeres españolas (Las silenciadas)*, Barcelona, Plaza y Janés, 1979, p. 161.

Bibliografía de Pilar Millán Astray

(Breve referencia en)

Galerstein, Carolyn L. (ed.): *Women Writes of Spain. An Annotated Bio-Bibliographical Guide*, New York, Greemnood Press, 1986, pp. 217-219.

Marsá Vancells, Plutarco: *La mujer en la literatura*, Madrid, Torremozas, 1987, p. 195.

Bibliografía sobre María Teresa León

Ediciones recientes de obras de la autora:

Rosa-Fría, patinadora de la luna, Madrid, La Gaya Ciencia, 1973.
El Soldado que nos enseñó a hablar. Cervantes, Madrid, Altalena Ed. 1978.
Memoria de la melancolía, Barcelona, Bruguera, 1982.
Juego limpio, Barcelona, Seix Barral, 1986.

Estudios:

Torres Nebrera, Gregorio: "La obra literaria de María Teresa León (Cuentos y Teatro)", *Anuario de Estudios Filológicos,* Cáceres, VII, 1984, pp. 361-384.
— "La obra literaria de María Teresa León: autobiografía, biografía, novelas", *Trabajos del Departamento de Literatura,* Universidad de Extremadura, 1987, núm. 5.
Varios Autores: *María Teresa León,* Valladolid, Col. Villalar, Junta de Castilla y León, 1987. Es un homenaje a la escritora del que se pueden destacar los siguientes estudios:
    Bravo Villasante, Carmen: "María Teresa León, mujer de letras. Los cuentos de María Teresa León", pp. 13-22.
    Monleón, José: "Arte y urgencia: las guerrillas del teatro", pp. 23-26.
    Torres Nebrera, Gregorio: "María Teresa León, esbozo a tres tintas (Memorias, biografías, novelas)", pp. 27-40.
    Albornoz, Aurora de: "El lugar de María Teresa León", pp. 41-48.
Mangini, Shirley: "Three Voices of Exile", *Monografic Review,* Odessa, Texas, II, 1986, pp. 208-215 [sobre Victoria Kent, María Teresa León y Federica Montseny].
Rodrigo, Antonina: *Mujeres de España (Las silenciadas),* Barcelona, Plaza y Janés, 1989, pp. 172-192.

Breves referencias en:

Galerstein, Carolyn L.: *Women Writes of Spain. An Annotated Bio-Bibliographical Guide,* New York, Greemnood Press, 1986. pp. 174-177.

Marsá Vancells, Plutarco: *La mujer en la literatura,* Madrid, Torre-mozas, 1987, p. 191.

Bibliografía sobre Federica Montseny

(En ediciones recientes sólo se han publicado sus obras de conteni-do político.)

Pons, Agustí: *Converses amb Frederica Montseny. Frederica Mont-seny, Sindicalisme i Acracia,* Barcelona, Laia, 1977.

Rodrigo, Antonina: *Mujeres de España (Las silenciadas),* Barcelo-na, Plaza y Janés, 1979, pp. 139-150.

Alcalde Garriga, Carmen: *Federica Montseny: Palabra en rojo y negro,* Barcelona, Argos Vergara, 1983.

Padilla, A.: "Federica Montseny y la CNT-FAI", *Historia y vida,* Barcelona, 1975, núm. 90.

Nash, Mary: "Dos intelectuales anarquistas frente al problema de la mujer: Federica Montseny y Lucía Sánchez Saornil", *Convi-vium,* Barcelona, 1977, núms. 44-45, pp. 71-101.

Mangini, Shirley: "Three Voices of Exile", *Monographic Review,* Odessa, Texas, 1986, II, pp. 208-215.

Breve tratamiento en:

Galerstein, Carolyn L.: *Women Writes of Spain. An Annotated Bio-Bibliographical Guide,* New York, Greemnood Press, 1986, p. 225.

Marsá Vancells, Plutarco: *La mujer en la literatura,* Madrid, Torre-mozas, 1987, pp. 196-197.

Blanca de los Ríos

LAS HIJAS DE DON JUAN

Blanca de los Ríos

Nace en Sevilla, el año 1862. Perteneciente a una familia de ilustres nombres en las artes y en las letras, orientó muy pronto su vocación y su actividad hacia el campo de la literatura, en su doble aspecto de la investigación y de la creación, obteniendo gran prestigio en ambos, aunque en nuestros días se le haya reconocido más su labor investigadora, mientras que su obra literaria ha quedado en un olvido injusto e incomprensible, sobre todo si se recuerda la popularidad que su literatura conoció en su tiempo. Prueba de esta popularidad es, por una parte, la presencia de su nombre en las publicaciones periódicas y colecciones de novela de mayor éxito en la época y, por otra, la traducción, desde 1885, de parte importante de su narrativa al italiano, al francés, al alemán, al inglés y aun al danés. A lo largo de su vida recibió numerosos honores y distinciones que demuestran el reconocimiento de su labor. El 12 de marzo de 1924 le ofrecen un homenaje en la Academia de Jurisprudencia, con ocasión de recibir la Gran Cruz de Alfonso XII. El acto estuvo presidido por la reina Victoria Eugenia. En este homenaje, y en su publicación posterior, se comprueba el prestigio que gozaba Blanca de los Ríos en el mundo literario e intelectual de España e Hispanoamérica. En algunas de las intervenciones en ese homenaje se solicita para la escritora el ingreso en la Real Academia de la Lengua. No es la única ocasión en que se hace esta solicitud: en 1928 es nuevamente propuesta, para ocupar el sillón vacante de Carracido, junto a otras solicitudes para personalidades como Ramón Pérez de Ayala, Concha Espina, Ramón del Valle-Inclán, Luis Martínez Klaiser, Gabriel Miró, Vicente Blasco Ibáñez, etc. Fundó y dirigió, durante doce años, la revista *Raza Española*, a través de la cual mostró su preocupación por las relaciones entre España y la América hispana. No se conocen intervenciones directas de Blanca de los Ríos en la política, sin embargo, cuando el 5 de septiembre de 1926, el general Primo de Rivera anuncia la convocatoria de una Asamblea Nacional, algunas mujeres —de clase alta y espíritu conservador— serán miembros de ella: además de algunas aristócratas, hay tres mujeres intelectuales de gran renombre, María de Maeztu, María Echarri y Blanca de los Ríos. Tras una larga y prolífica vida, murió en Madrid en el año 1956.

En su producción hay que distinguir la investigación de la creación. Su obra de crítica literaria fue amplia y variada. Destacan los estudios —y conferencias— sobre la literatura española del Siglo de Oro: *Estudio biográfico y crítico de Tirso de Molina*, obra premiada por la Real Academia Española en 1889 y en la que reside su prestigio inicial; *Tirso de Molina. Obras dramáticas completas* (Madrid, Aguilar, 1962, 2ª. ed.); *Del Siglo de Oro. Estudios literarios* (1910), prologado por Marcelino Menéndez Pelayo; y otros estudios sobre Cervantes —realizó una edición de las *Novelas ejemplares* y varios artículos sobre El Quijote—, Calderón, la mística, etc.

Como autora de creación cultivó los tres géneros. Escribió varios libros de poemas, por los que Juan Valera la incluye en su *Florilegio de poesías castellanas del s. XIX* (1902): *Esperanzas y recuerdos* (1881), *La novia del marinero* (1886), *Vida o sueño. Rimas* (s.a.). Su obra teatral, *Farsa,* drama en tres actos, fue muy elogiada por la crítica. Más extensa y valiosa es su narrativa, donde se revela como una maestra en la construcción de la novela breve. Su primer relato fue *Margarita* (1878), pero los títulos más famosos corresponden a su época de madurez, ya dentro de nuestro siglo: *La niña de Sanabria, Melita Palma, Sangre española* (1907); colecciones de cuentos como *La rondeña (Cuentos andaluces), El Salvador (Cuentos varios)*; y, sobre todo, novelas breves incluidas en las colecciones que surgen a partir de 1907: *Las hijas de don Juan (El*

Cuento Semanal, núm. 42, 1907), *Madrid goyesco* (*Ibídem*, núm. 68, 1908), *Los diablos azules* (*Los Contemporáneos,* núm. 54, 1910), etc.

A.E.B.

Las hijas de don Juan

I

Último vástago de la casa y señorío de Fontibre, en tierra de Aragón rayana con Navarra, pertenecía don Juan a una familia burguesa en la posición, noble en la sangre, neurótica atávicamente: hubo en ella misioneros y conquistadores, levadura heroica que fermentaba aquí y allá en algún alma sedienta de ideales, que iba a buscarlos al claustro, a la guerra y con frecuencia al pecado, en locuras eróticas o románticos descaminos. De romántico tuvo mucho nuestro personaje —no me decido a llamarle héroe—; coincidió su juventud tempestuosa con el tercer romanticismo nuestro, el que recogió la esencia becqueriana[1], confundida a la racha trágica de los dramas echegarayescos[2] y a la patriótica llamada de los primeros *Episodios galdosianos*[3]; por entonces, por los días en que los *Episodios* prendían fiebre en las almas entusiastas, y

1. Se refiere al poeta Gustavo Adolfo Bécquer (1836-1870).
2. Ya quedan comentadas en la Introducción (pp. 29-30) las vinculaciones temáticas de *Las hijas de don Juan* con la obra de José Echegaray, *El hijo de don Juan* (1892).
3. La primera serie de los *Episodios Nacionales* de Benito Pérez Galdós se publicó entre 1873 y 1875.
4. Rafael Calvo (1842-1888), prestigioso y popular actor, representaba con gran elocuencia el teatro de Echegaray y, como explica más adelante el

Rafel Calvo[4] electrizaba a los concursos con su declamación candente y con sus fogosas recitaciones de los poemas de Núñez de Arce[5], amanecía la mocedad de don Juan inflamada en el romanticismo contagioso que era atmósfera del Madrid de aquellos años. Flotaban en el espacio todavía muchos efluvios donjuanescos: el gran mito de Tirso[6] reencarnado[7] en Molière, en Mozart, en Byron, en Espronceda, en De Musset y redivivo en Zorrilla, alentaba en las estrofas de Baudelaire, en el dandysmo de Brummell[8], y en todas las formas del arte. Luego, el donjuanismo —digan los críticos lo que gusten— es español de origen y de *naturaleza*, está en el aire, en el clima, en la fácil vida alegre, frugal y aventurera, en la sangre ardorosa, atavismo caballeril, menosprecio de la vida, odio al trabajo, sobra de sol, prodigalidad del tiempo, mujerío irresistible y legendaria fama de valor, rumbo y galantería. De todo eso está hecho el donjuanismo español, y tan vivo aún, que llena los teatros cuando se representa el *Tenorio* y abastece con sus víctimas cárceles y hospitales. Claro es que en esto, como en todo, la leyenda concluye donde la europeización empieza; pero los tiempos de don Juan aún

---

texto, obtuvo grandes éxitos recitando los poemas neorrománticos de Núñez de Arce.

5. Gaspar Núñez de Arce (1832-1903), periodista, dramaturgo y, sobre todo, famoso poeta.

6. Se refiere a *El burlador de Sevilla* de Tirso de Molina, autor al que la autora dedica gran parte de sus trabajos de investigación.

7. Alude a las versiones del mito de Don Juan en Molière: *Don Juan* (1665); Mozart: *Don Juan* (1787); Lord Byron: *Don Juan,* poema inconcluso, entre 1818-1824; Espronceda: *El estudiante de Salamanca* (1840); De Musset: *Namouna* (1832); Zorrilla: *Don Juan Tenorio* (1844); Baudelaire: se refiere al sentido del amor y el dandysmo de alguno de los poemas de *Les fleurs du mal* (1857).

8. *G.B.* Brummell (1778-1840), dandy inglés, considerado el árbitro de la elegancia de su época.

eran donjuanescos y... bueno es apresurarse a fijar en la placa[9] ciertas figuras antes que desaparezcan.

Lo que había de romanticismo, hidalguía y libertinaje en don Juan —y de esos tres elementos estaba él constituido— no era cerebral ni meditado; como que don Juan no era un intelectual, sino un gozador. *Don Juan* no fue nunca uno de los *puercos de Epicuro*[10], que hozan en los fangales de las últimas depravaciones; don Juan era el histórico seductor *gallardo y calavera* que lo prostituyó todo, menos la estética y la arrogancia, y el prestigio de su romántica persona. Y justamente estos sus tradicionales encantos eran los que le hacían irresistible para con las mujeres. Cuidábase él tanto del nudo de la corbata y de la corrección del traje, como del sortilegio de las palabras y de la muda fascinación por el gesto y las actitudes; pero hacíalo todo con tan supremo arte, con tal sobriedad de recursos, que lo más estudiado parecía, y en parte era en él ingénito[11]. Poseía la intuición de lo bello, de lo exquisito y original. Y dentro de esa triple distinción, supo él crearse un gusto y estilo personalísimo. Su vestir, su andar, sus modales, formaron escuela; su saludo —un movimiento casi militar del brazo, dando al aire el sombrero— se hizo moda; su opinión era *autoridad*; su compañía, patente de elegancia. Su natural destreza para los deportes, los juegos y las artes, hiciéronle estimado, solicitadísimo, popular en el Madrid de Alfonso XII. En estética, jamás tuvo inventiva; pero en imitaciones era *inimitable*. Remedaba con pasmosa perfección a Calvo[12], a Vico[13] y a *Julia-*

9. *fijar en la placa:* recoger, registrar (sent. fig.).
10. Epicuro (347-270 a. J.C.), filósofo griego, fue creador de una doctrina según la cual el hombre alcanza la felicidad por el uso ordenado del placer.
11. *ingénito:* connatural, como nacido con uno.
12. Véase n. 4.
13. Antonio Vico (1840-1902), famoso actor español. Representó a Echegaray, Cano, Sellés, etc.

nito Romea[14], de cuya elegante flexibilidad participaba en alto grado. Y aquella multiplicidad de habilidades y dotes de salón hacíanle *utilísimo* para todo lo inútil; pero sabido es que, en sociedad como en arte, "nada más necesario que lo supérfluo". Era, pues, don Juan una de las personalidades más típicas del Madrid de la Restauración[15]. Lo mismo flotaba en la brillante espuma de la superficie, que buceaba por las fangosas profundidades sociales, sin perder jamás su altiva apostura, sin manchar en canallesco lodo los encajes de su valona[16] de caballero; pero sin que hubiese escenario equívoco, café cantante, tasca de colmado, garito ni antro de placer donde no fueran célebres don Juan, sus gallardías, larguezas, hazañas y aventuras estupendas. Claro es que la moral de don Juan era la del *Burlador* sevillano[17], pura estética de actitudes, pero quedábase en inmoral, no llegaba a ser *amoral* como los decadentistas[18] actuales; porque don Juan, impío y olvidadizo de Dios por engreimiento de su fuerza y por audaz rebeldía, no fue jamás ateo, ni salvó nunca la distancia que separa al libertino del rufián o del degenerado.

Quedaban en su alma generosos yacimientos de nobleza, y había en ella un cerrado santuario donde rendía culto a su sola ostensible religión: su madre. Una cristiana y virtuosísima señora, a quien las locuras de su hijo martirizaron la vida y apresuraron la muerte. Harto lo conocía don Juan, y de aquella herida de amor y remordimiento

14. Julián Romea (1816-1868), gran actor español, cultivó la tragedia.

15. Se conoce con el término Restauración al período histórico corresponde al reinado de Alfonso XII y regencia de M.ª Cristina (1875-1902). Algunos historiadores prolongan este período hasta 1931.

16. *valona:* "cuello grande y vuelto sobre la espalda, hombros y pecho" (*DRAE*). Formaba parte del atuendo del caballero del s. XVII.

17. Se refiere, una vez más, a *El burlador de Sevilla*.

18. *Decadentistas:* españolización del francés *decadent*. Se aplicó, con cierto matiz peyorativo, a los escritores modernistas.

70

sangraba siempre su conciencia. Había en ella un íntimo santuario y un altar para la muerta adorada. El último disgusto que don Juan dio a su madre fue su casamiento. ¿Quién hubiera dicho que, perdido como él, pensara en casarse? ¿Cómo sospechar que, hombre de sus gustos y refinamientos, escogiese para propia una mujer tan plebeya, ordinaria y achulapada como la que fue a buscar allá entre sórdidos tenderos de los barrios bajos? Pero... ¿cuándo tuvo don Juan otra ley que su capricho? Verlo contrariado de frente por su madre bastaba a que él lo realizara *in continenti*. Además, ha de tenerse muy en cuenta que el flamenquismo-taurófilo-sentimental y la chulapería romántica, abigarrado amasijo de todas las formas degenerativas de nuestra españolería andantesca, estaba entonces en su apogeo; el valor legendario resolvíase en bravuconería y matonismo; las *orgías* de los melenudos[19] degeneraban en *juergas* de colmado; las *Jarifas* esproncedianas[20], en hembras de pañolón; a la espada caballeril sustituíase la navaja canallesca; a la lira, la guitarra; a la estrofa, el *jipido*[21]: y en todo, en el traje, en el aire personal, en el habla, introdújose y abrió surco la avenida flamenco-tauromáquica, que constituyó *género* en el teatro por horas[22], y en cuadritos y panderetas, de los que *pagan* los ingleses.

El flamenquismo era, pues, moda, fiebre, sugestión de aquellos días, y venía a ser como el espaldarazo —más propiamente— la *alternativa* en donjuanismo. Así aquel casamiento tenía para don Juan sabor de aventura de no-

19. Se refiere a los bohemios románticos. Es evidente el tratamiento despectivo.

20. Alude a la obra *A Jarifa en una orgía*, de José de Espronceda (1808-1842).

21. *jipido*: (And.) gemido, modo de modular la voz en la copla andaluza.

22. *teatro por horas*: modalidad teatral muy popular en el último tercio del s. XIX. Ofrecía, a precios asequibles y con entradas independientes, cuatro obras distintas de un solo acto y durante cuatro horas seguidas.

71

vela; era una calaverada más, una nueva proeza, saltar barreras sociales, arrollar prejuicios, probar sensaciones ignotas, añadir un capítulo a su leyenda de gozador original. Y, pensado y hecho, se casó. Concha, su mujer, era bonita con la picante belleza de las hijas del Madrid bajo; con el peinado y el perfil goyesco de las hembras de Lavapiés; con el grano de sal chispera en la turgente boca altiva; con el relámpago fatídico de la maja en los negros ojos fieros; con el desgarro chulo a flor de labio y pronto a desatarse agresivo. No quiere esto decir que fuese mala, al contrario, era la misma honestidad, virtud hirsuta y negativa, abstención del mal, no práctica del bien, honradez bravía sin gota de dulzura, y en lugar de fe y de misericordia cristiana, supersticioso culto de las exterioridades y ciega idolatría a la *Virgen de los barrios*, la única verdadera para ella, la Paloma[23]. ¡Qué esposa para don Juan! Concha era virtuosa y no conocía, ni aun de nombre, la estética; don Juan tenía la belleza por sola religión, y... ni de nombre conocía la virtud. No había avenencia posible.

Las desavenencias y conflictos de aquel absurdo matrimonio acabaron con la débil salud de la madre del libertino. De pena y de vergüenza murió la pobre anciana. Y aunque cobarde y olvidadizo, don Juan no supo ser del todo ingrato hacia la abnegada mártir; guardaba para ella tal copia[24] de ternuras represadas, que le obligaban a una práctica insólita, increíble en él. Todos los años, el 7 de abril, aniversario de la muerte de su madre, veíase a don Juan salir temprano de su casa, pálido, serio, en *deshabillée* no acostumbrada, revuelto al cuello un pañuelo de seda blanca, levantado el del gabán, el ala del negro fiel-

23. Se refiere a la Virgen de la Paloma, de popular veneración en Madrid, cuya fiesta se celebra con una de las verbenas de mayor arraigo en la capital.

24. *copia:* abundancia.

tro[25] sobre los ojos, y con aquel aspecto y continente, tomaba un *simón*[26] y dirigíase primero a la Paloma, después al cementerio de San Isidro. De la Paloma era dovota su madre, y en San Isidro estaba enterrada. En la mezquina capilla donde Madrid se postra ante su Virgen predilecta, entraba don Juan con recogimiento inusitado. Fuera hervía la resaca de la gente chulesca, el reñir de la banda de mendigos en el atrio, el pregonar de las zafias verduleras, el chillar de las nubes de golfillos en libertad, el crudo blasfemar de carreteros y simones[27] en perpetuo conflicto por la estrechez de la calle… Dentro, una paz solemne lo invadía todo. En el presbiterio, una fila de mujeres pálidas, con sus tiernas criaturas en brazos y una vela encendida en la diestra, ofrecían a la Virgen el fruto recién desprendido, caliente aún del calor de sus entrañas, el hijo nuevo[28].

En aquellas pálidas caras de madres resplandecían y se mezclaban dos luces de lo alto, dos sacras majestades: la maternidad y la fe; y aquellos rostros de chulas que en la vida tendrían gestos zainos y picantes, allí descoloridos, convalecientes, fervorosos, alumbrados por luz de cirios y fulgores matinales, se espiritualizaban, conmovían hasta el llanto.

En la nave se apretaba concurrencia promiscua: no faltaban *guayaveras*[29] de chulo entre blusas[30] tiznadas de

25. *fieltro:* sombrero hecho de fieltro.

26. *simón:* coche de caballos. Llamado también *coche de plaza* o *de punto.* Era de servicio público, con parada fija en una plaza o calle.

27. Por un proceso metonímico designa a los conductores de los coches *simones.*

28. Se refiere a la costumbre tradicional, todavía mantenida en algunas regiones españolas, de la presentación u ofrenda del hijo recién nacido a la Virgen Patrona del lugar, en la primera salida a la calle que la madre hacía después del parto.

29. *guayabera:* chaquetilla corta de tela ligera. En el texto, con *v.*

30. *blusa:* aquí, especie de camisa ancha, sin cuello, con vuelo y amplias mangas, de colores oscuros, que solían llevar los hombres de las clases populares.

obrero; flecudos mantones de negra espumilla[31] contorneando reales cuerpos de chulas; roídos mantoncillos pardos pendientes de angulosos hombros de viejas; y entre el abigarrado conjunto, destacaban aquí y allá ceñidas faldas de raso, boas[32] y abrigos de nutria y de marta, penachudos sombreros y ricas blondas de altas damas; *la plebe santa de Dios* confundíase allí como en un seno amoroso; en todas las pupilas había lágrimas o fulgor de esperanzas, y entre los cuerpos apiñados, alguna joven de negro pelo y cara cérea recién escapada al naufragio de la muerte, rezaba palpitante, llorosa, manteniendo en su mano una vela que alumbraba su palidez y su llanto con ese litúrgico esplendor de oro difuso en que parece arder la fe de muchos siglos.

Aquella fe insumergible, llenaba la iglesita. Don Juan parecía beberla en el ambiente, cargado de plegarias y de incienso. De rodillas ante el altar de la Virgen, pálido, inmóvil, permanecía largas horas. ¿Rezaba? ¿Buscaba por los caminos que van a Dios la huella de las oraciones maternas?... ¡Quién sabe!...

Al salir derramaba una lluvia de monedas en las cien manos negras, esqueletadas[33], codiciosas que el clásico grupo de mendigos le tendía. Después el *simón* le conducía a San Isidro. Postrábase el libertino ante el hueco que contenía los adorados despojos; ponía los labios febriles en el negro mármol donde brillaba en áureas letras el nombre reverenciado, y como si aquel beso le limpiase de todos los besos de infamia, prolongábalo con fruición supersticiosa. Vuelto a su casa, encerrábase en su cuarto y tumbado en la cama pasábase el día a obscuras, solo, ago-

---

31. *espumilla:* tejido ligero, semejante al crespón.
32. *boa:* especie de estola de piel o pluma, de forma redonda y larga, que llevaban las mujeres al cuello.
33. *esqueletadas:* flacas y exhaustas.

tándose el alma entre llantos y desfallecimientos. Pero don Juan no estaba hecho para el dolor ni para la contemplación. Aquel derroche emocional desquiciaba su organismo. Sus nervios se rompían, su cerebro estallaba. Había que aturdirse y reaccionar. Chapuzábase[34] aprisa, se vestía, liábase en la pañosa[35] y se lanzaba al torbellino. Aquella noche bebía como nunca, agotaba todas las voluptuosidades, ahogando en vino y en placer hasta la sombra de sus penas. Así era don Juan.

En aquellas oscilaciones estaba toda la psicología del libertino.

II

El balcón del gabinete de don Juan nunca se abría antes de las tres de la tarde, porque el impenitente nocherniego jamás se recogió antes del amanecer. Y como el padre de familia andaba reñido con la luz y con el orden, la casa toda era modelo de desequilibrio y trastorno. Concha, en quien celos y disturbios aceleraban la marchitez física, exacerbando la acritud de su genio y la incultura de su zafio natural, pasábase la vida altercando con la única y siempre nueva criada; limpiando a duros golpes los maltrechos trastos, o correteando, sofocada y trapienta[36], los mercados y tenduchos más distantes y abyectos, en busca de víveres o telas de fabulosa baratura, que en sofocos, billetes de tranvía y desavíos domésticos ocasionados por su ausencia, costábanle triplemente caros que los hubiese pagado en tiendas vecinas. Y como el amor pasó por

34. *chapuzarse:* aquí, lavarse la cara y parte de la cabeza.
35. *pañosa:* capa de paño.
36. *trapienta:* andrajosa.

aquella casa como fiebre aguda acompañada de delirio, de la vida conyugal sólo quedaron a la esposa amargos dejos[37], vejámenes[38], opresiones y celos tan rabiosos como su pasión por don Juan. Aquella fermentación de odio amoroso envenenaba su alma y visiblemente corroía y momificaba su persona. El declinar de sus encantos y los desvíos desdeñosos del marido recíprocamente se influían, creciendo de modo que Concha, no cumplidos los cuarenta y cinco años, era ya pavesa y sombra de sí misma, y don Juan le hacía menos caso que al gatillo negro con que jugaban sus niñas. Acostumbradas éstas al menosprecio que de su madre hacía su propio marido, y a fuerza de verla siempre mal vestida y peor humorada, adquirieron de la pobre mártir sin resignación concepto tristísimo; mirábanla como al prototipo del mal gusto, del desorden y de la perturbación, y comparando continuamente las desastradas trazas de la mujer con las exquisiteces y refinamientos del marido, acabaron por diputar[39] a su madre por persona vulgarísima y ordinaria y a su padre por ser privilegiado y casi sobrenatural. Esto nunca se lo dijeron, pero ambas partían de tal concepto como de dogma infalible. Así, cuando en la mesa, en los trajes o en la casa advertían alguna nota disonante con las elegancias paternas, se miraban y se decían por lo bajo, con la cruel ingenuidad de la infancia: "Cosas de mamá". Y el fallo de las muñecas era certero. Tenían ellas una escuela libre de estética en el cuarto de don Juan, donde, solas y en libertad, durante las ausencias de sus padres, curioseaban a su sabor toda especie de libros, revistas, fotografías y grabados de arte plástico y sin velos, en los que lo más pudoro-

---

37. *dejos:* aquí, lamentos.
38. *vejámenes:* reproches.
39. *diputar:* conceptuar, tener por.

so venía a ser el casto desnudo clásico; y en aquellas páginas de belleza, y por calles y paseos, habíanse ido ellas formando su gusto estético, influído por instintos heredados de su padre y, por lo tanto, en todo opuesto a las tendencias maternas.

Importa mucho advertir que las hijas de don Juan se llamaban Dora, la mayor, y Lita, la pequeña; es decir, sus respectivos nombres eran Teodora y Dolores; pero la natural tendencia cariñosa que nos lleva a diminutivar [40] los nombres de los pequeñuelos, hizo a don Juan abreviar bellamente los de las nenas.

Cuando Dora y Lita llegaban a la edad de la presunción —época en que las conocemos—, empezaron las guerras perennes entre Concha que, pugnando por ajustarse al exiguo presupuesto marital, empeñábase en comprar pingos resobados y antiguallas marchitas en los saldos de la calle de Toledo, y las niñas que protestaban ruidosamente de tales atentados de lesa elegancia y obstinábanse en adquirir sus trapitos, cuando menos, en la calle de Postas[41]. En lo más crudo de la reyerta sobrevenía a veces don Juan, que daba la razón en lo estético a sus hijas; pero al percatarse de que tal fallo atentaba a su bolsillo, ahuecando la voz pronunciaba esta dura sentencia: "Vamos, haced lo que os mande vuestra madre, y basta." Con lo que todo quedaba peor que estaba, porque otra vez frente a frente las beligerantes, alegaban las chiquillas el parecer paterno, y Concha, a grito herido, invocaba el inapelable mandato de don Juan y la imposición aplastante del hecho, *suprema ratio*[42] que la oradora condensaba en esta

40. *diminutivar:* (creac. pers.) reducir, hacer más breve.
41. Alude a la diferencia entre la calle de Toledo, popular y frecuentada por «provincianos» y la de Postas, junto a la Puerta del Sol, de ambiente más distinguido.
42. *suprema ratio:* (lat.), última razón; último argumento.

contundente conclusión: "¡Sobre todo, como no hay dinero, os conformáis con lo que os traigo, y si lo queréis mejor, lo robáis! ¡Escoged!" La que primero cedía era siempre Dora, criatura pálida, anémica y contemplativa, que
parecía hecha de ensueño y sensitividad. El ejemplo doloroso de sus padres, el total abandono en que el uno por
egoísmo y la otra por ignorancia, carencia de recursos y
de reposo espiritual tuvieron siempre la educación y cuidado de sus hijas, toda aquella atmósfera de incuria y
malestar que allí se respiraba era como soplo de desamor
que helaba el tierno organismo de aquella niña, en quien
encarnó lo mejor del alma de su padre con lo más intenso
de la afectividad materna, sin fermentos de amargura y
sin heces de grosería. En Dora, toda pena o contrariedad
resolvíase en llanto, en dolorido cansancio del esfuerzo de
vivir sin aire por donde tender los vuelos del alma. Lita,
en cambio, era un ser, si no muy vigoroso, fuerte, con la
fuerza de los débiles, la flexibilidad y la astucia; era un
organismo fino, acerado, resistente, con elásticas energías, bien armado para la lucha, flexible como los felinos
para la acometida y el salto: una gatita madrileña que tenía de los gatos las proverbiales *siete vidas,* la gracia, la
eléctrica viveza, la algodonácea blandura y las garritas
agresoras. En el ocio y el desorden criáronse ambas, y al
sesgo de sus instintos formábase cada cual en el sentido de
sus tendencias. Dora se hacía más triste e imaginativa;
Lita más avispada y picaresca. Vivía allí cada cual entregado a su quimera, a la voluble corriente del azar, y de
aquella existencia flotante, ociosa, bohemia, pintoresca y
en el fondo muy castiza, parecía empapada y poseída la
vivienda.

La casa de don Juan tenía, como ninguna, expresión,
gesto, fisonomía propia; el balcón del calavera, cerrado
hasta muy entrada la tarde, contaba la desquiciada exis-

tencia, el vicioso trasnochar y la egoísta independencia del gozador profesional, desgarrado del vivir de los suyos. En el balcón de las niñas, unos tiestecitos de claveles y begonias y algunos guantes y encajes lavados, flotando a secar en una cuerda, decían juventud, coquetería, atavismo señoriles. El resto de la vivienda llenábalo de su descontento, de su mal gusto y de sus explosiones de celos e iracundia la desventurada esposa. Concha no comprendía la dignidad callada, el silencio altivo, la existencia recogida que exhala su perfume en el cerrado hogar como azucena en santuario. Para ella la vida —ventura, dolor o sonrojo— pedía espectadores; era algo que había que ostentar a las gentes y dar al aire por ventanas y balcones, como los abigarrados pingos y pañolería chinesca que ella colgaba antaño en sus rejas de la calle de Toledo. Por los huecos de la fachada o del patio salían a borbotones, a oleadas, a chorros de color, ruido y escándalo, las interioridades de la casa de don Juan. En los balcones se tendía la ropa lavada, y a ellos sacábanse a ventilar colchones, mantas, alfombrillas, zaleas[43], toda la trapería y mobiliario de las alcobas, por roto, sucio y maltrecho que estuviese ajuar tan íntimo. En los balcones o ante las ventanas, de par en par, discutíanse en altas voces los más arduos y recatables[44] asuntos domésticos. Y por los huecos todos de la vivienda salían al patio o a la calle en risas, cantos, riñas, bufidos, lloros o imprecaciones todos los latidos, resuellos, dolores y vergüenzas de la familia. Para Concha el vivir, el gozar, el padecer, no eran cosas personales, propias; su ser entero trascendía a la casa, y de la casa rebosaba a la calle, a los cuatro vientos de la publicidad. Con sus alegrías —cuando las tuvo— hubieron de alegrar-

---

43. *zaleas:* pieles de oveja usadas como alfombras (*DRAE*).
44. *recatables:* (creac. pers.) que deben quedar ocultos. De *recatar*.

se muebles, pingos y bichos caseros —el canario, el gato y las palomas—; de sus celos, miserias y bochornos, resentíanse las gentes, los trastos, las ropas de su casa y los oídos de los vecinos; sobre todos caía y bramaba hervoroso el torrente de sus iras; a toda la casa parecían trascender y rezumar las hieles que a ella le agriaban el genio y la envenenaban la vida, y materialmente se sentía sacudirse, gemir y temblar a aquella vivienda con los espamos convulsos y con el resuello estertoroso[45] de un ser enfermo, neurótico, desesperado.

III

A la temprana hora de las tres de la tarde acababa de salir a luz don Juan, que aquel día, como los más del año, no almorzaba en su casa. Iba, según costumbre, de punta en blanco, resplandeciente de plucritud, intachable en el corte y pormenores del varonil atavío, arrogante en la apostura, gallardísimo en el andar. Antes de salir entró en el comedor a dar el beso de ordenanza a sus hijas, que, mal vestidas y desgreñadas, flotaban allí del destripado sofá de gutapercha[46] a la mesa de sucio hule blanco, entre una verdadera selva de pingos y cintajos inclasificables. La natural gentileza y acicalamiento del conquistador profesional, fascinaba a las chiquillas, que a su paso quedábanse suspensas ante la flamante elegancia de su traje, la fuerte oleada de cosmético y oloroso tabaco y la mágica aureola de misterio y de triunfo que le cercaba.

Una hora antes que su marido había salido Concha, mal

45. *estertoroso:* que tiene estertores [convulsiones].
46. *gutapercha:* sustancia usada para impermeabilizar tejidos utilizados en tapicería (*DRAE*).

vestida, despeluchada, lleno de manchas el traje, liada en el manto de un luto ya cumplido y con el resobado bolso del dinero pendiente de la muñeca derecha. Iba de compras; llevaba mil proyectos, y al besar a sus hijas, distraída, perentoriamente, irradiando de las mejillas vivo calor que no apagaban los copiosos polvos de agrio perfume, habíales dicho ásperamente: "Si tardo, nada de lloriqueos ni impaciencias; llevo mucha tela cortada[47]." Así, el seco golpe con que don Juan cerró al marcharse la puerta de la escalera, fue para las muchachas señal de libertad omnímoda[48]. Quedábanse en pleno señorío de sus personas y casa para muchas horas. Dios sabía cuántas. La menegilda[49] que, cantando a todo trapo, bazuqueaba[50] la loza en la cocina, harto haría con hablar y escandalizar a rienda suelta con sus *congéneres* del patio, hasta que volviese, hundiendo la casa con sus regañetas, la señora. Una vez solas, lo primero que se les ocurrió a las muñecas[51] fue meter las naricillas en las habitaciones paternas. Exhalábase de ellas, con el vaho del tabaco y los cosméticos, algo ignoto y misterioso que las atraía, algo que vagamente se asociaba a ensueños y a cosas apenas definidas por sus mentes infantiles; y ese algo expresábalo con hechicera espontaneidad Lita, la resuelta, diciendo: "Me gusta entrar aquí, porque este cuarto huele a hombre. ¿Verdad, Dora? Este tufillo del tabaco y de las carteras de piel de Rusia[52] me entusiasma; y lo que es yo no seré como

47. *llevo mucha tela cortada:* tengo muchos asuntos por resolver.

48. *omnímoda:* total, absoluta.

49. *menegilda:* en Madrid y otras regiones "criada" (*DRAE*).

50. *bazuquear:* "mover o agitar una cosa de una parte a otra" (*DRAE*).

51. Se refiere a las hijas de don Juan. La autora suele designarlas con términos afectivo-familiares: *nenas, la moninas, las curiosillas.*

52. *piel de Rusia:* piel adobada de olor agradable por haber sido tratada con aceite de abedul.

mamá, que tanto rabia con el cigarro; un hombre que no fuma, no me parece ni hombre. Y... la verdad, a mí los hombres me gustan a lo *Don Juan Tenorio...* como papá". Así traducía la monina a su léxico infantil lo que su temperamento femenino, ardoroso y madrugador, sugería aquella estancia varonil: el presentimiento del hombre futuro entrevisto en los ensueños de toda niña.

Para Dora, la romántica, el ideal surgía también ante la fuerte evocación del medio; pero su ideal no tocaba a la tierra; su *caballero* no encarnaba, como el de Lita, en la persona de un fumador calavera. Con gesto y propósitos muy diversos entraron, pues, las curiosillas en los dominios de don Juan. Dora, la hacendosa, echó una mirada compasiva al desorden en que su dueño dejaba ambas piezas, tocador y gabinete, y a fuer de mujercita juiciosa emprendió la limpieza y arreglo de aquella leonera, acompañando su trajín con expresivos suspiros, que decían: "¡Válgame Dios, qué papá tan desordenado y qué mamá tan callejera tenemos! Si el uno se levantase a la hora de las gentes y la otra se estuviera en casa para mandar a esa zafia de alcarreña que no nos hace caso..." Por aquí iba de sus reflexiones Dora, que a puro esfuerzo intentaba cargar con el colchón de la cama paterna, cuando ocurriéndosele que bien podía ayudarla Lita, alzó los ojos en su busca y viósela en el gabinete revolviendo objetos y papelorio ante un cajón nunca explorado de la mesa de don Juan. ¿Por qué diabólicas artes habíalo abierto la empecatada[53] Lita?

—¿Qué haces ahí, demonio? —chilló Dora, no menos picada de curiosidad que su hermana; y de un salto se plantó a su lado, puestos los ojos y la atención en el descubrimiento. ¡Había tantas cosas vedadas en el gabinete

---

53. *empecatada:* de extrema travesura (*DRAE*).

de don Juan, que, por lo mismo tiraban de ellas, atraían como con mil imanes sus manillas traviesas y sus ojitos interrogadores!

Dora intentaba siempre resistir a la pícara tentación insidiosa, y solía conseguirlo; pero aquel día la sugestión era verdadero maleficio. Culebreaba por los nervios, bullía en la sangre, empujaba la voluntad, tiraba de la mano, sorbíase las miradas... Lita, con las mejillas encendidas y los ojos chispeantes, empuñaba un fajo de papeles abigarrados, que exhalaban una bufarada violenta, acre, nauseabunda, de promiscuos perfumes escandalosos, *infames,* que difundían por la atmósfera contagio sugestivo, perturbador, como de voluptuosidad respirable. Aquellas cartas —ya se habrá adivinado que lo eran— diferían de entre sí por el carácter más o menos elegante de la letra; pero en la torpe ortografía y en la más torpe notación y sentido, parecían todas de una mano. Su lectura era para las inocentes niñas un envenenamiento. Atraíalas lo ignoto, lo vedado, lo peligroso, lo dramático que percibían o adivinaban en aquel desconocido lenguaje; asustábalas el ver el nombre paterno —por ingénitas leyes venerado— confundido a tanto lodo —harto les avisaba el instinto de qué lodo moral era aquello—, y entre hambrientas de curiosidad, sofocadas de vergüenza y asustadas de su osadía, del cúmulo de sensaciones que les asaltaba, definían claramente, aunque sin poder razonarlo, un derecho, un derecho santo a la honradez y al amor de su padre; vagamente adivinaban que aquella disipación de la vida y del alma paterna era un fraude cruel que se les hacía de todo aquello que consideraban tan suyo; y así, aunque a hurto perpetraban una acción censurable, sentíanse en posesión de un derecho.

Estas ideas, temores y percepciones embrionarias, los súbitos rubores, la virginal rebeldía que en ellas provocaba el olor, el contacto, la lectura de aquellas cartas; las sacudidas de sorpresa, la exaltación de fantasía, los atisbos de curiosidades malsanas, el asalto de malicias instintivas, las desgarraduras de tenues, místicos velos de respeto y de pudor en las almitas virginales: todo en aquella brutal revelación fue para ellas trágico, irreparable como una caída del cielo.

Un momento hubo en que del almita de Dora se vio subir a su cara de azucena algo solemne y puro: la protesta de la inocencia y de la virginidad ofendidas; y con arranque de alta dignidad arrojó, sin acabar de leerlo, el pliego color de fresa, hediendo a patchulí[54], que tenía entre los blancos deditos. Entonces, sin hallar expresión al desencanto, al dolor, a la vergüenza y hasta al remordimiento que invadían su alma, doblando la cabecita sobre el pecho, rompió a llorar desconsoladamente.

Lita, roja como una cereza, arrugando entre las manos nerviosas el papelucho verde manzana que acababa de leer, saltó impetuosa, contestando al dolor de Dora con sentimiento menos angelical, más humano:

—¿Sabes lo que te digo, Dora?... Que nuestro señor papá es todo un golfo.— Y en sus negros ojos llameó una protesta que casi parecía amenaza de desquite.

A esto, ¡tilín, lin, lin, lin!, la campanilla chillaba vibrante, furiosa, amenazando caer arrancada de cuajo. Lita, olfateando el peligro, saltó al asiento del piano, que estaba en la sala junto al gabinete de don Juan, y rompió a tocar con loca furia el tango de moda; Dora corrió a un rincón obscuro de la sala para ocultar su llanto, y cuando, al fin, la desgarrada maritornes[55] abrió la puerta, Concha,

---

54. *patchulí:* planta tropical muy olorosa de la que se obtiene un perfume intenso (*DRAE*).

55. *maritornes*: por alusión a la moza de la venta de Don Quijote, "moza de servicio, ordinaria y hombruna".

roja de ira y de cansancio, resoplando, bufando, echando lumbres, cerrando y abriendo a fieros golpazos las puertas, hizo irrupción en la sala.

—¡Aquí podíais estaros aporreando teclas, o tiradas por los rincones, señoritas de cuerno! ¡Cursis, más que cursis, ignorantonas, que no sabéis ni la o, ni servís para maldita la cosa, mientras vuestra madre anda con los hígados en la boca, hecha una mula de carga, corriendo los tenduchos más puercos de Madrid! Y esto, ¿para qué? Para comprarlo todo caro y malo; para que esa golfa haya achicharrado, mientras, el principio[56]; para que vosotras os estéis aquí holgazaneando todo el día, y para que a mí, por querer abarcar tanto, se me haya derretido, con el calor de las manos, la butifarra que traigo desde la Plaza de la Cebada, manchando con su pringue roja la cinta de raso y la gasa que os traía para los sombreros. ¡Viaje perdido, trabajo inútil, dinero tirado! Y luego para que digáis vosotras, ¡desvergonzadas!: "¡Cosas de mamá!", y el *demonio ese* (su marido): "¡Economías de mi mujer!"

Tan dolorosamente ridículo era este apóstrofe, que Lita, sofocada aún por la vergüenza del furtivo descubrimiento y el miedo a ser cogida *in fraganti,* no pudo contener su franca risa. ¡Y allí fue Troya!

—¡Esto sólo me faltaba, insolente, mamarracho, que se riese usted de mí en mis narices!

Y como la furibunda madre quisiera reforzar con la acción la palabra, entre la rabia y la prisa cayéronsele de las manos cuantos incongruentes objetos traía en mal liados paquetes, y rodaron por la alfombra, en revuelta mezcolanza, el tul con las longanizas, los huevos y las latas de conserva a medio abrir y chorreando aceite, con las cintas

---

56. *principio:* plato de carne u otra comida que se tomaba entre el cocido o la olla y los postres.

de raso. Creció el furor de la madre, estalló la risa de Lita, "y el suceso hubiera tomado *alarmantes proporciones*", como dicen los gacetilleros[57], a no oírse de improviso un mal comprimido sollozo de Dora, que hizo a Concha abandonar a Lita, arrojar las maltrechas compras y correr al lado de la afligida.

—¿Qué tiene este demonio? —chilló en la fogarada[58], que era en ella explosión de amor—. ¡Entre todos vais a quitarme la vida! Pero... ¿qué tienes, criatura de Dios? —El tono íbase dulcificando—. ¿Estás mala, hija de mis entrañas?

Dora lloraba más y más, sin que hubiese modo de sacarle sílaba. De pronto saltó Lita, como si animada por súbita inspiración hubiese hallado modo de abrir ancha salida a las cóleras maternas:

—¿Sabes lo que tiene, mamá? Voy a decírtelo. Que hoy nos hemos convencido las dos de la razón que tienes cuando dices que papá es... todo eso que le llamas tú cuando estás enfadada.

—¿Qué le llamo yo? ¡Cualquier cosa mala!... ¡Todo lo merece! ¡Dios me perdone!

—¡Sí, mamá, razón tienes; porque las cartas que hemos visto hoy!...

—¿Qué cartas, enemigos malos? ¿Habéis visto cartas de las que recibe ese demonio? ¡Estáis dejadas de la mano de Dios! ¿Por qué habré salido yo hoy, Virgen de la Paloma? ¿Quién os manda curiosear en ese cuarto? ¡No tenéis educación, ni respeto, ni aquí nadie se mete en enseñaros nada tampoco! ¡Por supuesto, que la culpa de todo la tiene ese granuja, que no paga ni frito en aceite[59]! ¿A quién

---

57. *gacetillero:* redactor de gacetillas, es decir, noticias breves *(DRAE)*.
58. *fogarada:* llamarada.
59. Expresión coloquial que refuerza la negación.

se le ocurre, teniendo hijas tan jóvenes, dejarse por en medio los indecentes papeluchos de esas pendonas, desechos de muladar, con quienes él se trata?

En el fondo de los furores de Concha palpitaba una viva satisfacción: al fin podía ella explayarse delante de sus hijas, puesto que lo sabían todo; al cabo podía dar rienda suelta a todo aquel rabioso encono que se le pudría dentro y que necesitaba desfogar a salto de mata, con amigas y vecinas, hasta con criadas y placeras[60]; porque lo que a ella le sucedía clamaba al cielo, habían de oírlo los sordos y hasta las mismas piedras. ¡Bastante hacía con beber tantas lágrimas y tragarse aquellos bochornos y aquellas hieles negras, arrastrando su aperreada vida! Pero... ¿callar, además? ¡Un demonio que callase! Primero reventaba ella. Y estalló, y soltó la exclusa[61]; y en menos de una hora enteró a sus hijas de todo, de todito cuanto les había callado desde que las echó al mundo. Habló, habló llorando, maldiciendo, completando con mil elocuencias vivas, del gesto, de la acción, del léxico de mercado, la cruda revelación de las cartas; ahondó el dolor pudoroso de Dora, el bochorno irritado y la vergüenza curiosa de Lita, el acerbo desencanto de las dos. Concha veía su brutal confidencia rodar como ola cenagosa por las inmaculadas almas, anegando ideales, tronchando ilusiones, empañando nitideces místicas... Veía todo esto; o presentíalo con su presentir de madre, y hablaba, hablaba, hablaba desatentada, calenturienta, como poseída, irresponsable. Veía las caritas blancas empalidecer y afilarse de emoción, arder en rubores; veía las pupilas asustadas cuajarse en asombro, o centellear de malsanas curiosidades... ¡pero se había desahogado!

60. *placera:* persona, generalmente mujer, que vendía, en la plaza [mercado], verduras u otros comestibles.
61. *soltar la exclusa* [sic]: desahogarse.

IV

El mal hallazgo de las cartas operó en la vida de las niñas cambio visible; fue comienzo de otra edad, iniciación amarga en la vida, pérdida de la gracia genesíaca[62]. Desde aquel día vióse en ambas hermanas adelgazarse la envoltura infantil, transparentando bajo ella a la mujer futura. El fuerte reactivo de la brutal revelación obraba en cada cual en el sentido de su propio temperamento; así en Dora bocetábase[63] la mujercita romántica, vagamente acusada en la niña sentimental, de palidez enfermiza, mirar distante y silencio imaginativo. Y en Lita sentíase ya el pulsar de una fisiología briosa y el deslumbrante centelleo de una inteligencia precoz y de una gracia traviesa, picante, madrileña pura. Tenía el diablejo, para indulto de sus picardigüelas[64], dos saladísimos hoyuelos en las mejillas, que eran como hechicera prosodia de sus chistes y malicias; y la frescura y delicioso descaro de sus *salidas*[65], eran capaces de desarmar a la propia justicia. Además, allí no había autoridad ni cabeza. Desde el día de la triste revelación, don Juan perdió para sus hijas todos sus prestigios, sin que por esto Concha adquiriese ninguno para ellas; al contrario, a su inferioridad intelectual juntóse ahora otra inferioridad moral: la falta de dignidad con que la triste arrastraba su desgracia por los fangales de la más degradante maledicencia. A llevar la madre con muda resignación la corona de su martirio, hubiera tenido en el alma de sus hijas un altar, un culto de amor. Pero en aquella casa no había altares ni cultos. Entre un gozador

---

62. *gracia genesíaca:* inocencia inicial. *Genesíaca* "perteneciente o relativo a la génesis" (*DRAE*).
63. *bocetar:* (creac. pers.) proyectar.
64. *picardigüela:* diminuto de picardía.
65. *salida:* (fig. y fam.) ocurrencia.

de oficio y una histérica de Lavapiés, ¿a quién habían de adorar las criaturas?

Repetían las dos hermanas el eterno contrapuesto dualismo de Marta y María[66], singular antítesis que se da con monótona persistencia, aunque con riquísimas diversificaciones, en casi todas las familias. Diríase que la naturaleza se divierte en combinar tales contrastes, que un artista sumo se deleita en vaciar en el mismo molde dos estatuas humanas poseídas del más opuesto espíritu. Así cada pareja de Marta y María, tan repetidas en el curso de las generaciones, viene a constituir algo como un gemelismo contrapuesto, porque es de notar que, cuanto más diversas, mejor se aúnan, más se compenetran y más se quieren dos hermanas; y es que la desemejanza[67], más que el gemelismo, las une casi en un solo ser; ya que no las asocia, las integra. Y esta espiritual integración, causa de los grandes amores, de las grandes amistades y de las fraternidades perfectas, realizábase tan completamente en Dora y Lita que, como por misterioso instinto, supieron desde la niñez primera cederse y prestarse, como los juguetes, las cualidades del alma y las energías fisiológicas. Cuando Concha —y esto pasaba a diario— reñía injustamente a Dora, Lita se indignaba por su hermana, y con violencias agresivas oponíase al castigo inmotivado. Y cuando Lita, castigada con justicia, rebelábase, Dora, inocente, pedía de rodillas el perdón para la indómita culpable, y acababa Lita por llorar, más que de contrición, de bochorno ante tales abnegaciones. Sugería Dora a Lita la dulzura, la fe, la mansa conformidad, la suave esperanza; dictábale la oración, rezaba con ella y hasta reza-

---

66. Se refiere a los personajes evangélicos, que dieron origen —a partir de sus relaciones con Jesucristo— a dos modelos distintos de conducta de mujer, que Blanca de los Ríos refleja en los personajes Dora y Lita.

67. *desemejanza:* diferencia.

ba en lugar de ella, cuando Lita se dormía al arrullo de las plegarias. Por su parte, Lita sugería a Dora mil ingeniosos recursos, mil juegos entretenidos, mil saladísimas travesuras. Lita era la alegría y el ingenio de Dora; Dora el juicio y la piedad de Lita; Dora tenía alas para volar a todas las alturas ideales; Lita, pies traviesos para correr por todos los caminos y trepar por todos los vericuetos de la tierra; Dora ensoñaba deliquios celestes, añoraba quietudes extáticas; Lita ansiaba desbravar sus nervios con la ducha fuerte de la sensación, afrontar lo imprevisto, lo trágico, lo ignoto de la vida; Dora era, en fin, éter de misticismo; Lita, brasa de pasión; las dos juntas hubieran poseído el cielo y la tierra; ¿qué sería la una sin la otra, si la suerte desataba aquel nudo de contrapuesto gemelismo?

V

Los despilfarros y locuras de don Juan consumaron la ruina de la casa; como en su persona y placeres gastaba diez veces más de lo que producían sus últimos terrones[68] de Fontibre y el residuo de la derretida fortuna de su mujer, pronto realizó[69] tierras, papel, muebles, alhajas, ropas, ¡todo! Y cuando ya nada tenía, acudió a la Bolsa —con dinero prestado a réditos escandalosos—; después dio un paso más en los juegos de azar y se entregó en cuerpo y alma a *los prohibidos;* pero la perra suerte, acariciadora al principio, volviósele de espaldas y comenzó a perder a todo trapo, y empezaron los acreedores a llamar a su puerta, y don Juan a sortearlos con más arte que el

---

68. *terrón:* "hacienda rústica" (*DRAE*).
69. *realizar:* en lenguaje comercial "vendió".

ágil chulillo al miura intencionado. Pero los acreedores no cejan; el asedio era duro, perentorio y agresivo; lo que empezaba en sencilla presentación de una cuenta, a las dos evasivas tornábase reticencia ofensiva, o amenaza con la ley o con la fuerza de los puños. El nublado descargaba sobre las pobres mujeres; pero Concha sacudíase las moscas a grito herido o a denuesto crudo, y esto agravaba el mal; empezaba ella increpando desaforadamente al acreedor inculpable, y acababa pasándose al enemigo y haciendo coro a los insultos que éste llovía sobre el perdido don Juan; la pasión gritaba por sus labios:

—¡Y que lo diga usted, razón le sobra! Pero... ¡él es así!... ¿Que si es golfo?... ¡A quién se lo viene usted a contar!

Aquel impudor de la desgracia, aquel perpetuo escándalo chulesco, sublevaba la dignidad nativa de Dora, irritaba los orgullos atávicos de Lita.

—¡Dios mío, qué vergüenza! —gemía Dora abochornada.

—¡En pleno barrio de las Injurias[70]! —chillaba Lita furiosa.

—¡Adiós, infanta de España[71]! —vociferaba con desgarro la chula—. ¡Nos ha *fastidiao*! ¡Pues no faltaba más sino que te sintieras archiduquesa, cuando ya no tenemos ni camisa! ¿Qué te has creído tú, grandísima cursi? ¡Gracias a que tu madre empeña hasta la respiración, coméis unos garbanzos tísicos! ¡Pero mañana os roeréis los codos,

---

70. *barrio de las Injurias:* aunque en sentido figurado en el texto, se trata de uno de los barrios más míseros de la periferia de Madrid, situado en el distrito de la Inclusa. Baroja lo incluye en su novela *La busca*. Llegó a formar parte del barrio de las Peñuelas. Estaba situado entre los actuales paseos de Embajadores y de las Acacias, junto al de las Delicias.
71. Expresión castiza madrileña.

o iremos todos de patas *al Modelo*[72]! ¡Bonito porvenir os espera! Dos señoritas inútiles, ¿para qué sirven, vamos a ver? ¡Pues para pedir limosna, o... *para otra cosa peor*! ¡No, y como lo lleváis en la sangre, en algo malo acabaréis vosotras! ¡Ésa será la herencia que os deje ese grandísimo canalla!

Aquellos fatídicos augurios, aquella sugestiva predestinación al mal, por herencia o por desesperado extremo, eran como tóxicas inyecciones de desesperanza enervante, que dañaban honda y diversamente a las niñas: Dora sentía el desfallecimiento del náufrago, ante cuyos turbios ojos se borrase la salvadora orilla. Lita interrogaba con audaces interrogaciones el horizonte. A su edad, todas las muchachas tenían madre, casa, alegría, mimos, regalos, pingos bonitos, ilusiones, novio; y ellas... ¿qué tenían? Disturbios, privaciones, desorden, ruina, vergüenza, escándalos y cruda guerra doméstica. Y para el porvenir, ¿qué les prometía su madre? La miseria *u otra cosa peor;* algo que Lita desde su inocencia vagamente fantaseaba como se fantasea el infierno. ¿Era aquello justo? ¿Quién las privaba de la gloria de vivir y de ser jóvenes? Lita sentía en todo su ser la solicitación irresistible de la vida; abril despertaba llamando con manos de aurora a las puertas de la sensibilidad, inquieta, adolescente. Ella era guapa, lista, y para algo habrían de servirle ambas cosas. Tendría novio, se casaría. ¡No que no! ¿Atractivos, gracias, encantos? Bien sabía la pícara que no habían de faltarle. Ímpetus ignotos[73], fuerzas milagrosas, raudales de vida desbordaban de ella. ¡Era el amanecer, la edad del

---

72. Podría referirse a la cárcel Modelo de Madrid, inaugurada el 9 de mayo de 1884. El uso del artículo en masculino —*al Modelo*— se explicaría por la concordancia con *presidio*, término más usado tradicionalmente en la lengua popular que la palabra *cárcel*.

73. *ignoto:* no conocido ni descubierto.

amor! En el alma de Dora también amanecía; pero su amanecer era menos fisiológico, más lírico y espiritual. En Lita la espera de la hora misteriosa del amor era toda impaciencias palpitantes e interrogaciones atrevidas; en Dora toda inquietudes y retraimientos pudorosos; Lita corría al encuentro del soñado huésped ignoto; Dora, envuelta en rebozos de recato, le aguardaba, o más bien, buscábale por no pisadas sendas del éter.

Huyendo del doméstico desastre, instintivamente refugióse cada una de ellas en el árbol donde cantaba el ave azul de sus sueños. Digámoslo en prosa llana. A Dora la atrajo el callado asilo semimonacal de la seráfica doña Salesia, piadosa vecina que vivía como enclaustrada en el piso cuarto superior y frontero al de don Juan; érase un alma de otros tiempos, una virgen vieja que se mustiaba en la piedad, como una azucena ante un sagrario. En aquella morada pulcra, silente y perfumada por flores y esperanzas eternas, halló nido blando el alma de Dora, sedienta de quietud y de contemplaciones. De las cadenciosas preces, del sedante silencio, de las devotas lecturas exhalábase un hálito de bienaventuranza que Dora aspiraba larga, ansiosamente. Algunos religiosos libros guardaba la beata en una vieja estantería; pero el libro de los libros para Dora era el de *Las Moradas,* de la divina Teresa. Su lectura irradiaba luz que, visiblemente, encendía el alma y el semblante de la tierna criatura, y poco a poco veíasela impregnarse en aquellos deliquios[74] celestes como en un bálsamo precioso que parecía ungirla para existencia sobremundana. Así comenzó Dora a tomar el gusto a las cosas de la otra vida. A Lita, en cambio, atrájola el perpetuo bullicio de fiesta que animaba el principal de aquella casa, residencia de los felicísimos esposos Cor-

74. *deliquio:* desmayo, desfallecimiento.

deros, los más rollizos, obsequiosos y alegres burgueses del mundo. Venían ambos cónyuges de plebeyísima cepa; crecieron del sustancioso comercio de carnes y embutidos, desempeñado desde abolengo en el riñón del Madrid chulo; la lotería, *¡un suertón!,* como pregonaba el agraciado, coronó con cinco milloncejos de pesetas el áureo edificio de la ya pingüe fortuna corderil, y desde aquellas faustas Navidades vivían los Corderos en perpetuo *gaudeamus*[75]. A buen recaudo el puñadito de millones, que manaba prolíficos chorros de renta boba y sabrosísima, ¿qué tenían ellos que hacer en el pícaro mundo, sino comer a dos carrillos y gozar de cuanto Dios crió para regalo de ex carniceros opulentos? No tenían hijos, ni pecaban de jóvenes —es verdad—; pero lo que Cordero decía: "los ojos siempre son niños"; y como el comercio es una *esclavituz* de negros, y el "del ramo de carnes" el peor de todos, porque el comer no *azmite* paro, pues era como si no hubieran vivido antes. Porque no les contasen a ellos por vida aquella inquisición de reses y de hombres, aquel encierro entre perniles y costillares sangrientos, pringosas hojas de tocino, puercas madejas de tripas[76] y empalagosos embutidos que le tenían a él metido el pestazo[77] a pimentón en los tuétanos del alma. La vida empezaba para ellos el día en que perdieron de vista el tajo seboso, el peso resobado, el mostrador grasiento, la trastienda apestosa, la piltrafería[78] mosqueada[79], la sanguaza[80] ne-

---

75. *gaudeamus:* latinismo. Aquí, "alegría, alegrémosnos".

76. *madejas:* aquí, intestinos de cordero enrollados sobre un palo que, una vez condimentados y cocinados, constituyen un plato muy apreciado entre las clases populares.

77. *pestazo*: aumentativo de peste, mal olor.

78. *piltrafería:* (creac. pers.) derivado de *piltrafa* "residuos menudos de viandas" (*DRAE*).

79. *mosqueado:* lleno de pintas.

80. *sanguaza:* sangre corrompida.

gra, el mondongo[81] nauseabundo y los cochinos mandilo-
nes[82] verdes del oficio. La vida era aquella: su casa "gran-
diosa", en barrio de señorío, en piso *principal verdaz* y
con mobiliario de primera, "sin trampa ni cartón"; su comida "a la francesa" y "¡hasta tentársela!"; sus reuniones
seleztas —¡como que *salían* en los diarios!—, con su poquito de piano y de bailoteo y sus buenos *lunches,* y para
corona, su abonito en todos los teatros donde se riera
—¡no les dieran a ellos malos ratos con *dramones tristes!*—, y el colmo de los colmos de la bienandanza burguesa: ¡su cochecito! El coche no se les caía de la boca; sentían prurito irresistible de nombrarle, como los amantes a
sus amados; eran esclavos de él, de sus "reparaciones", de
sus muelles, manivelas, neumáticos y tornillos; de los caballos, de los arreos, de la paja, de la cebada y aun del
estiércol; tanto que no faltó en su propia tertulia quien dijese que "los Corderos vivían uncidos a su
coche y eran más víctimas de él que antes lo fueron de su
tajo"[83].

Nada de esto se ocultaba a Lita; harto veía ella la pan-
tomima de cursilería grotesca que representaban aquellos
groserísimos Corderos, atacados de pruritos de *snobismo*
agudo y empeñados en embutirse de por fuerza en moldes
de elegancia y modernismo. Pero... ¡qué hacerle! Para
Lita, reclusa en aquella casa de infierno que amenazaba
catástrofe inminente, la puerta de la casa de Cordero era
la única puerta que daba a la alegría, a la emancipación
acaso, y por ella se entró, ávida de estrenar la juventud.
Milagros de arte y de ingenio obró la muchacha para *re-
frescar* los cuatro pingos mustios que rodaban por aquella

81. *mondongo:* "intestino de las reses, y especialmente del cerdo"
(*DRAE*).
82. *mandilón:* delantal grande que usaban los carniceros.
83. *tajo:* trozo de madera sobre el que los carniceros cortan la carne.

leonera de casa; dictatorialmente arrambló con cuanta prenda femenina (suya o ajena) halló a su alcance. Sobre las lanillas manidas y de por fuerza remozadas lucían con gayos[84] tonos los cinturones de moda, los cuellos de encaje, los fichúes y mariantonietas[85] de gasas de colores tibios, tiernos, gallardamente ceñidos al gentilísimo busto; alguna flor natural lozaneaba entre los pliegues etéreos, y sobre aquellas galas matinales abríase con no igualada frescura la rosa abrileña y fragante de la madrugadora juventud de Lita.

Nada más mezclado y pintoresco que los concurrentes a los cachupines[86] corderiles; gentes penumbrosas, entre pretéritas y futuras, venidas a menos o yentes a más, por cualesquiera caminos o trochas —¡a bien que allí a nadie se le visaba el pasaporte social!—: las niñas de un contratista de suministros para mineros, que engordó envenenando a muchos infelices con tocino podrido y patatas agusanadas; el marido *primo donno*[87] de una tiple sin voz, pero con líneas; un sabihondo pedagogo, Director (con mayúscula) de un colegio sin alumnos; el autor de tres piececillas del *género infimo*[88], que contó los estrenos por *reventaduras*[89]; la viuda dudosa de un más dudoso intendente; la señora morganática de cierto escandoloso *clubman;* dos *aspirantes a chicos* de la prensa, y el *clou* de

---

84. *gayos:* alegres, vistosos.

85. *fichúes y mariantonietas:* pañuelos [del francés *fichu*] y echarpes.

86. *cachupines:* aquí, el mismo sentido que *cachupinada* "reunión de gente cursi, en que se baila y se hacen juegos" (*DRAE*).

87. Forma irónica del masculino del italianismo *prima donna* que designa a la intérprete de los primeros papeles en las óperas italianas.

88. *género ínfimo:* se conocían bajo este nombre ciertos espectáculos teatrales o parateatrales, con números musicales y de baile, cuyos textos —generalmente de contenido erótico y humorístico— tenían escaso valor literario.

89. *reventadura:* fracaso teatral provocado.

aquella reunión[90], el crinado y caudal cometa[91] del cielo corderil, el novelista que alborotaba en aquellos días: Paco Garba, *un nene que viene pegando,* como decían los *aspirantes a chicos.* Paco Garba, a quien alguien llamó con cruel acierto Paco *Larva,* era un esputo de hombre, degenerado por herencia, decadentista por oficio, antipático por derecho propio e insolente por deber profesional, por dura ley de *arrivismo,* por convencimiento de que "con la librea de los impersonales *no se llega",* así decía él, muy puesto en que la audacia estupefaciente, la vacuidad despreciativa y la estéril ignorancia llegan a alguna parte. Dueño de cualidades tan preciosas, *se metió* a escritor, seguro de poseer dos fórmulas infalibles para hacer éxito: una receta para excitar sensaciones enfermizas y curiosidades malsanas, y otra receta para obtener estilo *propio* —léase malas traducciones de los clásicos decadentistas, salpicadas con arcaísmos exhumados de las trasteras filológicas[92]—. De aquel contubernio de galicismo y pornografía resultó una hibridación monstruosa, que no es lícito atribuir a influjo ni a tendencia alguna artística, ya que ni el *erostratismo*[93] es arte, ni Paco Larva era siquiera un ladrón literario, sino un *descuidero* de la opinión, y su novelucho inverecundo[94], que alborotó como el estallar de un petardo, no era antiguo ni moder-

90. *clou de aquella reunión:* es una frase construida sobre el francés *le clou de la soirée* "la principal atracción de la velada".

91. *crinado y caudal cometa:* con valor metafórico, *crinado* "que tiene el pelo largo", *caudal* "perteneciente o relativo a la cola" (*DRAE*). Se refiere a la cola del cometa.

92. Alude a la marcada tendencia de los modernistas al uso de léxico exótico.

93. *erostratismo:* "manía que lleva a cometer actos delictivos para conseguir renombre" (*DRAE*). Sobre Eróstrato, que, para inmortalizar su nombre, incendió el templo de Artemisa en Éfeso (356 a. j.c.)

94. *inverecundo:* desvergonzado.

no, sino sencillamente detestable. No hay que calumniar, pues, a escuela ni a grupo alguno literario colgándole la filiación de Larva; él no era un artista, sino un remedador simiesco de los más amanerados *profesionales.* Así, lo más determinante y original de su individualidad estética se exteriorizó en el crecimiento de sus cuellos, de sus corbatas y de sus melenas y en la pintoresca multiplicidad de sus chalecos policromos.

Tan importantes modificaciones en la persona de Larva coincidieron con su presentación en casa de los Corderos, que se tuvieron por felicísimos con el trato y frecuentación del *grande hombre,* como le llamaban don Romu, para el cual, entre Larva y Gabriel D'Annunzio[95] no había sensibles diferencias; ambos eran para él —¡como para tantos!— dos cosas igualmente incomprensibles, que estaba en moda admirar; y como don Romu y doña Celes eran mártires de la moda, competían en rendir a Larva el culto fanático de una fe totalmente ciega. Toda la tertulia corderil, por adulación o por estímulo, siguió el ejemplo de los dueños de la casa; de suerte que en ella, el mimado escritorzuelo venía a ser tan ídolo y tan señor como el propio evangélico-autócrata Tolstoi[96] en su feudo de Yasnaïa Poliana; que, al cabo, las cosas no son sino la idea que de ellas tenemos; y como Larva, que de por sí creíase dios, sentíase endiosado, procedía en todo con tan deífica majestad como si, al fruncir de sus cejas, hubieran de

95. Gabriel D'Annunzio (1863-1939), escritor italiano, ejerció gran influencia sobre los modernistas españoles, a los que nuestra autora lanza un duro ataque.

96. León Tolstoi (1828-1910), escritor ruso, fue autor de *Guerra y Paz, Ana Karenina,* etc. El calificativo *evangélico-autócrata* se basa en la visión evangélica y revolucionaria que Tolstoi tenía de la religión y, particularmente, de la figura de Jesucristo, visión de gran influencia en la literatura finisecular europea.

desorbitarse los mundos. Para los que no estaban en el secreto de su divinidad, Paquito resultaba insoportable; pero, mirado con ojos de admiración, engañaba, porque aquel grande hombre *al boro*[97] —¡oh dolor!— en lo soberbio y accesible a la lisonja, tenía descorazonadoras semejanzas con los genuinos, y puesto que las cosas no son sino lo que nos parecen, evidente es que, para los frecuentadores al corderil cenáculo, Paco Larva era un semidiós auténtico; así no ha de extrañarse que, cuando todos le envolvían en nubes de incienso, a las niñas casaderas se les fueran los ojos y el alma tras el glorificado mozo, y como de entre todas ellas descollaba por su juventud, gracia y gentileza Lita, no era mucho que ésta se prometiera segura la victoria. No hay que decir que para Lita, que no conocía más literatura que los novelones eróticos leídos a hurto en el cuarto de don Juan, Larva era tanto como Cervantes, fuera de que para ella la literatura no era sino el nimbo y la aureola del hombre; y éste, feo y todo, gustábale de veras. Había en él no se sabe qué seductora mezcla de semidiós, chulo y tenorio, que a la picante madrileñita le colmaba las medidas del gusto. Pero... ¿se fijaría él en ella? Al principio no se fijó ni pizca. Diríase que el semidiós menospreciaba a las míseras doncellitas de carne. Aquel desdén olímpico irritaba a Lita y espoleaba locamente su femenil orgullo. Cuando, de vuelta de casa de Cordero, despojábase con furia de aquellas efímeras galitas, tan costosas y tan inútiles para ella, agitada, roja, más bonita con el calor del hechicero enfado, preguntábase, rabiosa, ante el espejo: —¡Vamos! ¿Qué que-

---

97. *al boro:* expresión que podría aludir a la dureza del carácter de este personaje en lo referente a su orgullo. Se basaría este significado en una de las acepciones de *boro* como elemento químico que puede obtenerse artificialmente en cristales de dureza igual a la del diamante. (Véase el *Diccionario de uso del español* de María Moliner).

rrá aquel *don sin gustos*? ¡Me parece a mí que, como fea, no lo soy! ¡No, pues a ése como no le pesque yo!... —y se acostaba, discurriendo nuevas, sorprendentes e irrealizables combinaciones de indumentaria y coqueteo.

De improviso, una noche que Lita lucía, revuelta al entreabierto escote, una gasa roja, entre cuyos cálidos pliegues alboreaba una rosa nacarina, de un modo inopinado, inverosímil, sin mediar casi preludios de miradas, risitas y coqueteos, se le declaró Paco Larva apasionadamente enamorado. ¿Era posible? ¿Se realizaba el ensueño? Aquellas primeras palabras de amor cayeron sobre el alma de Lita como la lluvia de julio sobre la tierra sedienta, calcinada; sorbiólas ávidamente y las devolvió en vaho quemante, abrasador. Larva, que parecía poner rabioso empeño en la ya lograda conquista, redobló el asedio amoroso, y Lita correspondióle con creces. Mal podía imaginar la ilusionada chiquilla que en el fondo de la súbita pasión vibrase un desquite de amor propio, un artero deseo de venganza y, sin embargo, así era. Por aquellos días, en cierto *Salón rouge,* que venía a ser puente entre el antiguo café-cantante y el novísimo *Kursaal,* halláronse frente a frente Garba y don Juan compitiendo por una *estrella* muy codiciada entonces. Ciegamente esperaba el vanidosísimo Larva, de su aplastante superhombría, la victoria infalible; pero, en empeños galantes, acompañaba a don Juan su avasalladora bizarría y sus irresistibles artes de seducción prestigiosa, y triunfó don Juan. La lucha tuvo público; el vencedor, *jaleadores* que le ovacionaron por todo lo alto y lo hondo, y el vencido se ganó la gran rechifla, el primer apabullo, un revolcón tan solemne y vergonzoso, como que con él rodaron por el cieno de la calle todos sus prestigios mitológicos y su propia olímpica persona, liada a cachetes y molida a bastonazos y a patada limpia por los satélites de don Juan, que cenaron a costa del vencedor.

Como víbora pisada, vomitando veneno, levantóse el maltrecho semidiós del lodo de la sospechosa calleja y, tendiendo el puño cerrado hacia el grupo de los genízaros[98] de Fontibre, escupió, babeando de ira, este reto:

—¡Como me llamo Garba, que me voy a cobrar carita la ofensa de ese pendón de don Juan, echándole a él, sobre lo que le quede de honra, más fango del que me ha caído a mí encima!

Y de aquel fango procedían los amoríos de Larva.

Tardísimo acabó aquella noche la tertulia corderil; Lita y Paquito se despacharon a su gusto: "se dieron el primer verde"[99], que decía don Romu. Aquello fue un desbordamiento, una locura. Lita realizaba los ensueños que tuvo por imposibles: lograba sus aspiraciones, conquistaba al inconquistable, al superhombre, al endiosado, vencía a sus rivales; y había que paladear el amor, que saborear el triunfo, que humillar a las competidoras defraudadas. ¡Orgullosas, cursis! ¡Qué se habían creído! Larva parecía amar a Lita, más que con el feliz, luminoso amor de los veinte años, con espasmos de enfermo o con furores de loco; y era que, a más de su natural decadentismo, ponía él en aquella seducción la cruel voluptuosidad de su premeditada venganza; así acariciaba aquel amorío, como se acaricia el puño de oro de un puñal o el cerrado pomo de un veneno.

Cuando Lita, roja, aturtida, jadeante, entró como una tromba en su cuarto, Dora dormía con sueño doliente y virginal; diríase que su carne macerada en dolor y penitencia, como la de los santos, dejaba transparecer[100] el

---

98. *genízaros:* (sent. fig.) soldado de infantería de la antigua guardia del emperador de los turcos.

99. En *DRAE, darse uno un verde* (fig. y fam.) "holgarse o divertirse por poco tiempo".

100. *transparecer:* transparentar.

espíritu. Una sonrisa de luz entreabría sus labios de descolorida rosa; sus párpados de nácar violáceo transparentaban ensueños luminosos; sentíase, parecía verse que aquel almita beata iba subiendo, peldaño por peldaño, sin pensar sobre ellos, la escala de oro del éxtasis, colgada de la altura inaccesible. Por un momento, Lita sintió, sin explicársela, emoción inefable, mitad rubor de sí misma, mitad reverencia ante aquel sueño de ángel; pero aquella emoción fue un soplo tenue, y ella traía dentro un huracán inflamado.

—¡Dora, Dorita, despierta, tonta! ¡Dormilona, beata, chiquilla boba, despiértate! ¡Tú no sabes la noticia, el notición que te traigo! ¡Tengo novio! —chillaba Lita, sacudiendo aturdidamente las blancas manos afiladas, exangües, sudorosas de su hermana, que pesaban letárgicamente[101] sobre las ropas del lecho.

Dora tardaba en despertar; el almita beata estaba lejos; costábale mucho volver, arrancarse a lo invisible, a lo sobrenatural. Primero abrió los ojos, aún vacíos de su espíritu, escuchó, posó en Lita el mirar inconsciente, y el iris azul, cristalino, llenóse de húmeda luz; el almita volvía.

—Sí, te oigo, te veo, Lita, mi Lita querida; veo que estás contenta y me alegro, me alegro... repíteme lo que decías, para saber de qué nos alegramos.

—¡Pues boba, *liláila,* más que tonta, te decía que tengo novio!

—¿Novio?

—¡Sí, señora, novio! ¿Es algo raro? ¡Como tú vives arriba encastillada en aquel zaquizamí[102] con la beatona doña Salesia, nada sabes, ni se puede ya hablar contigo, ni casi parecemos hermanas!

---

101. *letárgicamente:* (creac. pers.) como en un letargo.
102. *zaquizamí:* desván.

—¡Sí, sí que lo parecemos, loquita mía, y nos queremos mucho, como siempre! ¿Verdad?

Dora posó los labios fríos, incoloros en la mano ardorosa de Lita y suspiró dolientemente:

—¡Estoy enferma, nena!

—¡Enferma! ¿Qué tienes?

—Nada, no sé; hace tiempo que me siento mal; y aquel día de las cartas... ¿te acuerdas? Me asusté, me impresioné, ¡qué sé yo!... Casi desde entonces escupo sangre alguna vez. ¡No, no te asustes, no es nada! No se lo digas a mamá. Hoy arrojé más, me alarmé un poco...

—Pero... ¡qué tonta eres, niña! ¿Por qué no lo has dicho? —protestó e interrogó Lita, con visible emoción.

—¡No, si no es nada y pasó ya! No te apures; siéntate aquí, aquí, en mi cama; acompáñame hasta que me duerma...

Los párpados de nácar violáceo volvían a caer pesadamente sobre los ojitos azules anegados en letárgico sueño; la tibia sonrisa tornaba a entreabrir los labios descoloridos; el almita beata subía, subía otra vez la escala de oro colgada de la altura inaccesible.

VI

Lita, a quien la dolencia de Dora y el súbito incendio de sus fulminantes amores tuvieron despierta y febricitante[103] algunas horas, salió de las blandas honduras del sueño, como de un baño de salud, en toda su floreal frescura y su tumultuosa alegría. A medio vestir, corrió al balcón, abriólo de par en par, y en la viva ola de luz que inundó el cuarto, púsose a bailar y a cantar con loco júbilo. Todo el

---

103. *febricitante:* calenturienta.

milagroso optimismo de los veinte años, del amor y de la primavera, rodó en ola hervorosa por su sangre. Un sol de gloria ardía en un cielo de azul madrileño; el mundo parecía nuevecito, ella nacía entonces, Garba era un semidiós enloquecido de amor por ella, el porvenir un caminito de rosas que se perdía en un paraíso de delicias, y Dora una tonta que ni estaba enferma ni tenía nada más que mimos, beaterías y disparatones[104] metidos en aquella cabecita, hueca como la de los bebés de porcelana. Esto último lo decía Lita zarandeando alocadamente a la pobre Dora, que en vano se esforzaba por sonreír, por hablar; su carita clorótica[105] parecía cuajarse en una blancura fría, inmóvil; sus manos pesaban inermes entre las traviesas manos de su hermana. Sobresaltada ésta ante aquella invencible postración, corrió a llamar a su madre. Asustadísima voló Concha al lado de la enferma, y ante su aspecto intranquilizador atronó la casa, la calle, el barrio con sus gritos frenéticos, y enteró al cielo y a la tierra de que de los males de Dora, como de cuanto allí pasaba, tenía la culpa el grandísimo canalla desalmado de su marido, que merecía arrastrar una cadena. Los trágicos gritos y aspavientos de su madre acabaron de acongojar a la pobre Dora, que por algunos minutos cayó en hondo desmayo. Viéndola rígida, fría, con apariencias de muerte, el frenesí de Concha llegó al paroxismo, sus alaridos alarmaron al vecindario; bajó doña Salesia, subieron los Corderos, corrió la criada al dispensario en busca de un médico, y toda la casa se llenó de ruido, carreras y confusiones. Felizmente Dora recobróse pronto, el médico recetó bromuro, antihistérica, reposo, reconstituyentes, aire puro; todo era neurastenia, *surmenage*[106], falta de ejercicio y de higiene.

---

104. *disparatones:* aumentativo no usual de *disparate*.
105. *clorótica:* "pálida; que padece clorosis" (*DRAE*).
106. *surmenage:* (fr.) agotamiento por exceso de trabajo.

Volviéronse los Corderos al principal, doña Salesia a su celda, Lita a sus fantásticas reformas indumentarias; y sólo Concha, llorosa, suspirante, ruidosamente ostentativa de sus inquietudes, instalóse a la cabecera de Dora, agobiándola a cuidados perturbadores y a caricias asfixiantes.

Pasada la alarma, Lita volvía a sus optimismos: lo de Dora no sería nada; entre tanto, veníase la noche y ella quería lucirle a Paco otra *toilette* más fresca y sorprendente que ninguna. Revolvía cómodas, maletas, cestos; descosía pingos, planchaba cintas, fruncía tules, ensayaba, probaba... ¡vuelta a descoser! ¡Por fin! En un periquete se armó una blusa rosa y blanca que *daba el opio*[107]. ¡El nene *se caía* de verla tan remaja! Cuando la madrileñita estaba alegre, poníase muy chula, y "como lo de Dora no era nada", Lita bajó al principal aquella noche y las sucesivas; y el fogoso dúo de amor en alarmante *crescendo,* iba alcanzando los tonos más agudos a que llegaron diálogos de novios en libertad. La chiquilla desplegaba tal lujo de gracias, de picardías, de seducciones perturbadoras, que el propio archiperdido Larva picábase al juego, parecía enamorado de veras. Y como nadie los vigilaba, hartábanse de beberse las almas en los ojos, y de robarse caricias locas, aprovechando las sombras de la escalera y los revuelos de las despedidas. Puestos en aquel punto de demencia, invadíales la fiebre de la pasión, el vértigo que arrebata y precipita. Todo apresuraba fatalmente el desenlace de aquel drama. La situación de la casa de don Juan hacíase, por momentos, apremiante, insostenible;

107. *que daba el opio*: "cautivar el ánimo o los sentidos, embelesar" (*DRAE*). Expresión castiza popularizada en el famoso monólogo de Don Hilarión en *La verbena de la Paloma* de Tomás Bretón (1894): "Una morena y una rubia / hijas del pueblo de Madrid, / me dan el opio con tal gracia / que no las puedo resistir".

la enfermedad de Dora sorbíase los últimos recursos, imponía crueles sacrificios, amenazaba ya muy de cerca con la miseria negra, desastrosa. Don Juan andaba huído, procesado por deudas, amenazado de muerte por los acreedores. Concha, en el colmo de la desesperación agresiva, parecía tomada de frenesí histérico, o de raptos epilépticos y gritaba todo el día como una loca furiosa. Lita sentía venírsele encima todo el desolado horror de la miseria y de aquellas más abyectas degradaciones pronosticadas por su madre.

—¡No, pues entre la miseria y la abyección, y el paraíso del amor inextinguible!... —gritaba alta, imperativa, una voz enloquecedora dentro del torbellino flamígero que devoraba el alma de la niña. Una noche, cuando Lita sentíase sorber por aquel vórtice[108] de llamas, el libertino profesional, viendo ya maduro el fruto de la seducción, abordó a su novia con palabras de fuego envueltas en pérfida lógica y en espejismos alucinadores:

"Ellos no podían ya vivir así; la pasión tenía sus leyes infalibles, fatales; la hora del amor había sonado; era loco oponerse a lo inevitable."

Larva hablaba con el imperio de un sugestionador, afectando sibilíticas[109] actitudes o raptos fascinadores de iluminado o de loco. No había que hablar de boda, él era pobre; además, sus creencias se oponían a ritos y a fórmulas que cohíben y achican el amor; luego... nunca se lo dijo, pero era llegado el momento; entre don Juan y él existía uno de esos odios que piden sangre; por ella (por Lita) había él sacrificado su venganza; pero... ¡que no le pidiesen más! Todo intento de avenencia era imposible, a lo menos por entonces. Luego, la casa y la familia de Lita

108. *vórtice:* torbellino, remolino.
109. *sibilítico:* sibilino.

marchaban al cataclismo seguro, inminente; los horizontes se cerraban ante ella; no había más que un camino: ¡la fuga! Ésta era inevitable, infalible, fatal. Después vendría todo: la boda, la fortuna, la gloria, ¡todo! Porque él triunfaría, él llegaría a la cúspide: ¿para qué si no era superhombre y semidiós? Pero eso sería después, después de la dicha; ahora, ¡imposible! ¡Ante todo, él era hombre, estaba enamorado, loco, embrujado por ella, y mientras ella no fuera suya, él no sería nada más que un pobre enfermo, un miserable loco! Y con verdadero arranque de locura, tomó entre sus manos las manos de Lita, oprimiólas brutalmente hasta hacerla gemir de dolor, y con los ojos fuera de las órbitas, gritó en voz ronca, sofocada:

—¡Lita, la fuga o mi muerte! ¡O me sigues mañana mismo, o me mato! ¡Escoge!

Lita, fascinada, sorbida ya por el torbellino de pasión, susurró bajito:

—¡Cálmate, cálmate; si yo también estoy loca!

—¿Me seguirás?

—¡Sí!

—Mañana al amanecer, ¿oyes?, a las seis te espero con un coche en la esquina; ¡si no bajas... al pie de tu balcón me mato!

—¡No he de bajar, tonto!

—¡Amor mío!

—¡Vida mía!

—¡Hasta mañana!

—¡Hasta luego!

Cuando Lita volvió a su casa eran las dos; Concha, destrozada de velar tantas noches, retiróse a su alcoba a descansar, confiando la paciente al cuidado de su hermana.

Dora dormía con ese sueño anheloso de los enfermos que no es descanso ni tregua, sino agotamiento, postración dolorosa que transparenta la siniestra labor del mal y la angustiosa fatiga del espíritu. Diríase que se oía la dura lima de la enfermedad morder ahincadamente el bronce de la juventud de Dora, que se sentía volar el polvo de la cruel limadura, que se veía adelgazarse por momentos la tenue corteza carnal de aquel espíritu, de cada vez más visible, más desatado de la tierra. Lita, de pie junto a la cama de la enferma, contemplándola a la débil luz de una lámpara veladora, sintió aquella impresión terrorífica; oyó materialmente la lima invisible desgastar, roer con desesperante insistencia las frágiles ataduras de la vida de su hermana. ¡Qué pálida estaba! ¡Qué parecida a su propio cadáver! Pero... ¿qué sucedía? ¿Era un síncope momentáneo? ¿Era que la vidente fantasía de Lita anticipábale el terrible final de aquel proceso? ¿Era aquello sugestión demoníaca? ¿Providencial aviso? ¿Amenaza de Dios, ofendido por el pecado que Lita iba a cometer?... Atavismos de fe, terrores de superstición resurgieron en Lita, magníficas fuerzas de amor emergieron de su alma. ¡Dora, su hermana idolatrada, se moría! ¿Y ella?... Ella... ¿tendría valor para abandonarla en aquel trance? Un estallido de dolor y de ternura sacudió hasta las raíces de aquel ser tempestuoso, que parecía hecho de las sensualidades de don Juan y de los arrebatos de Concha. En Lita, como en todos los pasionales, el dolor, más que un sentimiento, era una descarga eléctrica, la bárbara explosión de una tormenta. Cayó de rodillas, y acodándose en el lecho de su hermana rompió a sollozar y a llorar convulsamente. Sus lágrimas rebosaban, fluían como raudal continuo de sus ojos, goteando calientes, rodando y aplastándose sobre las ropas, sobre las manos, sobre el pecho de la enferma; y Lita, doliente, aniñadamente exhalaba en ternezas como de madre su congoja:

—¡Dora, Dorita, alma mía, mi niña, despiértate!

Un momento creyó verla más blanca, más rígida, más afilada, y gritó enloquecida:

—¡Dora, Dora, hermana, despierta!

Y Dora al fin despertó; su espíritu luminoso levantóse como niebla que sube de una hondura; primero sonrió, y como asida a la sonrisa resurgió su alma en un tenue mirar, en un hablar desmayado.

—¿Qué tienes, Lita? ¡Me asustaste, nena! ¿Lloras? Pero... si estoy bien. ¡Si vieras qué bien estaba! ¡Veía unas cosas tan bonitas! Pronto estaré buena. Ya verás; si esto no es nada.

Y con uno de esos breves resurgimientos de los enfermos jóvenes, que parecen resurrecciones instantáneas, Dora se incorporó enérgica, besó mil veces a su hermana, hablóle alegremente, atrájola a sí, hízola posar la cabeza en su almohada, como cuando niñas dormían juntas, y luego, asida al hilo de luz de su sonrisa, su alma descolgóse otra vez blandamente a las profundidades misteriosas.

—¿Duerme?... ¡Está bien, se pondrá buena! ¡No será nada! —díjose Lita, reaccionando ya, volviendo a sus optimismos.

En esto, mil agujitas de oro metíanse por las rendijas del balcón: amanecía. Otra racha, aun más violenta que la pasada, sacudió el alma de Lita: la pasión. El romanticismo de aquella novelesca fuga, la inminencia de la dicha, el vértigo de la acción asieron de ella. Inflamóse su fantasía, sus nervios se tendieron, y como sonámbula, como loca, moviéndose en rápidos revuelos sigilosos, recogió de aquí y de allá algunas prendas, joyuelas y baratijas adoradas, reliquias o galitas infantiles que simbolizaban todo su vivir anterior; rodeó la estancia con una mirada codiciosa, absorbente, como queriendo llevársela en los ojos, y sobre la cama de Dora, por no inquietarla, junto a su mano enflaquecida, blanca, espectral, como para que ella lo recogiese al despertarse, dejó tiernamente un beso, ¡el último!, y huyó de sí misma, de su pasado de inocencia y de honradez, sin que de cuanto había sido Lita quedase otra cosa que aquel furtivo beso evaporado junto a la mano exangüe y mística que parecía tendida hacia la muerte.

VII

Tarde sacudió Concha aquel sueño animal, avaro desquite de su fisiología destruida por desnutrición e insomnios prolongados, agotada en locos derroches de energía, de afectividad y de acción. Levantóse como tullida, acorchada, estúpida, desorientada respecto al tiempo y a la marcha del doméstico rodaje. Comenzó a rebullir, a dar órdenes a la criada; entró en el cuarto de las niñas, besó a Dora, la pulsó, palpó su frente, sus labios, sus palmas; "¿qué hace esa locatis de Lita?", preguntó mientras abría el balcón, y al volver derramó inconscientemente la mirada en torno suyo; vio la cama de Lita intacta, sus ropas de casa en la percha, el gabinete en desorden, abierta la cómoda, revueltos, como saqueados, los cajones; cintas y pingos esparcidos por todas partes... Comprendió. Reconstruyó en un relámpago intuitivo la vulgar historia de seducción, la fuga, la tragedia de deshonor y de vergüenza que en aquella fuga empezaba... ¡Y entonces, entonces sí que el estallar de su ira, de su pena, de su desesperación sobrecogía más que el bárbaro rebramar del trueno y el súbito esplendor del rayo! Era la tempestad de un alma, y tan grande, tan augusta e imponente, que a pesar de la culpa que la infeliz teníase en su desgracia, a despecho de la grosera animalidad de sus manifestaciones, la trágica violencia de aquel dolor de madre aplastaba el ánimo como una fuerza sublime. Hubo un momento en que el acceso convulsivo rayó en verdadera locura: lívida, trepidante, como hidrófoba, arrancábase a mechones el pelo, aullaba histéricamente y se retorcía en espasmos epilépticos. Dora, mortalmente sobrecogida, febril, sudorosa, arrojóse de la cama y se arrastró desnuda, sin fuerzas, a socorrer a su madre. Ya en esto acudían los Corderos y doña Salesia alarmados, como la otra vez, por los gritos de Concha. Entre la seráfica[110] y doña Celes arroparon a Dora y en brazos volviéronla a la cama. Al caer en ella la enferma irguióse bruscamente, crispada por congojosas náuseas, y arrojó una bocanada de sangre, y luego otra y otra... En vano don Romu y la criada rodeaban a Concha, procurando ocultarla la crisis de Dora, mientras doña Celes intentaba retirar la sábana ensangrentada y doña Salesia sostenía la desmayada cabeza de la enferma, Concha lo vio o lo presintió todo, y volando al lado de su hija la besó enloquecida, secó el sudor de su frente, la sangre de sus labios, posó la cabeza en la almohada, y sin poder dominar su impulsivo arrebato, encaróse fiera, chulescamente con los Corderos, y los llenó de injurias. ¡Ellos, los muy cursis, los grandísimos pendones entrometidos, tenían la culpa de todo! ¡Ellos protegieron al indecentón de Larva y taparon el sucio amorío! ¡Ellos tenían la culpa de la fuga, de la perdición de su hija! ¡Fuera, fuera de su casa los piojos revividos, los señores de pega, los chulapones renegaos! La sangre chispera de los carniceros ardía; la ralea chulapa subíaseles a la boca en desvergüenzas crudas de mercado; pero más que la advenediza dignidad, el estupor de la fuga de Lita, el espanto de la crisis de Dora, la impetuosa furia con que Concha los arrastraba, los barría hacia fuera, embazóles el resuello, atajóles la palabra, y mudos, aturdidos, furiosos, salieron de aquella casa

110. *seráfica:* (fam.) la que afecta virtud y modestia (*DRAE*).

111

de catástrofe y de pesadilla. Antes que cerraran la puerta, Concha la emprendió con la seráfica, que no salía de su asombro ante los arrebatos de aquella arpía.

—¡Y usted también, so[111] bruja, farsantona, comesantos[112]; usted es la que le ha sorbido el seso a mi Dora con sus arrumacos y santurronerías! ¡Usted me la ha embrujado, usted me la mata, tía hechicera, Marizápalos[113], chupasangre! ¡Fuera escuerzos, pajarracos, sabandijas!

Y a tironazos, a empujones, a bufidos, Concha arrojó a la asustadísima e inocentísima devota. El bárbaro portazo con que cerró tras ella fue como el punto final de sus relaciones con los vecinos y de su loco acceso de rabia.

Vuelta a la cabecera de Dora, la Megara[114] tornábase madre; sus iras hervorosas se deshacían como espuma, y las inquietudes, las previsiones, las ternezas resurgían, femenizando[115] al basilisco. La soledad, el silencio, la reflexión ejercían sus virtudes sedantes; resurgía la conciencia y hasta el remordimiento. ¿Qué hizo ella? ¡Cerrar sus puertas a los únicos que podían auxiliarlas! Y ahora... ¿adónde volver los ojos? Lita fugada, don Juan huído, Dora agravándose por momentos, los recursos agotados. ¿Qué iba a ser de ella? Un peso aplastador cayó sobre la

111. *so:* procede de la vulgarización del tratamiento *señor* en el Siglo de Oro y terminó por asociarse a palabras insultantes, para reforzar su significado.

112. *comesantos:* (despect.) beato.

113. *Marizápalos:* personaje femenino central de ciertas formas literarias muy populares del s. XVII, relacionadas con el teatro menor, como el *Baile de Marizápalos.* Véase F. López Estrada, "Lo que yo sé de Marizápalos", *Estudios ofrecidos a Emilio Alarcos Llorach,* Oviedo, 1978, vol. III, pp. 387-408.

114. *Megara:* una de las tres furias, criaturas infernales, mantenidas por la tradición romana. En *La Celestina,* de Fernando de Rojas, (acto III) son citadas, en el conjuro satánico, por la vieja alcahueta: "regidor de las tres furias, Tesífone, Megera y Aleto".

115. *femenizando:* (creac. pers.) hacer femenino, dulcificar.

pobre mujer: consumida en furores y en esfuerzos, exprimida en lágrimas, exhausta, se rendía, se entregaba, atónica, abúlica, inconsciente ya. Aquello era lo irreparable. ¿Cómo luchar contra ello? Pero sus ojos, ya sin iras, sin luz, sin llanto, íbanse como imantados a Dora, y de aquella palidez terrosa, de aquella inmovilidad glacial, de aquella apariencia cadavérica, el instinto materno pareció beber energías sobrehumanas que crecieron prodigiosamente hasta estallar en una rebelión de la voluntad; y de las pavesas de la mujer resurgió la madre: ¡lo invencible, el amor de los amores!

—¡Dora, Dora, mi niña, hija de mis entrañas, gloria mía!...

El océano de ternuras se volcaba. Pero la caliente ola de amor parecía estrellarse en la fría quietud que agarrotaba el cuerpo de Dora. Había que arbitrar recursos, que disputar minutos al mal; imponíanse las resoluciones heroicas. Ante todo, que don Juan viniera. ¡Qué hacía aquel padre! ¿Cómo no le traían las adivinaciones del instinto? Que viniera, que salvara a su hija, que inventara recursos, que pidiera limosna, que jugase..., ¡que robara! Concha, en el delirio de su amor y de su pena, no veía ya más moral, ni más tierra, ni más cielo que su hija: ¡salvarla! Salvar a Dora era el único objeto de la creación; ¡quién no había de ayudarla en su salvamento! Y, sin acordarse de su propia fatiga, tras del estrago de la pasada crisis, sin pensar que en veinticuatro horas no había tomado alimento, comenzó a moverse activamente, arregló la cama de Dora, mullóle las almohadas, hízola apurar una medicina, y corrió a la escalera; desde el descansillo gritó:

—¡Nicó!... ¡Nicó!...

Era el chico de los porteros, un *vivo*[116], un pura sangre

---

116. *vivo:* ingenioso. Aquí, "listo".

madrileña; por unas perrillas[117] llegaba al centro de la tierra; por una *pela*[118] hasta los antípodas; pero, tan honrado
como codicioso, Nicó sabía huronear las madrigueras de
don Juan, quien, a su vez, servíase del chico para comuni-
carse con su casa. Jadeante, *cargábase*[119] el golfillo de un
tirón los noventa y nueve escalones. Concha no le dejó
llegar arriba.

—Toma —le dijo, bajando a su encuentro y despoján-
dose de su última alhaja, su sortija de bodas—: corre,
lleva esto al Monte o adonde paguen más; de lo que te
den, un duro, ¿lo oyes?, ¡un duro! para ti, si antes del día
me traes a don Juan, vivo o muerto. Le dices... lo que
pasa (no quiso nombrar a Lita) y que Dora se muere...
—¡La señorita Dora!... ¡Sí, la hija de mi alma! ¡Vuela, si
quieres que la salvemos! —gimió la madre, mientras
Nicó, disparado, rebotaba de escalón en escalón como si
le empujase una ráfaga.

El tiempo de las esperas angustiosas no vuela, no corre;
se alarga, estirándose elástico, rastrero, mudo, como un
reptil viscoso. Las horas se iban: apagóse la luz, entróse la
noche; la fiebre postraba a Dora; su respiración hacíase
anhelosa por momentos; el sudor empapaba sus ropas,
arrugaba sus palmas, alisaba sus cabellos, que lacios se
pegaban a sus sienes, dando a la enferma ese aspecto de
naufragio que toman los que se van acercando a la otra
orilla. Y ¡tic, tac, tic, tac!, el corazón de acero del reloj
latía frío, mecánico, inexorable; y Nicó no volvía, y no
llegaba don Juan, y Lita no volvería nunca, y Dora decaía
y nadie llamaba a aquella puerta llevando un consuelo,

117. *perrillas*: monedas de cinco céntimos.
118. *pela:* (fam.) peseta. (No recogido por *DRAE*, 1929).
119. *cargarse:* (fam. fig.) subir.

una esperanza, y el péndulo impasible, irónico, desesperante, ¡tic, tac, tic, tac! ¡Aquello era para perder la razón! En la de Concha confundíanse los límites de la realidad con los del delirio; el insomnio, la debilidad, el dolor, la fiebre encendían llamitas azules y saltarinas fosforescencias ante sus ojos; la cólera, la impaciencia, la rebeldía zigzagueaban por su sangre y por sus nervios en largas fulguraciones tempestuosas; la ternura y el furor, como dos electricidades en conflicto, disputábanse el cuerpo y el alma de aquella madre felina; la tempestad estalló al cabo en bramidos, en arrullos, en imprecaciones de la más desatada incoherencia, en que lo cómico y lo trágico confluían en lo más penetrante de la sensibilidad humana: lo patético. La madre de instinto, la madre fiera, bufadora y agresiva despertábase junto al lecho de Dora en espera desesperada del egoísta don Juan; con mano temblorosa, desatentada, palpaba la frente y las manos de Dora, besábala con besos empapados en amor y en rabia salvaje contra el padre ingrato, causador de tanto infortunio.

Y bufaba, gemía, lloraba torrencial, desatadamente. Y lo más conmovedor de aquella fermentación de odio y de pena, era que lágrimas, injurias y rugidos todo era amor, amor de instinto, amor de presa, voraz y devastador, pero grande, imponente, sagrado como amor de madre y de esposa, porque la desdichada no había dejado de amar a don Juan. Acaso le amaba más que nunca; quizás, por extremo esfuerzo de pasión desesperada y hambrienta, aguardaba confusa, instintivamente, que el dolor inmenso, mutuo, conyugal ante la pérdida de Lita, ante la agonía de Dora, los arrojase impulsiva, irresistiblemente, al uno en brazos del otro. Pero de esto no quería ella que se enterase su propia conciencia; quizás no lo veía, aunque estaba en el fondo de todas sus emociones, o negábase a verlo con ese temor supersticioso con que nos negamos a las esperanzas por miedo de ahuyentarlas con el deseo. ¡Esperar en aquel hombre! ¿Estaba ella loca? ¿Qué le importaba a don Juan su mujer, sus hijas, su casa, si era la misma ingratitud, más duro que los bronces!

—¡Ay, si viene..., si viene lo desuello, me lo como! ¿Y si no viene? Si antes que venga... ¡No, no; que no pase eso, porque, entonces, me bebo su sangre! —juró el atavismo de la raza por los labios de la chula...

Giró el llavín premiosamente en la cerradura, rechinó la puerta, sonaron en la antesala pasos muy conocidos, y la que pensó beberse la sangre del que llegaba sintió la suya agolpársele al corazón; levantóse, sus piernas se doblaban; arrastróse hasta el pasillo y, saliendo al encuentro de don Juan, sollozó ya sobre el pecho de él:

—¡Ven acá, hombre; tu hija, nuestra hija se nos muere!

Y un abrazo impulsivo, desesperado, fundió los dos cuerpos.

VIII

¿Cuánto duró aquella trágica pesadilla?... Los días, las noches, los crepúsculos, los alivios ilusorios, la creciente agravación del mal, la desesperante carencia de recursos, los bárbaros apremios, la desalmada miseria, todo se fundía en un caótico amasijo de dolor, tortura, rebeldía, sobresalto y congoja extrema...

Y un día, cuando todo habíase agotado en la casa de don Juan, hasta las lágrimas, Dora, extinguida también en sufrimientos, descendió más hondo en aquellas negras profundidades en que su almita caía, y en ellas se apagó como una luz; durmióse en la muerte.

Consumada la desventura, Lita fugada, muerta Dora; vendido, empeñado, embargado todo, lanzados judicial-mente de la casa, sin dinero, sin ropas, sin salud, sin vida, sin alma, Concha y don Juan aceptaron el único asilo que se les abría: era allá en los barrios bajos, cerca de la Palo-ma, un guardillón misérrimo, a teja vana, la mitad del cual cedíales generosamente una prima de Concha, plan-chadora de oficio; aquello era menos que una vivienda, una guarida. ¿Qué les importaba? Con la misma glacial indiferencia hubiesen aceptado hospitalidad en el hueco de un sepulcro; y a fe que más estaban para enterrados que para albergados entre vivos. Allí supieron que Lita, abandonada ya por Larva, rodaba desde la culpa a la prostitución. Pero Concha, exhausta de toda energía, ha-bía caído en inanición extrema. Don Juan, no avezado al dolor ni a las privaciones, hundióse en indiferencia y ato-nía invencibles. La pobre plachandora había de arbitrar recursos para mantener a sus dos huéspedes macabros, que parecían dos náufragos de la vida. Don Juan, como todos los egoístas y voluptuosos, era inútil para toda acti-vidad práctica, refractario al dolor, hostil al trabajo, que desde su altivez caballeresca parecíale la última deshonra; incapaz de resignación, tan opuesta a sus audaces rebel-días; incompatible con la abyecta miseria y con la postula-ción degradante, ¿qué le quedaba? Tumbado en el mísero camastro, o encogido en una derrengada silluca, clava-dos los ojos en los rotos ladrillos o en el techo jiboso y aplastante del guardillón, pasábase los días absorto, como hipnotizado. En la vaguedad penumbrosa de su debilitado cerebro buscaba tenazmente algo, un recurso que le aliviase de vivir, de recordar, de padecer. Un día, leyendo automáticamente un periódico, posó los ojos sobre el folletín: su semblante cadavérico resplan-deció: el capítulo folletinesco titulábase *El paraíso de*

un morfinómano. ¡La morfina[120]! ¿Cómo no lo pensó él antes?

Desde entonces entregóse con intemperancia suicida al vicio de los ególatras y durmientes del espíritu. El gozador decrépito halló su anhelo refugiado, sensorial, voluptuoso, en el novelesco *hatchis* sugeridor de *euforia* morbosa, de artificiales delicias, en el pérfido alcaloide que diluye en la sangre el jugo maldito de todas las flores del mal[121].

Primero era una somnolencia embotadora, una desmayada laxitud muscular, que invadía el cuerpo de progresiva quietud y abandono; una muerte blanda que abolía el sentir, el padecer, el mecanismo doloroso del vivir, y velaba en áureas gasas flotantes las feas realidades cuyos contornos vagamente se perdían esfumándose en grises de humo y de plata penetrados de luces irreales, rosáceas, albuminosas, celestes. Y en aquella marea neblinosa, la fantasía en fuga, en huelga del funcionalismo fisiológico, la sensualidad desuncida de la opresora malla de nervios, nadaban en deleites ignotos, sumíanse en embriagueces voluptuosas... Parecíale a don Juan haber descubierto un mundo nuevo de la sensación, al cual se trasladaba a voluntad. Y la *moral insania*[122], el morboso deliquio, la di-

---

120. El tema de la droga —la morfina, fundamentalmente— no es infrecuente en la literatura de la época. La propia Blanca de los Ríos publica, recogiendo esta temática, *El demonio moderno* (*El Blanco y Negro*, núm. 1635, 17-IX-1922).

121. Alude al título *Las flores del mal* del poeta francés Baudelaire (1821-1867), que buscó en los paraísos artificiales (drogas y alcohol) la evasión de su realidad.

122. *moral insania:* "locura que abotarga, que anula o retarda la reacción del individuo". Del latín *insania* 'locura'; y *moral*, del adjetivo latino *moralis*, derivado del sustantivo *mora* 'que retarda, que produce demora a intervalos'. Agradezco esta información de la Dra. Da. Pilar Saquero, profesora Titular de la Facultad de Filología de la Universidad Complutense.

cha demoniaca de la morfina, apoderábase del gozador como un mal espíritu, y ávidamente le devoraba, sorbíale la salud, la razón, el alma...

¿Quién dijo que era guardillón infecto el palacio de hadas, la Alhambra de ensueños en que se durmió don Juan entre aromas, caricias, músicas irreales y no probados deleites enervadores?...

IX

En los intervalos de sus borracheras mortales, arrastrado por la brutal exigencia del vicio, don Juan salía en busca de dinero con que renovar su provisión de morfina, sus crecientes dosis de veneno, sus «billetes de paraíso» los llamaba él; y por aquellos pasaportes para la locura y el suicidio, hubiese dado el alma y llegaba a la increíble, a la postulación vergonzante, al *sablazo* vergonzoso.

En aquellas excursiones de loco o de borracho, en que cosas y personas pasaban ante sus ojos contorneados de iris o de fosforescencias temblonas, más de una vez creyó percibir una visión cruel, creyó ver a Lita en cuerpo y alma; pero no su Lita, otra muy diversa y diferente en cada aparición: unas veces de sombrero, otras de chulesco pañolón, otras de parduzco mantoncillo, según los varios vientos de su voltaria[123] fortuna, y bajando siempre escalones de infamia.

¿Era aquello posible? ¿Acertaban los oficiosos noticieros que le contaban los crecientes escándalos de la hija de perdición? Don Juan prefería no creerlo u olvidarlo todo. La muerte de Dora, la infamia de Lita, la mortal agonía de Concha, la miseria en que ella y él se arrastraban famé-

123. *voltaria:* versátil (*DRAE*).

licos, desnudos de ropa y de carnes, esqueletados, espectrales. ¡Qué importaba! ¿Eran reales siquiera? Todo, todo se borraba, esfumábase, se desvanecía y alejaba; quedábase allá en la otra orilla, en la de la realidad hostil, antipática, remota. Don Juan ya no pertenecía a ella; tenía un mundo de delicias para él solo.

X

Una noche de Carnaval, sin que él supiera explicarse cómo ni con quién, mecido siempre en el fantasmagórico oleaje de su borrachera de morfina, encontróse don Juan en pleno bullicio en plena Puerta del Sol, entre unos antiguos camaradas que le arrastraban hacia Fornos. El frío de la noche, o una tregua en la acción del enervador veneno, abrieron una desgarradura en los delirios de don Juan; el telón de brumas corrido siempre ante sus ojos, clareábase transluciendo puntos luminosos, recuerdos, añoranzas, espectros de gentes y de sucesos que emergían de la marea lechosa. Don Juan sentía hondas reviviscencias de sí mismo, íntimos rubores de aquella decadencia en que había caído desde la altura de sus atavismos históricos; porque don Juan, morfinómano y decadentista, ya no era el don Juan de la leyenda, el seductor gallardo y caballeresco, el mito de audacia y rebeldía. Con aquel resurgimiento de su yo embotado, casi abolido, resurgían también sus arrestos, sus memorias, sus penas, sus amores sumergidos en el sopor morboso que estancaba su vida. Don Juan —aquella pálida reviviscencia suya— quiso volver a ser don Juan por una noche, renunciar a la droga maldita que deprime y afemina, volver al vino que enciende y viriliza la sangre; volver al vino y al placer, ser hombre una noche más. Y mezclándose a la oleada de locura,

120

entró en Fornos con las máscaras gritadoras, con los parásitos de café y los gozadores de oficio; ¡los suyos! Sentíase en su elemento, renacía. Sus viejos camaradas de placer, rumbosos siempre en público, y apiadados de veras ante el misérrimo aspecto de don Juan, alardeaban de espléndidos con el espectro del amigo haciéndole comer y beber demasiado. La animalidad atrofiada del morfinómano se desquitaba del largo ayuno. Don Juan, comiendo, bebiendo, riendo ya locamente, resurgía de sí mismo. De pronto, el fulgor de un relámpago en su retina, el frío de un puñal en su corazón. ¿Qué había pasado? ¿Era aquello posible?

En un grupo alborotador, escandaloso de máscaras lupanarias y disolutos repulsivos, envuelta en la hopa roja de un capuchón de alquiler, desecho de orgías de colmado, sin careta, escotada y pintada como una *cocotte*[124], palmoteando y ondulando como una flamenca, provocativa, lúbrica, llegaba Lita con otras bacantes locas que en plena saturnal empalmaban el delirio del baile con el desenfreno de la juerga.

Don Juan, al ver a su hija en aquel grupo de abyección, sintió arder en su sangre la ira de toda una raza; el hombre, el caballero, el padre, revivieron en él; el honor, su religión atávica, sacudióle con ese impulso de héroe calderoniano que todo español lleva en el ápice del alma. ¡Yo la ahogo! Rugió en él la fuerza étnica que es racha pasional, rayo de acción; pero otro impulso instintivo le contuvo. ¡Matarla allí, con aquella púrpura de escarnio, y entre sus cómplices de vicio, era poner sello de infamia a su justicia, entregar al público ludibrio[125] su nombre y hasta el cadáver de Lita, de su Lita idolatrada sobre todo

124. *cocotte:* (fr.) mujer de vida alegre, proclive a la prostitución.
125. *ludibrio:* "escarnio" (*DRAE*).

121

y contra todo! ¡Lita! ¡Pensar que aquella perdida era su Lita!... Una cosa dura, fría, glacial, como enorme témpano de hielo, derretíase en sus entrañas de hombre, de padre; una formidable ola de llanto rodaba por su alma... ¡Ansiaba llorar, abrazarla, matarla! ¡Decirse su padre y ahogarla en un abrazo de odio y de amor desesperado, sublime! Pero... ¿allí? ¡Primero mil muertes! Don Juan llenó de brandy un vaso —de los de agua— y lo apuró de un sorbo... Y así, desesperadamente, continuó bebiendo hasta caer de bruces sobre el mantel manchado de vino.

Tarde ya, es decir, temprano —casi amanecía—, cuando nadie se acordaba de él, en el postrer coleo de la *juerga,* levantóse don Juan, y tambaleándose salió de Fornos y comenzó a bajar por la calle de Alcalá, cara a la Cibeles.

Ante la puerta primera de las Calatravas[126] se detuvo; el hálito glacial de la madrugada de marzo azotó su faz congestionada, sudorosa. De la hondonada de Recoletos y la Cibeles alzábase una niebla gris que azuleaba el naciente día; hacia la Puerta de Alcalá, el cielo mostraba, entre nubes pizarrosas, desgarraduras sangrientas. La calle estaba sola, los serenos se retiraban entonces; una solemnidad imponente, como de conciencia que despierta, envolvía a la metrópoli, dormida bajo el velo frío del amanecer... A lo menos, esto le pareció a don Juan. Montones de serpentinas y *confettis* enlodados manchaban la calle con el detritus multicolor, fangoso y pisado que deja el Carnaval. *Sic transit gloria mundi,* parecían decirle a don Juan aquellas barreduras de placer. "Así, en el fango acaba todo... ¡hasta Lita!" Pensó don Juan, o lo sintió con un sacudimiento brutal de todo su ser.

Y el frío de la luz y del aire, y la quietud solemne del

---

126. Se refiere a lo que fue convento, después quedó sólo la iglesia, de las Calatravas, en la calle de Alcalá.

amanecer, y el desamparo de su vida, el malogramiento de todo su existir y de todos sus cariños, el fruto de sus locuras: Dora muerta, Lita prostituída, su mujer en la miseria; la esencia de todos sus dolores, la síntesis de su malgastado vivir, la sensación de un dolor eterno y un desamparo infinito llenó su conciencia, abrió los ojos como en un supremo despertar, miró al horizonte como con reproche desesperado, miró a la cerrada puerta de la iglesia como en evocación mística... palpó sus ropas, asió del revólver, que en su costumbre de trasnochador nunca olvidaba; apoyó en la sien derecha el cañón frío y disparó.

....

Salían de Fornos los juerguistas en abigarrado grupo, que a la cárdena luz del amanecer tomaba tintes repulsivos en las ropas ajadas, manchadas y en desorden, y en las caras insomnes y desencajadas, como maceradas por la orgía, cuando ya ante la puerta de las Calatravas formaban corro varias personas: una trapera, un mozo de cuerda y dos o tres golfos descalzos, arrecidos[127], y con caras de curiosidad entre espantada y maligna.

Lita, como don Juan, sintió al salir al aire libre la bofetada glacial que llama a la realidad, el influjo solemne del amanecer, y su fisiología joven reaccionó aún más violentamente que la de su padre. En aquel violento reaccionar la sorprendió la visión horrible. Primero fue un grito estridente de sus compañeras horrorizadas... después la espantosa evidencia. Su padre, bañado en sangre, con la sien agujereada, la cara lívida, la cabeza desmelenada y sangrienta contra el escalón de piedra de la puerta de las Calatravas... ¿Qué pasó entonces dentro de aquel desquiciado organismo, dentro de aquella penumbrosa conciencia?

127. *arrecido:* "entumecido" (*DRAE*).

Lita contempló un momento el cadáver con ojos turbios y extraviados, como de embriaguez y de locura; sus músculos faciales esbozaron una mueca espantosa: los trágicos perfiles del histerismo, de la epilepsia, de la demencia. Un aullido salvaje salió de su garganta; sus labios rezumaron espuma, como los de los epilépticos; su cuerpo todo se agitó sacudido por convulsión violenta. El grupo de juerguistas y la hez callejera acudieron a sujetarla. En aquella nerviosa criatura, sorprendida en la depresión del insomnio, del alcohol, de la orgía, la bárbara emoción provocaba extrema crisis: diríase que sobre la bestia exhausta sacudía el dolor su azote de rayos, y en ella hinchaba el remordimiento sus garras de tigre, y el instinto su aguijón penetrante; y la bestia vibraba enloquecida, sacudíase convulsa, bramaba, rugía, espumajeaba, retorcíase enroscando el cuerpo en curvas catalépticas y arrancándose a pedazos el rojo capuchón, sangrienta ironía, que flotaba en desgarrados jirones sobre el cuerpo convulso de la hija de don Juan.

El grupo de trasnochadores crapulosos[128] y de madrugadores misérrimos o abyectos crecía en torno al cadáver del suicida y a la máscara convulsionaria, aumentando el horror de la tragedia callejera.

Sus compañeras de escándalo, con la blandura de corazón proverbial en hembras tan dadivosas de sí mismas, fraternalmente recogieron a Lita entre sus brazos y la transportaron a un trasnochado simón hediondo, harto de trasegar miserias fisiológicas, que con tembliqueo[129] de vidrio y ferrallas[130] rodó torpemente, llevando aquella mísera carne de pecado hacia los pudrideros del vicio.

---

128. *crapulosos:* borrachos, libertinos.
129. *tembliqueo:* (creac. pers.), temblor.
130. *ferrallas:* hierros.

En ellos cayó tan hondo y tan sin remordimiento ni dolor la hija del suicida, como si en el vino y en el llanto de aquel trágico amanecer hubiese ahogado cuanto le quedaba de alma.

Y como ya no hay donjuanes, y al donjuanismo sucede algo más decadente y perverso, en Lita acabó la estirpe de don Juan.

Caterina Albert i Paradís
(*Victor Catalá*)

IDILIO TRÁGICO

Caterina Albert i Paradís (*Víctor Català*)

Nace en L'Escala (Gerona), en el año 1869, esta genial escritora, cuyo nombre ocupa un lugar indiscutible en la cima de la narrativa catalana y que, por méritos propios, por su estilo definido y personal, debe estar, con todos los honores, en las páginas literarias más brillantes de las letras hispánicas. Perteneciente a una acomodada familia de propietarios rurales y gran amante de la lectura, tuvo una formación autodidacta en su lugar natal. Desde su juventud, Caterina Albert tuvo que enfrentarse a una serie de problemas planteados por su condición de mujer con una clara vocación hacia la literatura y por su condición de escritora con un estilo y una temática calificados como «crudos», no habituales en una mujer, ni adecuados para la sensibilidad femenina. Esto provocó la incomprensión de algunos sectores de la sociedad hacia su literatura y su propia persona, que marcarán —a veces dolorosamente, según se descubre en abundantes confesiones suyas— su vida y su obra y llevarán a la escritora a ocultar su nombre, identidad y sexo bajo el pseudónimo masculino *Víctor Català*, procedimiento que no llega a solucionar su situación: cuando en 1898 obtiene el primer premio en los Juegos Florales de Olot por *La infanticida*, se produce una reacción de sorpresa, en medio de gran escándalo, cuando el jurado descubre que el nombre *Víctor Català* oculta a una mujer. En este ambiente polémico, que llevará a la autora a no abandonar nunca su pseudónimo y a mantener largos períodos de silencio literario, que se intensifica, por varias razones, a partir de 1939, Caterina Albert gozó de un gran prestigio en las primeras décadas de nuestro siglo. En 1923 ingresa en la Academia de Buenas Letras de Barcelona, su firma aparece en las más conocidas publicaciones —en catalán y, también, en castellano— y su personalidad era bien conocida en toda España. Ángel Guerra, traductor de sus cuentos al castellano, la destaca junto a Emilia Pardo Bazán y a Blanca de los Ríos de entre todas las escritoras españolas. Y Federico Carlos Sainz de Robles, en su *Diccionario de Mujeres Célebres* la compara con Pardo Bazán, Alarcón y *Clarín*. Tras una larga y retirada vida, alterada sólo por algunos viajes a Barcelona, entregada hasta sus últimos días a un trabajo silencioso, murió en su L'Escala natal en 1966.

Su producción es extensa. Escribió algunos libros de poemas, *Cant dels mesos* (1898), *Llibre blanch* (1906), pero es en la prosa donde mostró su máximo talento literario. Es autora de varias colecciones de cuentos: *Drames rurals, Ombrívoles, Caires vius*, publicados entre 1902 y 1907, contienen los más valiosos textos de los que *Parricidi* y *La infanticida* son, sin duda, sus obras más famosas. *La Mare-Balena* y *Marines* son títulos de otros volúmenes de cuentos. Entre sus novelas destaca *Solitud* (1905), que ha sido traducida no sólo al castellano, sino al francés, italiano, alemán, ruso, polaco e, incluso, al esperanto. En su dilatada vida escribió otras muchas novelas: *Nostr'amo, Un film, Nisa*, etc.

A.E.B.

Idilio trágico

El grupo de mendigos de oficio marchaba lentamente carretera abajo como un río manso que fuera a desembocar en el pueblo.

Era un pelotón del ejército de la miseria y de la holgazanería que paseaba alegremente sus harapos, lanzando gruñidos de bestia, mordisqueando mendrugos de pan negro y enseñando, cual si fuesen cruces y medallas que se ganaron sobre el campo de batalla, llagas en carne viva, costras de pus reseco, huesos retorcidos, muñones repugnantes... todas las máculas[1] de la miseria y de la brutalidad; todos los estigmas del hambre y de la basura.

La mayoría era de viejos, seres casi sin sexo, piltrafas humanas exprimidas, hojas dispersas que el sol y el polvo de los caminos resecaba, que la desnutrición consumía y que, andando siempre a la intemperie, el tiempo empujaba hacia la muerte sin que ellos del avance se dieran cuenta, inconscientes de las injusticias sociales, sin el amor de los suyos, escarnecidos por todos, maltratados siempre como broza[2] inútil de la vida.

Delante del grupo, a la cabeza, marchaba la Gorda, con un trozo de lienzo a guisa de capucha, el báculo en la mano, cantando una cancioncilla grosera.

---

1. *máculas:* manchas.
2. *broza:* maleza y despojos vegetales.

Detrás de ella seguía la turbamulta de hombres y mujeres, vestidos con harapos y ropas de desecho. Figuraban en primer término los mendigos más antiguos en el oficio, los que hacía más tiempo que limosneaban: la Chica, con la cabeza medio hundida entre las espaldas y siempre mirando a tierra, siempre refunfuñando entre dientes y siempre tirando con todas sus fuerzas, como una mula de un carro, de sus canastos de caña, junto a los cuales marchaba Miguelón, riendo como un tonto, mirando y remirando su blusa nueva y la gorra de colegial, galoneada de oro, tan pequeña que no le cubría la cabeza. Tenía el Miguelón veinte y cinco años; era barbilampiño como una mujer y por una colilla era capaz de hacer los mayores sacrificios.

Solía acompañarle el Niño del Pico, un hombrón, fuerte como un roble, alto como un pino, que pedía limosna por *sport*, por hábito, por holgazanería; por todo, menos por necesidad, pues tenía dinero dado a rédito, había casado cuatro hijas con buena dote y hasta se sospechaba que poseía unos tirajos[3] de tierra. La gente lo miraba con malos ojos porque se murmuraba que había servido como espía a una partida de ladrones que asaltaban cortijos y caminos durante la noche, enmascarándose.

Los compañeros no lo querían en el grupo, porque cuando él los acompañaba ponían mala cara en las casas a donde acudían, no dejándolos parar ni siquiera un momento a las puertas; pero, como era el más fuerte, nadie se atrevía a decirle una palabra. Sólo el ciego del Llano, tan pronto lo sentía cerca, le gritaba con enojo: ¡fuera! y para huir de su contacto empuñaba el bastón, al que se agarraba por un extremo y el otro lo sostenía su nieto, Jaimillo, un chico lindo, muy lindo.

_____

3. *tirajo:* despect. de tira.

Aquel ciego, poca cosa y ahilado[4] como una paja, era el tormento del gigante que cuando lo veía apartarse con malos modos temblaba de coraje y sentía deseos de hundirle la cabeza en el cuerpo de un puñetazo. Pero, se aguantaba, conteniendo la ira, porque el ciego, sin ver ahora, había tenido vista hacía algunos años, conservaba la memoria y la lengua lista, y el Niño del Pico, quería pasar en paz los últimos años de su vida sin traicionar a los compañeros de otro tiempo.

A poca distancia del ciego, pero separadas de los hombres, arrastrando los pies y disputando siempre, solían marchar, a la cola del grupo, la Lucía y la Camila, dos viejas muy pequeñas, limpias y adecentadas, con sus faldas bordadas, delantales aseados, corpiños bien remendados, las medias azules muy zurcidas, y los rostros arrugados, resaltando entre los pliegues de la capucha de bayeta negra sujeta al cuello.

Se hubiese dicho que eran hermanas al verlas tan parecidas y siempre juntas. Eran nada más que consuegras; el hijo de una se había casado con la hija de la otra y vivían todos como una sola familia. El muchacho quería a ambas, lo mismo que la moza, y ellas venían a ser como los niños de aquel matrimonio que no tenía ninguno.

Con manos temblorosas, cortas de vista y de piernas enflaquecidas, para nada servían. Si tomaban un plato, se les caía, rompiéndose; si intentaban hacer calceta, se les escurrían los puntos; si el cerdo se escapaba y salían a atajarle el paso, tropezaban y al caer se herían. Pero, ambas eran laboriosas y no podían estarse quietas un momento; ambas querían hacer algo y hacerlo cada una mejor que la otra; y los hijos, para que se distrajesen y no enredasen[5]

4. *ahilado:* delgado.
5. *enredar:* discutir, incordiar, hacer travesuras.

en casa, les permitían que pidieran limosna. Por eso se las veía siempre juntas, siempre con sus cestos y sus báculos, siempre disputando. El disputar lo llevaban en la sangre. Disputaban por cualquier cosa: porque a una le habían dado un tomate más que a la otra; porque la Camila había llamado puerca a la Lucía, por comer con los dedos; porque la Lucía había empujado a la Camila al traspasar una puerta; porque una andaba de prisa y la otra poco a poco... Era cosa de oírlas a cada momento:

—Eres una refistolera[6] que miras todo lo que como.

—Y ¿qué?... los higos son nuestros.

—La nuera me los ha dado.

—Son de la higuera de mi hijo.

—Pero, ella los va a coger.

—Y yo voy a...

—¡Mientes!

—¡Tú!

O bien:

—Era una pieza[7] y han dicho que la partiésemos.

—Ya te he dado una perra chica[8].

—Pero te has quedado con la gorda[9].

—Y ¿qué?

—Que quiero la mitad.

—Entonces, devuélveme la otra.

—Ya me la has dado, y sabes que el que da y quita se va al infierno.

—Tú irás ¡por rabiosa!

—¡Y tú por ladrona!

—¿Ladrona yo?

6. *refistolera:* vulg. de *refitolera* "entrometida".

7. *pieza:* moneda.

8. *perra chica:* moneda de cinco céntimos, en una de cuyas caras aparecía el león emblemático que la gente, por diversión, identificó con una perra.

9. Se refiere a *perra gorda,* moneda de diez céntimos (véase nota 8).

—Sí, que me has robado la pieza.

—¡Y tú la mía!

—Tienes que confesarte...

—Y lo diré todo al señor cura.

Pero, si alguien con mala intención, atravesaba el bastón delante de la Camila para hacerla caer, ambas se revolvían iracundas, insultando al descarado; o bien, si Lucía se atragantaba con un orejón[10], la Camila rompía a llorar, pidiendo a voces auxilio. No podían verse un momento separadas. Y hasta, para mantener la paz en casa, las habían hecho dormir juntas en una misma cama.

De pronto, entre el rumor que levantaba el grupo en marcha, la voz gargajosa de la Gorda, cortando la grosera cancioncilla que cantaba, gritó:

—¡Uy! Miren donde está esa mala oruga.

—¡Vaya! refunfuñó la Larga. ¡Ya la podíamos estar aguardando!

—¡Miren qué amartelados están!...

—¡Ay! ¡Dios me castigue si no están de novios!

De todas las bocas brotó, en coro, un torrente de risas irónicas.

—Esperen, que yo... y al decir esto a los del grupo se fue en derechura al sitio donde un hombre y una mujer, sentados en unas piedras a orillas del camino conversaban, tomando el sol. De lejos les gritó:

—Tú, Lalia, arrastrada: ¿qué haces tan entretenida?

—¿Te pide relaciones el Nel?, dijo la Escrúpulos, una mujerona desgarbada, con aires desenvueltos y que padecía el mal de San Vito[11].

El Niño del Pico también los increpó con su voz ronca de contrabajo destemplado:

10. *orejón:* trozo de melocotón, secado al sol y al aire.
11. *mal de San Vito:* enfermedad que provocaba convulsiones especialmente en los niños; también era conocido como «baile de San Vito».

—¡Eh! ¿Cuándo os casáis?

—El día de Inocentes, contestó una voz desgarrada.

—O por san Simplicio, añadió otro riendo.

—¿Nos daréis dulces?, dijo a su vez la Rabisca, una mujerona tiñosa, que llevaba puesto un chaquetón de hombre.

Los increpados no contestaron; pero al ver cerca la avalancha humana, se incorporaron. Eran el Nel y la Lalia[12], dos mendigos del pueblo. Así que los alcanzaron, los del grupo los envolvieron comenzando a bailar en corro, voceando y riendo. La Gorda llevaba el compás, golpeando la cesta como si fuera un tamboril.

Los dos viejos, sorprendidos, al principio estaban avergonzados; después el mendigo, intentando romper el círculo, empezó a vomitar insultos, pero los otros, cuanto más indignados los veían, más extremaban el griterío y las risas.

Solamente el ciego protestó enfadado.

—Dejarlos, brutos, más que brutos.

—Cállate tú, que no sirves para nada, contestóle la Gorda.

Y el ciego, temblando de coraje, se marchó carretera adelante, empujando a su nieto que volvía la cabeza curioso de presenciar la broma.

La algazara continuaba; todos empeñábanse en que los dos viejos entraran del brazo en el pueblo, como una pareja de señorones cuando vuelven a casa del casorio. Los demás los seguirían cantando y riendo.

Los campesinos, que regresaban al pueblo con las azadas al hombro, parábanse sorprendidos y cuando se enteraban del motivo de la broma soltaban la risa también estrepitosamente.

---

12. Obsérvese el uso del artículo ante los nombres propios de persona, construcción normal en catalán.

Y aquellos dos infelices, en medio del grotesco cortejo, que entonaba la marcha real, parecían dos malhechores conducidos a la horca.

Él pasaba de los sesenta años; ella tenía cincuenta y tres.

Él era bajo de cuerpo, con una cabeza ancha, cubierta por greñas enmarañadas, la nariz grande, roja, con pelos que parecían, por lo recios, púas de erizo, y el belfo[13] caído. Trabajosamente podía caminar, ayudándose con dos bastones y removiendo el cuerpo como un barco deslastrado[14]. Sus rodillas no levantaban un palmo del suelo y las piernas las movía como un par de remos que chapoteasen en el agua pesadamente y sin ritmo. Siendo chico le había pasado por encima un carro. Diéronle entonces por muerto, y nadie acudió en su auxilio; pero él, con apego a la vida, logró salir adelante, curando de las lesiones pero quedando derrengado y casi sin poder valerse.

Ella era alta; los tumores, agarrados a su cuerpo como ostras a las rocas, se la comían viva. De joven tuvo cara de buen ver y la festejaron los mozos, y de aquellos tiempos le quedaba el afán de presumir. Todos los cuartos que recogía mendigando empleábalos en pañuelos y en cintas para adornarse el cuello cubriendo los emplastos. En una temporada que pudo andar con la cabeza descubierta, compróse un alfiler grande para clavar en el moño. A cambio de estos lujos, solía andar descalza en verano e invierno y enseñar los codos puntiagudos por las desgarraduras del corpiño.

Los dos estaban libres: él era el tío en una casa donde abundaban los chiquillos tanto como las pulgas; ella era

13. *belfo:* "cualquiera de los dos labios en los caballos o en otros animales" *(DRAE)*.
14. *deslastrado:* que se le ha quitado el lastre.

137

heredera de otra que se venía al suelo. No tenía ni padre ni madre, ni parientes, ni amigos.

Los dos trabajaban. Él guardaba los gorrinillos de todo el pueblo en un campo del común[15] y a tres cuartos[16] por cabeza cobraba cada mes; ella criaba cochinillos en su casa; y los dos, un par de veces por semana, incorporándose al grupo de mendigos, iban a pedir limosna por el pueblo.

Como el Nel no podía andar de prisa tenía que salir antes que los compañeros para estar a la hora, y a ella unos señores le habían dicho que si iba antes que los otros le daban un buen plato de comistraje todos los sábados y ella madrugaba para conseguirlo. Por eso cuando el sol salía se encontraron ambos en la carretera.

—¡Hola, José! ¿Usted por aquí?

—¿Qué tal, Lalia?

—¿Ya de camino?

—¿Qué se va a hacer?

Y se emparejaron, marchando el uno al lado del otro.

Era un día magnífico; las hierbas de las orillas del camino, cuajadas de rocío, erguíanse agitando sus hojas hacia lo alto como si quisieran acariciar al sol; y la tierra, húmeda, exhalaba un vaho caliente y saludable.

—Mucho ha madrugado, José.

—A las cuatro me he levantado.

—Debía hacer frío con el vientecillo mañanero.

—¡Frío, contra! No temo más que al invierno. Estas condenadas piernas... En seguida me canso; ya me va...

—Como es temprano todavía, si quiere descansar un poco le haré compañía.

---

15. *común:* que pertenece a la comunidad.

16. *cuarto:* "moneda de cobre, cuyo valor era el de cuatro maravedíes de vellón". En *DRAE* (1929), equivalente a tres céntimos de peseta.

—A fe, que no me vendría mal... Sentémonos...

Y en el primer sitio, a la orilla del camino, donde vieron que daba el sol se sentaron.

El Nel colocó a su lado las muletas y Lalia a la vera suya puso la cesta, envolviéndose bien después en un trozo de pañolón[17] de abrigo.

—Dios se lo pague...

Y como viese que ella se arropaba, añadió:

—Parece que tiene frío...

—No lo crea; es que...

—¡Contra!, yo no lo siento nunca. Mire como voy.

Quiso, abriendo la camisa babeada, mostrar que llevaba el pecho al descubierto, sin ninguna clase de abrigo.

—¡Uf! Abróchese que me escalofrío.

Soltó él una risotada a todo placer.

Después hablaron de sus respectivas miserias.

La Lalia estaba llena de tumores, y a una pregunta de Nel contestó:

—¡Ya ve! ¡Me crucifican! Tengo el cuello con cada agujero que puede entrar el dedo gordo.

—Bien, el cuello para nada sirve. Pero, ¡la mano!

—Tiene razón... Sólo que el cuello... ¿sabe?... desgracia.

—¿No la ha visto nadie?

—¡Ya lo creo! El médico del pueblo me mandó una medicina para que bebiera media cucharada todos los días y otra para que me pusiese paños empapados sobre los tumores.

—¿Y le hizo bien?

—¿Qué dice? ¿Bien? Creí que me moría. ¿No recuerda?

—Pero, ahora...

17. *pañolón:* mantón.

—Lo que es los médicos... ¿qué quiere que le diga?... me parece que...

—¡Ay, sí! Soy también del mismo parecer. Fíjese, cuando volvió a verme y comprendió que se había equivocado, casi me pega.

—¡Contra! y ¿por qué?

—Porque se empeñó en que yo había cambiado las medicinas, usando la una por la otra. Y aunque así fuera, ¿qué más daba? ¡Si hubiesen sido buenas!...

—Verdad. Yo creo que esa gente no sabe nada. A ser usted, probaría la mano del muerto, que dicen es un gran remedio.

—¡Sí, ya lo he hecho! Y no se crea; es lo mejor que me ha sentado. Así que alguno está agonizando me voy a verlo, y como la gente conoce mi intención, así que expira me dicen: "anda, tócalo ahora que está todavía caliente". Y yo, entonces venga pasar y volver a pasar la mano del muerto por mis llagas.

—¡Ay, qué suerte es poder andar con las piernas sanas! Se va adonde se quiere! Pero yo, ¡ya ve!, todo tienen que hacérmelo por culpa de estas recondenadas...

—Pero tiene a los suyos, José, y yo estoy desamparada.

—¿Qué me importan los míos, si no me valen de nada? La muchacha no piensa más que apañar mis cuartos, cobrando las mesadas[18], y no me da ni siquiera para comprar un traje y cubrirme las carnes, ¿entiende? Ahora ya no tengo ni cama y duermo en la cuadra con el potro que un día me revienta; como hay Dios! Y hasta los chiquillos van a picarlo para que tire coces y se ríen cuando ven que me asusto y que no puedo correr. ¿Y sabe por qué me han echado de la cama? Porque la necesitan para la zagalona, que dicen está enferma y no puede servir.

---

18. *mesada:* dinero que se cobra o paga cada mes *(DRAE)*.

—¿Enferma?... Yo he oído...

—¡Cierto mujer! ¡Si es más mala! Su madre es quien la pierde. Coge todo lo que le trae, ¿sabe? El otro día trajo unas tijeras que parecían de plata; se podía mirar uno en ellas. Les pedí que me las dejaran para cortarme la barba, y me dijeron que acudiese al barbero. Parará en presidio la condenada. ¿Y, ahora, sabe cómo me limpio la cara? Chamuscando la pelambre.

—¡Caramba, infeliz! ¿Y no se hace daño?

—¡Ya lo creo! Pero tengo estas cerdas tan espesas, que, si no me las cortara, los animaluchos no me dejarían en paz.

—Si le cuidaran en casa...

—¡Son más ladronas y más!... Si yo tuviera ánimos para cobrar lo mío, no me pasarían estas cosas; pero, como ven que no puedo valerme y no sirvo para nada, me tratan a golpes y me matan de hambre. ¡Fíjese en lo que me dan para todo el día los recondenados!

Y el pobre metiendo la mano en la talega sacó un trozo de pan.

—¡Caramba!, exclamó la vieja. ¡Parece un hueso! Peor que el que dan en el pueblo.

—Bien dice. ¡Si es más!... Y todavía me lo regatean. Gracias a lo que recojo; pero los días que no ando a la limosna, estoy de sol a sol con este bocado. Si no fuera porque tengo más vida que un avechuelo, ya hubiese entregado la carta ¡como hay Dios!

Y sus ojos parecieron entonces humedecerse de tristeza y su rostro se entenebreció como si por su alma hubiese pasado una nube negra.

La vieja sintió tentaciones de ofrecerle parte de la vianda que porteaba en el cesto; pero, como era codiciosa, al instante desechó aquella mala idea. Ella no sufría hambres; siempre le sobraba comida. Hasta compraba golosi-

141

nas para comérselas, a hurtadillas, al zoco[19] de una pared o en cualquier lugar solitario por donde no pasaba gente.

Sabíanlo las otras mendigas, quienes, envidiosas, hablaban mal de ella diciendo que las golosinas le hacían perder la salud.

—Menos mal —insistió el viejo— el comer. Lo que me desespera es la sed. No me dan una gota de vino aunque vean que me muero, y si quiero agua me mandan a la acequia. Y un día que me puse de bruces para beber agua en ella, me caí de cabeza y si no me socorre el mulero de la Pardilla, que al pasar me vio, allí me hubiese quedado. Y al saberlo ella, dijo que así se le hubiesen roto las manos al mulero... ¡Recondenada!... ¡Ah! Si yo pudiese recobrar lo mío y encontrar una mujer con quien casarme!

En aquel momento, como una piedra caída del cielo, hirió las cabezas de ambos una misma idea. Se miraron de soslayo. Ella inclinó la cabeza avergonzada y arreglándose el pañuelo, dijo:

—¡Mujeres!... Pronto las encontraría si quisiera.

Él tornó a mirar a la vieja de reojo y dentro del pecho sintió como una ráfaga de alegría.

—¡Contra!, pensó. Todavía tiene buen ver... ¡Y es sola! Y luego, insinuándose, dijo en voz alta.

—Tal vez la que a mí me gustara...

La vieja removióse satisfecha bajo el pañolón de abrigo y el corazón se le movió a generosidad. Sin decir una palabra, sacó del cesto dos arenques emparedados en unas anchas lonjas de pan, bien empapadas de aceite. Los ojos del viejo rebrillaron, entre las cejas, de codicia.

Entonces ella le invitó.

—Si quiere acompañarme, José, partiremos.

Quiso rehusar, sólo por cortesía; pero, resuelto, alargó

---

19. *zoco:* aquí, zócalo, friso *(DRAE).*

las dos manos hacia la vieja. Los dedos le temblaban y el corazón también. Recibió su ración con un gesto que no se sabía si era de risa o de llanto, y las babas se le escurrieron como un chorro de goma líquida.

—¡Dios se lo pague! Más de dos años hace que no probaba esto.

Y miró a la vieja enternecido.

Se pusieron ambos a comer: ella, muy melindrosa, a pequeños bocados; él mascando ávido, con la boca llena, como si temiera que le arrebatasen la vianda. De pronto, con los ojos encendidos, balbuceó sin poder contenerse:

—¡Ve! Una mujer como usted es lo que convenía.

—Si le agrado...

—¡Recontra, si me gusta! Y puso los ojos en blanco, entusiasmado.

—También me gusta usted.

Cuando acabaron de almorzar todo estaba arreglado. Se casarían así que tuviesen dinero para pagar, a medias, las licencias. Como a él los nietos[20] le registraban al volver del limosneo y le quitaban los cuartos, cada día, a la vuelta, le entregaría la mitad de lo que recogiera a la Lalia y si faltaba algo para los gastos ella vendería un cochinillo.

—Gracias a Dios, no pasaremos hambre, dijo ella.

—Tan pronto salga de casa —añadió él, que no quería pasar por miserable— hablaré al secretario para que me cobre los trece duros, ¿no le parece?

—¡Ya lo creo! Y compraremos un cerdo.

—¡Me las pagarán aquellos recondenados!

Apenas acababa de refunfuñar la amenaza, se divisó el grupo de mendigos que se acercaba negreando como una

20. La traducción que hace Angel Guerra de *nebots* como "nietos" es errónea. Hay que entender "sobrinos".

nube de moscas sobre el blanco polvoriento de la carretera, y al instante desmayaron los ánimos.

—No digas nada de esto —encargó a su novia— si te parece, porque si estos lo saben lo cuentan en mi casa y me veré en apuros... ¿Entiendes?; por el jornal y la limosna...

Mas la advertencia era tardía, pues la Gorda los sorprendió y los tomó por su cuenta.

—¡Descarada! ¿No oyes?... refunfuñó el viejo, que comprendió lo que tramaban. ¡La hemos hecho!

No se equivocó. Tanto los acosaron aquellas furias, que el pobre hombre lloraba de rabia y sus muletas las esgrimía en todas direcciones para repeler aquella caterva de insolentes, y su boca no cesaba de insultarlos, provocando así más y más los atroces regocijos de todo el pandillaje. Cuando llegó al pueblo tenía los ojos hinchados, como puños.

A la siguiente mañana la vieja fue a buscar al Nel para charlar un rato y lo encontró sentado en el suelo, la cabeza baja, en medio de los cochinillos que se embestían jugando y se revolcaban a placer sobre la tierra roja. Ella estaba contenta, pero el pobre, abatido y pesaroso, confesóle que ya no podía casarse, porque nunca había de volver a pedir limosna con aquellos desalmados; y si iban los dos solos, no siendo pobres de solemnidad, el pueblo hablaría mal y con razón.

La vieja le escuchó en silencio, y de pronto, con gran energía, declaró que ella sola pagaría las licencias aunque tuviese que vender todos los cochinillos, y que, si a él le parecía bien, aquella misma tarde irían a ver al cura para que los despachara.

A él, desde luego le pareció bien; como que hasta lloró de regocijo. Y la misma tarde cumplió ella lo prometido.

El señor cura no salía de su asombro, y condolido trató

de quitarle aquella locura de la cabeza, pero la vieja, sintiéndose agraviada, le dijo:

—Él ya tiene la edad, y yo también. Si nos queremos casar, no es cuenta de nadie.

El señor cura, entonces, resignóse amablemente, diciéndole que todo se arreglaría. Mas, desde aquel momento, todos los días presentábase en la casa parroquial la vieja a ver cómo andaban los papeles.

* * *

Al correr la noticia hubo larga risa en todo el pueblo. Las mujeres los burlaban y la chiquillería, así que los alcanzaba a ver, empezaba a cantarles la popular canción:

> El pollo y la pulga
> se quieren casar,
> quieren hacer fiesta
> y no tienen pan.

Cuando se enteraron los sobrinos de Nel, montaron en cólera, y a poco, de los golpes que le dieron, casi lo matan. Después, a puntapiés, lo echaron a la calle.

Ensangrentado, sin muletas, agarrándose a las paredes, marchóse a casa de la Lalia, y sollozando, con un gemir que le partía el corazón, le dijo:

—Lalia: ¡mira cómo me han puesto! Me han echado de casa... ¡no sé dónde acogerme! ¿Me admites por esta noche?

La vieja le concedió albergue, y hecha una avispa se fue a contarle al señor cura lo que pasaba, y éste, para evitar escándalos y tragedias, díjole que al día siguiente por la mañana los casaría. El ama que lo oyó, contó muerta de risa el caso a las vecinas. Al anochecer, la gente se reunió en las cercanías de la casa de los novios, con cacerolas, con cencerros, con cuernos de pastores, armando tanto ruido, que ensordecía. Hasta muy entrada la noche duró la cencerrada. Ni el viejo, ni la vieja, eran viudos, pero eran quienes eran, y sobraba motivo para promover escándalo.

—¡Mañana, mañana, cuando salgamos!, gemía el pobre hombre, apesadumbrado y temeroso, junto al fuego.

A las cuatro de la madrugada, cuando asomó con precauciones la cabeza a la puerta, no vio alma viviente a lo largo de la calleja.

—¿Oye? ¡No hay nadie!, gritó alegremente.

Y salieron muy emperegilados; él, por todo lujo, con unas muletas nuevas que se había arreglado la tarde anterior; ella, echándose encima toda la pobreza que almacenaba en la caja: el corpiño que le regalara la alcaldesa hacía muchos años, la falda de percal y a la cabeza un pañuelo color de chocolate con franja verde.

Él estaba contento como unas pascuas; al atardecer del día antes había comido un plato de coles y media tortilla, sintiendo todavía el calor confortante de aquel festín. Ella andaba derecha como un cirio y sin volver la cabeza a ningún lado.

Iban a casarse solos, sin cortejo, porque no habían querido invitar a nadie.

Pero los apuros fueron al llegar a la iglesia; no podían casarse por falta de testigos.

—¡Ea!, yo seré uno, dijo el campanero viéndolos tan apurados. Vaya por otro, Lalia.

La vieja salió a la calle, mientras el novio se confesaba. Afortunadamente pasó en aquel instante el mendigo ciego, empujando a su nieto que rezongaba restregándose los ojos.

La vieja paró al ciego, pidiéndole le sirviese de testigo.

146

—Llevo prisa, que voy muy lejos hoy, contestó el ciego con enojo.

—Si quiere venir, después le daremos de almorzar. Un trozo de cochinillo y un pedazo de butifarra.

La oferta decidió al ciego, y entraron en la iglesia.

Así que confesó la novia, en un momento se celebró la ceremonia matrimonial. Los contrayentes y los testigos oyeron misa.

Cuando el señor cura entró en la sacristía, el cortejo se encaminó a la pila del agua bendita, ella satisfecha y presumida como un gallo, esponjándose la falda que se le había arrugado y él con la boca llena de risa. Ya tenía mujer y casa... y el golpe de sus muletas sobre el enlosado pavimento le sonaba como un repique de gloria.

Salieron a la calle: todavía no clareaban los albores del nuevo día y las estrellas parpadeaban en el alto cielo como si fueran a apagarse.

—¡Caramba!, ¡qué aire corre!, dijo ella, muy melindrosa, tapándose la cara con la punta del pañuelo.

—¡Y que hace fresco, Lalia! ¿Ves? Yo me encuentro muy bien —contestó él riendo.

El ciego también charlaba, mezclándose en la conversación, cuando, de pronto, rompió una gritería espantosa con silbidos estridentes y ruido de cacerolas y cencerros. Quedaron aterrados. Sin que tuvieran tiempo de cambiar unas palabras, de todos los lados de la plaza salió una lluvia de piedras como huevos de gallina que rebotaron en las paredes y en la puerta de la iglesia con estrépito formidable.

Retrocedió entonces la comitiva, con espanto. A la puerta de la iglesia encontraron al señor cura que salía gritando:

—¿Qué es esto, perdidos?

Pero en medio de aquella tempestad de gritos no podía

oírse la voz del señor cura y tuvo que retirarse para no ser herido.

—¡Cierren la puerta!, ordenó a los que entraban atropellándose, lanzando ayes y gemidos. Luego llamó al monago y al campanero que todavía estaban en el altar mayor.

—Benito, Miguel, ¡traigan un cirio a escape! ¡Ave María Purísima, qué brutos! ¿Está herido alguno?

—¡Yo sí!

—Yo sí.

—Yo no.

Así contestaron todas las voces al unísono, redoblando los gemidos y los llantos.

Cuando trajeron el cirio, pudieron verse aquellas caras demudadas y aquellos ojos expresando su horrible espanto.

El pobre ciego, verdoso como un difunto, se agarraba el muslo derecho con la mano crispada.

—¡Ay! ¡Me lo han roto, me lo han roto!, gritaba con dolientes voces.

—Vaya, ya lo veremos. No se asusten.

—¿Y usted, Lalia!

—Yo... yo... contestó ella sollozando. ¡Ay!, no lo sé, ¡pobre de mí! Me ha caído encima una cosa gruesa, muy gruesa, como un tronco de árbol.

El cura se revolvió de pronto:

—¿Dónde está José?, preguntó alarmado. Todos miraron en torno. No estaba allí el novio.

—¡Ave María Purísima! ¡Se ha quedado fuera, pobre hombre! A buscarlo en seguida.

—Todavía tiran... dijo Jaimillo, todo estremecido, por las piedras que golpeaban la puerta.

—¡Aunque tiren!... dijo el señor cura. Y, arrancando el cirio de la mano del monaguillo, se fue decidido a abrir la puerta. Con el pie en el umbral gritó con todas sus fuerzas:

—¡Salvajes! ¡Aprontaos!...[21]

La pedrea y el griterío cesaron súbitamente, y se oyeron pasos escurridizos de gente que huía a la desbandada. Acababan de ver al señor cura con el cirio en la mano. La plaza quedó desierta en un momento.

Cuando ya nada se oía, el señor cura, escrutando la oscuridad a la luz del cirio, gritó de nuevo:

—¡José! No tenga miedo... ¿Dónde está?

No le respondían. Receloso avanzó hasta el centro de la plaza, donde le pareció que negreaba un bulto. Era el pobre viejo, tendido en tierra, inmóvil, una pierna aquí y otra allá, con todo el cuerpo magullado. Una de las muletas estaba a su vera; la otra, ¡Dios sabe dónde estaría!

—¡Vengan, que lo han herido!, gritó a la gente de la iglesia, que aún no se atrevía a salir.

Todos vinieron, menos el ciego que tumbado en un banco no hacía más que quejarse con gritos de dolor. Llegaron también algunos vecinos de aquellas inmediaciones. Uno mantuvo el cirio, mientras que el señor cura auxiliaba al viejo desvanecido. Tenía el pobre hombre toda la cara ensangrentada; había recibido una tremenda pedrada entre la nariz y la boca.

—Le han malherido esos pilletes! Habrá que lavarlo con vino[22]. Tráiganme... no; es mejor llevarlo a alguna casa. A la tuya, Mónica, que está más cerca. ¡Virgen María! ¡Que sucedan estas cosas en mi parroquia!...

Y la voz del señor cura temblaba de indignación.

La vieja, apoyada en una pared, no hacía más que

---

21. La frase original en catalán dice: "Murris! Salvatges! Espereume!", que debe traducirse '¡Pícaros! ¡Salvajes! ¡Esperadme!'

22. El vino era utilizado, popularmente, como desinfectante en la curación de heridas. Recuérdese su presencia en el primer Tratado de *El Lazarillo de Tormes*, cuando Lázaro es curado con vino por el ciego tras cada paliza que éste le propina.

llorar desconsolada, llevándose la punta del delantal a los ojos.

Levantaron en peso al herido y al moverle la cabeza vieron que manaba sangre por otra herida.

—Aquí también... A ver, alumbren. Dame tu delantal para vendarlo, dijo el cura a una muchacha que miraba.

Examinando bien, vieron que desde las sienes hasta el cogote, era una mancha roja todo aquel lado de la cabeza. El señor cura limpió la sangre y volvió a mirar cuidadosamente. Inquieto, con creciente agitación, desabrochó la camisa, empapada de sangre y babas, y puso la mano sobre el pecho.

Todos, presintiendo que algo grave pasaba, permanecían mudos y quietos. No se escuchaba más que el gemir de la vieja arrimada a la pared.

De pronto, el señor cura se irguió violentamente y echando una mirada acusadora sobre el montón de caras estúpidas, animadas por la curiosidad, que le cercaban, gritó:

—¡Brutos!... ¡Lo han matado! ¡Se acordarán de mí!...

La gente retrocedió, muda de sorpresa.

—¡Vean a lo que llevan los escarnios!... ¡Vean la educación que dan a sus hijos! ¿Cómo van a responder de esta muerte delante de Dios?

Nadie replicó. Todos permanecían atemorizados y con la cabeza baja.

Y el señor cura volvió a decir con imperioso acento:

—¡Luego nos veremos las caras!... En tanto, arrodillaos y recemos un Padrenuestro por el alma del difunto.

Y juntando las manos, mientras que los hombres, rodilla en tierra, se descubrían, dijo con fervorosa unción:

—¡Señor! ¡Señor! Recibid en vuestro seno al pecador que acaba de morir. Porque Vos habéis dicho: ¡de los humildes es el reino del Cielo!

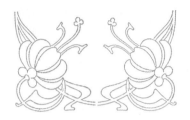

Sofía Casanova

PRINCESA DEL AMOR HERMOSO

Sofía Casanova

Nace en Almeiras (La Coruña), en el año 1862. En época muy temprana, se traslada con su familia a Madrid, donde inicia sus estudios y tiene posibilidad de introducirse en el mundillo literario. Conoce a ilustres personalidades de quienes va a recibir ayuda y protección: el poeta Ramón de Campoamor la impulsó, después de leer sus versos, a dedicarse a la literatura y en la tertulia de Emilio Ferrari conoció a Vicente Lutoslawski, noble polaco filósofo, con el que se casó en 1887; vive en Polonia, viaja por toda Europa y, por las actividades de su marido —era profesor universitario—, tiene ocasión de vivir también en Rusia. Estas vivencias personales se reflejan en la temática de su obra. Nunca rompe sus relaciones con España, adonde viaja en varias ocasiones, manteniendo sus amistades literarias y personales. Es colaboradora asidua en la prensa española más prestigiosa y sus obras aparecen en las publicaciones de mayor éxito. En 1933 recibe la Gran Cruz de Alfonso XII y es propuesta para el Premio Nobel de Literatura. En Polonia sufrió directamente los dos conflictos bélicos europeos y vivió, de igual manera, las consecuencias de la revolución rusa, que será otro de los temas de su obra literaria. En 1952 es nombrada Académica de Honor de la Real Academia Gallega. Casi centenaria y con escasos recursos, muere en Poznan el 16 de enero de 1958.

Su obra es muy variada y extensa. El conocimiento de lenguas —francés, italiano, portugués, inglés, polaco y ruso— le permite hacer numerosas traducciones al castellano, entre ellas una de las primeras versiones a nuestra lengua de *Quo vadis*?, de Henryk Sienkiewicz.

Escribió varios libros de poemas: *Poesías* (1885), *Fugaces* (1898), *El cancionero de la dicha* (1911). La única obra teatral que se le conoce, *La madeja*, fue estrenada en el Teatro Español en 1913. Más prolífica fue su labor en el campo del periodismo y en la narrativa. Escribió varias novelas extensas: *El doctor Wolski. Páginas de Polonia y Rusia* (1894); *Más que amor. Cartas* (1908), *Viajes y aventuras de una muñeca española en Rusia* (1920), *Las catacumbas de Rusia roja* (1933), etc.; numerosos relatos en colecciones de novela breve: *Sobre el Volga helado* (1903), *Triunfo de amor* (1919), *Princesa rusa* (1922), *Kola, el bandido* (1923), etc.; episodios de guerra: *De la guerra. Crónicas de Polonia y Rusia* (1916), *De la revolución en 1917* (1917), *La revolución bolchevique (Diario de un testigo)* (1920), etc. Su obra fue traducida al polaco, al francés, al italiano y al sueco.

A.E.B.

Princesa del Amor Hermoso

I

Laura, pálida la altiva cabeza que fue rubia y los años broncedaban con tono de castañas maduradas al viento nordeste y al sol, miró por el balconcito madrileño un amplio horizonte primaveral, sin ver otra cosa que la bruma de su íntima turbación de enamorada... En la habitación, más clara que grande, había muebles de buen gusto y un escritorio de caoba, dorado, augusto por su vejez y por su belleza versallesca, a la que ofrecían regalo de perfumes nardos y rosas —las flores de la pasión— en esbelto búcaro nacarado.

Por la puerta contigua retiróse la joven; en la soledad, un murmurio[1] vago del atardecer, y un rayo póstumo del día, fundiéronse un momento en melancólico acorde... La tristeza crepuscular metíase en aquel cuarto donde una mujer sufría. La tristeza de una tarde diáfana, de esas que llenan de lágrimas los ojos y las ayudan a caer suave, lentamente, horas largas...

Enguantada, puesto el negro sombrero de plumas y en los hombros echada la estola de cibelina[2], volvió a entrar

---

1. *murmurio:* acción y efecto de murmurar.
2. *cibelina:* especie de marta, cuya piel es estimada por su finura (*DRAE, s.v.* cebellina).

Laura en su saloncito. Buscó unos papeles en el escritorio; estaban en un sobre azulado sujeto con cinta de oro.

Lo desató, se puso a hojearlo y con trémula voz leyó: "Sólo a ti adoro y adoraré toda mi vida."

Sonrió Laura amargamente y hojeó las cartas por el fin, leyendo casi sin voz: "La infidelidad en nosotros los hombres no excluye el amor: a veces, hasta lo aviva. Te amo, no he amado a nadie más que a ti. Olvida esa tontería, perdóname, y fija tú misma la fecha de nuestro matrimonio."

Laura pestañeó, mirando sin ver, dio unos pasos vacilantes y tocó un timbre. Dijo a la pulcra doncellita que acudió al llamamiento:

—El coche que se retire y vaya a su hora a buscar a mi padre. No salgo, ni recibo a nadie. Que me avisen en cuanto llegue el señor a comer.

Se destocó[3] Laura; el sombrero y los guantes con la tibia piel fueron por ella descuidados en el sofá de un ángulo, y vino a sentarse junto al escritorio, donde se quedó pensativa.

Las finas manos sostenían, cruzadas bajo la barba, aquella bella cabeza de mujer, un poco marchita por el desvelo tenaz de un amor infortunado… El desvelo que más mujeres agobia y mata… Empezó luego a escribir así:

"Has jugado con mi corazón, Fernando, inicuamente, diez años enteros. Ya ves que no cuento los de mi adolescencia, cuando te conocí y te amé ya, siendo por ti maltratada como una chiquilla inoportuna que elevaba sus ojos hasta el flamante abogadillo, luego diplomático de renombre, ansioso de mayores conquistas que la de mi almita inocente, y torpe, *gauche,* como, en buen francés, adjetivabas tú.

3. *destocar:* quitarse el sombrero.

"Mis veinte años "florecían mis días", me dijiste aquél memorable de tu declaración, y desde entonces, he esperado la vuelta de tus viajes, tejiendo en el retraimiento mi esperanza de ser tuya, la inacabable madeja de días de esperanza que ha roto en mis manos tu traición... una de tus traiciones, Fernando, la última. Tu odioso *flirt* con mi propia hermana casada...

"Te desprecio; os desprecio a los dos, y ya comprendes que ese malsano sentimiento no fija fechas para uniones matrimoniales; las rehúye, rehúye cuanto proviene del ser que nos es despreciable. Ya te dije esto e insistes. Tu insistencia es soberbia, entreverada de fatuidad donjuanesca. Tu amor propio se siente alfilerado[4] por mi alejamiento; sin contar con que, como te acercas a la cuarentena, entiendes que te conviene tomar mujer dócil que te cataplasmee[5] los achaques futuros —acaso inmediatos—, y conlleve contigo dignamente la carga del alto puesto social en países extranjeros. En una palabra: la has corrido cuanto te dio la gana, y al fin te dignas otorgarme tu corazón pecador y tu blanca mano, seguro de que, quien amó, creyó, esperó y perdonó diez años, no se hará atrás en el preciso momento de realizar el sueño, de compartir la vida del ser querido, única, exclusivamente...

"Pero tú, tan perspicaz, tan ladino, tan perfectamente diplomático de mentalidad y de carácter, te dejas en el tintero un detallito de observación; éste: amándote, llorando cuando estabas lejos, por añoranza de ti; y teniéndote cerca por tus infidelidades y desvíos seguidos de explosiones apasionadas, he notado que mi corazón no se paró en el punto que lo dejaste el día de tu primera false-

---

4. *alfilerado:* (creac. pers.) atacado, lastimado.
5. *cataplasmear:* (creac. pers.) cuidar con mimo.

dad; ha seguido su camino, lentísimamente, en los primeros años, porque vivía orientado hacia ti; en los últimos ya de prisa; que siempre, al descender, se va más apresuradamente que al subir, y yo iba derecha, fatal, al desengaño.

"Haz lo que quieras, es decir, sigue haciéndolo, pero advierte que ya a mí no me importa lo que hagas... Puntualizaré: *Quiero* que no me importe, ¿entiendes?, y confío que lo demás es obra del tiempo. No me caso contigo ni me casaré ya con nadie. Esta segunda afirmación te consuela de la precedente. Es natural; pues entiendes que la mujer que amó a César no pude amar a cualquier Marco Antonio.

"Me quedo para vestir imágenes, agria solterona que será capaz de fundar una sociedad protectora de gatillos y perros para darles pan, cariño y abrigado hogar en invierno. ¡Oh!, sobre todo cariño. Me conozco y sé que lo daré a manos llenas... ¿Dices que hay niños y otros seres humanos que lo necesitan más que esos animaluchos? No lo dudo; pero ¿y si yo a esos necesitados, mis semejantes, no los encuentro o no sé buscarlos?

"El manantial que echa su corriente pedregal adelante, no sabe ni le importa si va a refrigerar labios sedientos: brota y sigue su curso porque sí, porque Dios le da el impulso y el camino... Mi pobre corazón es raudal de fluyente ternura que no necesitó nadie, pero que tiene que existir entre las rocas. Y como sin amar intensa y ampliamente no puedo vivir, es lógico prever que mis afecciones se reconcentrarán en los animales y las plantas o en las piedras, a falta de cosa mejor...

"Adiós, Fernando; no pienso volver a escribirte y te ruego que sigas mi ejemplo. Tus cartas me perturban y ponen mi voluntad —decidida a callar— en la tentación de hablar, de hablar aún, siempre de lo mismo... Y nada es tan peligroso, cuando se ha tomado la resolución del silencio en situaciones cual la nuestra, como abrir la boca o coger la pluma para decir o escribir frases finales... que no lo son. Y estas mías tienen que serlo. Al leerme, sé que te engríes aún con la confianza de tenerme por tuya... Sientes en estas letras el latido de mi pulso, tembloroso al trazar la despedida... Crees que te amo aún, que no podré olvidarte...

"Oye la verdad, la recóndita verdad de mi alma... Te odio en estos momentos... Si el odio es amor... Pero no lo es *mi deseo* de olvidarte. Cuando con el pensamiento y la voluntad no amamos ya, el amor, aunque siga en su más fuerte baluarte, el corazón, está cercado y no se sostiene... Me da tal seguridad un ejemplo vivido. Mira; durante muchísimo tiempo, al arrodillarme a hacer mis oraciones, yo no tenía valor para pedir a Dios que me diera el olvido, que me curara de mi pasión, que era mi martirio también... Pero llegó el momento en que se lo pedí; en que ardientemente, ansiosísimamente se lo pedí: imploré el olvido, el desamor, el olvido absoluto... ¿Dices que te amo aún? Puede ser; pero *desear no amar,* es ya a medias curarse, librarse del amor. Te diré más todavía, y es que no pienso darte el gustazo de que me veas retraída, lánguida, muriéndome por ti. Voy a desquitarme de mi juventud consumida en la soledad con tu recuerdo, por amigo y verdugo a la vez: voy a divertirme, a distraerme al menos, a vivir.

"Si llegas a olvidarme, te harás beata", me dijiste la última tarde de nuestra entrevista tempestuosa. Pues no lo creas; te olvidaré, amaneceré el mejor día sin ti, ¡gracias a Dios!, descansada el alma después de haberte llevado consigo fielmente diez terribles años.

"No me haré beata, no. Eso sería lo que tú quisieras, verme beata o monja, cuando menos, ya que no muerta por tus lindos ojos... Va a ser, te lo aseguro, todo lo contrario.

"Me lanzo a nueva vida, y como tus madrigalescas[6] epístolas me han convencido de que son fascinadores mis encantos, voy a divertirme, a *flirtear,* a ver pasar junto a mí las emociones que inspiro y no comparto... Voy a coquetear, sí, a coquetear, que es jugar a loş dados con los ojos y las almas... Un juego, sin duda, amable y dulce, puesto que tantos y tantas partidarias tiene. Adiós, Fernando, y no envidies al triste mortal que caiga en mis redes, porque aun sin poner mis cinco sentidos en vengarme de tu malhadado sexo, de ti y de tus perfidias, presiento que voy a hacer daño, que voy a ser cruel con todos y con el primer imbécil que se me acerque...

"Estoy en el período agudo de un rencor sin objeto, de una sorda, inquietante rebelión que pide víctimas... ¿No te asustas? Claro, sabes que no soy belicosa, que las aguas volverán a su cauce, y que además de los chiquillos de mi asilo, me consolarán de mi soltería desolada los perrillos y los gatos que adoptaré, repartiendo entre todos mi cariño y mi vida. Este estúpido cariño mío que fluye y se desborda de mi alma."

Laura de Medina así terminó la dolorosa escritura, y como a los ojos subieron las lágrimas, puso en ellos los dedos con temblor de quien los acerca a una herida para impedir que la sangre corra de ella.

—No quiero llorar... No he de llorar más por él —dijo poniéndose en pie y echando con fiero gesto la cabeza hacia atrás; intentó reír... Y fue aquel intento de risa más triste que sus lágrimas...

---

6. *madrigalescas:* "elegantes y delicadas en la expresión de los afectos" (*DRAE*).

II

—Para que os fiéis de las aguas mansas.

—Está desconocida.

—Está despechada, y hay que confesar que le ha hecho revivir ese mal que padece. Sus ojos verdes brillan y su gran ingenio chispea.

—Fuego de artificio —replicó la churrigueresca[7] damita que habló primero, y que no era otra que Camila Valdés, la millonaria cubana que en su país se aburría, suspirando por *su* Madrid, y en la corte todo lo criticaba; de todo el mundo decía pestes, y hacía allá y aquí lo que se le antojaba. Un flemático marido, entregado a enriquecedores embrollos financieros, explicaba —no justificándola— su libertad doméstica.

Rodeaban a Camila la vieja y vistosa marquesa de Vivar, aún con ánimos para echar una cana al aire (y como tenía el buen gusto de no teñírselas, había canas de sobra que dar al viento), y un muy agudo señor magistrado, al cual, más que su propio bienestar y contento, alegrábanle los ajenos sinsabores. Afirmaba que el género humano lo componen, casi sin excepción, criminales en la víspera de cometer el crimen, y su alto espíritu de justicia satisfacíase cuando la desgracia ejercía de verdugo derribando a los hombres.

Este grupito de personas aviesas divertían los últimos días del verano en la intimidad de una virtuosa dama gallega, María de Coutelan, poseedora, con su único hijo José Luis (había visto morir a seis), de un caserón solariego en las calladas montañas gallegas; pazo célebre por su colección arqueológica y el bosque inmenso que lo circun-

---

7. *churrigueresca:* excesivamente adornada, por alusión a la ornamentación arquitectónica de Churriguera (1676-1750).

daba. Centenario robledal, donde muchos mayorazgos de cruz santiaguista en pecho aspiraron fragancias de labios campesinos —que en los tiempos bárbaros de los señores se divertían como en los civilizados de hoy, con la mujer— y dieron rubores a mejillas plebeyas. El triste rubor de abandono ingrato o el buen rubor del encuentro en las umbrías virgilianas[8]...

—¿Está despechada, afirma usted, Rafael? —dijo Camila al malévolo—. Pues nadie lo diría. Tiene acaparado a ese pobre muchacho, como si le interesara más que todo en el mundo.

—Y puede que así sea. ¿Quién te asegura que ese pálido poetilla no interesa a Laura más que todo en el mundo... después de Fernando?

—¡Bien, marquesa! La chismería ambiente vocea por ahí que tengo mala lengua, pero la de usted es de oro —replicó Rafael—. ¿De modo que se atreve usted a sospechar que nuestra amiga es capaz de interesarse por dos hombres, ¡por dos!, a la vez?

—No veo inconveniente —rió la dama— si son dos tipos absolutamente opuestos, como en este caso. De sobra sabe usted, aunque se haga de nuevas su gazmoñería magisteril[9], que la fidelidad es un mito, que el hombre nace polígamo y propende hasta su muerte a la diversidad amena....

—De acuerdo, marquesa. ¿Y las mujeres?

—También.

—¡Que me escandalizan ustedes! —dijo bromeando la cubanita.

Rió agudamente la marquesa, tapándose la boca con el abanico, y el justiciero respondió con seria ironía:

---

8. *virgiliana:* se refiere al poeta latino Virgilio (70-21 a.J.C.).
9. *magisteril:* (creac. pers.) relativo al magisterio.

—Es verdad. *¡Pardon!, prude*[10] y sensible hija del trópico. Se me olvidó que usted se escandaliza de todo... y de nada...

Hasta la terracita, donde abrían las magnolias su regia blancura y así charloteaban estos mundanos, concluido el té de la tarde y en espera del paseo vespertino, llegaron voces cercanas y una prolongada risa alegre.

—¿La oyen ustedes loquear? Esa risa de Laura me molesta... me irrita.

—Naturalmente. Como que quisieras estar tú en su lugar, y que se volviera loco por ti el jovenzuelo que lo está por Laura. Eres una terrible envidiosa, Camilita, que no soportas los triunfos de los demás... ¡Le tienes por el suyo tal rabia a nuestra madre Eva!...

—No, mujer. Si allí no estaba yo...

—Di que lo sientes, nena. Mira que hacer la conquista del primer hombre debió ser cosa mayor...

—¡Claro! Pero, ¡qué le hemos de hacer! —añadió con guasa Camila.

—No se apure usted —bromeó el caballero—. Si en cada nuevo lance de amor, cada elegido será para usted ...el primer hombre.

—Qué atrocidades se le ocurren a este rígido señor. Diga usted lo que quiera, Laura se está poniendo en ridículo...

—¿Es que te gusta el jovenzuelo, su amador?

—Te engañas. Quien me gusta y me intriga es el otro... Fernando.

—¡Mujer! Si hemos convenido que pueden ser dos a la vez —repuso con su malicia habitual la marquesa.

—Bromas aparte, señoras mías, ¿saben ustedes lo que

10. En francés: perdón, prudente (...).

pienso? Pues que el trasteo de Laura, despechada, puede tener consecuencias desagradables...

—¿Cree usted que se casará Fernando con Laura? —interrumpió Camila.

—La boda sería el sainetesco final previsto... Hablo de ese pipiolo. Tiene ojos de suicida —que son los criminales mansos— y efervescencias de reformador, de artista... Los artistas son unos imbéciles que suelen hacer grandes cosas...

—José Luis no ha hecho aún nada grande ni chico... Se ha pasado la vida en el extranjero; no ha hecho nada.

—Hija, Camila, qué desmemoriada estás. ¿Pues no le aplaudiste en el Ateneo[11] las tardes de sus conferencias? Eran ideas muy monas las suyas; un poco demasiado cargadas de igualdad y fraternidad, pero expresadas con elocuencia.

—Sus ideas... Las aplaudí, dices... No sería a sus ideas... no las recuerdo. Es que ese muchacho tiene tal intensidad en la mirada, que atrae... Y sus labios rojísimos no ríen, se entreabren dolorosos sobre los dientes deslumbrantes, y hay en ellos hálito de fiebre, de fuego.

—Cuidado, Camilita, que se va usted a quemar.

—No —respondió con sagaz coquetería ella—. Si quien me gusta y me intriga es... el otro... Fernando.

—Pues llega hoy o mañana, nena —anunció la Vivar.

—Me alegro.

—Y yo más, señoras; vamos a tener diversión. Luchas... encuentros... equivocaciones, y cuchilladas, quizá, como en los novelones, que dicho sea de paso tenían —no mucho— pero más sentido común que los modernos.

---

11. Se refiere al Ateneo de Madrid (Ateneo Científico, Artístico y Literario).

—¡Ay, amigo! Qué gozoso le pone a usted ver los toros desde la barrera.

—Sí, marquesa; soy un espectador pacífico, y entusiasta.

—A mí me emocionan mucho los duelos de amores. ¡Sé de tantos!

—Pues a mí me divierten, y mucho más en la vida real que en las comedias o los libros. ¿Y a ti, Laura? —prosiguió Camila interrogando pérfidamente a la joven, que entró en la terraza, erguida con desafiador orgullo la cabeza y vestida de primoroso lino blanco—. ¿Cómo te divierte más el amor, en los dramas o en las novelas?

—¿A mí? En los dramas, en las novelas, en todas partes —contestó Laura con displicente carcajada.

III

Frescura de los pinares, claridad infantil de la mañana, suave humo de las queiroas[12] ardiendo en los viejos lares campesinos; prados de azulado verdor, en los que un pastorcillo imberbe remeda en su rústica flauta de áloes[13] los lentos compases de una alborada triste, ¡qué plácido fondo ofrecéis a una escena de bienaventurados geórgicos amores!

Diafanidad y sencillez de la Naturaleza, ¿verdad que apegadas a ti hay almas inocentes gustando las idílicas mieles del sentimiento que la descansada soledad ennoblece? Campos adentro, como corazón adentro, nacen los puros manantiales de la vida.

---

12. *queiroa:* (gall.) un tipo de arbusto abundante en los montes gallegos.
13. *áloe:* Se refiere a madera de áloe. (Véase *Dicc.*. de María Moliner, *s. v.* de *agáloco* y *palo de áloe*).

Ondeaba sobre el pazo gris la bandera encendida y morada de los Coutelan, tercos y malqueridos en el siglo por su desmanes con el poderoso obispo Gelmínez.

El bosque, en quietud de mañana agosteña, avanzaba su radio sombrío en el horizonte; las rosas del cenador del jardín, que elevaba su cúpula verde ante la escalinata señorial, temblaban abrazadas a los mirtos, en espera de la pareja que allí solía cobijarse, deleitándose con sus perfumes, y por la tortuosa corredoira[14] vecina, abierta entre espesos zarzales cuajados de moras maduras, una rapaza de garrida adolescencia, compañera de una vaquiña joven, encaminábase al prado donde el mozalbete pastor hacía suspirar en su flauta primitiva la melancólica alborada *Dos namorados*.

La impaciencia de las rosas —divina impaciencia de las flores y de las almas por ofrecerse a los hombres y a Dios, a fin de que no se consuma sin la ofrenda la belleza— cesó a poco.

Laura, seguida de José Luis, entró en el cenador con un libro en la mano.

—Vas a repetirme las últimas estrofas de ayer —dijo sentándose Laura.

—Lo que tú quieras —respondió él.

Y esa sola frase, la mirada, la voz y el ademán con que sentóse frente a su amiga el joven, pero a ella próximo, delataban el estado de su espíritu. Una fascinación lo avasallaba.

Abrió el libro Laura, diciendo:

—Aquí.

Él, sumiso, comenzó:

---

14. *corredoira:* (gall.) camino estrecho, generalmente entre los campos de maíz.

.... *Non sai*
Che smisurato amor, che affanni intensi,
Che indecibili moti e che deliri
Movesti in me; ne verrà tempo alcuno
Che tu l'intenda...

—¡Basta! —interrumpióle Laura—. No estoy para oír esas jeremíadas de Leopardi[15]. Es desesperante en esa poesía su desprecio a la mujer. Amar y despreciar, ¡qué absurdo!

—Estás nerviosa, Laura, mi tiita muy amada.

—Vamos, ese diminutivo tan bien adjetivado me apacigua. Estoy inquieta... fastidiosa...

—No; triste, muy triste, señora tía —añadió con dulce ironía él.

—Así hay que hablarme, con todo el respeto que me debes, *filliño*[16].

—La adoración no excluye el respeto.

—Es que a ti no te hace gracia llamarme como a otras varias personas de tu parentela, y que quieras o no, tu madre es mi prima.

—En quinto grado.

—No, en tercero —respondió con gracioso énfasis Laura.

—¡Si yo no te lo niego! Pero no hay que acudir a esa consanguinidad lejana para imponerme una actitud. Ese parentesco ni explica lo que siento por ti ni es motivo de que te lo calle. No te conocía hasta hace pocas semanas, y eres para mí...

—Tu tiita encantadora.

—¡Mi amor! —exclamó palideciendo y poniéndose de pie el joven.

15. Giacomo Leopardi (1798-1837), gran poeta del romanticismo italiano.
16. *filliño:* (gall.) dim. de *fillo,* hijo.

—Mira, filliño —repuso con seriedad Laura—, no te me vuelvas cursi, ¿eh? Nada de desplantes ni de ardores... Tengo horror a los sentimientos masculinos. Aunque hemos jugado juntos de chicuelos, recuerda que soy mayor que tú y que no estoy de humor de chiquilladas ahora.

—¡Mayor que yo! Te he oído repetir eso mismo cien veces, y te respondo al fin: ni lo sé ni me importa. Si tuvieras treinta años, cuarenta, cien, te amaría igualmente. No he vivido hasta que te encontré, no quiero vivir si te pierdo. Te amo hasta morir por ti... ¿Y tú te divertías adivinándolo?

—¡Criatura!

—Pero si eso no me enfada ni me duele... Ocupar tu pensamiento, tu alma, tus adorados ojos a modo de un objeto o de un juguete de tu predilección, me basta hoy, me alienta, me da la salud... La salud que no tuve nunca. ¿Recuerdas cómo llegué de Suiza, hace casi dos meses, a este caserón en que murieron mis hermanos y mi padre? Hecho un decrépito de veinticinco años.

Yo no podía soportar la vida bajo el techo donde nací, donde atemorizaron mi infancia sombras de guerreros y pesadillas lúgubres de frailes y almas en pena.

Y hoy, con orgullo y ternura, beso estos paredones que te son gratos, porque rememoran leyendas y sucedidos gloriosos de nuestra tierra, de nuestra fuerte raza gallega, por ti amada. He estado siempre enfermo del cuerpo y del espíritu; tu sola presencia me curó y mi amor me salva.

No te tapes los oídos... no te vayas, óyeme, ¡óyeme, por Dios! ¡Te amo! No te aterres, Laura, no me desprecies... Mi amor nada te pide, nada necesita más que verte... tenerte cerca, saber que me quieres un poquitín, que me prefieres a todos...

—A todos no, José Luis.

—Es verdad; olvidaba... Bendita sea esa franqueza tuya; bendita seas de los pies a las puntas del dorado cabello, por el solo hecho de que existes, por la gloria que me da tu presencia, tu voz, el encanto infinito de tus palabras. Mírame, háblame. Mi espíritu atormentado se vuelve todo a ti exánime, sediento de ti. Déme el tuyo calor, guíeme con su luz... ¡Si conocieras qué amarga fue siempre mi vida! Algo esencial falló a mi organización psíquica que me privó de hallarme bien entre propios y extraños... He soñado, no he vivido desde que nací. Lo real me pareció constantemente deforme, amétrico, y me fue pretexto para escudriñar lo recóndito del todo. He vivido hacia dentro buceando en mi ser, persiguiendo la verdad, eje de nuestras conciencias. Y la hallé en mi perceptibilidad de lo infinitamente inmaterial e irrepresentativo. Ignoro cómo es el mundo en su conjunto exterior; pero sé cómo son los ocultos esquicios de las causas, y sé que, dependiente mi vida de la actividad propulsora de ellas, vamos, integralmente unidos, a la consoladora finalidad, que es ésta: inmortalizarse en el amar y el laborar.

"Te parezco confuso, te reirás de mí, vas a desdeñarme; pero yo, enajenado con la hermosura suprema que emana de ti, alzo hacia ti los ojos y te rezo la plegaria de las almas: Salve, eternidad mía: yo soy tú, y tú y yo somos Dios.

El exaltado lenguaje de José Luis impresionó a Laura, y guardó silencio.

—¿Te has enojado? —preguntó humildemente temeroso él.

—Enojarme... no; pero si continúas con esas chiquilladas, te riño.

—¿Por qué? ¿Te pido yo algo? ¿Que me correspondas, que te cases conmigo? Permíteme verte, seguirte como hasta aquí en los paseos; servirte, adorarte cual a una divinidad que lejana de mi triste camino me envía compasiva su claridad.

—Sobrinillo encantador, padeces una alucinación aguda y habrá que curarte...

—¿Curarme? ¿Quieres curarme de mi felicidad, de la primera, de la única que tendré en la tierra? ¡Cruel! Pero te desafío a lograrlo. Harías todo lo imaginable y no se extinguiría esta llama de mi culto...

—De seguro que sí.

—¿Cómo?

—Yéndome.

—¡Ah! ¡No lo hagas! —gritó con espontáneo arranque el joven, y en seguida, dominándose, siguió:

—Verás... te explicaré el secreto de mi amor... su fuerza indestructible... Ausente, te amaría tan ardientemente como teniéndote a mi lado... igual... igual... Sólo que sufriría mucho no viéndote.

Laura bajó la cabeza. Aquella sublime sinceridad de José Luis, que era sublimidad de amorosa fe, hizo vacilar sus propósitos de no tomar en serio ni a los hombres ni los sentimientos de los hombres. Pero reaccionó, y decidida como estaba a no dramatizar, a no sufrir, a deslizarse por la superficie de su nueva existencia, cambió de actitud, y con tono ligero repuso:

—¿Es decir, sobrinillo soñador, que yo te sirvo de pretexto para ejercitar las más altas facultades del espíritu: admirar y amar? Pues hijo, continúa, que ya te cansarás... Pero que tu melodía no cambie de tono ni de motivos. Sé lírico solamente... Contémpleme esa tu perceptibilidad extraordinaria, no como soy en realidad, sino como ella me vislumbra, irradiando luz y no sé qué otras bellas misteriosidades[17], y dime bonitas frases alguna vez. Es todo

17. *misteriosidades:* (creac. pers.) misterios.

lo que exijo de ti, palabras y palabras. Ya sabes que las adoro, no como concreción de afectos o ideas, sino como música que aduerme alejándose... ¿Te has enterado, sobrinillo? Y ahora recítame versos de nuestra Rosalía, el más humano de sus lamentos:

> *¿Qué di a meiguiña?*
> *¿Qué di a traidora?...*
> *Corazón que enloitado te crubes*
> *c'os negros desprezos qu'a falsa che-dona,*
> *¿por qué vives loitando por ela?*
> *¿Por qué, namorado, de pena salouzas?*[18]

La intensidad de la estrofa emocionó a ambos; latían sus corazones, persiguiendo en la difusa verdad de la poesía algo de sus almas, de su esencia sentimental, que el verso despertara y esparcía...

El arrobamiento fue roto por el *tam-tam* que llamaba al almuerzo.

—Vamos —dijo Laura.

—Esa puntualidad de mi madre es tremenda. Son las doce menos diez —repuso José Luis contrariado, viendo su reloj.

—Vaya un respeto filial, sobrino. ¿Eres anárquico en tus costumbres? —replicó bromeando ella, y transpusieron el cenador, donde los escuchaban, pensativas, las rosas, entreabriendo sus hondos cálices amarillos.

Salióles al encuentro el ameno terceto de la Vivar, el magistrado y Camila Valdés, que dijo con la peor intención de las suyas:

—Pero, ¿dónde se ocultan ustedes? Esto va siendo ya sospechoso.

18. Pertenece al poema "¿Que ten o mozo?" del libro *Cantares gallegos* de la gran poetisa gallega Rosalía de Castro (1837-1885).

—¿Sospechoso? —replicó desabrida Laura—; lo será para ti, que para los demás...

—¡Ah! ¿Conque declaras tu secreto?

—¡Si no hay secreto! Si todo el mundo sabe que José Luis me dedica sus más vehementes madrigales y que yo los acojo entusiasmada.

—Es decir, que ama usted sobremanera la poesía, Laura seductora —habló con meliflua afectación Rafael.

—Y sobremanera a los poetas —añadió maliciosamente la marquesa.

—No tanto a los poetas como a este poeta mío— repuso, subrayando con insolencia las últimas palabras, Laura.

Y José Luis, cual si tal afirmación no fuera un discreteo de coquetería, un vano alarde de perfidia mundana, prosternó[19] su corazón a los pies del ídolo.

IV

María, la hospitalaria castellana[20] del pazo de Lugriz, entretenía a sus huéspedes interpretando en el piano las líricas tristezas de un *Nocturno* de Chopin.

A la nobleza de su tipo añadía singular encanto la expresión de su rostro, que era de bondad vigilante. Su viudez, la pematura muerte de sus hijos habían abierto el espíritu selecto de la gran señora gallega a la bondad trabajadora, activa, que es lenitivo del dolor.

—No basta compadecer —decía la dama—; hay que sentir con el que sufre. A veces, llorar con el triste es consolarlo.

La mirada de María, vuelta a su hijo, revelaba a la in-

---

19. *prosternar:* postrar (*DRAE*).
20. *castellana:* aquí, "señora del castillo", dueña.

cansable enfermera de un alma. Y José Luis no veía a su madre; percibía vagamente la música, clavadas las ardientes pupilas en Laura, que, desdeñosa, sostenía alguna vez el mirar insistente de Fernando Insáuriz.

—Verás tú —chismorreaba por lo bajo la Vivar a Camila— cómo de aquí va a salir algo gordo.

—¿Un drama? —replicó la casadita alegre—. Pues si es lo que hace falta para que no nos entierren de aburrimiento. ¡Qué tierra sosa es ésta!

Cesó la música. Fernando, con ostensible familiaridad, aproximóse a Laura, que lo aguardó de pie, y cual si nadie los oyera (aunque lo que deseaban era ser oídos de todos, pues su juego de amor propio necesitaba espectadores) él dijo sonriente:

—Veo que te sigue gustando Chopin, Laura.

—No sé por qué no había de gustarme —repuso ella con flexible naturalidad.

—Es de mujeres variar de gusto.

—Y de hombres.

—Nosotros variamos menos —respondió cínicamente amable él.

—¡Oh! Pues hacéis mal. Si no se varía, la vida resulta sin matices... seca.

—Veo que te has hecho una *modern women my dear*[21], Laura.

—Es que la mujer *vieux temp*[22] no tiene partido.

—¿Y tú aspiras...?

—A reinar...

—Todos somos tus súbditos —replicó Fernando, inclinándose con cortesanía elegante.

Y el tono, los gestos de aquel breve coloquio de salón, a

21. En inglés: una mujer moderna, querida (...).
22. En francés: mujer tradicional (...).

ninguno de los espectadores engañaron. Cara a cara estaban dos grandes enemigos, capaces de hacerse daño, de herirse a alfilerazos, a puñaladas, en la carne viva del amor propio y en pleno corazón...

Fernando tornó su vanidosa cabeza de lord moreno, ligeramente canosa en las sienes, y halló los ojos negrísimos y fúlgidos de Camila, pidiéndole lo que hombres de su temperamento no niegan jamás a las bellas: sus efímeros halagos. Fuese a ella erguido, lento, seguro como un Apolo clásico.

Entonces José Luis se puso al lado de Laura, que se sentó displicente.

El magistrado susurró a la Vivar:

—Cambio de figuras: se anima la partida empeñada.— Y en aquel punto conversando todos, desoyeron un motivo de Bach que preludiaba María.

—Laura, ¿te sientes mal? Te tiemblan las manos —clamó con devorante ansiedad José Luis.

—Eres insufrible... Me espías. Déjame en paz, y no te ocupes de mí. Me molestas... me cansas.

Una tortura inconcebible contrajo la frente del joven, que, desgarrado por ella, tuvo fuerza para pronunciar débilmente esta frase:

—¡Perdón!

—¡Si es que tienes unas chiquilladas, José Luis! —murmuró ella rehaciéndose compasiva, y le sonrió.

Miró José Luis a Laura, pidiéndole nuevos martirios, para ser recompensado con el suave tono aquel y la sonrisa buena.

—¡Bravo proyecto, bravo! —palmoteó Camila bulliciosa—. Señores, oigan. La luna hace juegos de prestidigitación en los pinares, y Fernando propone que vayamos a presenciarlos.

—Es tarde —exclamó María tímidamente.

—Y están muy lejos los pinares —añadió la Vivar.

—¿Lejos? Una hora de camino por las corredoiras, y a las doce en punto llegamos a presenciar el legendario encuentro de las brujas. Es sábado, y al aquelarre acuden todas las del contorno y más —contestó riendo Fernando.

—Sí; vamos, vamos en seguida —chilló Camila.

—Espera, impaciente, que os acompañarán criados con faroles.

—¡Jamás, marquesa timorata! Eso sería quitar encanto a la excursión nocturna. ¿Verdad, Fernando?

—Naturalmente.

—¿No vienes, Laura?

—¿Cómo no, Camila? Encantada. Adoro los pinares a la luz de *luar*[23]. Andando, José Luis, y dame tu brazo. Soy torpe para corretear los campos de noche.

—Fernando, si me estrello en esas corredoiras tendrá usted que estrellarse conmigo.

—¡Están locos! —sentenció el magistrado.

María, inquieta, acercándose a su hijo, imploró:

—José Luis, no vayas; el relente puede hacerte daño. Tienes fiebre…

—¡Madre! —replicó él con desabrimiento.

—Tienes fiebre —insistió dolorida la dama.

Él no la oyó; llevando del brazo a Laura, salió al jardín, henchidas el alma y las venas de un goce inaudito, de una rara embriaguez que le causaba el calor del cuerpo amado, emblanquecido, diafanizándose[24] en la luz de la luna.

—Te guío yo, Laura, y vamos hacia las estrellas… Ascendemos en la inmaculada serenidad de esta primera noche de mi vida… Las otras fueron sólo sombras. Ascende-

23. *luar:* (gall.) luz o claridad de la luna.
24. *diafanizarse:* (creac. pers.) hacerse diáfano.

mos y vamos a unirnos indisolublemente en el infinito. Somos ya un solo ser celeste... Un solo ser en Dios... ¿Me oyes, Laura? ¿Me oyes?

—Sí, sí, criatura.

Laura no dijo la verdad. Percibía el rumor de las frases de José Luis, aquellos incoordinados acentos de una alucinación de dicha; pero sus oídos recogían y de ellos rebotaban en su corazón, cual mazas de hierro, las palabras de Fernando, que refería un miedoso sucedido de *meigas* y *trasgos*[25] a Camila.

Ésta chillaba retozona, reíase, y las luciérnagas de las veredas blandas —antorchas en los transportes del sano y fuerte amor campesino— apagaban las fosforescencias de sus alas al paso de aquella pareja sensual y frívola.

V

Batían las primeras lluvias de septiembre los ventanales de la biblioteca abrigada. Animando la severidad de los antiguos cueros, lucían sobre los muebles, en estantes de prolija talla, sus dorados bizantinos, unos misales y muchos caducos libros preciosos.

Hundido en sillón frailero José Luis, miraba inmóvil perseguirse, cristales abajo, las innúmeras gotas de lluvia, que formaban hilos de perlas transparentes, frágiles como pompitas de jabón.

La juventud pura y vehementísima de José Luis rendíase a un decaimiento mortal. Los ojos azules y febriles traslucían una inmensa llama interior y tenían la mudable exasperante belleza de la tempestad. El perfil del joven, perfil de raza exquisita y agotada, acentuábase duro en la

25. *meigas y trasgos:* seres sobrenaturales, relativos a la tradición gallega.

tenue sombra que, a modo de fatídica aureola, prendíase al contorno de su ideal cabeza. Vaga, pero persistente sombra, que, cual manto de un fabuloso rey derrotado, caía por sus hombros y su pecho, sin aire.

Tesoros de perlas transparentes fuéronse deslizando —con prisa de besos que se buscan— por los agudos ventanales; se alejaba el sol, y un rayo póstumo llegó a los pies del abatido, llamándole a la actividad. José Luis se cubrió con el chal inglés que se deslizaba de sus rodillas al suelo; estremecióse escalofriado y cerró los ojos.

Su madre entró a poco, dominando una terrible inquietud.

—¿No sería mejor que te acostaras? Tu cabeza arde...

—No —respondió dulcemente él—. Si esto no es nada... La fiebrecilla de siempre. ¿Dónde está Laura?

La señora guardó silencio.

José Luis se incorporó asustado:

—¿Se ha ido, madre? —interrogó con angustia.

—No, hijo, cálmate...

—Dime, ¿por qué invitaste a Fernando a venir?

—Él vino sin invitación, como otras veces... Además, yo ignoraba...

—¡Ay, madre! Sufro...

—¡Hijo mío! —clamó reprimiendo un sollozo la señora, besando la frente del triste.

—¿Vendrá Laura?

—Vendrá; pero sería acaso preferible que no... Quisiera explicarte... convencerte...

—De nada, madre querida, de nada. Ya tú ves que sólo su presencia me cura. Ella es mi salud.

—¡Tu muerte! —gimió sin voz la madre, retirándose.

José Luis tornó a su inmovilidad soñolienta. En la estancia percibíase la sutil melodía que, al entrechocarse las perlas irisadas, tomaba y esparcía el aire.

—¡Laura! —suspiró José Luis, poniéndose de pie, como si viera a su amiga y se adelantara a saludarla.

Su clarividencia de enamorado no le engañó: segundos después, Laura penetraba en la biblioteca y él la recibía con júbilo desbordante.

—Vengo a que riñamos, sobrino. Tus delirios de ayer te han puesto enfermo, y esto no puede continuar.

—No... Si no estoy mal... —balbuceó aturdido por el tono, aunque afectuoso, duro de ella—. Ya sabes que me dan estos arrechuchos... ¿De dónde vienes?

—De mi cuarto.

—¿Leías?

—He escrito a mi padre que me espere...

—¿Has visto a Fernando esta tarde?

—Sí.

—¿Has paseado con él?

—¡Por Dios! Líbrame de ese interrogatorio inquisitorial. ¿Qué te importa si he paseado o no? Estamos bien...

—¿Qué me importa? ¿Y lo preguntas tú? Te amo, y me devoran el corazón los celos. Te amo como hombre que soy, con exclusivismo absoluto... Tienes que ser para mí solo... Entre tú y yo no cabe la sombra siquiera de otro hombre.

Laura, atónita, oía al joven, pareciéndole monstruoso su lenguaje, inesperada la súbita transformación de un sentimiento que, al sintetizarse, expandíase naturalísimamente dentro de una ley inmutable: la que hace estallar los gérmenes soterrados, buscando el sol; la imperecedera del dinamismo vital...

No había en tal momento sumisión en las pupilas de José Luis, blandura en su acento ni súplicas en su palabra. Virilizado su amor, el imperativo humano lo hacía sincero egoísta. Laura intentó atajarle, pero José Luis, arrollador, siguió:

178

—No te dabas cuenta de lo que me ocurría ni yo tampoco, pero mi pasión se ha ido encendiendo hora tras hora. Ni tú ni yo somos nadie para dominarla. Ni lo intentaré nunca. Estamos frente a frente por la primera vez, descubiertas las almas, y mi lealtad me empuja a decirte todo... todo... Mis labios reclaman los tuyos, Laura, como mi espíritu tu espíritu y mis ojos tu presencia... Pero tu sola presencia ya no me basta; te necesito, hermana espiritual y mujer mía, para siempre.

—Te has humanizado demasiado pronto —dijo con sarcasmo y desprecio Laura.

—¿Me he humanizado? Sí, pero no demasiado pronto. Se han integrado en mí las dispersas fuerzas de una juventud descentrada, y hoy, amarte y desearte mía para toda la vida, son las simultáneas manifestaciones de mi ser. No es posible separar lo ennudado por Dios, ni desvirtuar el sentimiento con rapacidades mezquinas. Te amo, Laura, como aman los hombres, y te necesito cercana a mí... más...

—¿Pues no te vanagloriabas de amarme de lejos? Eres un chiquillo inconsciente, José Luis...

—No sé lo que dije, sé lo que siento ahora, en este supremo instante de mi amor. Sé lo que pido y lo que quiero...

No volverás a ver a Fernando.

—Estás loco y hay que dejarte. Descansa; te perturba la fiebre.

—No te has de ir... quédate a mi lado... Te necesito. ¡Quédate! —repitió con imperio el infeliz. Ella, sonriéndose con altanería, dirigióse a la puerta.

José Luis, anonadado, arrodillóse ante Laura, audaz tomó sus manos y las besó frenético.

Laura se hizo atrás irritada, exclamando:

—Mañana me voy.

—Lo impediré —respondió con menos firmeza el joven.

—¿Tú? ¡Criatura! ¿Quién eres tú?...

—Te necesito —clamó José Luis.

—Yo a ti no.

—¡Sálvame! Te amo.

—Yo a ti no —replicó ella implacable.

José Luis le cerró el paso, y con movimiento y en un sollozo impotente se disipó su energía, la vehemencia del varón que con su voluntad domina y con su pasión subyuga. Allí estaba la débil alma que se arrastra de amor... La que no se arranca el hierro de la herida para morir en el tormento de amar...

La mísera criatura que, como el can, besa la mano cruel que lo mata.

VI

Al día siguiente, Laura, muy conmovida, conversaba con José Luis.

—He delirado ayer... No me creas. Te amo inmaterialmente... Tu sola presencia es mi felicidad. Vete a acompañar a Fernando, que se va mañana... Nada te pido; ya sé que no me quieres... No importa eso para que yo te adore.

Laura le habló con dulzura y radió[26] en la demacrada faz del enfermo íntima bienaventuranza.

—Tengo que decirte muchas cosas... Déjame hablar... ¿No ves que ya estoy bueno y sin fiebre? Por complacer a mi madre aquí me recluyo, y este cuarto mío es ya santua-

26. *radió:* irradió.

rio. Tu presencia diviniza el lugar de ella. Siéntate junto a mí... Quiero decirte muchas cosas.

—¿No disparatarás, filliño? —dijo ella con tierna familiaridad.

—No... Si lo de ayer fue... Verás cómo soy razonable. Pero no partirás hasta que... hasta que yo esté más fuertecillo, ¿verdad? Ayer tarde, cuando tus manos caritativas se posaron en mi cabeza, sentí una onda de paz extenderse por mi espíritu en rebelión... Secáronse las lágrimas abrasadoras en mis ojos y dormí santamente. En el largo sueño corpóreo, que era vigilia de mi alma, abriéronse a ella piélagos incognoscibles[27] de beata luz que inundaba nuestras vidas, enlazándolas, fundiéndolas en una excelsa claridad de paraíso. Te veía yo como si fueras hecha de etéreo vapor; pero tu cara era la misma; el mismo tu talle esbelto, y tus manos movíanse con su graciosa lentitud deshojando rosas y nardos en la inmensidad.

—¿Y dónde estábamos, poeta?

—¿Dónde? Es tan difícil definir... Verás... En las regiones del amor hermoso... donde quien ama ve lo invisible, y de las intangibles formas de la elegida emana la felicidad de la transubstanciación de dos seres sin contacto... La milagrosa armonía de los espíritus que se atraen, que se poseen, que se adoran, recreándose en su adoración, como Dios en su propia obra...

"Me desperté convencido de que hemos de hallarnos allá... en las excelsitudes del amor hermoso, inmutable... eterno... Y he querido decirte: mis bajos celos de hombre han desaparecido... Vete a acompañar a Fernando, que parte mañana... ¡Le amas! Pero es un amor emponzoñado de vahos terrestres... Tales sentimientos no triunfan ni

---

27. *piélagos incognoscibles:* mares desconocidos.

dan la felicidad, porque no engrandecen nuestra vida interior... no nos desligan...

"Pasan sobre el fuego de los apasionados rectos caracteres, cual la gota de agua sobre el hierro ardiente. Tu alma es lago de transparencia suma, y el amor mío pasará por él como la Divinidad de la Encarnación bíblica... como la luz del sol, sin empañarlo. Vete a charlar con Fernando antes que se vaya... Y si luego también te vas tú...

Quebróse la voz de José Luis. Todo el prodigioso artificio de su renunciación se desmoronaba al imaginar que se alejara su amiga. Prisionero en el círculo fulgente de la idealidad del joven, el amor batía desesperado sus alas pidiendo espacio, libertad... vida...

Y José Luis, retorciéndose en el sacrificio aceptado con entusiasmo, continuó:

—Si te vas... si me abandonas... Es igual; de lejos como de cerca, constelarás[28] mi camino... Te llevo en la retina... en el corazón... La potencialidad de las almas es infinita y anula las distancias y el tiempo... Vete, si quieres... Estoy soldado a ti y me voy contigo. Ahora que estoy bien, sin fiebre, en la perfecta regularidad funcional de este complejo organismo humano, se definen, se consolidan mis ideas, mis aspiraciones, mi afecto. Vete, ama a otro, sé de otro hombre. Cumple tu destino feliz lejos de mí. El mío es seguirte espiritualmente, y luego tenerte, poseerte en la eternidad... Estas luchas nuestras son fases de la perpetua mudanza de aquí, en busca de lo definitivo... Lo persistente es el sentimiento, que nos endulza la terrible espera; esta fe, esta confianza que, en tanto no llega la hora de la indisolubilidad suprema, son revelación y deliquio de amor.

"Cuando partas, recorreré todos los santos lugares del

---

28. *constelar:* (creac. pers.) formar una constelación.

jardín y del bosque donde me permitiste acompañarte. En la biblioteca flota y flotará siempre tu misericordia de ayer, caída sobre mí como luz protectora de un día sereno en tierras devastadas... Recitaré los versos que te gustan, en el cenador, en los campos, y vendré aquí a escribirte, a evocarte, a prolongar en la soledad mi contemplación imperturbable... Luego trabajaré. No quiero pasar por el mundo parasitariamente, sin hacer algo para los demás. La multiplicidad de nuestras facultades nos da los medios de esparcirnos en la belleza varia, en el bien multiforme. He pensado mucho y he trabajado poco. He acumulado un caudal con ansiedad de avaro, y ahora hay que repartirlo profusamente, en esta Galicia idolatrada, donde mis paisanos, dotados de los más altos dones, los anulan, los aniquilan, con sus defectos adquiridos. A quien necesite el pan candeal de fe primitiva, abriré mis hórreos: al encumbrado en el escepticismo tenderé la mano en la caída —que el error se desploma al fin—, y en las cárceles y en los hospitales remediaré lo que pueda.

"Recogeré a los presidiarios de la región, que, excarcelados, la sociedad abandona. Ya verás, Laura, sin ti, pero perennemente contigo, las buenas obras que haré. Inflamado de amor por ti voy a ser útil y bueno. Mi iniciadora, mi princesa ideal, princesa del amor hermoso; ¡qué dulce destino el mío!

Laura veía la transfiguración de su amigo, emocionada y triste.

Aparecíasele José Luis en tal instante de desposeimiento inverosímil, de autodespojo ultrahumano, como un mártir desgarrándose las propias carnes inocentes.

El remordimento erguía su serpentina cabeza en la conciencia de Laura. ¿Por qué desde el día primero, al notar el influjo ejercido sobre José Luis, no fue prudente? ¿Por qué no hizo nada serio para alejarlo o alejarse de él? ¡Ah!

Por egoísmo. No dio al pronto importancia al poético divagar de aquel muchacho de su familia, que consideraba como a un chiquillo casi, y luego fue aficionándose a él cual a una distracción cotidiana, hasta que ostensiblemente coqueteó con él por despecho...

Ante sus conocidos, que espiaban su pesar, Laura ufanábase del amor de José Luis, loqueaba con él como un felino cascabeleando un collarín deslumbrante.

En el proceso psicológico de su intimidad con José Luis no todo eran las líneas rectas de un jugueteo vengativo: había algo más y peor. Laura traicionada, deshecho su sueño del hogar futuro, sentíase hondamente halagada por el incienso de pasión que José Luis quemaba a sus plantas. Intenso, pródigo, aquel culto la consolaba, y lo buscó insaciable.

Predispuesta como estaba Laura a no tomar en serio a los hombres, ¿vio el peligro de José Luis y adelantó indiferente? ¿Es que no se dio cuenta de la inmensidad del sentimiento que inspiraba?

No volvió a llamar a su corazón el aviso aquel de la carta a Fernando: "Presiento que voy a hacer daño, que voy a ser cruel con todos, con el primer imbécil que se me acerque." —¡Oh! Misterio, tu nombre propio es mujer—, podría afirmarse una vez más parafraseando al poeta que cantó los anhelos de Ofelia, y recibió en confesión a lady Macbet[29].

Laura, acongojadísima, escuchaba a José Luis que, lírico y valeroso, se vestía la púrpura de la inmolación.

—Te aseguro —díjole con desasosiego— que yo no merezco todas esas admirables cosas que me dices. Te he hecho sufrir...

29. Se refiere a W. Shakespeare y a personajes de sus obras *Hamlet* y *Macbeth*.

—¡Jamás! ¡Jamás! —exclamó sublime él—. Por ti conozco la dicha ultraterrena, la perdurable, la gloria de tu
mirada y de tu voz. Sepárate de mí, si ya es hora... Vuelve
a tu padre... a tu vida de Madrid... ¡Bendita serás al irte!

—No, si no me voy aún —murmuró transida de conmiseración Laura.

Llamearon los ojos de José Luis en el éxtasis, y su voz
queda, disciplinada, macerada en el misticismo amoroso,
repitió:

—¡Bendita seas, si no te vas!

VII

Partían aquella noche del pazo de Lugriz los invitados.
En la salita de música charlaban y expresaban a María y su
hijo su agradecimiento por la hospitalaria acogida. Fernando Insáuriz, decidor y ameno, encantaba a todos. Tenía su cosmopolitismo perfume exótico, grato a las mujeres, y su conversación la seria variedad que retiene a los
hombres junto a uno determinado, aunque sin amistad,
con entusiasmo duradero. Era demasiado afortunado, frío
y señor el aristócrata para tener amigos. Él no los necesitaba; sustituía el número probable de los que hubiera podido
tener, con sus amigas, y seguía su fácil camino despreocu-
pado, feliz. Sin embargo, propalaba cierto adulador de su
séquito que el bravo *sportman* se cansaba en el polo, y que
desde su rompimiento con Laura retraíase malhumorado.

Camila lo asediaba; él, menos atento que otras veces
con ella aquella tarde, estábalo demasiado a la conversación entre Laura y José Luis.

—Eres la flor de la maravilla, "hallarla muerta y hallarla viva" —había dicho Laura al joven, que, lozano y ani-
madísimo, reuníase a sus huéspedes para despedirlos.

—Sí, pero la flor de la maravilla es otra... Ya sabes que mis crisis no tuvieron importancia nunca, y que ahora son caprichitos de niño mimado. Te miro, Laura, y me parece que te veo y te admiro conjuntamente por la primera vez. ¡Qué deliciosamente misteriosa estás vestida de negro! Pareces la alegoría de la noche... Esas gasas, plegadas ligerísimamente, son nubes... Las estrellas salen a tu paso... ¡Qué encanto es mirarte!

La conversación hízose general; la cubanita esforzábase por dialogar aparte con Fernando. Y dijo a la de Vivar el agrio Rafael:

—Camila se prodiga, y se quiebra en el ataque la línea de su tipo moral. Es lástima, porque la plenitud de su encanto perverso está en la indolencia de su estrategia, que atrae y rechaza...

—Oye, Camila —repitió la marquesa a su amiga—. Dice Rafael que te prodigas y se quiebra la línea de tu tipo moral en el ataque...

—Quiero que rabie Laura.

—Si la que rabia eres tú *en voyant le peu d'empressement du beaux monsieur*[30] —repuso irritante la marquesa.

Iba a sonar la hora del té —tomado el cual partirían los viajeros—, cuando Fernando se aproximó a Laura, y, emparejados, adelantáronse al mirador, convertido en invernadero chiquitín, que embellecía la estancia.

La risa insólita y de falsete con que acogiera Laura las frases de su ex novio, hizo cruzar miradas curiosas entre la marquesa y el criticón.

Camila se mordió los labios diciendo trivialidades a María y a José Luis. Éste se estremeció al oír la carcajada de Laura, pero instantáneamente recobró su actitud amable, su sonrisa infantilmente confiada, su límpido mirar

30. En francés: (...) viendo el poco interés del guapo señor.

feliz. Y era conmovedor observar de qué suerte el sacrificio disciplinaba el espíritu y los nervios del enamorado; a costa de la espontaneidad, de la individualidad sacrosanta de su sentimiento.

—Tú te ríes, Laura, y yo te hablo seriamente. No quisiera irme sin que accedieras...

—A nada, Fernando.

—Mira que me acerco a ti por última vez.

—Yo me acerqué a ti por última vez hace ya tiempo.

—¿Es que de veras no quieres volver a verme?

—Al contrario, te veré encantada por ahí... en sociedad, en los teatros —respondió graciosamente voluble ella.

Cruzáronse las miradas de ambos con frío rencor, y Fernando añadió mordaz:

—No me harás creer que amas a ese bobo que puede ser...

—¿Mi hijo? —interrumpió riendo nerviosamente Laura.

—Tu paje... Nunca tu igual.

—¡Pobrecillo! Si tiene un encanto nuevo de sincera pasión, de lealtad, de fe juvenil. Y es mucho mejor que yo...

—Lo sé.

—Y mucho mejor que tú.

—Ciertamente, y por eso te ensañas con él. Lo haces tu víctima.

—Ni pensarlo... No creí que eras tan excelente defensor de menores.

—Es que tu inconsciencia de mujer me molesta... Vas repartiendo palos de ciego sin notar que duelen.

—Me es igual.

—Y caiga el que caiga —repuso Fernando con sorda irritación.

—¡No me importa! —respondió cruelmente, encogiéndose de hombros, Laura.

Anunciaron que estaba servido el té; Fernando ofreció el brazo a su enemiga, y con perfecto aplomo caballeresco dijo, volviéndose a las señoras que le miraban intrigadas:

—Este mirador es un delicioso *corner*[31] para platicar dulcemente, pero Laura me ha recibido arisca... Es una ingrata...

VIII

La acometividad rencorosa de Fernando fue agudísimo estilete que hirió en la conciencia de Laura la más sensible de sus fibras. Clavada quedó en su sensibilidad de mujer aquella acusación: «Le haces tu víctima», y sobrecogida por esa verdad, en horas de sufrimiento insuperable, lloró, se despreció, se aborreció a sí misma y decidióse a reparar el mal imprudentemente hecho. Debía acusarse de su iniquidad a José Luis, confesarle los bajos móviles de su conducta y perder, en castigo, el ciego culto del joven que dulcificaba sus amarguras de mujer traicionada. Impulsiva, obediente al súbito afán de expiación que subyuga los espíritus creyentes, Laura, abrasada de contrición, pero egoísta de otro modo que antes, erró nuevamente.

Buscó a José Luis y le halló en la biblioteca, trabajando. Ágil, saludable el color, erguido y bello de juventud el busto. Había revivido en los últimos días, y recibió con tan efusiva tranquilidad a Laura, que ésta vaciló en turbar su confianza, aquella embriaguez dichosa, con la negrura de sus confidencias.

Y pasó un día más, y otros cuatro, sin que Laura se

31. En inglés: rincón.

infligiera la expiación que deseaba. Lastimábanle las frases reverentes de José Luis, la fe que en ella tenía, la sumisión de ser todo ofrendado a sus manos indignas, y sufría horriblemente, vacilando en causar una última pena al cuitado; ¡ella, que no vaciló en hacerle juguete de su vanidad, en martirizarle meses enteros!

Paseaban juntos los dos, leían, consultábale él sus planes y visitaban en los contornos a los aldeanos, agitadísimos a la sazón con el pleito de los foros[32]. José Luis habíase puesto del lado de los aldeanos, considerando acto de justicia la redención de las gabelas[33] ominosas, y animaba a los campesinos recelosos, incitándoles a que perseveraran en su actitud de protesta, a que resistieran y lucharan para librar a sus hijos de las cargas serviles que los empobrecían de generación en generación.

Aquellos cinco días de intensa convivencia con Laura dieron tales apariencias de salud al cuerpo del predestinado por los dioses al vivir breve, tal continuidad al esfuerzo mental, tanto sereno entusiasmo a sus acciones, que hasta su madre, mirándole, espiándole amorosamente, sonreía, creyendo en el milagro.

Laura no podía soportar su situación. Veía que de la salud, de la vida de aquella criatura admirable, ella era el árbitro, y ella tenía que irse. Su padre la esperaba; cien niños enfermos y desvalidos la reclamaban en el asilo-fundación de ella; pero, ¿cómo irse sin despojarse ante José Luis de aquel manto de perfecciones y hermosuras con que él la vestía?

Laura tenía la rectitud orgullosa que induce a no ocul-

---

32. *foro:* "contrato consensual por el cual una persona cede a otra, ordinariamente por tres generaciones, el dominio útil de una cosa medante cierto canon o pensión" (*DRAE*).

33. *gabela:* impuesto, tributo, carga (*DRAE*).

tar las propias faltas y defectos; era la extraña mujer que no quiere aparecer mejor de lo que es en realidad, y tras una tremenda noche, decidida irrevocablemente a confesarse con José Luis, fuese a esperarlo al cenador de las rosas, que ya languidecían a la otoñada.

Pero su amigo no bajó, suplicándola que se encontraran en la biblioteca.

—Laura —exclamó él recibiéndola—, has pasado una noche espantosa y ha repercutido en mi pecho tu pena. He sentido tus sollozos y he llorado contigo. Estás al otro extremo de la casa, pero te oí... te oyó mi alma.

—José Luis, hijo mío, ¿te sientes mal? ¡Qué atroz palidez la tuya! ¿Qué tienes? —exclamó asustada ella, viendo cambiadísimo al pobre.

—¿Qué tengo? —siguió él animándose—. Tu pena... Tengo tu pena en el corazón... Oye, Laura, sé a lo que vienes... Mi sentimiento es lucidez, adivinación, y sé a lo que vienes... A abrirme tu alma en un sublime arranque de humildad... ¡Laura mía! Quieres castigar tus labios con la confesión de culpas que no has cometido, imaginarias culpas hacia mí. ¡Oh! Cómo siento en este instante el latido de tu corazón aquí, en mi pecho, dándole un doble ritmo de angustia. Sosiégate... no tienes que decirme nada... Eres la santa protectora de mi nueva vida. Te veo translúcida, como las azucenas en la aurora.

"Soy yo el que tengo que rogarte un favor... Parte ya, Laura mía... Tu padre te espera... Los niños de tu asilo te necesitan... ¡Vete!

—José Luis —sollozó Laura humillando su contrita cabeza—. ¡Perdóname! He sido contigo cruel... He hecho nacer tu cariño insensatamente...

—No —exclamó él con vehemencia de fanático—. Mi cariño existía ya virtualmente en mi alma, sin principio ni fin. Era el supremo bien latente, y el verbo que lo animó

fuiste tú. No llores, mi guía al mundo del amor hermoso...
Lo puedo todo menos verte penar por mí.

—¡Oh! Sufriré toda mi vida, toda... Tu bondad me lacera... Tu amor me crucifica... Soy indigna de él, indigna mil veces... Me divertí contigo los primeros días, sin tomar en serio tu ternura. Yo aborrecía los sentimientos de los hombres... quería burlarme de ellos... vengarme. Y te oí, te incité, te enloquecí pérfidamente...

—¡Jamás! El culpable fui yo, aspirando a tu amor.

—Para que las gentes no se mofaran de mi tristeza, me reí de ellas y de ti. Te obligué a seguirme como un perro, a galantearme en alta voz. Te manejé como un objeto de mi capricho, y te esquivé, inhumana, cuando me convenía. Te forcé a sufrir en público por mí, engriéndome de ser amada como no lo fue mujer alguna... Di celos a Fernando contigo... Ante él fingí que te quería...

—¡Te amo inmortalmente, Laura! —clamó exaltadísimo José Luis.

—Aborréceme, pisotéame... yo soy tu perdición... —gimió, arrastrándose a los pies del joven la culpable. Y él, prosternándose, besó el suelo donde caían las lágrimas de ella, y alzándola, repitió, desmayada la voz, divinizado el rostro:

—¡Te amo inmortalmente!

Callaron; hizo sentar José Luis a su amada y comenzó a hablar con dulzura temblante de desfallecimiento:

—Tienes que partir, Laura... Óyeme: límpiese de todo escrúpulo tu alma cristiana, que ha sido y será espejo inalterable... celeste... El culpable fui yo reteniéndote aquí, obligándote a concederme el don de tu presencia. Pero mi lealtad te dice ahora: te adoro tanto, que ya ni tu presencia necesito. Estás en mí, eres yo mismo en mi espíritu y mi sangre.

—¡Oh, José Luis! Desfalleces —clamó asustada Laura, recostándolo en un sofá.

—No —respondió suavemente él—. Es que un supre-mo bienestar me anonada... el de amarte... Pon cerca de mí esas rosas que juntos cogimos en nuestro cenador. Su aroma vivifica...

Laura, temblorosa, cogió el ramo de rosas amarillas que agonizaban sobre la mesa y se lo dio al joven. Aspiró con avidez su fragancia y murmuró:

—Ellas son tu...

Luego, animándose, siguió:

—Te vuelves a tus cuidados, a tu familia de Madrid, y en breve allá me tienes. Sí, de seguro, ¿Creíste que te dejaba ir así, sin más ni más, para siempre? ¡Imposible! Pero no pretendo tu amor... Yo quiero cooperar a tu obra de misericordia en tu asilo, como tú cooperas a mi obra social de aquí. ¡Qué excelsa unión la nuestra en el amor de nuestro terruño, de los necesitados de la justicia! Ya te lo dije: he pensado mucho y he trabajado poco. He acu-mulado tesoros con avidez de avaro, y ahora hay que re-partirlos. La arritmia de mi voluntad es por ti persisten-cia: tú renuevas mi vitalidad en el abatimiento. Dame tus manos... ¡Sosténme!

—¡José Luis! —gimió Laura sobrecogida de terror, viendo desfallecer al joven.

Abrió él los ojos, mirándola con embeleso, y dijo débil-mente:

—Te veo como en aquel sueño mío... Estamos en la inmensidad... Translúcido es tu cuerpo, pero conserva su armonioso contorno humano, y tus albos dedos, con gra-ciosa lentitud, deshojan rosas en el infinito. Echa sobre mi pecho las rosas del cenador... Conservan partículas de nuestra aurífera tierra madre. ¡Oh! Gracias. Y ellas son tú, mi princesa del amor hermoso...

Sonriendo angelicalmente José Luis, cerró ya las pu-pilas...

192

El grito desgarrador de Laura resonó en la casa y se clavó en el corazón de María, que acudió trastornada.

—¡Yo le he matado! —acusóse con desesperación indecible Laura.

—¡Sí, tú, miserable! —rugió la madre, abrazándose al cuerpo de su hijo y pegando su rostro, contraído de ira y dolor, al serenamente bello de José Luis.

Pero entonces vio, o creyó ver la desolada, entreabrirse los apagados ojos de su hijo, y en sus oídos gimió la voz de él condenando la acusación.

María echó los brazos al cuello de Laura y, unidas, lloraron las dos solitarias mujeres...

La madre lloraba por amor... Laura, por no haber amado...

IX

Sobre el pazo montañés de Lugriz abatía la bandera morada y roja de los bríos de su legendaria historia entre crespones. La claridad infantil de la mañana diafanizaba el silencio del bosque, y el lento son de una campana austera rememoraba que la vida es efímera.

Por la corredoira pegada a los tapiales del jardín señorial, cierta rapaza en la garrida adolescencia, compañera de una vaca joven, caminaba de prisa hacia el prado, donde un pastorcillo la esperaba desde tiempo atrás —casi desde que nacieran los dos en los gemelos hogares del lugar mismo—, haciendo sonar en su rústica flauta la inquietante alborada *Dos namorados*.

Iba la rapaciña hundiendo en la jugosa hierba sus pies y sus piernas, finos y sanos. Adelantóse a recibirla el mozo y se miraron largamente con melancolía.

—O pobriño morreo —dijo ella en su dialecto[34] melodioso.

—Sei que o matuo una muller ingrata.

La rapaciña, con desasosegada inocencia, miró al pastor.

—Asin vasme matar ti.

—¡Santa Martiña!

—Vas, muller, vas, si non me queres.

Y el mozo, envalentonado con la actitud sumisa de ella, púsole los labios al oído y preguntó:

—¿Sei que me vas querer hoxe un pouquiño?

—Vou... —mimosamente tímida respondió la rapaza.

Abrió el aldeano los brazos, e hízose atrás ruborosa la mulleriña, fingiendo detener a la vaca...

Volvió él a su alborada quejumbrosa, y ambos, henchidos de la dulzura de amarse, quedáronse absortos.

Y las horas pasaban idílicamente, ofreciéndoles en el embeleso de la mañana otoñal la mentirosa, pero insustituible, quimera de la juventud...

Madrid, noviembre 1909.

34. Diálogo en gallego que traduzco a continuación: (señalo sólo las frases traducidas al castellano). El pobrecito murió [...] Es que lo mató una mujer ingrata [...] Así me vas a matar tú [...] Qué va, mujer, si no me quieres [...] ¿Es que me vas a querer hoy un poquito? [...] Sí (voy).

Carmen de Burgos Seguí
(*Colombine*)

LOS NEGOCIANTES DE LA
PUERTA DEL SOL

Carmen de Burgos Seguí (*Colombine*)

Nace en Almería en el año 1867. Allí transcurre la primera etapa de su vida, donde se forjará su vocación del futuro. Contrae matrimonio, nace su hija y comienza a trabajar en la imprenta familiar, a la vez que inicia la carrera de Magisterio. En 1901 obtiene una plaza por oposición de profesora de la Escuela Normal y, ya separada de su marido, es destinada a Guadalajara. Comienza su larga trayectoria como colaboradora en los más importantes periódicos y revistas de la época, labor que se intensifica cuando se instala de forma estable en Madrid. Mujer dinámica y vitalista, su personalidad pronto se convierte en el centro de las tertulias a las que asiste y de los actos en los que participa. Entre las numerosas actividades que desempeña destacan las dirigidas en defensa de los derechos sociales: su participación, a través de artículos y de conferencias, en campañas a favor del divorcio, del voto femenino y de los derechos de la mujer en general es tan destacada que será nombrada presidenta de la Liga Internacional de Mujeres Ibéricas e Hispanoamericanas; su profesión y su formación de inspiración krausista la llevarán a preocuparse del mundo de la infancia, sin olvidar la defensa de otros logros sociales como la abolición de la pena de muerte o el apoyo a los sefarditas, llegando a crear la Alianza Hispano-Israelí.

Viaja por distintos países de Europa y de Hispanoamérica como conferenciante y, en ocasiones —como sucede en 1913—, becada como profesora de la Normal, para tratar sobre la educación de la mujer.

Traduce a Leopardi, Ruskin y a otros escritores del francés, inglés e italiano. A partir de 1907, año en que aparece *El Cuento Semanal,* intensifica su creación literaria y se convierte en una prolífica novelista colaborando en ésta y otras colecciones: *La Novela Corta, La Novela de Hoy, La Novela Semanal,* etc. Recibió numerosos honores y distinciones a lo largo de su vida en España y en el extranjero y contó con la amistad de ilustres figuras del variado mundo de la literatura, destacando su relación con Vicente Blasco Ibánez y, sobre todo, con Ramón Gómez de la Serna. En 1908 funda y dirige *Revista Crítica,* "lujosa revista de Arte, Literatura y Sociología, que dedica una sección especial a la literatura sefardita" (según comentario de otra revista de la época). Tuvo una muerte coherente con la línea de intensidad y plenitud que caracterizó su vida. Cuando estaba haciendo uso de la palabra en el Círculo Radical Socialista —partido al que pertenecía— le sobrevino un ataque al corazón y murió. Era el día 9 de octubre de 1932.

En su producción hay que distinguir, por un lado, su labor de periodista. Fue la primera mujer corresponsal de guerra: escribió una serie de crónicas sobre la guerra con Marruecos, que recoge también en el relato *En la guerra (Episodios de Melilla),* publicado en *El Cuento Semanal* (núm. 148, 29-X-1909). Por otro lado, y paralelamente, desarrolla su literatura de creación centrada sobre todo en la narrativa breve publicada en las colecciones de novela corta de la época. Es difícil dar relevancia a unos títulos sobre otros de su extensa obra. Son de recordar: *El Tesoro del Castillo* (1907), *Senderos de vida* (1908), etc., en *El Cuento Semanal; El hombre Negro* (1916), *La mejor Film* (1918), etc., en *La Novela Corta; El "Misericordia"* (1927) en *La Novela Semanal; Vida y milagro del pícaro Andresillo Pérez* (1930), *Cuando la ley lo manda* (1932) etc., en *La Novela de Hoy,* y otras obras suyas aparecen en *La Novela Femenina, El Libro Popular,* etc. Asimismo publicó colecciones de relatos como *Cuentos de Colombine* (1908), *Ellas y ellos o ellos y ellas* (1917), *Los Anticuarios, Mis mejores cuentos* (1923). De la pluma de *Colombine* salieron también numerosos libros dedicados a temas sociales como *La mujer moderna y sus derechos* (s.f., hacia 1927) y a "temas de sociedad", siendo igualmente la mujer el objetivo principal: *Arte de la elegancia, Arte de saber vivir, Arte de ser amada,* etc. Impresiones de viajes, como *Por Europa* (1909). Importante fue su labor de prologuista y en el campo de la crítica literaria, donde destacan los trabajos dedicados a Larra, autor por el que sentía gran admiración.

A.E.B.

Los negociantes de la Puerta del Sol

I

Miraba con ira aquel sol tan espléndido que iluminaba más de lo que le convenía su traje manchado, los zapatos sin tacones y el sombrero mugriento. Había tenido deseos de que pasasen los días del invierno, que había sufrido, mal abrigado y sintiendo penetrar el agua a través de su calzado, pero ahora echaba de menos la media luz discreta y velada que disimulaba el horror de su indumentaria.

Acostumbrado a concurrir todos los días a aquella acera, punto de cita «de los grandes negociantes», tan ricos de ideas y proyectos como escasos de dinero, no prestaba atención a la multitud que pasaba a su alrededor, ni al aspecto que la Puerta del Sol ofrecía a aquella hora.

Más que el reloj del Ministerio de la Gobernación, marcaba las horas el aspecto de la gran plaza, que de hora en hora ofrecía un cambio notable. Era allí donde en las primeras horas de la mañana se percibía el bostezo de la ciudad que se despertaba y donde poco a poco iba afluyendo la vida toda, como si cada una de las calles que conducen a ella fuesen los grandes ríos que reciben a su paso a todos los tributarios y van a desaguar en el océano de la Puerta del Sol, siempre revuelto y turbulento.

Aquel barullo parecía que lo tonificaba, que había algo en la corriente de una gran muchedumbre que engendra una especie de energía eléctrica. Había sido siempre la Puerta del Sol el lugar más concurrido de Madrid, al que acudían todos aquellos arrieros y carreteros de las diferentes provincias de España, que entraban por la Puerta de Toledo a vender sus mercancías, cuando aún no había ferrocarriles.

La tradición se conservaba. La Puerta del Sol seguía siendo el punto de reunión de todos los desocupados, y de todos los forasteros que llegaban a Madrid. El Ministerio de la Gobernación traía también su concurrencia especial, un ochenta por ciento de las gentes que entraban en él eran provincianos que llegan a Madrid a solicitar los empleos que les ofrecieran los caciques.

En vísperas de elecciones la concurrencia aumenta: policías, agentes electoreros, pretendientes a gobernadores... La afluencia de gente impide a veces andar. El cruce de tranvías que ha sustituido a los tranvías de mulas y a los ripers[1] de Oliva, la multitud de coches que tienen allí su estación o la cruzan en todas direcciones... gente que espera los tranvías en las paralelas[2]; concurrencia del Ministerio, de los cafés; compradores de los comercios; vecinos de la gran plaza (aunque nunca se piensa en que son vecinos de allí los que pasan), vendedores, golfos... Ese conjunto de gentes del pueblo y gentes bien vestidas, esos señores de sombrero de copa, que caminan a pie y esas señoras que llevan guantes blancos a cualquier hora del día; las niñas vestidas como de baile o de teatro y las mujeres con mantón; los paletos con los trajes típicos de sal-

---

1. El 1 de junio de 1871 se inauguró el primer tranvía de mulas de España; hacía el trayecto Puerta del Sol-Barrio de Salamanca. Los "ripers", en definición de R. Gómez de la Serna, *Toda la Historia de la Puerta del Sol* (s.a. h. 1920), eran tranvías que no necesitaban circular por carriles.

2. *paralelas*: en las paradas de los tranvías, barras de hierro, paralelas, dispuestas de modo que dejaban un pasillo, por donde discurría la fila de personas que esperaban la llegada del tranvía.

mantinos o las lagarteras[3] de Toledo; todo eso revuelto, confuso, mezclado, en una nota tan intensa de color y de vida que es única de la Puerta del Sol y no ya única en Madrid y en España sino en el mundo todo. Por eso veía con tanta frecuencia a los extranjeros, acostumbrados a más grandes capitales, embebecidos[4] y suspensos en la Puerta del Sol, entre la nube de chicuelos que ya los ha notado como extranjeros y los asedia procurando venderles sus mercancías y engañarlos, si se descuidan un poco.

Generalmente la burla de la multitud sigue a todo extranjero, aunque lo traten de explotar. Todo extranjero que da algo es *un inglés* y lo miran con el respeto que inspiran las libras esterlinas; y todo extranjero que no da nada es *un franchute*. No se tiene idea de que existan y puedan visitarnos gentes de otros países; sino cuando pasa un marroquí o un chino con su traje nacional, que hace correr a la gente detrás de él y que los guardias tengan que proteger su paso.

A medio día, a la hora de la salida de las oficinas, se notaba allí más que en ninguna otra parte la animación febril del trabajo. Las paralelas se llenaban de obreros y empleados, ansiosos de tomar su puesto en los tranvías, y las aceras se poblaban de la multitud que pasaba de prisa, apresurada, en esa mezcla abigarrada de los elegantes y los hombres de blusa[5], las mujeres de mantón y las de sombrero, los mendigos y los chicuelos derrotados y astrosos[6] con las gentes bien vestidas.

Después venían unas horas de mayor silencio, de mayor calma, unas horas como de descanso y siesta; parecía en-

---

3. *lagarteras:* lagarteranas, naturales de Lagartera (Toledo), famosas por la vistosidad y riqueza de sus trajes tradicionales.
4. *embebecidos:* embelesados, sorprendidos.
5. Véase *Las hijas de don Juan,* nota 30.
6. *astrosos:* desastrosos.

tonces que los tranvías cruzaban más perezosos y los coches más de prisa; los comercios cubrían sus escaparates; se cerraban las ventanas; sólo los que iban a sus quehaceres pasaban espaciados por las aceras. Ésta era la hora de las citas; la hora de la sobremesa; cuando muchos hombres podían marchar reunidos al café para tratar mejor un asunto.

El calor era en aquellos momentos insoportable, la gran plaza justificaba su nombre por la fuerza con que el sol caía sobre ella, llenándola toda, abrasándola. Los que no podían ir al café y se veían obligados a ventilar sus negocios en la calle se desesperaban.

—Antes tenía toldos. Ahora debía seguirlos teniendo, porque es inaguantable que el Gobierno consienta este calor —decían, con esa costumbre, tan arraigada de dar la culpa de todo a los gobiernos y de esperarlo todo de ellos.

Más tarde era ya un imposible el permanecer allí. Empezaba la hora de la alta marea. La hora en que se encendían las luces, los anuncios movibles y brillantes se encendían y apagaban, dando la impresión de una corriente de lava que iluminase con su oro encendido las fachadas de los edificios. Era la hora del tumulto, del ir y venir de coches y automóviles; del cruzar de tranvías, haciendo sonar el "tan tan" de su timbre de aviso; de la afluencia de floristas y de vendedores de periódicos, libros, juguetes y baratijas de todas clases que se pregonaban a voz en grito. De los escaparates de las tiendas, de los cafés, de los hoteles, de las casas se escapaban ríos de luz, ecos de vida, que venían a aumentar la bulla, la animación, la algazara que da todas las tardes a Madrid el aspecto de un pueblo en fiesta, como si celebrase una romería o verbena.

Los vendedores ambulantes han .tenido siempre una predilección por la Puerta del Sol. Es aquí donde se han lanzado todos los gritos callejeros de los pregoneros que sería curioso conservar hoy que se uniforma a las floristas

de la Puerta del Sol, y que los vendedores, con sus tableros colgados ofrecen limpiamente las mercancías; no se
tiene idea de los otros vendedores, muchachos descalzos y
sucios; mujeres desgreñadas y en chancletas, hombres astrosos y llenos de lamparones[7] que gritaban:
— ¡Rabanitos y coooles!
— ¡Al queserooo!
— ¡Llevo aaceeiitee!
— ¡Quién me compra un gallo!
— ¡Poollos y huevos frescos!
En medio de esta bulla el sartenero chocando las sarte-
nes con estrépito atronador, los vinateros con el pellejo a
la espalda infestándolo todo de olor a pez y vino, los
aguadores con la cuba al hombro y la botella del aguar-
diente en la vasera[8], y los vendedores de fósforos con la
sombrilla abierta sobre su caja para resguardarla del sol lo
mejor; la concurrencia se aumentaba con la presencia del
cocinero y del pinche de una posada que salían a pelar los
pollos a la puerta de la calle; y de las señoras criadas que
acudían a comprar a los vendedores, que llevaban burros
cargados de hortalizas, y a veces armaban broncas desco-
munales, ya por falta de pago, ya por falta de peso.

Desaparecieron aquellas costumbres y aquellos tipos,
dejaron de oírse aquellos gritos con sus diferentes tonos,
pero todavía se vocea, se ofrecen mercancías y los vendedores ambulantes llenan la Puerta del Sol. No son ya vendedores de hortalizas, de quesos y de aceite, sino vendedores de cosas que podíamos llamar *frívolas*, de un
comercio más delicado.

A veces la mercancía no es tan inocente. Entre libros

7. *lamparones:* grandes manchas, generalmente de grasa o aceite, en el
traje.
8. *vasera:* especie de bandeja con asa donde llevaban los vasos los aguadores *(DRAE)*.

que se pregonan a precios inverosímiles, se ofrece la postal de una mujer desnuda o el libro *sólo para hombres,* sin que las autoridades se inquieten.

Aquí se venden periódicos por un pitillo, libros de tres pesetas por una perra gorda, y objetos de bazar o de escritorio por la décima parte de su valor sin que nadie averigüe cómo lo han adquirido para venderlos así. Pero cada acera tiene su concurrencia diversa. Hacia la Carrera de San Jerónimo, la pollería[9] elegante que iba a lucir y a presenciar el desfile de coches. Hacia la calle de Alcalá, la «acera de los apretones», de las niñas cursis, de los viejos libidinosos, de los jovencitos procaces, que tienen allí un campo de operaciones galantes. Hacia la calle del Arenal se encontraba más la gente que pasea por pasear o que va a sus ocupaciones. La acera de las citas era aquella acera del Ministerio de la Gobernación, hacia la calle de Carretas, preferida por los que iban a sus negocios.

Y aquel reloj de la gente marcaba con sus manecillas gigantescas la hora de ir a cenar, dejando la gran plaza solitaria, con el suelo de luciente asfalto las luces movibles, los guardias a caballo en medio de la explanada. Marcaba la hora de ir a los teatros y la hora intermedia en que vendedores, golfos y muchachuelas reemplazaban la multitud elegante. Después la última ola de la salida de los teatros y las silenciosas horas de la madrugada, en las que lucía la torre del reloj en la soledad y la sombra que agrandaban la plaza, que simboliza el centro de España, el corazón de Madrid, cuanto hay de más neto y castizo en la capital del reino, la corona de esa capital.

* * *

9. *pollería:* se refiere a conjunto de "pollos", jóvenes elegantes, desocupados, llamados también *pollos de la goma* o *gomosos.*

Don Justo miraba con tristeza en torno suyo. Era ya viejo y había perdido el tiempo lejos de aquel centro, en una apartada provincia desde la que contemplaba como un sueño el palenque abierto en Madrid a los luchadores. Era allí donde había que ir para que la labor hecha repercutiese en toda España, era allí donde podían abrigarse ambiciones grandes, proyectos vastos, donde el comercio, la industria, la literatura abrían generosos sus puertas a los audaces.

Él, metido en su pueblo, soñando y sin trabajar, al correr de los años se encontró con que había perdido toda su fortuna; se vio obligado a vender las casas y tierrecillas heredadas de sus padres, sintiendo el dolor de la indiferencia y la ingratitud con que sus coterráneos se reían de su desinterés y le volvían la espalda.

No pudiendo soportar la miseria en su pueblo, se vino a Madrid con los últimos restos de su fortuna, trayendo en su compañía a sus dos hijos Anita y Juanito y a doña Antonia, su mujer.

El calvario recorrido desde su llegada había agriado su carácter apacible, tornándolo en hosco, uraño, malhumorado y violento.

Trató primero de sostenerse en un pisito de buen aspecto, solicitando un destino de los caciques y los poderosos amigos políticos que había obsequiado en su tierra y le habían ofrecido su amistad... Día a día su cabeza se tornaba blanca. Su barba y su cabellera poco cuidadas tenían, con la mezcla de sus canas, un aspecto de atochera[10] madura, y entre este tono rojizo y el pajizo de su tez, los párpados irritados y sin pestañas, formaban un ribete rojo en torno de las pupilas rubias, de un modo que recordaba a los conejos de Indias.

10. *atochera:* planta que produce esparto.

Desengañado al fin de conseguir la protección política, don Justo se había dedicado a la industria, había entrado en el circuito de los negociantes de la Puerta del Sol.

La Puerta del Sol era para él un refugio, un entretenimiento que le hacía pasar las horas sin darse cuenta. Contemplaba el espectáculo cambiante, pintoresco, sorprendía rasgos de las novelas de la vida de los que transitaban, se distraía con el desfile de tipos. A veces pasaba horas enteras entretenido en analizar los rasgos fisonómicos de los transeúntes; pero de una manera tan exigente, que encontraba un escaso tanto por mil de personas de carácter bondadoso e inteligente. Bien es verdad que en la cuenta no incluía a las mujeres, porque solían gustarle todas.

Aparte esta pequeña manía fisonómica, don Justo se sentía optimista en la Puerta del Sol. Lo invadía su alegría, su bullicio, que parecía poner una vibración eléctrica en el aire para comunicar mayor vida. Sentía la sensación de lo gran frontón que era.

—Aquí se puede uno sentir satisfecho —decía, olvidando su miseria—. Aquí se ve que hay elementos para poder trabajar y luchar.

A fuerza de estar allí él conocía ya todos los tipos habituales, todos aquellos pequeños comerciantes que vendían ingeniosas baratijas, restos de saldos, periódicos y otros mil objetos.

Lo sonreían como a un compañero todas las floristas y los golfos grandullones que se entretenían en jugar a "La ruleta de la Puerta del Sol", frente al trébol de colores con una manecilla movible la anunciadora, que está encima del *Bar Sol*[11]. Apuntaban en las hojas de ese trébol como en los números de una ruleta, y el capricho de la manecilla

11. *Bar Sol:* situado en la esquina de la Puerta del Sol con la calle Carretas.

al pararse decidía la suerte de los jugadores, entre los que no faltaban ya algunos jugadores de ventaja, que a fuerza de hábito sabían dónde solía pararse con más frecuencia la manecilla y explotaban a sus compañeros.

Eran lo que pudiéramos llamar la *cría* de la Puerta del Sol, los que han de perpetuar esa raza de *Puertasolinos* semejante a esos *Sampedrinos* de Roma, que a fuerza de vivir en las claverías de la iglesia de San Pedro forman una raza aparte.

Estos chicos de la Puerta del Sol parece que han nacido en ella. Herederos directos de Ginesillo de Pasamonte o de Marcos de Obregón, educados por Gil Blas o por Monipodio[12], son de una pillería tan amable que se hace simpática. Tienen siempre su alegría que resiste al hombre y las privaciones. Se han acostumbrado a ellas y en tan juveniles años tienen ya algo de estoicismo de los faquires. Hijos de raza árabe son fatalistas y esperan que caiga de gracia el pan de cada día.

Ellos conocen de vista a todos los políticos y literatos de valía; hablan de todo: discuten de política y de toros; tienen sus amores con esas chicuelas que lo mismo que ellos populan por allí vendiendo flores, alfileres o periódicos; fuman, beben y se envician antes de desarrollarse. Tienen siempre los movimientos rápidos, la respuesta pronta... Llaman al coche que hace falta antes de que se lo digan, abren la portezuela, ofrecen periódicos, libros o baratijas... todo menos que los lleven al asilo o les hagan trabajar.

Ninguno se muere de hambre, como notaba don Justo, saben ingeniarse para vivir y hasta para entrar en los teatros y en los toros, de balde.

12. Nombres de algunos de los más famosos pícaros de nuestra literatura: Ginesillo de Pasamonte y Monipodio aparecen en *El Quijote* y en *Rinconete y Cortadillo,* de Cervantes; Marcos de Obregón y Gil Blas, en las novelas de Vicente Espinel y A. R. Lesage, respectivamente.

A veces oía diálogos tan pintorescos como éste:

—¿Quieres ganarte unas pesetas? —le decían a uno.

—¡A lo que estamos! ¿Qué hay que hacer?

—Llevarme este bulto a mi casa. Plaza del Progreso número...

No dejan acabar.

—¡A ver que vida! ¡Llévelo usted si quiere! ¡Mis lomos no se han hecho para cargar!

Y con su fiera independencia volvían la espalda y se ponían a hablar con otros compañeros en su argot especial, cuyos términos burlan la curiosidad del que no está iniciado.

Si van al servicio militar o van a la cárcel, hay la seguridad de que volverán allí; que no se apartarán de la Puerta del Sol y si son ricos soñarán con tener allí sus casas. Ellos no son madrileños, ni españoles: son de la Puerta del Sol.

Su viveza es tanta que ellos, sin el reclamo de los grandes timadores extranjeros, limpiaron un día los bolsillos de Mr. Hermans, que se consideraba el rey de los escamoteadores europeos y se metió incautamente en medio de sus desconocidos colegas de la Puerta del Sol.

Su audacia sin límites les llevó a cortar el faldón izquierdo de la casaca del rey de Sicilia, que oía devotamente misa en el Buen Suceso, cuando vino a casar a su hija con Fernando VII[13]. Decían, con su gracia chispeante, que les había sido simpático su majestad y querían tener como recuerdo aquel pedazo de trapo... y la tabaquera de brillantes que llevaba dentro...

* * *

13. Se refiere a Francisco I de Borbón, rey de las Dos Sicilias, cuya hija, M.ª Cristina, se casó con Fernando VII, en 1829, siendo la cuarta y última esposa de éste.

Todo pícaro acude a la Puerta del Sol como para perderse en una selva de gente. La policía detendría a todos los criminales de Madrid sólo con esperarlos en la Puerta del Sol. Es allí donde se conciertan todos los robos y todos los fraudes. El falsificador de moneda actúa en la Puerta del Sol y desde allí desparrama su caudal. Esos *timos* célebres e inverosímiles del *entierro* o del *Portugués* se dan en la Puerta del Sol. La grotesca combinación de los cilindros fue allí donde dio más juego. En alguno de aquellos cafés se hicieron funcionar los dos cilindros metiendo entre ellos un papel; parecía que éste iba a salir liado como un cigarrillo, pero lo que salía era un billete de cien pesetas, reluciente, nuevo, recién hecho, fresco y como preñado de otros billetes, dispuesto a multiplicarse como las hojas de papel muy fino que dan la sorpresa de ser varias cuando se creía que era una sola.

¿Qué significaba aquello? Lo cierto era que se hacía el milagro metiendo un papel blanco por un lado, salía por el otro un billete estampado y con su firma correspondiente, y se pagaba con él el café al mozo para prueba de que era auténtico pues bueno había de ser cuando lo pasaba un camarero de café, y de café de la Puerta del Sol. Cuando se averiguó que no se trataba de un juego ya habían caído muchos incautos en el lazo. El billete era legítimo, pero la máquina no lo era. Entraba el papel blanco del tamaño de un billete y lo que salía no era el papel sino un único billete de cien pesetas, hecho en el Banco y que como convencía y engañaba hacía soltar cuatro mil pesetas para comprar aquella máquina que produciría billetes ya siempre.

Eran increíbles algunos engaños de puro grotescos. Una de aquellas agencias se comprometía a tornar a una persona invisible… y hubo varios que se dejaron coger, descubriéndose al fin el engaño por un paleto, de la provincia de Toledo, que la emprendió a palos con los falsificadores.

El pobre hombre estaba enamorado de la alcaldesa y encontró de perlas eso de ser invisible. Los inventores del procedimiento lo llevaron a su casa y después de estarle dando varios días unturas declararon que ya era invisible. El hombre salió entre los servidores y amigos, reunidos a propósito que fingieron no verle. Al llegar a su puebo se fue sin más ni más a abrazar a su adorada... Cuando se curó de la paliza que le dieron volvió a Madrid y acabó, a su vez, a palos con la agencia.

Todavía existen en las esquinas hombres que acechan el paso de un paleto y después de contarle una historia fantástica le dejan a cambio de unos cuantos duros como fianza el sobre cerrado con el capital que le confían... Que luego resulta algunos periódicos y papeles viejos.

No se puede uno fiar de nada en la Puerta del Sol, desde lo más grande hasta lo más sencillo. Existe la vendedora de periódicos viejos y atrasados, que los da como nuevos en el momento de subir al tranvía. Hay la vendedora de alfileres que da un papel vacío y la que ofrece décimos de lotería atrasados por el mismo procedimiento.

* * *

De la Puerta del Sol salían también los inventos más estrambóticos.

Don Justo había trabado allí conocimiento con un señor anciano que pasaba los días enteros parado, ya en una esquina ya en otra, de la gran plaza.

—No sé vivir fuera de la Puerta del Sol —le confesó don Diego cuando en verse meses y meses les hizo conocidos—. Soy hijo de Madrid, me he criado aquí desde pequeño, que en lugar de irme a jugar al campo, como dicen que se hace en otras partes, me venía a la Puerta del Sol. Soy como un marino que no pudiera estar fuera de su barco.

Cuando intimaron más llegaron a las confidencias.

—Yo también he hecho un invento —confesó don Diego— pero no me lo han dejado explotar.

—¿De qué se trata?

—Es la forma más original de anunciar, con menos coste que todas esas luces eléctricas y esos reclamos de los periódicos. Yo he inventado el *anuncio por el grito*.

—¿Cómo?

—Un grito artificial, lanzado por un fonógrafo de gran calibre, invención mía, que se coloca en el tejado de las tiendas que acepten el anuncio y lo aceptarían todas. De pronto el aparato gritaría de un modo estentóreo "Gran sastrería. Bailén, 8" y se oiría hasta el final de la calle de Alcalá... Pero el señor Ayuntamiento se opone diciendo que eso molestaría al vecindario. ¿Qué ha de molestar? Pero entretanto me encuentro con un invento, que es una fortuna inutilizada. Por puro patriotismo no lo he ofrecido ya a los Estados Unidos.

—¿Y qué piensa usted hacer?

—Trato ahora sólo de ver la manera de adosar a mi aparato una especie de telégrafo sin hilos, que no necesite receptores y que podré hacer penetrar a voluntad en las casas para que dé el grito dentro de los comedores y de las alcobas, sin que se sepa de dónde sale.

—Diantre, sabe usted que es peligroso.

—Sí, pero al que despierten un día a las cuatro de la mañana para decirle "Tome usted pastillas Valda", no se le olvidará jamás.

* * *

Según se compenetraba de su espíritu, don Justo amaba cada vez más aquel lugar. El pobre hombre se entretenía viendo el desfile de las mujeres más bonitas y de los trenes[14] de más lujo de la corte; no había mujer que al estrenar un traje o un sombrero no quisiera lucirlos en la Puerta del Sol.

Pero había otra cosa que a él le interesaba más. "Los comerciantes de la Puerta del Sol."

Era tradición antigua la de aquellos comerciantes. Don Justo conocía muy bien su historia, era el compendio de la historia de Madrid.

A veces parado en medio de la Puerta del Sol se quedaba como pasmado al pensar en su antigüedad —que era como asombrarse de la antigüedad de la tierra, puesto que de todo lo primitivo no quedaba ya nada; pero aquel era el solar donde el Emperador Carlos I estableció el célebre hospital del Buen Suceso[15] para soldados enfermos y criados de su real casa; cerca de la iglesia donde se veneraba la imagen de la Virgen que los hermanos *Obregones* habían encontrado en las montañas de Cataluña. Algunas tardes llegaba paseando con don Diego, el viejo cantor de las glorias de la Puerta del Sol, hasta la calle de la Princesa para ver la iglesia y el hospital que se habían reedificado allí y que ellos creían que se les habían robado a la Puerta del Sol.

---

14. *tren:* aquí, "ostentación o pompa en lo perteneciente a la persona" *(DRAE).*

15. El Hospital del Buen Suceso se fundó en 1438, para socorrer a los contagiados de la peste declarada aquel año. En 1529 fue reconstruido por Carlos I con la finalidad que indica el texto. El nombre de Buen Suceso se debe a una imagen hallada, en 1606, por dos frailes de la Congregación de los Obregones en unas peñas de Tortosa (Tarragona), cuando iban en peregrinación a Roma. Presentada la imagen al Papa Paulo V, a su vuelta a Madrid presidió la enfermería del hospital y, luego, la iglesia a la que dio su nombre. Esta iglesia fue derruida a principios de nuestro siglo y construida bajo la misma advocación en la calle de la Princesa, donde se ha mantenido hasta la década de los años 70, cuando fue sustituida por un moderno y lujoso edificio, en el que se ha reservado un local destinado a iglesia.

—¿No cree usted, decía don Diego, que una hermosa iglesia de alta torre, estaría mejor colocada en el ángulo que ocupa el Hotel de París?

—¡Ya lo creo! Pero debía ser la catedral de Madrid, no una simple iglesia.

—Como que allí debía estar también el Banco de España.

—Sin duda. En este lugar ha debido edificarse el Palacio Real, que para eso es el corazón de la ciudad.

Al llegar a este punto don Justo movía la cabeza. Él era republicano y no le tenía amor a aquel palacio. No lo concebía sin todas aquellas estatuas de reyes que rodean la Plaza de Oriente y que a él le parecían parte del palacio.

—Todo eso le quitaría el carácter a la Puerta del Sol —decía—. Su tradición es otra.

Y para probarle a su amigo que él conocía también la historia de aquel pedazo de terreno le contaba cómo en la antigüedad había ya en la Puerta del Sol muchos *cajones*[16] en los que se vendían quincalla, gorras, peluquines, lazos y otras menudencias. Allí tuvieron cajones también los tablajeros[17], choriceros y tocineros, que anunciaban en grandes cartelones, la víspera de las corridas de toros, al precio que se vendería la carne.

—Con un cajón de esos no quería más para hacerme rico —decía con convencimiento.

—Ya no se necesita —respondía don Diego—. Hoy son todos vendedores ambulantes y todos viven. Fíjese usted en todo lo que se vende en la Puerta del Sol. Aquí se venden todos los inventos y juguetes ingeniosos. Hay quien lleva una tienda entera colgada del cuello. Gomas de borrar, lápices, tinteros, papel de cartas a precio inve-

16. *cajón:* casilla o garita de madera que sirve de tienda.
17. *tablajero:* carnicero.

rosímil, lacre, sindetikón[18], botonaduras y petacas, gomas para los paraguas, refuerzos para los tacones, polvos para pegar la loza y el cristal... insecticidas, remedios contra los sabañones y el dolor de muelas. Ya en muchas casas en vez de decir "hay que ir a comprar esto o lo otro a la tienda" se dice: "Hay que ir a comprarlo a la Puerta del Sol." Fíjese usted en cómo todos viven.

—Es cierto.

—Yo he conocido a un millonario al que su padre le dijo al morir: "No te dejo más que la Puerta del Sol... Me has visto trabajar en ella... te he presentado en nuestras tertulias... Eso es una fortuna para el que la sepa aprovechar... ¡Te dejo la Puerta del Sol y muero tranquilo!"

—¿Y dice usted que hizo fortuna?

—¡Ya lo creo! El que conoce la Puerta del Sol conoce el mundo entero. Es como aquel rey de Granada que al morir le dejó a su hijo un tesoro escondido en la tierra. Nunca encontraba más que unas cajitas que decían "más allá" pero él aprendió a trabajar... Eso le sucedió a mi amigo... millonario.

* * *

Don Justo se iba saturando de aquel espíritu.

Presenciaba también todas aquellas reuniones, animadas siempre, llenas de esperanza, de los que iban a tratar allí sus negocios. Iban algunos bien vestidos, tipos de "verdaderos caballeros" —pensaba él—, con los que le hubiera gustado relacionarse.

A fuerza de verse allí ya se saludaba con algunos, y poco a poco tuvo ocasión de trabar conversación con ellos.

18. *sindetikón:* marca de pegamento muy popular.

La ocasión de hablar la daban las paralelas durante los largos ratos de espera unos cerca de los otros, tratando de distinguir que número traía el tranvía que asomaba por lo alto de la cuesta de la calle de Carretas.

Otro lugar a propósito era cerca de los puestos de limpiabotas. En las horas de la tarde los limpiabotas no daban abasto a todos los parroquianos, y éstos, cansados de esperar, charlaban entre sí. Allí fue donde don Justo conoció a Galán.

Francisco Galán era un hombre alto, seco, de tez morena y semblante expresivo, uno de esos hombres muy movibles, muy activos, que inspiran confianza porque no dejan reflexionar y se apoderan de la voluntad por la rapidez de la acción. Iba vestido con cierta desaliñada elegancia que le daba aspecto de persona de buena situación.

Pronto se estableció una gran amistad entre ellos, y don Justo contó a su amigo la difícil situación en que se encontraba.

Lejos de esquivar su amistad, Galán le ofreció su protección.

—Si usted necesita algo no vacile en decírmelo.

—Yo desearía encontrar medios de conseguir un empleo, de trabajar.

—¡Qué duda cabe! Tiene usted méritos sobrados. Confíe en mí que yo lo protegeré. Con poco que usted tenga podremos empezar.

—Sólo me quedan tres mil pesetas que acabo de recibir de la venta de lo único que me quedaba en el pueblo.

—Hay bastante para empezar.

—Es que necesito gastar más de dos mil en desempeñar lo que tenemos empeñado en el Monte, y buscar un cuarto mejor que la miserable habitación donde ahora nos hemos refugiado.

Galán tomó un aire de suficiencia.

—Dios me libre, amigo don Justo, de tratar de intervenir en sus asuntos; pero yo creo que no debe usted malgastar en todo eso ni una sola peseta.

—¿Malgastar?

—¡Claro! Dinero al que no se le hace producir es malgastado.

—Pero usted no sabe lo que sucede en mi casa. Las mujeres y los chiquillos no entienden de negocios y me dan la tabarra con sus quejas y sus lamentaciones.

—Sí; pero los negocios son los negocios; no hay que darle vueltas. Con lo que le producen a usted esas pesetas podrá atender a todos esos pequeños compromisos y hasta crearse una fortuna.

—¿Una fortuna con tres mil pesetas?

—¡Ya lo creo! Si usted viera lo que puede producir un interés compuesto en las fabulosas ganancias de la industria de aprovechamientos. Yo he gastado mi fortuna en estudiar este asunto y no me pesa. Tengo la seguridad de volver a rehacerla, a triplicarla. Sólo me faltaba encontrar un hombre como usted para emprender el negocio. Con tener medios de aprovechar lo que se tira podemos hacernos millonarios… Me ha dicho usted que sabe química. El aprovechamiento de residuos es una mina que no está explotada. ¡Se desperdicia tanto! Ve usted esos cabellos de mujer que se tiran diariamente, pues sólo de ellos viven 30 fábricas en los alrededores de Berlín.

Don Justo lo escuchaba con la boca abierta.

—Aquí no se hace nada —prosiguió Galán—, todo tienen que traerlo hecho del extranjero. ¿No sería usted capaz de fabricar tintes, específicos, gelatinas y conservas como las que traen de allí?

—¿Qué duda cabe? Y mejores —respondió don Justo, entusiasmado y ya dentro del negocio.

—Con todo lo que nadie quiere —seguía Galán—, con

los desperdicios que se tiran... ¡qué cría de conejos y gallinas se puede tener!...

—¡Es cierto!

—Y usted sabe lo que renta una gallina! Una gallina pone quince huevos al mes. Con dos gallinas hay un huevo diario... De modo que con sesenta gallinas se vende una docena diaria... y no cuesta nada mantenerlas... y luego ellas mismas que se venden cuando se desponen... y los pollos... y las plumas... porque no se desperdicia nada.

Don Justo escuchaba deslumbrado.

—¿Pues y los conejos? —seguía Galán—. Esos se reproducen tanto que con un macho y una hembra se hace una fortuna... Si yo fuese gobernante compraría y vallaría grandes solares que se poblarían de conejos inmediatamente... Se acababa el problema del hambre.

—Eso tiene un inconveniente —decía don Justo—. Yo sé lo que son los conejos. Hacen agujeros tan profundos que se escapan por debajo de los cimientos sin que haya nadie que lo pueda evitar. Yo creo que si se empeñasen saldrían hasta por el otro hemisferio.

Galán quedó un poco desconcertado y al fin repuso:

—Esos que usted dice son conejos de monte... mala carne... dura... como liebres... Yo hablo de los conejos caseros...

—¿Y por qué no emprendemos el negocio? Si no se gasta nada en mantenerlos...

—Los terrenos, amigo mío, los terrenos. Ése es el inconveniente; pero todo se arreglará.

—¡Hay tantas industrias que explotar! Sólo el oro que llevan las aguas del Manzanares y que podía cogerse con un buen filtro, es una riqueza. Pienso hacer una sociedad al efecto.

—¿Y podría tomar yo parte en esas empresas con tan poco dinero?

219

—¡Natural! Las primeras materias cuestan poco... las acciones de mi empresa no son caras...

Don Justo empezaba a decidirse.

—Si quiere usted, Galán, podemos entrar en un café y hablaríamos mejor.

—Tendría mucho gusto; pero la verdad, no me atrevo sin que lo explore primero Severiano. Suele haber allí tanto sablista, que el entrar un hombre de mi posición constituye un peligro... todos saben mi generosidad... y me asedian. Más de una vez tengo que salir corriendo al ver aparecer un pedigüeño... no le extrañe a usted. Yo no sé decir que no... ¡Si llego a ser mujer! ¿Qué remedio me queda?

Se volvió, hizo una seña, y de la esquina de la calle de Carretas surgió un hombre alto, seco, de cabellos negros y rostro barbilampiño. Se adelantó andando encorvado, con el cuerpo torcido y las manos metidas en los bolsillos del pantalón.

—Severiano, explora si puedo entrar en el *Relámpago*.

Severiano se alejó y volvió al poco rato diciendo:

—Puede usted entrar.

—Quédate aquí, y si viene mi hermano a buscarme avísame.

Y los dos hombres entraron en el bar, sin que Justo sospechase de aquellas precauciones, que tenían por objeto no hallarse cara a cara con un acreedor o con un engañado furioso.

De ser más observador, hubiese visto una sonrisa de conmiseración en los labios del camarero que se acercó a servirlos y que parecía decir:

—¡Ya ha pescado este pillo a otro tonto!

Al mismo tiempo que preguntaba:

—¿Qué va a ser?

* * *

El cabo de vela colocado en la boca de la botella vacía que servía de candelero iluminaba la estancia.

Aquel bohardillón al que se llegaba casi gateando por el largo y estrecho corredor, perfumado por las emanaciones del retrete que servía de vanguardia a la mísera vivienda, se componía de una sola estancia, que habían dividido colocando en uno de los ángulos una falda vieja a guisa de cortina, donde estaban las camas de la joven y del chico separadas de la cama del matrimonio, debajo de la cual se guardaban la arqueta de la ropa, los líos de las ropas sucias, el tintero, la pluma y la enorme cartera que le servía al padre de mesa, colocada sobre las rodillas, cuando quería escribir.

Unos cajones con tablas servían de estantería para guardar los libros y los manuscritos de don Justo. El resto del mobiliario estaba compuesto por una mesilla de cocina, pequeña y desvencijada, dos sillas, algunos cacharros de cocina, y un cajón lleno de arena que servía de escupidera y que don Justo tenía siempre cerca.

Anita no era fea, delgada, alta, mórbida, su palidez era blancura y su anemia le daba un cutis fino, lleno de suavidades y de dulzura para los ojos. El hermoso y abundante cabello que tan pocas veces se trenzaba, formaba una selva virgen, encrespada con matices de oro cobrizo, que hacía aparecer enormemente grande la cabeza y más pequeño el rostro de facciones correctas, boca rosada y ojos claros, muy vagos y soñadores.

Bien vestida y bien cuidada Anita hubiese sido una mujer capaz de llamar la atención por su belleza; así y todo era agradable, daba la impresión de lo que podría ser cuidándola un poco, si bien ofrecía ya esa semejanza de las hijas bellas con las madres feas, que son como una amenaza para lo porvenir. Esas semejanzas en que las dos parecen decir: "Así era." "Así seré."

221

Participaba de las ilusiones de su padre al que veía volver cada noche lleno de una alegría nueva, de una esperanza reanimada en los estupendos negocios que podían hacerse en "este país" donde estaba "todo por hacer".

Sus nuevos amigos lo habían relacionado con una agencia importante, que sin pagar contribución se ocupaba de toda clase de negocios. La agencia de "Ramírez y Compañía", que se ocupaba de todo: testamentarías, cobro de créditos, dinero a rédito sobre sueldos e hipotecas, patentes de invención, protección a las industrias, negocios de minas, y de compra-venta.

La agencia tenía "ganchos" para proporcionarles los negocios, con el pretexto de eludir la terrible contribución que tendría que pagar si declarase sus negocios. Eran esos ganchos los que citaban a los clientes que aún no les inspiraban confianza, en aquella acera de la Puerta del Sol, donde se resolvían los más arduos proyectos, a no ser que el citado los pudiese convidar, en cuyo caso entraban en alguno de los cafés de la Puerta del Sol o en las más próximos, como el Bar Monopol o el Relámpago.

Sin embargo, a pesar de su optimismo, don Justo tenía que confesar que aún no se veían los resultados de su esfuerzo. Algunas pequeñas ganancias habían venido de vez en cuando a hacerle olvidar los gastos que le ocasionaban.

—En todo negocio es preciso esperar —le decía Galán— no llegan las ganancias el primer día. Siempre se necesita un pequeño capital de resistencia.

Él lo esperaba todo del Metropolitano. Constantemente se ocupaba de eso.

—Cuando el Metropolitano funcione[19] —decía a los ca-

19. El primer tramo del Metro de Madrid se inauguró en 1919 y correspondía al trayecto Puerta del Sol-Cuatro Caminos.

pitalistas que le confiaban sus intereses— se venderá cuanto se quiera.

* * *

La Puerta del Sol ha tenido siempre una relación con la hora. En los antiguos edificios, en los más antiguos, había siempre un reloj, desde que los relojes se inventaron. Uno de los primeros fue el de la Puerta del Sol.

El reloj de la Puerta del Sol con su gran bola descendente al dar las doce, es aun célebre en toda España y no hay paleto que al venir a Madrid no pase por la gran plaza para ver caer la bola, en la acera de enfrente al Ministerio de la Gobernación con los ojos y la boca muy abiertos, como el que espera un milagro[20].

No tiene este reloj la complicación del reloj de Berna donde se mueve un pueblo entero, pasa una procesión de osos y hasta canta un gallo; ni siquiera tiene lo pintoresco del viejo reloj de Medina del Campo con sus figuras que tocan la campana; pero tiene el prestigio de ser el reloj de la Puerta del Sol y con eso le basta para ser el reloj de los relojes, como ella es la Plaza de las Plazas, a pesar de esa maravillosa Plaza Mayor, invencible en belleza y en poesía.

Ahora en la Puerta del Sol se puede saber la hora que es en cada parte del mundo porque el Trust Joyero[21] ha colocado ese reloj de todo el mundo y que, sin embargo,

20. Este famoso reloj fue instalado en 1867, en el Ministerio de la Gobernación, hoy sede del Gobierno de la Comunidad de Madrid, edificio construído en 1768. Fue primero Casa de Correos, comunicada con la Casa de Postas, situada en la parte posterior. Hoy queda su recuerdo en los nombres de las calles del Correo y de Postas, que circundan el edificio.

21. El *Trust Joyero* era una famosa joyería, en la Puerta del Sol, fundada en 1901.

es típicamente nacional porque un toro da con los cuernos la hora embistiendo la campana.

Sin embargo el reloj que toma importancia en los grandes sucesos es el antiguo reloj de la bola. La última noche del año se puede decir que la que se celebra es la fiesta del reloj. Es en vano que embista el toro del reloj mundial, diciéndonos que hay gentes para los que ya empezó el año y otras para los que no empezará todavía. Los ojos de todos buscan el reloj que dejará caer su bola, como si de un formidable reloj de arena cayese en la eternidad el grano que marca un año en el tiempo. Es todo un año el que cae al caer la bola y un año nuevo, con su aurora de esperanzas y misterios, el que con ella se vuelve a levantar.

El pueblo de Madrid despide con alegría poco filosófica al tiempo que se fue y recibe con confianza el misterio que se anuncia. Las alegres pandillas de gente del pueblo pasan tocando guitarras, acordeones y panderetas y cantando los "couplets" de moda con voces más o menos destempladas. No es sólo alegría del pueblo, es alegría de la clase media, de señoritas que acuden con sus novios y sus mamás, familias enteras que llevan con ellos hasta los niños en pañales; modistas, criados, estudiantes... la algazara de Madrid, el pueblo más alegre y gritador del mundo, que parece despedir al año con una estrambótica cencerrada.

Las niñas llevan cestitas de uvas, se han conservado para esta fiesta muchos barriles de uvas. Salen doradas, transparentes, con esa cosa de vidrio que tienen las uvas, y limpias del polvo del aserrín se colocan en las cestitas, adornadas con una cinta rosa o azul, que hacen de la docena de uvas que es preciso engullir, una a cada campanada, un regalo elegante. Los hombres llevan botas y botellas de vino, que pone más bullicio aun en el conjunto de la multitud.

Al dar las doce todos los ojos están fijos en el reloj, se inicia el movimiento de cansancio, en esa misa pagana al empezar a descender la bola. Es preciso no descuidarse en cumplir ese rito que asegura la felicidad de todo el año. Algunos quedan tristes y desanimados por no haber podido tomarlas lo bastante deprisa y un temor vago y supersticioso se apodera de las almas. Es la verbena, la verdadera verbena, de la Puerta del Sol, verbena sin farolillos, porque le basta solo para engalanarse el prestigio de su reloj.

Un año la multitud esperó en vano; el reloj no dejó caer su bola. ¿Se había descompuesto? Parece que eso era lo lógico pero el pueblo echó la culpa a sus gobernantes y les achacó el hecho de amargar la alegría de todo un pueblo en fiesta. Éste era un crimen. Había sido como matarlos a todos... suspendiendo el tiempo y retardando la entrada del año.

Para don Justo y sus amigos aquello constituyó un atentado. Ellos tenían su propiedad en la Puerta del Sol y era una deslealtad aquello. Don Justo había llevado a toda su familia. Anita apenas podía andar con los zapatitos tan estrechos que compró para esa noche y el dolor de los pies le hacía subir el color de la cara. Recogía piropos al pasar por los grupos alegres, esos piropos pintorescos y poco respetuosos del pueblo de Madrid, que la hacían ruborizarse aun más, pero que le regocijaban en el fondo del corazón, haciéndole sentirse bella. Antoñito iba ya ronco de gritar y rendido de darle a la pandereta, mientras que doña Antonia se quejaba continuamente de los callos y del dolor de cabeza y lo criticaba todo.

En cuanto a don Justo se sentía feliz. Era como si fuese él quien recibía a sus invitados. Se sentía como un gran señor que tenía fiesta en su casa.

Así es que a pesar de las quejas de la mujer, y con gran

contentamiento de sus hijos, esperó a que *el salón* se quedase desierto; parecía que quería ver las sillas colocadas en su lugar. Respiraba con satisfacción el aire frío de aquella primera noche de enero. Todos habían comido sus uvas a tiempo, todos menos doña Antonia que seguía quejándose del frío. Anita volvía con disimulo la cabeza. Para ella empezaba bien el año. Dos jóvenes la iban siguiendo con un paso militar y acompasado a respetuosa distancia. ¿Sería un novio sacado de la Puerta del Sol?

En el momento que el sereno con el farol y el chuzo en la mano les abría el portal, los vio parados en la acera de enfrente. ¡Qué pena no tener un balcón que diera a la calle! Sentía una verdadera atracción hacia aquellos hombres entrevistos que quizás pertenecieran a la clase de *encerradores* de la Puerta del Sol que son unos jóvenes que siguen por costumbre todos los días a media docena de mujeres bonitas, hasta dejarlas encerradas en sus casas y no piensan en volver más bastándoles con saber dónde las encerraron.

* * *

Como hay días de días, de fiestas onomásticas, hay días de la Puerta del Sol. Además de la *Fiesta del reloj,* la noche de año nuevo, la Puerta del Sol tiene la noche de Reyes, esa noche en la que no se cierran los bazares y las tiendas de juguetes que los padres van a buscar en esa última noche de plazo, para la llegada de los Reyes Magos, porque no se han acordado antes y no se puede defraudar la esperanza de los niños que han puesto sus zapatitos en el balcón que duermen soñando con la visita de los orientales.

Pero ninguno de aquellos muñecos de bazar tenía la gracia de los juguetes de la Puerta del Sol; en ninguna

La Puerta del Sol a principios del Siglo (Foto *ABC*).

parte se encuentran esos muñecos ingeniosos, inefables, más que allí. Son los muñecos nacionales, los españoles por excelencia, los que se fabrican en casa, fruto de la fantasía de su inventor.

—¡Toribio que saca la lengua!

Un gallito que sube y baja pendiente de un elástico de bota antigua —aquellas *botitas* de elástico que casi han desaparecido—, monitos que saltan, aeroplanos que vuelan, ratoncitos que corren... Toda una serie de juguetes que es inútil buscar en ninguna otra parte, porque son como producto del gran árbol de Noel que es la Puerta del Sol.

Los días de procesiones solemnes pasan por la Puerta del Sol; ésta se engalana como cuando pasan las carrozas de la casa real. Una de estas procesiones es la del Corpus; que tiene más importancia por las mantillas blancas con claveles reventones, color de *sangre de toro* que lucen las mujeres que por el desfile de santos y autoridades, que se empequeñecen en la amplitud de la gran plaza. A él le parecía que en esas procesiones solemnes debían ir los reyes como van los alcaldes en las procesiones de los pueblos.

Fuera de estos días fijos había días de fiestas impensados, como los días de crisis, en los que la Puerta del Sol tiene algo del antiguo mentidero. En esos días se espera saber más pronto el resultado en la Puerta del Sol, que en la de Palacio o en el Congreso. La gente va a la Puerta del Sol a enterarse: se preguntan hasta los desconocidos, unos a otros, y el que la sepa no vacilará en decírselo a los demás; feliz por haber dado la noticia.

Además, allí se esperaban los periódicos que rivalizan en salir temprano y que llegan a la Puerta del Sol antes que a ninguna otra parte. Los chicos que salen al trote con las "manos" de papel bajo el brazo no se detendrán en su carrera aunque los llamen, van ciegos a la Puerta del Sol para gritar allí "¡El Heraldooo!"

Además el transparente de *La Correspondencia*[22] tiene ese día una atracción. Frente a él hacen su tribuna los directores de muchedumbre, esos que hablan mucho en público en voz alta, y siguen los acontecimientos desde aquella esquina, sin que por eso dejen de tomar un aire misterioso de hombres bien informados por conductos autorizados y secretos.

Los días en que se juega la Lotería Nacional ejercen una influencia también sobre ella. Esos días el comerciante está allí desde muy temprano. A eso de las once de la mañana sale *el gordo,* y sin saber por qué se le considera como a un fetiche que puede ejercer su influencia en las demás cosas. Un dios que viene a visitar la ciudad. Se nota en la Puerta del Sol más animación que de ordinario; los comerciantes se sienten más optimistas. ¡Quién sabe si ese día harán mejores negocios, si a ellos también no les tendrá la suerte guardado su *gordo*! Es optimista pensar en la suerte de la lotería, que puede enriquecer a uno en un momento.

* * *

Por la Puerta del Sol pasa todo lo que hay de notable; se considera como el sitio obligado de todos los espectáculos oficiales. Por allí pasan los reyes para ir a abrir las Cortes —salvo excepciones contadas—, por allí transitan

---

22. *La Correspondencia de España,* periódico madrileño que, desde 1859 y durante toda la segunda mitad del siglo XIX, fue el de mayor tirada nacional. *Transparente,* puede ser "cortina que dispone de un mecanismo que la mantiene tirante", pero aquí, "letrero colocado delante de una luz para que por transparencia se lea lo escrito en él". (Véase María Moliner, *Dicc. de uso del español.)*

los embajadores que van a presentar credenciales, las princesas que vienen a desposarse y los reyes que nos visitan.

Entradas de un ejército triunfante, actos de grandes exhibiciones, todo tiene que tener lugar en la Puerta del Sol. Es incalculable el dinero que se ha gastado en festejos en ese lugar; arcos triunfales, columnatas, colgaduras, iluminaciones y banderas. Hoy sólo los entierros de gran lujo pasan por la Puerta del Sol; ya no la cruzan aquellos míseros que conducía la *Cofradía del Consuelo,* encargada de dar sepultura a los muertos pobres, llevando el ataúd encima de unas angarillas, y delante el mismo estandarte de hule negro que se usaba para los ajusticiados en garrote. Hoy es un honor de muertos ilustres, de esos a los que se les conceden honores por decreto, y cuyos entierros, seguidos de muchos coches llenos de gentes indiferentes, se detienen delante del teatro Español, o delante del Ateneo o de las Academias. Se necesita ser ilustre para pasar después de muerto por la Puerta del Sol.

Se evita que pase por ella lo desagradable: Las cuerdas de presos..., los entierros pobres... hasta las *recogidas* de noche del *Gobierno civil* pasan tarde o dan un rodeo. En la Puerta del Sol se han prohibido las castañeras.

* * *

Aquella noche habían acabado tristemente la cena, un potaje de lentejas con unos mendrugos de pan que doña Antonia había rebuscado en la cesta, donde los guardaba revuelto con las patatas y las cebollas.

Don Justo veía con miedo que se aproximaba la hora de pedirle dinero para la compra del día siguiente, sin tener un solo céntimo.

229

—Es raro... no ha venido ninguno de mis corredores —dijo por decir algo.

—Ni vendrán —repuso doña Antonia—. Sólo son puntuales cuando se trata de venir por género o por dinero.

—No digas eso, Antonia, ya has visto como todos cumplen bien.

—Menos el que no. No hace tanto que le diste dinero a Robustiano para comprar los ingredientes necesarios para hacer los polvos de clarificar vinos y no ha vuelto a aparecer...

—Cierto... se valió de aquellas pesetas para desempeñar su gabán. Está mal hecho pero es muy humano.

—Y ahora te están sacando el dinero para fabricar la gelatina pura de pie de cerdo... y lo crees. Buenos banquetes se estará dando a tu costa el señor Galán.

—Mujer, me apuras la paciencia y no sabes lo que te dices. Si tú vieras la casa del señor Galán no pensarías eso. Además está por medio la agencia de Ramírez y Compañía, una gran casa donde se desarrollan negocios importantes.

Como siempre que no tenían un céntimo, Justo deslumbró a su mujer con el relato de grandezas de sus amigos y consocios. Allí se daba dinero a rédito sobre sueldos e hipotecas, se cobraban créditos y deudas dejados por imposibles, se sacaban patentes de invención, se daban informes, se buscaban colocaciones. Era cierto que había que proceder con cuidado para evitar pagar contribución y no se podían anunciar; estando obligados a reunirse en medio de la Puerta del Sol o en los cafés; pero los negocios afluían y todos llevaban sus iniciativas a Ramírez y Compañía. La agencia tenía letrados que asesoraban a los clientes y se encargaban de todos los asuntos jurídicos y contaban con gentes de grandes influencias capaces de conseguir las cosas más difíciles. No eran aquellas agencias casas de timos como decían los mal intencionados. Ramírez y Compañía era una sociedad importante de "Defensa Mercantil". Los que buscaban dinero acudían allí y se suscribían a la sociedad, por la módica suma de dos pesetas cincuenta, al mes, lo que les daba derecho a que se les facilitase conocimiento con los usureros que daban préstamos por mediación de la agencia.

El aspecto de la casa era serio, sobre cada puerta de las que daban a la sala de espera o a lo largo del pasillo se leían pomposos letreros "Caja", "Dirección", "Letrados", "Sala de espera", "Secretaría".

Verdad es que ningún cliente pasaba de la "Secretaría" y no podía ver que la "Dirección" era la alcoba, la "Caja" el comedor y el gabinete de los "Letrados" el pasillo que conducía a la cocina.

Ni don Justo, que entraba en la casa con cierta confianza, gracias a su amistad con Galán había penetrado en aquellas estancias. Ahora iban a emprender dos magníficos negocios grandes, además de la venta en proyecto de algunas minas. La sociedad para extraer el oro del agua del Manzanares, y la busca de Sevillanos, herederos de la opulenta duquesa que quisiesen reclamar sus derechos. No contentos con poner anuncios en todos los periódicos "Se ruega que se presenten Sevillanos" los amigos recorrían cafés, posadas y pueblecillos cercanos buscando a todos los que tenían ese apellido. Galán los convencía de la realidad a los que ignoraban que tenían parentesco con la difunta duquesa y les hacía firmar un documento cediendo una parte de su futura herencia después de conseguida. Nadie podía sospechar de un hombre que sólo pedía a cada heredero cinco pesetas y que nada iba a cobrar hasta solucionar el negocio. Eran ya miles de Sevillanos los que había coleccionado y por lo tanto miles de duros los embolsados.

—Está claro el derecho —decía don Justo— y figúrate tú qué millonada; el día que se cobre empezamos la explotación del Manzanares.

—Pero entre tanto...

—Siempre tu impaciencia, mujer.

—Es que no tenemos para comer mañana.

Estas palabras volvieron al pobre hombre a la realidad.

—Caramba, eso es verdad... Yo esperaba hoy alguno de mis corredores. Ya es que no estoy parado.

En efecto esperando el desarrollo de las grandes empresas y mientras buscaba Sevillanos y gentes necesitadas que llevar a los prestamistas, don Justo había emprendido una multitud de aquellas industrias que explotaban los negociantes de la Puerta del Sol.

Con hojas de acacia que le recogía Severiano y otros ingredientes había compuesto un específico para curar los sabañones, del que pensaba sacar patente.

Hacía además emplastos para las mataduras[23] de las caballerías, polvos para clarificar vinos, jarabe para curar la diabetes, ungüento para cicatrizar heridas, tintas de todas clases, una famosas bolitas para limpiar los ojos, quitando las motas y el polvo que se hubiese introducido en los párpados.

—Ya ves, Antonia, que con todo esto es imposible dejar de triunfar.

Como si quisieran darle la razón sonaron unos golpecitos en la puerta. El chicuelo acudió a abrir y apareció un hombre alto, derrotado, con el cabello hirsuto, medio desnudo, con el pie fuera de la bota, que llegó tambaleándose cerca de la mesilla.

—Buenas noches, don Justo y la compañía.

---

23. *mataduras:* heridas en las caballerías, por rozadura del aparejo *(DRAE)*.

—¿Trae usted algo? —preguntó don Justo ansioso, después de contestar al saludo.

No, no traía nada; la tinta estaba demasiado clara... era menester hacer otra nueva. Aquélla la había tenido que dejar gratis para no perder la clientela. Eso no significa nada, tenía un gran negocio, un pedido de tinte azul para las fábricas de paños de Bejar.

Don Justo disimuló su mal humor. Nemesio era un buen hombre, aquel vicio de la bebida lo perdía, no era la ocasión de decirle nada, estaba tan borracho que parecía que se había bebido la tinta, sería menester proceder con más prudencia en adelante.

No había acabado de salir Nemesio cuando apareció otro hombre alto, barbudo, con una cara de Cristo martirizado y macilento, con una gran caja de cartón, en cuya tapa se leía en letras gordas "Sabañones. Se curan en 24 horas".

Un relámpago de alegría iluminó el rostro de don Justo; éste sí que era un muchacho formal y juiciosito. Había sido sacristán en un convento de monjas y era muy aficionado a la literatura, tanto que había escrito un soneto hermosísimo destinado a cantar las glorias de un español ilustre, y con una hábil combinación de consonantes lo variaba para poderlo dedicar a todos los que han sobresalido por su talento en las diversas ramas del arte o del saber. Aquel soneto era una mina porque lo iba ofreciendo a todos los descendientes de hombres ilustres, que conmovidos por la lisonja, no vacilaban en abrir la bolsa y sufrir el sablazo que seguía a la lectura de aquellos renglones que lo mismo exaltaban la figura cruel de González Bravo[24], que los nombres de Echegaray, Núñez de Arce o

24. Luis González Bravo (1811-1871), político liberal, fue jefe del gobierno entre 1843-1844 y en 1868.

Benot[25]. Era un hombre rubizco[26] cuya barba y cabellos toscos y encrespados tenían algo de cepillo viejo y entre aquel monte de pelos cerdosos[27] del bigote y la barba que le cubrían la boca, sin dejar ver los labios, se descubrían al hablar unos dientes largos grandes, con tono de dátiles maduros, que armonizaban con el conjunto del rostro inmóvil, largo y los ojos sanguinolentos. Mejor vestido que el anterior no iba por eso menos sucio. Las solapas caídas iban lo mismo que el cuello, el sombrero y el chaleco llenos de manchas y residuos.

—Siéntese, amigo mío, siéntese —dijo complacido don Justo presentándole la silla.

Andrés con el aspecto humilde de sacristán que conservaba, tomó con timidez la silla que se le ofrecía y se sentó, permaneciendo con la caja y el sombrero en la mano.

—A ver, a ver —repitió don Justo impaciente—. ¿Qué se ha vendido?

—Toda la remesa —repuso el otro con voz pausada, dejando deslizar las palabras sílaba a sílaba.

—A ver, Antonia, saca de debajo de la cama mi carpeta y trae el tintero... Por fortuna tenemos bayas e ingredientes y se pueden fabricar más.

—Sí, señor, hay pedido y se venderán admirablemente. Sólo en la Guindalera me han encomendado cien botes.

Así hablando colocó sobre la mesa la caja abierta, cuyo fondo vacío miraban todos con satisfacción. Doña Antonia empezaba a pensar que tenía razón su marido y que les aguardaba aún una vida de opulencia. Dándose bien aquellos negocios era tremendo, cada duro producía cincuenta pesetas de ganancia.

---

25. Eduardo Benot (1822-1907), ministro de Fomento durante la I República, en el gobierno de Pí y Margall.
26. *rubizco:* despectivo de rubio.
27. *cerdoso:* "parecido a las cerdas por su aspereza" *(DRAE).*

Conociendo el buen efecto causado a su familia, lo que no era su menor triunfo, don Justo puso la cartera sobre las rodillas, se caló los anteojos y dijo procurando disimular su satisfacción:

—¿Conque casi todo se ha despachado?... Bueno... Bien... prepararemos la otra remesa.

—¿Y cómo están mi señora doña Antonia y la señorita Anita?

—Muy bien —contestó doña Antonia satisfecha de la finura.

—Traigo un tomito de la Biblioteca Clásica que gustará a la señorita. *Romeo y Julieta.* Siento haber venido tarde para saludarla. Harán el favor de dárselo— así diciendo puso su grasiento librito sobre la caja—. Verdaderamente he venido muy tarde y es hora de descansar. Ya volveré por la nueva remesa.

—Pero ¿y el dinero de la venta? —preguntó don Justo interrumpiendo sus cálculos y tendiendo hacia Andrés su cabeza de viejo león.

—¿El dinero?... Le diré —repuso Andrés con su imperturbable calma— en confianza, lo que me ha sucedido, a mí me gusta mucho el pan, no lo puedo remediar... pues bien, el otro día comiendo en casa dice mi padre: "Hijo, eres caro de mantener por el pan; si estuvieras en otra parte no comerías tanto pan." Yo digo: "Pues padre será que darán cosa de más fuerza." Y entonces dice mi padre: "Hijo, si no estás conforme con la comida de aquí te vas." Yo dije: "Pues me iré." Y me marché al colegio de las Madres donde me habían ofrecido una plaza de pasante.

Don Justo se había calado los anteojos y miraba ansioso de comprender a dónde iba a parar aquel relato.

—¿Qué quiere decir todo eso? ¿eh? ¿eh? ¿Y el dinero? ¿eh? ¿eh?

—Como sólo me dan tres duros... y como uno tiene necesidades —siguió el otro imperturbable con su aire modesto, su mirada baja, dando vueltas al sombrero entre las manos— he dispuesto del dinero de la venta de los sabañones.

—No entiendo. ¿Qué dice usted? No entiendo —exclamó don Justo levantándose con violencia.

—Quiero decir que he dispuesto del importe de la venta de los sabañones —siguió el otro imperturbable.

La cólera ahogaba la voz de don Justo; quería hablar y balbuceaba.

—¿De manera que ha dispuesto usted del dinero?... Del dinero que no es suyo. ¿Y sabe usted como se llama quien dispone de lo ajeno?

—Perdóneme usted don Justo. Yo no he tomado nada que no fuese mío.

—¡Cómo!

—No he hecho más que cobrarme de mi comisión de venta que descontaremos en las remesas sucesivas...

—¿Pero qué está usted diciendo? —exclamó el pobre señor—. ¿Con qué voy a hacer nueva remesa? ¿Con qué doy de comer mañana a mi familia?

—Es que yo no podía suponer que un señor como usted...

—Pues sí, señor, sí; un señor como yo no tiene hoy una perra y es preciso que me traiga hoy mismo, en el acto, cinco pesetas... porque si no... —Se adelantaba amenazador, con la atochera de sus cabellos encrespada y las manos trémulas.

El otro no se alteró.

—Si usted tiene a bien decirme de dónde las he de sacar se las traeré.

Haciendo un saludo ceremonioso ganó la puerta y desapareció.

—¡Pillo! ¡Pillo! —gritó don Justo queriendo lanzarse detrás de él.

—Justo, por Dios.

—Papá.

Todos se precipitaron a detenerlo. Aquella muestra de cariño de la pobre familia cambió la cólera en dolor y rompió a llorar.

—No te aflijas, Justo —exclamó la pobre mujer olvidando su penuria— todavía queda algo que empeñar. Ya iremos saliendo. ¡Quién había de pensar esto de un hombre tan fino!

* * *

La situación de don Justo había mejorado algo, gracias al crédito que iba teniendo entre sus consocios por su actividad para buscar los negocios y las iniciativas que ofrecía constantemente. Aquellos explotadores conocían que les convenía explotarlo de una manera diferente y así estaban obligados a darle una parte de sus ganancias.

Sin darse cuenta don Justo iba siendo un verdadero negociante de aquellos típicos negociantes de la Puerta del Sol. Empezaba ya a ver el fondo oscuro de los negocios sin asustarse de ellos, se inmoralizaba hasta el punto de contribuir al engaño de otros, aunque siempre en cosas que le parecían de poca importancia, como llevar a un cliente a conseguir un préstamo firmando triple de la cantidad recibida; proporcionando a las pensionistas dinero a peseta por duro al mes, sin amortizar; convenciendo a muchos para que hiciesen seguros sobre la vida y sobre fincas, en sociedades insolventes, cuyos médicos fingidos aseguraban cancerosos y tísicos en último grado, cobrando fuertes sumas de las familias cuya ambición había de quedar chasqueada.

237

Intervenía también en el ramo que la Agencia tenía destinado a colocaciones, cobrando primas para colocar dependientes y criados que a los pocos días estaban de nuevo en la calle, y amas de cría, entre las que las había de "profesión" ofreciendo como fresca la leche con que habían criado tres o cuatro muchachos.

Había aprendido ya de Galán la habilidad para elegir los cafés según el asunto de que iba a tratar, en lo que estribaba una gran parte de su éxito.

Al *Café de Correos*[28] iba sólo alguna que otra vez, cuando quería descansar, y se distraía presenciando las intrigas de las niñas que acudían a las citas para ver a los viejos. Le parecía poco propicio, siempre cerrado y lóbrego.

El *Café de Lisboa* era su preferido. Gustaba de él para llevar a su familia, parecía que se facilitaba el salir y el entrar aquella doble salida a la Puerta del Sol y al Bazar de la Unión. Era el café para los negocios claros, y tenía la ventaja de poder entrar de un modo optimista en el planteamiento del negocio contando la historia del café. Se creía como artículo de fe en aquella historia del pastor al que le tocó la lotería —casi todas las cosas buenas les suelen pasar a los pastores— en aquel tiempo en que había quinas, ambos, cuartos, ternos[29] y doscientos mil líos. Al pastor[30] le tocaron nada menos que el primero, el segun-

---

28. Los cafés citados en los textos que siguen, estaban situados en la Puerta del Sol o en las inmediaciones: *Café de Candelas,* en la calle de Alcalá; el *Pombo,* en la de Carretas; el *Nuevo Café de Levante,* en la de Arenal. Fueron famosas las tertulias que se reunían en estos establecimientos. La del *Pombo* fue inmortalizada por la pluma de Ramón Gómez de la Serna y por la paleta de José Gutiérrez Solana.

29. *quinas, ambos, cuartos, ternos:* nombres que recibían algunos de los premios o suertes en la antigua lotería de cartones.

30. Se refiere a don Santiago Alonso Cordero, propietario de la famosa "Casa de Cordero", construída donde estuvo el convento de San Felipe el

do, el tercero, el cuarto y el quinto premio y todos por duplicado. El rey no le pudo pagar y le concedió aquella manzana de casas, además del pago que le haría el Tesoro en distintos plazos, pues se dio el caso de no haber dinero en España para pagarle. Después de esta introducción, de esa evocación de dinero y suerte, se sentía con confianza para lanzarse a cualquier negocio.

El *Café de Puerto Rico* llevaba en su nombre algo de lejano que le hacía más propicio para plantear los negocios con América o con las provincias.

El *Nuevo Levante* le gustaba para los negocios difíciles. Se prestaba más, tenía más fondo, y el saloncillo central con *Panaux* negros, que le da cierto aspecto de sala de los milagros, donde los negocios se tramitan muy bien. Tenía la ventaja, además, de que allí daban bien de comer, sobre todo unas perdices escabechadas y un vinillo de la tierra estupendos para acabar de realizar un negocio.

Para negocios más secretos era preferible el *Café Universal*, lleno de medallas de oro en la portada, café que daba confianza en los negocios en que hay que emplear dinero y que para el negocio silencioso tiene un cuartito completamente escondido, especie de sacristía del café, con puerta al portal de la Puerta del Sol y donde el negocio más peligroso puede ser realizado sin que se oiga una palabra.

El *Café de la Montaña* era el café a propósito para cazar *santanderinos* y *bilbaínos* ricos, que han venido a sustituir en la fama a los mejicanos y con las mujeres a los príncipes rusos. Aquellos grandes capitalistas, mineros y fabri-

---

Real, entre el Ministerio de la Gobernación (hoy sede del Gobierno de la Comunidad de Madrid), limitado por la calle del Correo y la calle Mayor. En el mismo edificio estaba el popular Bazar de la Unión.

cantes a los que lo mismo les da perder mil duros en un negocio que ganarlos, con tal de tentar a la fortuna y no tener el dinero parado. Era como hablar en las tierras honradas de la montaña tratar allí un negocio.

Para el *Café Candelas* se necesitaba gran tacto. Café servido por camareras, predisponía bien y regocijaba a los grandes paletos o a los ricachos burdos y mujeriegos, que pierden parte de su raciocinio escaso cuando las camareras los rozan, al servirlos, con sus enormes bustos. A los hombres serios y de mal humor, a los que sólo tienen quinientas pesetillas disponibles, no se les debe llevar allí, porque se irritan y desconfían como de un juerguista del que les propone el negocio. En cambio es excelente para que los que necesitan dinero no discutan las condiciones excesivas del crédito.

Aunque un poco al margen tenía los refugios de *Pombo*, el *Colonial* y hasta la *Mayorquina* y el nuevo *Bar Sol*. Porque era preciso refugiarse de pronto en un café, bien para no perder a un cliente que se niega a ir dos pasos más allá, o bien para hacer perder la pista a alguno que no le convenía que lo viera. El *Colonial* era el buen café para los negocios ayudados por saludar a mucha gente, porque aun abundando los del hampa se puede *saludar mucho* allí, y ese es un elemento importante en los negocios, porque parece una garantía de ser conocido y de tener crédito.

En *Pombo* se encontraba mal; café de artistas, aristocrático por sus recuerdos, solitario por la noche y frecuentado por buenos y sanos burgueses por la tarde, tenía algo demasiado clásico y digno en su ambiente para prestarse a sus amaños.

A la *Mayorquina* iban sólo para casos excepcionales, al saloncillo del interior, y en el *Bar Sol* les prestaba buenos servicios aquel salón del piso alto, donde daban cenas económicas, durante las cuales se veía toda la Puerta del

Sol, y eso daba el optimismo que deben tener los negocios y decidía a las gentes a soltar mejor la *pastizara*[31].

Así podían valerse de todos los teléfonos de estos cafés, que usaban en los momentos necesarios, jugando con claves conocidas. Se habían mandado hacer tarjetas con el número del teléfono de los cafés.

* * *

Don Justo veía ya la mala fe de los vendedores, engañando al público con drogas que carecían de las virtudes que ellos les atribuían.

El hombre de los perros lograba hacerle reír por la habilidad con que transformaba a un perro de baja estofa, dándole toda la apariencia de un perro de raza y falsificando su "pedigree" para hacerlo descendiente de una ilustre familia de canes.

Un día le dio cuenta a Galán de sus observaciones.

—La cría del perro — le dijo éste— es de las más lucrativas. La emprenderemos junto con la de los conejos y gallinas.

Luis de Val, el gran novelista —decía un señor acostumbrado a novelones como la *Hija del Jornalero* y *Doscientas puñaladas en el corazón*[32]—, a pesar de darle tanto sus novelas por entregas se dedica a la cría del perro en un hotelito de Barcelona, que ladra hasta por la chimenea.

—¿Pero es posible?

—Ciertamente. No hay que desdeñar la cría del perro; produce mucho; pero hay que estar bien enterado de ese asunto: razas, cruzamientos, falsificaciones... En sabien-

---

31. *pastizara:* (coloq.) dinero.
32. Títulos de novelas por entregas, de mediados del siglo XIX. El título completo de la primera es *María o La hija de un jornalero* de W. Ayguals de Izco, publicada entre 1845 y 1846.

do conducir el negocio da una burrada de dinero..., una millonada.

El caso era vivir y todos vivían. Un vendedor de gomas para los paraguas había logrado hacer con esta industria una pequeña fortuna. Había otro que labraba toscamente juguetes de madera, que conseguía tales ganancias que lo veía entrar todos los días a comer en el Colonial, haciendo sus "menús" con gran refinamiento en la elección de platos, que luego engullía de un modo curioso de manera que a veces, viéndole comer los riñones salteados, parecía que se le iba a clavar la aguja en la garganta, por como le daba la vuelta, introduciéndola toda de una vez en la boca[33].

El centro de operaciones de todos seguía siendo la Puerta del Sol. De vez en cuando aparecía Galán, siempre precedido de Severiano, que exploraba el terreno, para que no encontrase quien le pudiera molestar.

Se daba cuenta Justo de la habilidad de Galán para encontrar clientes o capitalistas en las paralelas o en aquellos puestos de limpiabotas en donde lo conoció a él. Había en aquello una gran psicología, que escoge para hacer hablar el momento de aburrimiento, de inacción, en esa larga espera, cuando se encuentran confundidos con todos. No menos finura de percepción había en la elección de sitio. La mayoría del público de los limpiabotas lo constituían los grandes provincianos, los hombres relucientes, fastuosos, que vienen a Madrid con el bolsillo lleno de dinero y reventando de orgullo y de presunción. Aquellos hombres fastuosos, de gran puro y facha de conquistadores eran las víctimas predilectas de Galán, que los iba cazando como moscas para vivir una temporada a cos-

---

33. Se refiere al modo de colocar los trozos de carne, en este caso riñones, para cocinarlos y luego servirlos al comensal: ensartados en un largo pincho.

ta de ellos, bien divirtiéndolos o bien interesándolos en el comercio, según el carácter de cada uno, hasta que la mayoría de ellos recurrían a Ramírez y C.ª para irse.

* * *

Con el mayor bienestar económico había mayor paz en la casa. Doña Antonia empezaba a tener fe en su marido y a respetar sus negocios. Antoñito iba al colegio y Anita se ocupaba en limpiar sus vestidos y los deseados zapatitos descotados, que la obligaban a estar siempre esclava de las medias.

Ahora su padre las llevaba de noche a la tertulia al Café de Lisboa. Aquel café era el encanto de las dos mujeres, a las que los contertulios solían hacer algún regalo.

El regalo solía ser también de la Puerta del Sol. Una cajita o un paquete de caramelos de *La pajarita*[34].

—La Puerta del Sol es un mundo en pequeño —decía don Justo—. En ella se encuentra todo: hasta el único estanco que no se cierra de noche.

Miraba enternecido aquel paquete de caramelos. Era enternecedora *La pajarita*, la tiendecita tan pequeña, tan infantil con su nombre y con su geroglífico en la puerta, que sólo se veía cuando estaba cerrada. Había escrito su dirección con el signo musical *La*, y el nombre con la *pajarita* de papel, para que fuese más pajarita que una pajarita de carne, y después una *puerta* y un *sol* a los que seguía el número.

Era inefable: sus dulces, sus bombones y sus pastillas perfumadas resultaban así como más dulces y más acara-

34. *La Pajarita*, famosa confitería, fundada en 1852, popular por su decoración y envoltorios y por la calidad de sus productos. Hoy todavía se mantiene en plena actividad y vende los mismos dulces que la hicieron célebre.

243

meladas, por eso era de allí de donde los llevaban al Congreso, para que los diputados galantes obsequiasen a las damas que iban a contemplarlos desde la tribuna de la presidencia.

Le gustaba pasear por aquella acera y mirar al interior de *La pajarita*. El aire estaba aromado con las perfumerías, y a cada vuelta se detenía con cierto respeto en las losas donde cayó muerto Canalejas[35]. Aquel asesinato manchaba la Puerta del Sol, como la había manchado el arrastrar a Riego[36] por allí mismo. Y de este asesinato no se había lavado aún. Él hubiera querido que existiese allí algo que recordara el gran hombre muerto a los que pasaban indiferentes, algo como esas cruces que se ponen en los caminos en el lugar donde muere alguno y a cuyo pie todos los viajeros arrojan una piedra. Le parecía que la luna del escaparate de la librería de San Martín debía tener perpetuamente el agujero de una bala y un letrero, a manera de epitafio, para conmemorar el triste suceso.

Mientras él pensaba todo eso, los labios golosos y húmedos de la muchacha acariciaban un bombón, y Antoñito insistía, dándole golpes por debajo de la mesa, en que le diese más sin que los viera la madre, que por no endulzarse no quería tomar caramelos.

Don Justo no pagaba jamás el consumo y todas las noches eran escoltadas hasta su casa por algún apasionado. Pero nada pasaba de ahí. Ningún compromiso serio, ni una declaración formal. Doña Antonia empezó a pensar

35. José Canalejas, presidente del Gobierno, fue asesinado de un disparo el 12 de noviembre de 1912, delante de la librería de San Martín, cerca de la calle de Carretas. Una lápida recuerda el acontecimiento.
36. Rafael de Riego (1785-1823), militar y político liberal, se sublevó al frente de su batallón a favor de la Constitución de 1812. Murió ejecutado. El himno de su batallón —himno de Riego— fue convertido en himno oficial de la II República.

con inquietud qué sería de la suerte de Anita si no se casaba y empezaba a molestar a su marido incitándolo a realizar sus magníficas empresas a fin de que su hija tuviese dote.

Algunas noches Galán hacía su aparición en el café. Solía dirigirse a uno de los extremos donde había un hombre grueso, moreno, coloradote, de amplio abdomen y boca grande; vestido con un traje de pana negra, en la que lucían la blancura de la camisa y la doble cadena de oro de su reloj, llena de dijes[37] que acariciaba con una mano chata y morena en la que brillaban los aros de oro con grandes solitarios. Después de conversar un momento Galán venía a saludar a don Justo y a las señoras y solía llevarse a éste aparte para hacerle alguna confidencia o darle algún encargo.

* * *

Después de esto se retiraba satisfecho a su casa, más optimista cada vez, para ir al día siguiente a continuar sus negocios y departir con su amigo don Diego, agotando el tema de cuanto se refería a su querida Puerta del Sol.

Don Diego se indignaba de todas aquellas obras modernas de la Puerta del Sol:

—La están afeando cada día más —exclamaba—; es inicuo haber hecho esos subterráneos con techo de cristal en medio de esta plaza. No era digna de convertirla *en eso*[38] con la historia que ella tiene.

Estaba tan enterado de *su* Puerta del Sol, que era como

37. *dijes:* pequeñas alhajas, podían ser relicarios, que generalmente colgaban de una cadena.

38. Alude a los urinarios subterráneos que construyeron en la segunda década de nuestro siglo y que causaron gran entusiasmo entre el público por su amplitud y modernidad.

si viviese en ella centenares de años y la hubiese conocido en su forma primitiva. Algo semejante a esos antiguos conserjes que quedan en los edificios ruinosos para contar su historia a los visitantes.

—Esto no conserva ya nada de su antiguo carácter —decía con pena, como si lamentase que la plaza central de España no fuese ya la inmunda barriada de casas chatas, obscuras, húmedas y malolientes que había sido en la mitad del siglo XVIII. Se diría que experimentaba la nostalgia de aquel Madrid que no se barría todos los días, formado por callejones sucios, entre tapias de conventos, por donde transitaban cerdos y gallinas y los vecinos sacaban las inmundicias, que recogían los carros de seis a ocho de la mañana.

Paseando con su amigo hacía la reconstrucción.

—Todo eran casitas pequeñas, de dos pisos sólo, ¡tan graciosas!, con uno o dos balcones en cada piso. Baste decir que en este lugar que hoy ocupa el Ministerio de la Gobernación había treinta y dos casas...

Luego iba marcando los lugares.

—Aquí estaba la callejuela del cofre[39] y entre las calles Mayor y del Arenal estaban las casas de mujeres que ahora esperan de noche en ese mismo sitio sin necesidad de casa.

En sus balcones había siempre colgados como muestra, mantones, enaguas y medias de rayas de colores. Fue Carlos I el que echó de aquí a esas *palomas* menos pintorescas que las de la plaza de San Marcos. Por cierto amigo mío que verá usted qué poco vuelan por el centro de nuestra Puerta del Sol; les impone cierto respeto.

—Es verdad.

---

39. Se refiere a la calle, o callejón, de Cofreros, vulgarmente conocida como del Cofre.

—¡Es mucha puerta Puerta del Sol ésta! Aquí estuvieron el hospital y la iglesia del Buen Suceso —seguía, señalando entre las calles de Alcalá y Carrera de San Jerónimo— y ahí, donde se abren la calle de Espoz y Mina estaba la lonja del convento de la Victoria[40].

—¿Y las gradas de San Felipe?

—¡Ah! *El Mentidero.* El convento de San Felipe el Real[41] que tenía esas célebres gradas se extendía en el sitio que ocupa hoy la calle del Correo, llamada así porque el Ministerio de la Gobernación se hizo entonces para *Casa de Correos.* No me diga usted que a pesar de los defectos de las época no sería entonces bella también esta plaza.

—¿Y por qué se llamó Puerta del Sol[42]?

—Eso es más antiguo. En tiempos de las Comunidades de Castilla, fue transformada en castillo esta puerta y sobre ella se pintó un sol, sin duda porque miraba a oriente.

Escuchando estas descripciones don Justo olvidaba sus asuntos y experimentaba la satisfacción del hombre a quien le muestran su árbol genealógico lleno de brillantez. Se sentía como elevado en su alcurnia.

El otro le seguía contando las transformaciones.

40. El Convento e Iglesia de Nuestra Señora de la Victoria fue fundado en 1561. Se veneraba allí la imagen de Nuestra Señora de la Soledad, luego trasladada a San Isidro. Era famoso como lugar de reunión y así es citado en algunas obras de teatro del s. XVII.

41. Fundado en 1547 en el lugar que luego ocuparon la Casa de Cordero y el Bazar de la Unión (véase nota 30), el convento de San Felipe se hizo popular por la lonja alta que tenía delante, en cuyas célebres gradas surgió el famoso "Mentidero", cuna de rumores, patrañas, intrigas y negocios más o menos oscuros, de presencia casi constante en la literatura del s. XVII, localizada en Madrid.

42. Hay distintas teorías que intentan explicar el origen de esta toponimia. La más extendida viene a coincidir con la presentada aquí. (Véase Juan Gómez Renovales, "La Puerta del Sol. El porqué de su nombre", *Mundo Gráfico,* 30-X-1929, núm. 939.)

—En el primer cuarto de siglo pasado, contaba mi abuelo, que alcanzó a verlo, que todavía eran las casas mezquinas, pobres y sin simetría. Casi todos los pisos bajos eran tabernas y figones, donde venía el pueblo y los soldados los días de fiesta, y se armaban broncas y jolgorios.

—Naturalmente que todo esto la hacía más popular.

—Además era el mercado de todo. En las casas de soportales tenían las tiendas los comerciantes de cáñamo y los beloneros con sus grandes belones[43] de cobre colgados en los puestos. El comercio ha sido siempre cosa de este lugar; alrededor de las posadas, tiendas y tabernas había cajones de carne y de baratijas, sin contar con los ambulantes, que siempre, como ahora, han encontrado aquí un tesoro. Luego, ya en mi tiempo todo se ha ido cambiando. Los industriales han llenado de tiendas todo esto, porque saben que es el lugar para hacerse ricos. En las plantas bajas seguían los cafés y las tabernas, en los portales había memorialistas[44] y zapateros y exhibían sus muestras dentistas y callistas con dentaduras postizas dentro de cajas de cristal y los callos clavados en fondos de balleta[45]. En los primeros pisos se establecieron sastres, comadronas y peluqueros; en los últimos los fotógrafos de daguerrotipo[46]. No faltaban tampoco escaparates de libreros... Cada vez más todo esto se ha ido perfeccionando, por más que no esté aún todo lo que es de desear.

43. *belones* [sic]: *(velón),* lámpara metálica de aceite compuesta de un vaso, o depósito, central con uno o varios picos o mecheros *(DRAE).*

44. *memorialistas:* el que escribe, por oficio, memoriales o cualquier otro documento *(DRAE); memorial:* escrito en el que se pide una gracia o merced, alegando méritos o motivos *(DRAE).*

45. *balleta:* bayeta. Es un caso de "lleísmo" motivado, tal vez, por un acto de ultracorrección.

46. *daguerrotipo:* arte de fijar en chapas metálicas las imágenes recogidas con la cámara oscura, precedente de la fotografía.

Sin embargo no era amigo de sus cambios y modificaciones. Debía quedar así, sin perder su irregularidad para convertirla en una gran plaza de dimensiones armónicas como querían algunos. La Puerta del Sol debía seguir así; sin más cambios que dejar de cruzarla los tranvías; llevar a la Red de San Luis aquel subterráneo y que no haya en ella esos agujeros del Metropolitano que le hacen perecer en madriguera.

Los establecimientos debían ser —según él— dignos del desarrollo y el progreso que requería la Puerta del Sol; de aquel asfalto luciente que había substituido al antiquísimo empedrado y a las antiguas losas. Establecimientos nuevos, elegantes, como la *Agencia Americana* que colocaba allí sus lujosas oficinas de información mundial. Eran esas las únicas cosas que debían permitirse.

El correo nuevo debía haberse hecho allí. Eran los muchos enemigos de la Puerta del Sol —que también tenía enemigos— los que pretendían llevarse el centro hacia allá. Pero no conseguirían nada. La Puerta del Sol era el centro de España y no el cerrillo de los Ángeles[47], como se quería hacer creer. Era el centro y el alma. Lo había sido siempre. No había más que ver sus recuerdos.

* * *

Entonces a la descripción sucedía la historia. Todos los hechos grandes de España estaban relacionados con la Puerta del Sol. Era ella el alma de Madrid. Lo mismo que al decir *Francia* se piensa en París siempre; al decir Madrid se piensa en la Puerta del Sol.

---

47. Se refiere al cerro de los Ángeles (situado en el término de Getafe), considerado el centro geográfico de España.

Esta plaza representa un gran papel en la guerra de las Comunidades y en las guerras de sucesión, pero fue en los días primero y dos de Mayo de 1808 cuando ganó su inmortalidad. La Puerta del Sol fue el *Foro de Madrid*. Más tarde fue aquí mismo donde el cura Merino[48] detuvo el coche de Fernando VII y entregándole la Constitución le dijo: "Trágala tirano". No hubo nunca motines ni asonadas[49] en que no tomase parte la Puerta del Sol. Sólo ahora es cuando va perdiendo este privilegio, sin duda por las pícaras ametralladoras, que ahora, si se acaban las guerras no se van a poder usar más que contra los pueblos.

Empezaba a enumerar y no acababa los hechos ocurridos allí. No quedó un palmo de terreno que no se regase con sangre el dos de Mayo[50]... Por creer que habían envenenado las aguas de la fuente de la Puerta del Sol se armó a la orilla de la fuente el motín contra los frailes, que dio origen a la célebre matanza.

—Bien es verdad —decía— que este pueblo se amotinaba entonces por cualquier cosa y lo mismo se amotinó contra los frailes que contra las galgas —cintas que usaban las mujeres en los zapatitos descotados— ni más ni menos que contra la falda pantalón. Ahora es cuando se le ha vuelto horchata la sangre.

En seguida le hablaba de sus propios recuerdos, que don Justo oía con cierta envidia.

---

48. Jerónimo Merino (1769-1844), conocido como el Cura Merino, héroe popular en 1808 contra los franceses, se convirtió después en guerrillero defensor de los carlistas.

49. *asonada:* manifestación multitudinaria, generalmente violenta, para conseguir algún fin político.

50. Se refiere a los acontecimientos sangrientos del 2 de mayo de 1808, cuando el pueblo de Madrid hizo frente a las tropas francesas, con una fuerte represión por parte de éstas.

—Cuando la crisis del 909[51] estaba yo en la Puerta del Sol —decía don Justo— y también cuando las cargas que dieron a los estudiantes con motivo de no querer dejar casar a la princesa de Asturias[52] con don Carlos.

—Eso no vale nada.

—Y cuando las cargas de Agosto[53] pasaba yo con un paquetito de fresa en la mano y lo perdí.

—¡Bah! Todo eso es nada. ¡Si hubiese usted estado en la noche de San Daniel[54]...

No se cansaba de referir lo sucedido aquella noche, que hizo de luto la crueldad de González Bravo. Si no es por la tropa nos asesinan —decía— éramos chiquillos, sin armas, que sólo tratábamos de dar una serenata al Rector de la Universidad. Yo estaba delante de la tropa cuando el general exclamó: "Yo no mando hacer fuego sobre chiquillos" y entregó la espada... por eso escapé... y corrí a refugiarme en mi casa entre tiros de la guardia... Tuve que pasar por aquí. La Puerta del Sol estaba militarmente ocupada con tropas y cañones... la casa de correos tenía honores de ciudadela... Mi madre, la pobre, me esperaba llorando...

51. La llamada crisis de 1909 viene determinada por una serie de acontecimientos, algunos trágicos: el desastre marroquí del Barranco del Lobo y la "Semana trágica" de Barcelona, seguida de una dura represión en la que se produce el fusilamiento del anarquista y pedagogo Francisco Ferrer y, consecuencia de la situación, la caída de Maura.

52. Se refiere a la futura Isabel II.

53. Probablemente alude a la huelga general convocada para el día 13 de agosto de 1917, que da lugar a choques sangrientos con el ejército el día 15 del mismo mes.

54. Se refiere a los trágicos acontecimientos de la "noche de San Daniel" (10 de abril de 1865), cuando el gobierno de Narváez, por motivos políticos, separó a Castelar de su cátedra de la Universidad de Madrid, lo que motivó la protesta del rector, que fue destituído, y una manifestación de los estudiantes, reprimida duramente por la guardia civil, que provocó la muerte de nueve jóvenes y numerosos heridos. Dos meses más tarde cayó el gobierno de Narváez.

El buen viejo se enternecía como si aún fuera el niño que huía de los tiros para acogerse al regazo maternal.

* * *

Hacía falta agua en la Puerta del Sol. No apagaban la sed del asfalto las mangas de riego. Don Diego lamentaba siempre:

—Ah, cuando estaba la fuente enmedio es cuando esto estaba bien.

—La Cibeles debía estar aquí —añadía otras veces, porque para él era La Cibeles el colmo de la suntuosidad y el modelo de la escultura.

Le contaba a don Justo cómo había sido la primitiva fuente de *Mariblanca*[55].

—¿Por qué se llamó de *Mariblanca*? Todos oímos ese nombre y pocos lo sabemos.

Era por una *Diana*, a la que el vulgo llamaba así. Una figurita pequeña de la diosa, que alcanzó gran popularidad. Luego sustituyeron, sucesivamente, por otras dos esa fuente que no se debía haber quitado de allí por respeto a la tradición ya que estaba desde el siglo XVII. Era un pequeño, aunque no muy extenso pilar circular, con otros dos pequeños semicirculares adosados al este y oeste y en el centro un surtidor con juegos de aguas, que permitía hacer alarde de las aguas del depósito del canal de Lozoya

55. Fue instalada en 1616, enfrente de la Iglesia del Buen Suceso. Las dudas sobre si se trataba de Diana o de Venus las resolvió el ingenio popular llamándola *Mariblanca*. En 1848 fue trasladada a la plaza de las Descalzas y posteriormente, al Museo Arqueológico. Hoy, con la última reforma de la Puerta del Sol, se ha vuelto a instalar una copia de la estatuilla original. En 1860 se instaló la fuente con surtidor, que explica el texto, y en 1895 fue sustituída por una farola.

cosa de cinco minutos, pasados los cuales toda la plaza se convertía en un enorme pilón[56].

Su imaginación se remontaba a aquel tiempo, no tan lejano, en que los aguadores iban a llenar sus cubas a la Puerta del Sol y los arrieros daban de beber a las bestias, mientras que tal o cual golfillo se bañaba descuidadamente.

A orilla de esa fuente bienhechora se sentaban los paseantes y era el lugar favorito de los novios en las noches de luna.

Aún se recordaban los viejos de haber oído contar a sus padres las fechorías realizadas allí por los jóvenes de la *partida del Trueno* de la cual formaban parte unos muchachos que se llamaron Mariano José de Larra y José de Espronceda. Se divertían ligando con una cuerda los cántaros y barricas que esperaban turno para llenarse y ataban el extremo de la cuerda a cualquiera de las caballerías, que al salir, espoleada por un varazo, arrastraba todos los cacharros con el estrépito y el escándalo consiguiente. Desde luego que aquello no estaba bien. No era la Puerta del Sol un lugar de las afueras que permitiese esas expansiones. Quisieron quitar la fuente por eso y habría sido una injusticia. Debía haber allí una gran fuente, decorativa, llenándolo todo de frescura, a la que nadie se acercase como no fuese a beber agua. Era el carácter español el que no consentía aquello; el que hubiera hecho que la fuente estuviese rodeada de chiquillería astrosa, que no tendría idea de lavarse en la fuente, sino de estar encharcados con su fango ensuciándolo todo, como sucede en las pocas fuentes que hay en Madrid, que podría ser tan alegre multiplicando sus fuentes.

---

56. *pilón:* "receptáculo de piedra junto a las fuentes, para abrevadero de los animales o lavadero público" *(DRAE)*.

En lugar de un jardín en el centro, de la fuente o de la farola, que ya era un punto central en la plaza, han puesto esos corralillos, esas infames paralelas para tomar los tranvías. Ningún tranvía debía cruzar la Puerta del Sol. Cada uno debería volverse al llegar a ella, para eso tiene siete calles, como Roma siete colinas.

* * *

Aquella noche don Justo gozaba el bienestar del ambiente del café sin tener gana de marcharse, aunque ya se aproximaba la hora de que las sillas se subiesen a las mesas[57] como gallinas que se preparan para dormir.

Veía marcharse poco a poco a todos los parroquianos, envolviéndose en los abrigos perezosamente y sorprendía el gesto con que ellas, hijas o esposas, aprovechaban el momento para lanzar una mirada curiosa hacia los hombres que habían visto en los espejos.

Los camareros, cansados de la tarea se iban reuniendo cerca de la puerta, soñolientos y con deseos de poderse marchar.

Apenas quedaban media docena de personas, además de don Justo, su familia y los amigos que los acompañaban. En un ángulo, una pareja que debía ser de enamorados, por cómo él había hecho que ella se sentase en la silla de espaldas al público mientras él se sentaba en el sofá.

En un ángulo estaba el hombre de las cadenas de oro y facha de chalán[58] que unas veces miraba a la puerta y otras a la mesa que ocupaba la tertulia de don Justo, de un modo en el que se reflejaba un interés poco común. Ya

---

57. Se refiere a la costumbre, en los cafés, de colocar las sillas sobre las mesas, para facilitar la limpieza del local, a la hora del cierre.

58. *chalán:* "que trata en compras y ventas, especialmente de caballos u otros animales" *(DRAE).*

doña Antonia lo había notado y le tocaba con el codo a Anita. ¡Quién sabe si ese cotorrón sería un buen candidato a marido! Tenía aplomo de hombre rico, que se encuentra bien situado en la vida, y estaba en esa edad de "la caída" de los calaverones[59] que empiezan a necesitar quien les cuide.

Don Justo no observaba nada, tal vez un vasito de cerveza más que de costumbre contribuía a aquella felicidad, a aquel sentirse bien que experimentaba. Respiraba con gusto, satisfecho, la atmósfera viciada con las emanaciones de la multitud y el olor a tabaco y café. Tuvo que hacer un gran esfuerzo para decidirse a marcharse. En el momento que se levantó, el hombre de las cadenas se puso de pie y dirigiéndose a él le dijo:

—Tenga usted la bondad de oír dos palabras.

—Quisiera —dijo el hombre sin más rodeos— que me dijese usted cuándo le va a pagar lo que le debe al señor Galán.

—¿Yo?

—¿Pero no le debe usted dos mil pesetas al señor Galán?

—Yo no le debo nada.

—Es inútil que me lo quiera usted negar y burlarse de mí. Yo sé muy bien que usted le debe esa cantidad al señor Galán, porque lo he visto venir a exigírsela y llamarlo aparte para reclamársela muchas veces.

—¡Cómo!

—Sí, señor. Él me ha dado cita aquí varios días diciendo que tenía que cobrarle a usted. Ha venido y ha hablado con usted en presencia mía, pero usted siempre le daba aplazamientos.

---

59. *calaverones:* aum. de *calavera,* "hombre de poco juicio, mujeriego y jugador" *(DRAE).*

—Pero, ¡no comprendo!

—Pues es muy fácil de comprender. Galán me debe dos hermosos caballos que me ha comprado y espera para pagarme que usted le pague a él.

—Pues yo le juro a usted por mis hijos que no le debo nada.

El semblante moreno y coloradote palideció de cólera.

—Entonces yo he sido víctima de un timo.

—No creo que...

—Sí, de un timo indecente... ¡cómo se burlaría de mí! Y esta misma tarde me ha pedido la tartana para probar los caballos... Seguramente me he quedado también sin tartana. El muy pillo me aseguró que vendría a cobrarle a usted esta noche a última hora.

Los gritos y los ademanes del pobre hombre furioso atrajeron la atención de todos. La familia y los amigos de don Justo se acercaron seguidos de los camareros y la pareja de enamorados se levantó para marcharse.

—Vea usted que yo no tengo la culpa de lo que ese señor le haya podido decir a usted —vociferaba don Justo queriendo calmarlo—. Yo soy un hombre honrado y no consiento...

El otro le atajó.

—Eso lo veremos en los tribunales. Del hijo de mi madre no ha nacido quien se ría.

* * *

Había vuelto la miseria más negra y más triste después de la temporada de bienestar.

Al día siguiente de la escena del café, don Justo se había apresurado a buscar a Galán en la agencia de Ramírez y C.ª, pero la agencia había desaparecido como por encanto. Ni los porteros ni los vecinos podían darle razón.

256

Sólo sabían que vino el Juzgado y no encontró más que las paredes.

Al pobre hombre le costaba trabajo creer aquello. ¿Cómo desaparecía así una agencia que tenía dados préstamos de consideración? No se daba cuenta de que en letras, pagarés y escrituras, no figuraba para nada aquella razón social y que bien pronto surgiría otra agencia semejante.

* * *

Con la miseria, que apareció al perder su dinero en la Agencia, volvió el malestar de la familia, las reconvenciones mutuas y los disgustos. ¡Algo era preciso hacer!

Sin embargo, él no sabía hacer nada sino pasear por la Puerta del Sol y tratar en sus cafés y sus aceras sus negocios obscuros.

Para librarse del infierno de su casa, acudía allí, se reunía con don Diego, y juntos ambos, se le olvidaban sus pesares, agotando el tema de sus conversaciones sobre aquel lugar tan querido como si fuese su propio solar.

El tiempo pasaba y la miseria se hacía mayor. Don Justo veía con pena que cada día tenía que correr un punto la correa de su cinturón. Se le caían los calzones sin cadera donde sujetarse y su cara rojiza empalidecía cada vez más. Miraba con inquietud a su hija, que se iba poniendo traslúcida; a su mujer, cuya garganta se fosilizaba, tallada en pergamino, y a su hijo, que enseñaba los brazos con esa cosa de alón de pollo que hay en los bracitos delgados de los niños.

Una tarde tomó la resolución de no dejarse engañar por las apariencias que un día le hacían parecer más gordo y otro más flaco. Acostumbrados a verse todos los días, ellos notaban poco el cambio, y todos esos amigos que al encontrarlos en la calle dicen: ¡Tiene usted mala cara!, o ¡Qué bien está usted!, sólo hablan maquinalmente y reflejan su impresión sobre los rostros. Para salir de dudas entró a pesarse en la báscula colocada en la puerta del Bazar de la Unión. Dirigió una mirada triste hacia el café de Lisboa recordando sus hermosas noches de café, y no sin pesar, como si supiera que malgastaba lo que hacía falta a la familia, sacó del bolsillo los diez céntimos y los echó en la rendija de la máquina.

La manecilla giró: Él miraba espantado: ¡50 kilogramos! ¿Era posible, cuando el invierno pasado pesaba 85? Movió la báscula, la agitó. ¡Nada! Oscilaba la aguja, pero la manecilla, la flechita, quedaba implacable en su sitio. ¡Se había disminuído en más de la mitad! Sintió pánico. Había hecho bien en buscar aquella ficha comprobatoria de su estado. Y todos los suyos estaban peor que él. Se hacía preciso tomar una decisión que los salvase. La falta de voluntad era la muerte segura.

* * *

Entonces don Justo tuvo una resolución heroica. Él y su hijo serían vendedores en la Puerta del Sol. La Puerta del Sol ejercía sobre él una atracción misteriosa, constituía todo su mundo.

A veces le parecía que la Puerta del Sol debía ser algo sobrenatural, que no existían en ella esos hoteles vulgares donde van los paletos ricos que visitan Madrid, cuando sólo debían albergar reyes.

Cuando alguien ofrecía su hotel o su casa en la Puerta del Sol lo miraba sorprendido y le parecía un ser raro, presuntuoso o equivocado, por atreverse a decir que vivía en la Puerta del Sol.

Don Justo había logrado ya cierta experiencia y hasta

un barniz de picardía en el secreto de los "timos" o engaños de la Puerta del Sol. Allí lo había aprendido y allí era preciso explotarlo. Su conocimiento del alma colectiva, del gran público de la Puerta del Sol era ya un tesoro. A pesar de las protestas de las mujeres, que no se avenían de buen grado a que sus numerosos conocimientos del café las vieran así venir a menos, una tarde don Justo y Antoñito se colgaron los tableros al cuello y salieron a la calle vendiendo el hijo pajaritos de pluma amarilla que saltaban de un dedo a otro; y el padre un famoso dentrífico[60] para lavarse los dientes sin necesidad de cepillo.

Éste fue su triunfo. Había encontrado su mina. Las gentes acudían a comprar aquel específico tan cómodo para la pereza nacional, y gracias al cual algunas personas se resolvían por primera vez de su vida a lavarse los dientes. Bien pronto tuvo vendedores a comisión y no tardó en recibir pedidos de las tiendas.

Esta vez don Justo labraba su fortuna sólidamente. Su conocimiento del espíritu nacional lo había salvado y sobre todo su fe y su amor a aquel centro de la Puerta del Sol que absorbió su vida toda.

60. *dentrífico* [sic]; dentífrico.

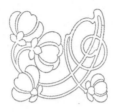

Margarita Nelken

LA AVENTURA DE ROMA

MARGARITA Nelken

De origen alemán, nace en Madrid, en el año 1896. La primera nota que caracteriza su biografía es la precocidad. Siendo casi una niña manifiesta sus aficiones pictóricas y musicales. A los 15 años escribe ya algunos artículos de crítica de arte y, aunque abandonará pronto la pintura activa, entre 1914 y 1916 sus cuadros estarán en importantes exposiciones españolas y extranjeras. Durante 15 años fue encargada de los cursos de pintura que anualmente se daban en el Museo del Prado y fue miembro del Patronato del Museo de Arte Moderno de Madrid. Sus estudios en el campo del arte se prolongarán hasta el final de su vida.

Activa, temperamental y polémica conferenciante y periodista, en España y en el extranjero, desde muy joven enfocó su actividad hacia la problemática social, sintiéndose atraída por la situación de los miembros más débiles de la sociedad: la mujer, el niño, el obrero. Fruto de estas inquietudes será la publicación de una serie de artículos y libros en defensa de los derechos de la mujer, entre los que destacan *La condición social de la mujer en España* (1919), obra que por su tono de denuncia y su visión moderna fue calificada en la época de revolucionaria. En este mismo año, y preocupada por la situación de los hijos de madres trabajadoras, funda «La Casa de los Niños de España», centro que levanta vivas polémicas entre los sectores más conservadores de la sociedad, que llevan a Margarita Nelken a clausurarlo. Militante socialista, se presentó como candidata por Badajoz —donde realizó una activa labor entre los obreros campesinos— a las elecciones de 1931 y salió elegida en la segunda vuelta de las elecciones, siendo la única mujer que fue diputada en las tres legislaturas de la República. De posiciones próximas al socialismo radical de Largo Caballero, Margarita Nelken ingresó en el Partido Comunista en 1937. Durante la guerra civil desarrolló una intensa actividad de organización entre la población civil —participó en el Congreso Internacional de Escritores Antifascistas, intervino en la empresa de salvar a los niños de la guerra enviándolos al extranjero, etc.— y de apoyo a las tropas con sus frecuentes visitas al frente. En 1939 inicia un largo exilio que la llevará primero a Francia, poco después a Rusia, donde murió su hijo como oficial del ejército soviético en la Segunda Guerra Mundial y, finalmente, a México donde, tras largos años dedicada al arte y a la literatura, murió en 1968.

Si bien Margarita Nelken es una figura recordada fundamentalmente por su labor política y social, resulta imprescindible citar su nombre a la hora de reconstruir el panorama cultural y literario de la época, resaltando su labor como crítica de arte, como traductora de varias lenguas y su faceta, tal vez hoy menos conocida, de novelista. Así, en su extensa producción hay que distinguir varios apartados.

Escribe artículos, ensayos y libros de temática social: *La condición social de la mujer en España* (ya citado), *Las escritoras españolas* (1930), *Maternología y puericultura* (s.a.), *Las mujeres ante las Cortes Constituyentes* (1931), *Por qué hicimos la revolución* (1936), *Tres tipos de vírgenes* (1942), *Primer Frente* (1944), *Las torres del Kremlin*, etc.

Es autora de valiosos estudios de arte: *Glosario* (1917), *Carlos Mérida* (1961), *Ignacio Asúnsolo* (1962), *Un mundo etéreo. La pintura de Lucinda Urrusti* (1976), etc. Son numerosas las colaboraciones en revistas como *Arte Español, Esfera, Blanco y Negro*, etc., en la década de los 20 y los 30, sobre temas de arte español.

Tradujo del alemán, francés e inglés al español —y viceversa— temas de arte y literatura. De su narrativa hay que destacar, además de alguna novela como *La trampa del arenal* (1923), su colaboración en colecciones de novela breve, fundamentalmente en *La novela corta: Mi suicidio* (1924), *Una historia de adulterio* (1924), *El viaje a París* (1925), etc.

A.E.B.

—*Vamos a ver, querida Margarita; va usted a confesarse con un* padre *ignorante, muy ignorante, de una encantadora ignorancia. Dígame, ¿dónde nació?*

—*En Madrid; por más señas, en la calle de las chuletas, alias, del Conde de Romanones. Se ha dicho a veces que yo era extranjera; ya ve usted que puedo hasta presumir de castiza.*

—*¿Qué edad tiene? Porque usted aún la puede decir sin suprimir...*

—*Pues, sin suprimir, le diré, aunque me hace poca gracia, que voy —a pesar mío, desde luego— hacia los veintiséis.*

—*¿De cuándo data su vocación artística?*

—*Empecé a dibujar antes que a leer, y, cuando aún no levantaba tanto así, ya quería ser pintora. Luego la pintura se quedó en segundo término.*

—*¿Parece que lo dice con melancolía?*

—*No lo niego. He pintado mucho; tuve que dejarlo a causa de la vista; pero sigo con la misma afición.*

—*¿A qué edad comenzó a escribir?*

—*Eso se pierde en la noche de los tiempos. El primer artículo lo publiqué a los quince años, en la revista inglesa* The Studio.

—*¿Cuántos países conoce?*

—*Francia, admirablemente, y Alemania, bastante bien.*

He vivido temporadas más o menos largas en Bélgica y en Italia, y he viajado asimismo por Austria y por Hungría.

—*¿Cuántos idiomas habla?*

—*El francés no me atrevo siquiera a contarlo entre mis* idiomas extranjeros, *pues lo hablo y escribo igual que el* español. *Hablo, además, el alemán, y chapurreo el italiano. Pero, si esto le parece poco, añada usted, para darme pisto, que sé hasta media docena de palabras húngaras. ¡Ah!, se me olvidaba: también sé saludar en vascuence, y pronuncio divinamente* an Cambó, escolta noy *y Editorial Minerva. Esto por el gran éxito del libro que me publicó. No deje de poner este reclamo disimulado.*

—*¿Qué concepto tiene de la mujer española, de la mujer francesa, de la mujer norteamericana, de la mujer alemana y de la mujer inglesa?*

—*Todas me parecen igualmente preciosas, inteligentes, elegantes, bondadosas, etc., etc. Ya sabe usted que me tachan de antifeminista. No escribo en un sitio sin que, a los dos días, el director no reciba unos cuantos anónimos en que se me pone como no digan dueñas; y esto, como usted comprenderá, me es muy desagradable. Esta vez espero que los anónimos que usted reciba dirán todos que soy la escritora que más vale, la más simpática, etc., etc. ¡Figúrese qué alegría!*

—*Y del hombre español, ¿qué opina?*

—*Como entre los hombres españoles han de estar mis lectores, opino, naturalmente, que es el superhombre por excelencia. ¡Cualquiera se pone a mal con la clientela!*

—*¿Cree que se le debe ceder el asiento a las señoras en el tranvía?*

—*Desde luego. Como que yo, al subir a un tranvía completo, no dejo nunca de cruzarlo de plataforma a plataforma, por ver si así alguien se siente galante, para que yo deje*

*de sentir mis tacones. Desgraciadamente, hay hombres
muy distraídos.*

—*¿Es partidaria del divorcio?*

—*Como que no comprendo el matrimonio sin esa válvu-
la de escape. Ahora que le confesaré que yo creo que las
fórmulas huelgan siempre y no sirven de nada; y, si huelgan en el matrimonio, ya no existe el problema del divorcio; pero esto no lo ponga, que luego* El Debate *se mete
conmigo y me da mucha pena.*

—*¿Y del voto femenino?*

—*Mi criterio en este punto es sobradamente conocido.
Claro que hay gente que asegura que ello obedece a no
haber vislumbrado todavía la posibilidad de ser elegida
concejala o diputada.*

—*¿Tiene disculpa para la infidelidad del marido?*

—*Siempre…, siempre que no sea yo la que tenga que
disculpar.*

—*¿Cuál cree que siente más envidia, el hombre o la
mujer?*

—*Pongamos que en esta cuestión no tienen que envi-
diarse nada.*

—*¿Cuál cree que es la mujer más inteligente que ha existido o existe?*

—*Yo, ¡qué duda cabe! Esto no deje de decirlo, pero
como si fuera opinión de usted; porque yo, como todo* in-
terviuvado, *soy un colmo de modestia y discreción.*

—*¿A cuál escritor clásico admira más?*

—*A Saint-Simon. Verá usted: yo me eduqué con un profesor francés que tenía la mala sangre de hacerme aprender
de memoria páginas y páginas de Corneille, Racine, Boileau, y hasta oraciones fúnebres de Bossuet. A Saint-Simon me lo encomiaba mucho, claro está, pero sin hacerme
aprender nada de él, porque le parecía escabroso. Este sistema me inspiró un odio feroz hacia Boileau, Corneille,*

etc., y una devoción sin límites por ese Saint-Simon de quien no tuve nunca que aprender nada.

—¿*Y de los contemporáneos?*

—*De los españoles no puedo hablar; si cito a uno, ¡qué conflicto con los demás! Unos lo tomarán a desaire personal, y otros me despreciarán por no haberlos comprendido. Y no puedo tampoco citar a ningún extranjero, pues entonces dirían que yo también soy de esas personas que admiran sólo lo que viene de fuera.*

—*Una anécdota de su vida...*

—*Podría inventar alguna muy bonita, para apabullar a los demás imaginativos; pero prefiero contarle algo real, que creo tiene bastante gracia. El primer sitio en donde escribí aquí fue en* La Ilustración Española y Americana; *la dirigía entonces mi ilustre amigo Fernández Flórez. Yo no había pisado jamás una redacción ni visto nunca a un director de periódico. En las revistas extranjeras, en donde colaboraba hacía ya varios años, creían que yo era un hombre. Pues bien: el ir aquí a ofrecer un artículo me causó tal emoción, que le entregué mis cuartillas a Flórez con la vista baja, azoradísima, y salí escapada, sin pronunciar palabra. Luego supe que Flórez había dicho: "Esa chica debe de ser tonta; una niña cursi que le hará versos al canario, como si lo viera." Pero leyó el artículo y, con gran asombro suyo y mío, me encargó en seguida otro.*

—¿*Cuál de sus libros prefiere?*

—La trampa del arenal, *una novela actualmente en prensa. Claro es que, en cuanto se publique, ya no la podré ver, y preferiré otra obra no escrita todavía.*

—¿*Por qué prohibió un obispo su libro* La condición social de la mujer en España?

—*Melquíades Álvarez dijo en el Congreso que porque yo denunciaba allí los manejos de ciertos sindicatos. Pero yo creo que se equivocó; la verdad es que aquel buen obispo quiso favorecerme. Pensó sin duda: "He aquí a una mujer que se ha pasado varios meses trabajando en un libro de sociología, total para vender seis ejemplares, cifra media alcanzada en España por esta clase de libros; pobrecilla, vamos a ayudarla un poco." Y, con una nobleza y un desinterés que yo nunca agradeceré bastante, me hizo ese reclamo a la americana. ¡Dios se lo pague!*

—¿Y qué profesión tiene?

—Además de escritora, mis labores, según reza mi cédula.

—¿Es usted rica? ¿De qué vive?

—Riquísima; compro todos los días patatas a 0,30 el kilo, y no tengo un Rolls Royce porque mis aficiones democráticas me hacen preferir el Sol-Ventas; vivo como todo el mundo: de comer, beber y dormir. Económicamente hablando, de mi trabajo; respuesta moral para uso y ejemplo de jóvenes y niños. Aunque de mal ejemplo en este país, en donde los escritores vienen inmediatamente después de los barrenderos en la consideración pública. Pero es así, y es mi mayor orgullo: soy uno de los contadísimos escritores españoles que viven únicamente de su pluma, sin congruo sueldo oficial. ¡No me negará que es una originalidad!

ARTEMIO PRECIOSO*

* Artemio Precioso, director de *La Novela de Hoy,* acostumbraba a comenzar cada número de esta colección con una entrevista hecha al autor del relato publicado.

La aventura de Roma

I

PRESENTACIÓN INCOMPLETA

L a terraza del *Génova* bullía.
  Andrés subía las gradas algo vacilante, con el paso lento y torpe de quien no sabrá, en llegando arriba, por dónde habrá de tirar.

Con la vista buscaba a Giovanni, su camarero habitual, para pedirle auxilio en medio de tan inusitada afluencia.

Como hipnóticamente atraído, Giovanni apareció al punto que Andrés alcanzaba la explanada y tropezaba contra una sombrilla colocada con esa seráfica serenidad con que las mujeres plantan, al sentarse en un sitio público, sus sombrillas al paso de todos los transeúntes.

—Por aquí, *signor*. Junto a la pilastra.

La mesa no tenía nada de apetecible; la pilastra tapaba la vista de la plaza y, sin duda a modo de distracción compensadora, recogía maravillosamente las corrientes. Cada abrir y cerrar de la puerta del *ristorante* costaba un estornudo. Así y todo, Andrés, que temía la interminable espera de mendigo junto a "esa mesa que se va a desocupar en seguida", o la violencia del asiento forzoso en una mesa ya ocupada, agradeció a Giovanni su protección con una sonrisa y un gesto prometedores de buena propina.

271

La densidad de aquella terraza, que Andrés gustaba precisamente porque solía ser más tranquila que los demás restaurantes, parecía aquel día cuadruplicada. Las mesas, casi tocándose, obligaban al que pretendía pasar por entre ellas a cálculos largos y complicados, y, en cada una, varios comensales, o varios grupos de comensales desconocidos unos de otros, comían con esa hostilidad con que los verdaderos turistas revélanse entre sí caníbales de una misma patria de Baedekers[1] y agencias Cooks[2].

—¡Simpático Giovanni! —pensó Andrés—. Yo aquí solito, y tan a gusto... Pero, ¿qué pasará hoy?

En la mesa vecina a la suya, un chiquillo gruñía con ese acento del *Midi* que parece mascar ajos y cebolletas.

—¡Ah, sí! Una peregrinación francesa. Habrá habido audiencia pontifical.

Sus dos años de Roma habíanle ya acostumbrado al sempiterno acontecimiento de las peregrinaciones, que varias veces al mes vierte sobre la Ciudad Eterna una invasión de gentes con un mismo idioma y un mismo distintivo piadoso en la solapa y en el pecho. Gentes que, para demostrar su devoto entusiasmo, o porque el viaje les atonta —pues la psicología de las peregrinaciones no ha puesto aún en claro este extremo—, parecen, por sus gritos, sus prisas, sus apuros, su gesticulación y su ajetreo, y hasta por su facha e indumentaria sin relación con sexo ni moda conocidos, querer renovar el espectáculo del saco de Roma[3].

1. Karl Baedeker (1801-1859), ilustre editor alemán, publicó en 1839 la narración de un viaje a lo largo del Rhin, que se hizo famosa en todo el mundo. Siguieron varias guías traducidas en toda Europa. En 1898 esta misma empresa publicó la primera Guía de España y de Portugal.

2. Agencias de viajes que deben su nombre al inglés Thomas Cook (1808-1892), que desarrolló su imperio turístico a partir de 1841 y lo difundió por todo el mundo.

3. Se refiere al saqueo de Roma, en 1527, por tropas españolas, alemanas e italianas.

Esta vez, la peregrinación, como advirtió Andrés, era efectivamente francesa, y de la parte de Francia comprendida entre los viñedos de Beziers y las viñas de Burdeos. Hombres gordos y sudorosos, con americana de alpaca, "jipi"[4] echado hacia adelante, "palmas[5] académicas" en el ojal, perilla, y servilleta prendida en el chaleco; abates jovencitos, recién salidos del seminario, muy graves y muy mimados; jovencitas cloróticas[6] con imperdibles que decían "Recuerdo de Biarritz" o "Recuerdo de Arcachón", y mujeres...

Pero no, cada mujer era un poema, y merecía por sí sola un estudio especial con esa mantilla, la mantilla obligatoria para la audiencia, puesta, cual toalla colgando del moño, *a lo Carmen del Capitolio de Toulouse*...

Andrés, sin tener escrúpulos estéticos exagerados, no carecía de buen gusto. Desplegó un diario y lo puso en pie contra su copa, para no ver, y oír lo menos posible.

—Si el señor permitiese...

—¿Eh?... ¿Qué pasa?... —preguntó Andrés bruscamente vuelto, desde el relato de un emocionante crimen pasional, a la gastronómica realidad de lo que le rodeaba.

—Si el señor permitiese —repitió Giovanni con su más suave sonrisa, una sonrisa que avivaba hasta el rojo ígneo el tono generalmente ocrizo[7] de su cara pecosa, y frunciéndole los ojos, ponía sobre su aspecto impersonal de sevidor correcto una máscara de fauno malicioso—. Si el señor permitiese, podría sentarse a su mesa esta señora...

4. *jipi:* abreviatura de *sombrero de jipijapa*, de ala ancha, hecho con paja fina, fabricado en Jipijapa (Ecuador) (*DRAE*).
5. *palmas:* Se refiere a un tipo de insignias.
6. *cloróticas:* pálidas, que padecen clorosis [empobrecimiento de la sangre en la adolescencia].
7. *ocrizo:* (creac. pers.) de color ocre.

La mesa del señor es la única en que sólo hay una persona...

Andrés, que era muy servicial cuando no le molestaba serlo, iba a mandar a Giovanni muy enhoramala; pero, sin esperar su respuesta, pensando por lo visto que con la pregunta ya estaban cumplidos todos los requisitos de la cortesía internacional, sentóse frente a él la señora de marras.

Era alta, un poco masculina, sin pecho ni caderas casi, con su pelo pajizo cortado a media melena, su sombrero flexible y su traje de seda cruda de hechura completamente sastre. Pero tenía unos ojos dorados bastante hermosos, y, bajo la nariz, algo grande, una boca carnosa y sensual. El cuello, largo, y el escote con esa veladura roja que el sol pone en las carnes muy blancas y muy finas.

—Menos mal —pensó Andrés después del rápido examen de la primera ojeada—; no es una peregrina.

Y, galantemente, recogió el periódico y apartó su copa y su cubierto para dejar sitio al bolso y al cuaderno de apuntes.

—Probablemente —siguió diciéndose—, una artista, una de esas inglesas algo tocadas, impertérritas vagabundas de los lugares célebres.

Giovanni esperaba con el lápiz en alto. La "inglesa" leía y releía la carta, sin decidirse.

—*Yugo* es tomate, ¿verdad? —preguntó por fin en ese italiano dificultoso, apretado y "entre dientes", de los habituados a la pronunciación sajona.

—Sí, señora; pero si a la señora no le gusta el tomate, se le puede servir lo que desee con *formaggio*. También lo hacemos con *formaggio* —recalcó Giovanni, muy ufano de proclamar la variedad culinaria de la casa.

—Tomate, queso...; queso, tomate... —repetía ella con

mueca de poca gana—. ¿No podrían servirme algo sin tomate y sin queso?

—*E, ¿cómo le vole, alora?*[8] —respondió Giovanni lleno de asombro.

La inglesa tuvo un gesto de desesperación, indicando que se le había acabado el vocabulario. Andrés, interiormente muy divertido, se apiadó de ella.

—Si usted me permite, señorita —expuso en francés—, le serviré de intérprete para ayudarle a componer su menú.

—¡Oh, gracias! Sí, se lo agradezco mucho, porque, la verdad —y tuvo una sonrisa infantil que iluminó su cara, desmasculinizándola por completo—, no puedo sufrir ni el queso ni el tomate.

—Grave inconveniente en Italia —repuso Andrés alborozado ante esa sonrisa—. Pero, vamos a ver: ¿si sustituyésemos el *yugo* y el *formaggio* sempiternos por simple mantequilla?...

—¡Oh, muy bien!

Andrés dio las órdenes —*tutti al burro ¿capisce?*[9]

La "inglesa" comía bien: tres platos, sin contar el postre, y *Castelli Romani.* Andrés, que acostumbraba tomar tan sólo un *antipasta*[10] y un plato fuerte, contentándose ordinariamente con media de tinto, y que ya lo tenía pedido, se avergonzó.

Solía hacer gala de ideales democráticos, y hasta, a ratos, furibundamente igualitarios; pero le molestaba sobremanera no parecer un dechado de fortuna y de elegancia. En voz baja dio a Giovanni contraorden de lo que ya había pedido. Giovanni, que no entendía de sutilezas, precisó muy alto:

8. Ital.: Y ¿cómo lo quiere, entonces?
9. Ital.: Todo con mantequilla ¿comprende?
10. *antipasta:* se refiere al ital. *antipasto* "entremeses".

—Entonces, ¿el señor quiere un plato más, y *Castelli* en lugar del tinto?

—¡Imbécil! —masculló Andrés.

La "inglesa", recostando la silla hacia atrás, contemplaba la plaza por entre la ancha teja[11] de un curita francés y el busto voluminoso de una peregrina que, a todas luces, resultaba una viviente acción de gracias al Hacedor de tan saludable físico.

—¿Busca usted las *Termas*? —preguntó Andrés, deseoso de proseguir el conocimiento. No vale la pena. Son aquellos paredones que ve usted al fondo. Una ruina que lo mismo puede ser de baños de Diocleciano, como dicen, que de una estación de ferrocarril destruida por un terremoto. Pero en Roma tenemos unas cuatrocientas *Termini,* para ir a la par con las iglesias.

La "inglesa" rió francamente.

—¿No le gustan las ruinas? ¡Son tan poéticas!

Ya está, pensó Andrés: artista, romántica, tocada..., y no tiene mala facha... Andresito: ¡adelante con los faroles! Y embelesóse *in mente* con esta imagen: en un casino provinciano español, un joven gallardo (él) contando a un corro de pobres diablos atontados de envidia y admiración su *aventura de Roma.*

Tomó el aire que empleaba cuando hablaba de sus *grrrandes ideales* o cuando le contaba a alguna modista que no dormía pensando en ella. Un aire entre lánguido y apasionado, capaz de convencer a cualquiera.

—¡La poesía! Sí, tiene usted razón; la poesía de las ruinas... ¡Por eso me entusiasma Roma, mire usted! ¡Me enloquece!

¡Ay, Roma!...

La "inglesa", absorta, enroscaba sus *spaghettis* en el te-

---

11. *teja:* sombrero que usaban los eclesiásticos.

nedor. Tenía las uñas "sin hacer"[12], pero manos delgadas y largas.

Andrés quedóse un punto desconcertado ante su mutismo. Temía haberse puesto, demasiado rápidamente, demasiado romántico.

De pronto, la otra, mirándole de hito en hito:

—¿Usted es artista?

—Soy pintor.

—¡Ah!... ¿Francés?

—No, español. Andaluz. De la tierra de los claveles y los amores. De Andalucía.

—Claro —dijo ella, sin disimular la ironía—. Siendo andaluz...

Andrés mordióse los labios. Prefirió tomarlo a risa y sacar partido del absurdo.

—Le pareceré tonto, ¿verdad? Pero cuando recuerdo mi tierra, no sé ya lo que digo.

—Es muy natural —repuso ella seria—. A mí también me emociona el recuerdo de mi patria.

—¿Usted será inglesa?

—No, americana.

—¡Ah! Y ¿también artista, por supuesto?

—¡Oh, apenas! Pero aficionada, mucho.

—¿Le gustará Roma, claro?

—Eso no se pregunta. Aunque la conozco apenas.

—Si le puedo servir de *cicerone*..., tendré un verdadero gusto...

—Gracias.

El tono fue imperceptiblemente seco, y la conversación tornóse displicente.

—No está tan tocada como yo creía —díjose Andrés—. He metido la pata.

12. *sin hacer:* sin arreglar, sin pintar.

Giovanni trajo las dos cuentas.

La yanqui se puso en pie.

¿Separarse así? ¡Qué tontería... y qué lástima!

Sin decidirse a despedirse, bajó con ella las gradas de la *via Nazionale*. Ésta extendíase de anchura imponente con el sol de fuego que la abrasaba toda. La yanqui —¿miedo al calor? ¿Deseo de evitar cortésmente la compañía? —llamó a un coche que subía penosamente la cuesta. No había más remedio que separarse sin sacar en limpio ni siquiera el nombre ni las señas.

El último cartucho: la presentación, siempre correspondida entre sajones.

—Ya que una feliz casualidad nos ha hecho trabar conocimiento, deseo sepa usted que tiene en Roma un amigo siempre incondicionalmente a su disposición.

Le dio su tarjeta. Ella, ya sentada en la *carrozza,* le dio la suya. Pero decía únicamente:

KATE FINDLAY.

Washington.

II

HISTORIA DE UNA VOCACIÓN

Andrés Marín y Tirado era, como se lo había dicho con tan ampulosa vanidad a su improvisada *vis a vis* del *Génova,* hijo de Andalucía. Había nacido, veintisiete años antes de comenzar esta verídica historia, en aquel lindo pueblecito de la bahía gaditana que se llama Puerto Real, y allí se había criado, huérfano de padre y madre desde su primera infancia, con dos tías, viuda sin hijos una, soltera la otra, que habían derramado sobre él toda la estéril y apasionada maternidad de su corazón.

Eran, cuando Andrés fue a parar a su casa como gorrión sin nido, personas las dos ya maduras, de pelo entrecano y labios marchitos; las dos, muy acompasadas y devotas, cual cumple a hidalgas de provincia que, no por haber visto desmoronarse poco a poco la gala exterior de su linaje, pierden ni en un ápice conciencia de lo que deben ser "para con Dios, para con la sociedad y para consigo mismas" —como gustaba decir a menudo la mayor de ellas, *mamá Isabel,* cuando discutía con *mamá Charito* alguna menudencia que, elevada al cubo, venía a romper la monotonía de su vida sin acontecimientos.

Junto a ellas, en esa casona inmensa, agrandada por los duelos sucesivos, que habían ido cerrando una tras otra las puertas de casi todas las habitaciones, Andrés tuvo la infancia y la adolescencia regalonas en demasía de los niños que constituyen la única esperanza y razón de ser de los suyos. Por lo demás, no causó nunca a sus dos madres adoptivas ningún disgusto digno de recordarse. Tuvo las enfermedades corrientes de los chicos; ninguna extraordinaria ni demasiado grave; se hizo, en caídas y peleas, los chichones correspondientes a los años que iba creciendo; estudió sin esforzarse mucho, pues era naturalmente listo y avispado, cuanto le pudo enseñar el padre Sótanos, un bendito de Dios, que llevaba cuarenta años desasnando a los niños burgueses y aristocráticos de Puerto Real, sin que su seráfico candor le hubiese hecho nunca parar mientes en los defectos ingénitos y adquiridos de "sus niños", mucho más versados que él en los vicios y maldades de este mundo.

A los dieciocho años, Andrés era un muchacho *como todos;* sin vocación claramente definida, preparaba nebulosamente una carrera no menos nebulosa, que lo mis-

mo podía resultar después la de leyes que la de ingeniero.

Se levantaba a la hora de almorzar; iba al casino; daba
unas vueltas por el *Porvenir* para ver a las chicas; luego se
entraba con algunos amigos en la tienda del *Calvo* a tomar
unas *tapitas* y unas cañas; cenaba siempre en casa; después volvía a salir, iba a tomar su café y su copa al *Siglo* o
al *Paraíso,* y acababa su día de palique en la reja de alguna novia entradita en carnes y no muy severa. Los domin-
gos iba a misa, y, de vez en cuando, se acostaba con una
criadita zafia, pero frescota, o con una *chiquilla* traída de
Cádiz de tapujo a alguna casa amiga del callejón del Rosario.

Y en este tren de vida, que no tenía razón para variar
hasta que Andrés se casase con alguna novia de más gan-
cho que las otras, para dedicarse luego a engordar los dos
en compañía, sucedió de pronto lo que había de decidir a
un tiempo del porvenir de nuestro héroe y del curso de
esta historia. Con razón dice aquel proverbio (árabe, por
supuesto, como todos los proverbios de un novelista que
se respeta) que "mientras no se ha roto un puchero nadie
sabe qué caldo podrá dar".

Un día, pues, apareció en Puerto Real un pintor, un
pintor francés de lo más clásico en su oficio, con una chalina[13] negra cuyas puntas le bajaban hasta el ombligo, un
chambergo[14] mosqueteril y, aunque sólo montaba en bici-
cleta, unas maravillosas botas de montar. A pesar de esta
indumentaria a lo Mürger, era nada menos que todo un
señor académico. Se traía con él a una marsellesa de ojos
que allende el Pirineo podían pasar perfectamente por an-

13. *chalina:* corbata de caídas largas y de formas variadas que usaban los
hombres y las mujeres.
14. *chambergo:* cierto tipo de sombrero, de ala ancha y levantada por un
lado.

daluces; le cruzaba sobre el pecho un pañolón de seda, le plantaba cuatro flores en el moño, y, destacándola sobre un fondo de *ce beau ciel d'Espagne*[15], hacía con ella apuntes para una gran decoración que le había encargado, con destino a su palacio neoyorquino, un multimillonario amante de Andalucía.

Andrés conoció a tan famoso personaje una tarde que éste, con su marsellesa al canto, había plantado su caballete en "el pozo de las Canteras", en medio de toda la chiquillería andante de Puerto Real. Charlarou, el francés, efusivo, invitó a Andrés a cenar, y éste aceptó, con gran escándalo de sus tías, que veían a su niño al borde del abismo en compañía de ese extranjero —seguramente un protestante— y de esa *perdida,* que traían desde su aparición revuelto a todo el pueblo. Pero, por primera vez en su vida, se le ocurrió a Andrés pensar que "haría lo que le diera la realísima gana". Y mientras *mamá* Isabel y *mamá* Charito, en su tribulación, no acertaban a guiar el rosario familiar, Andrés oía como en sueños al francés, que, con un brazo pasado en torno al cuello de su *petite amie*[16], le hablaba de París, de arte, de precios fabulosos pagados por los cuadros, y de modelos desnudas. Todo esto regado con buenos vinos —muy regado— y acompañado de habanos superiores y de los egipcios[17] de la marsellesa, la cual lucía, por cierto, una indumentaria de un naturalismo en pugna absoluta con el arte acromado[18] de su actual señor y dueño.

Aquella misma noche, al regresar a casa, espiado desde la puerta entreabierta del gabinete por las dos *madres,*

15. Fr.: este bello cielo de España.
16. Fr.: amiguita.
17. Se refiere a cigarrillos de tabaco egipcio, muy estimados en la época.
18. *acromado*: que se asemeja a un cromo, estampa, especialmente en pintura.

281

que tenían los ojos hinchados de llorar y las rodillas doloridas a fuerza de pedirle a la Santísima Virgen que alejase todo peligro del niño de su alma, Andrés decidió irrevocablemente su vocación: sería artista. Eso era vivir, y lo demás, como decía muy bien su nuevo amigo, vegetar miserablemente. Algunos apuntes, no del todo caricaturescos, que se había divertido a veces en hacer, para distraer el hastío de los conciertos de la banda de Infantería de Marina de San Fernando, en la plaza de Jesús, y que habían sido muy celebrados en las tertulias amigas, podían hacer verosímil tan repentino impulso.

A lo primero *mamá* Isabel y *mamá* Charito pusieron el grito en el cielo. ¿Su niño artista? Su niño, siempre tan cuidadito y tan bien arregladito, ¿con traje de titiritero y andando entre mujeres malas? ¡Antes morir! Pero el padre Sótanos, a quien Andrés hizo jesuíticamente la pelotilla, intervino, con su simplicidad y candor franciscanos, para repetir, con la autoridad de su carácter sagrado, cuantos argumentos inculcábale su antiguo alumno. Al fin y a la postre, en artistas, como en todo, había hombres de bien. Famosos los hubo, y bien famosos, que con sus obras habían dado gloria y esplendor a la Santa Madre Iglesia, ilustrando y divulgando sus misterios. ¿Quién sabe si algún día no se vería en la iglesia mayor un cuadro o un retablo que, a la par que celebridad a la familia del artista, y lustre a su pueblo, hiciesen de la humilde parroquia lugar de peregrinación universal de los devotos del arte? Y torcer una vocación era cosa de grave responsabilidad, que la vocación la pone Dios para su mayor gloria en el corazón de sus criaturas...

Las pobres tías no sabían ya qué pensar. Poco difícil le fue a Andrés acabar de convencerlas con mimos y promesas. Y decidióse al fin la instalación de Andrés en Madrid, para donde partió una tarde de otoño, con un bagaje abundante en consejos, en ropas, y en bizcotelas[19] expresamente encargadas con anticipación en casa de Domitilo.

III

EL PROFESOR

Andrés anduvo varios días preocupado con la idea de Kate Findlay. ¿Gustarle? No, precisamente; al menos, no se lo quería confesar a sí mismo; pero le hubiera gustado profundizar el conocimiento, entrar en la intimidad de esa mujer, que no parecía ser una de las muchas turistas sin arraigo y sin cabeza que tanto abundan en Italia.

La verdad era que se aburría soberanamente. Después de unos años arrastrados por la ramplonería de los estudios madrileños, había llegado a Roma con el corazón henchido de entusiasmo preconcebido. Ya en el tren, la voz de un mozalbete que pronunció la palabra *Trasimeno*[20] al pasar frente al lago famoso, llenóle de deliquio[21]. Los primeros días fueron una embriaguez ininterrumpida, originada, más aún por la mágica superstición que encierra el nombre de la Ciudad Eterna, que por lo que realmente sentía y veía.

Poco a poco, se fue acostumbrando a "lo que le parecía un sueño", y, como su temperamento, a pesar de los éxitos ya obtenidos en su arte, no era el de los grandes emotivos, tenía que hacer un esfuerzo continuo de memoria por no considerar el Foro con la misma indiferencia que la

19. *bizcotela:* especie de bizcocho ligero, cubierto de un baño blando de azúcar.
20. *Trasimeno:* lago de Italia, en las colinas de Umbría.
21. *deliquio:* desmayo, desfallecimiento.

Puerta del Sol. Y, como no podía ser menos, la pensión trabajosamente enviada por *mamá* Isabel y *mamá* Charito servíale principalmente para estudiar a Roma, encarnada en alguna que otra amorosa romana.

Kate no era ni muy hermosa ni muy guapa, y en esa tierra de hembras espléndidas lo parecía aún menos. Pero Andrés, de las romanas, no conocía precisamente a las princesas, y, para el muchacho español, educado en la severa separación de sexos que alimenta toda la baja lujuria burguesa española, Kate era la primera muchacha fina e interesante con quien había pasado un rato sin mojigatería. Quiso volverla a ver.

La buscó donde más posible era encontrarla: en las galerías del Vaticano, por la mañana; en el Pincio[22], por la tarde. Cruzó a la hora del almuerzo y de la cena por los comedores de los grandes hoteles; buscó en las listas de forasteros: todo fue inútil. Pensó que se habría marchado. Y un día, que ya casi no se acordaba de ella, un mes, lo menos, después de su primer encuentro, tropezó con ella tan inesperadamente, que al primer instante no se dio siquiera cuenta de la alegría que le inundaba.

Era en San Pedro, la tarde de una canonización. Andrés, entrado al azar por la nave central, y llevado luego casi en andas por la muchedumbre, chocando alternativamente con cada una de las barreras de madera puestas a lo largo de la nave para evitar que el Papa, al pasar, muera ahogado por el gentío, había conseguido por fin refugiarse junto a uno de los ramos monumentales que desde lo alto de la *Confesión* rodean el cuerpo del Apóstol.

Todo Roma, el todo Roma que no puede conseguir una invitación para presenciar la ceremonia de la mañana, está allí por la tarde, para ver, al menos, el adorno de la

22. *Pincio:* una de las colinas de Roma.

basílica, y está verdaderamente como en un espectáculo. Andrés no faltaba nunca; meridional hasta los tuétanos, gustábale sobremanera el ambiente de las muchedumbres meridionales, y ese público vocinglero, irrespetuoso y confianzudo de las "entradas públicas" de San Pedro, que le consolaba —aseguraba él— de la nostalgia del público de las corridas de toros.

Un gentío enorme, imponente; muchedumbre de barricada, que parecía haberse tragado la barrera viviente puesta en la plaza desde las tres de la madrugada por los soldados que la acordonan. Cada cual, cuando se siente cansado, siéntase como puede y donde puede, donde más a mano le cae. Mujeres con pañuelo a la cabeza, que dan tranquilamente el pecho a sus hijos vueltas de espaldas al altar mayor; chiquillos que corretean, jugando al escondite, por entre las barreras de madera y los confesonarios. De vez en cuando alguno cae, resbalándose sobre las mondas de frutas, los pellejos de salchichón y los papeles grasientos, que llenan el suelo cual vestigios patentes de las interminables horas de espera en la ceremonia de la mañana. Y son gritos, y risas, y llantos, y llamadas, bajo las bóvedas miguelangelescas[23], entre la pompa más pomposa del mundo; una animación de romería al aire libre, populachera y brutal.

Andrés divertíase mirando las escenas ininterrumpidamente desarrolladas en torno a la milagrera imagen del Santo, más ídolo que nunca con su enjoyado atavío de los días de fiesta y su escolta de cuatro guardas reales apoyados en la barrera que lo circunda, poniendo prudente distancia entre sus fieles y sus pedrerías. Como esta barrera no permitía besarle el pulgar del pie derecho, que es el

23. Se refiere al pintor y escultor del renacimiento italiano, Miguel Ángel (1475-1564).

sitio milagroso, las gentes, alzándose de puntillas, alargaban el brazo por encima de la barrera, tocaban el pie de bronce y luego besábanse devotamente la mano. De pronto, un remolino más pronunciado que los anteriores, aplastó contra la barrera que protegía al Santo a un grupo bastante numeroso de domésticas y soldados; Andrés oyó unas interjecciones inglesas, y vio, debatiéndose entre los que la estrujaban, a Kate Findlay, con el sombrero caído sobre un hombro, el velo caído sobre el otro, y haciendo con el brazo derecho, que tenía en alto el cuaderno de apuntes, gestos de náufrago que se va a pique.

A puñetazos y codazos, logró abrirse paso hasta ella. Asió por encima de una *contadine*[24], que en su traje zarzuelero gemía invocando todos los santos del calendario, la mano náufraga, y, tirándola como pudo hacia sí, sacó del atolladero a la yanqui, a punto de llorar de susto y de indignación.

—¿Usted aquí, miss Kate? —preguntóle por fin, en la relativa soledad de la capilla de la *Pietá*[25], sin reparar en las personas que, únicas en todo el templo, estaban allí rezando.

—¡Oh, esto es horrible! ¡Esto es escandaloso! ¡Abominable corrupción! ¡Reprobable idolatría! —exclamaba Kate, con luterana sofocación, mientras recomponía su tocado.

—Pero ¿cómo ha venido usted a esto? ¿Cómo su embajada no le ha procurado una invitación de tribuna para esta mañana?

—Me la ofrecieron, pero yo no quise. Ayer tarde estuve aquí, y me asustaron los tres puestos de socorro instalados para los desmayos causados por las apreturas duran-

24. *contadina:* (Ital.) aldeana.
25. *Pietá:* grupo escultórico de Miguel Ángel.

te la canonización. Mas tenía curiosidad por ver San Pedro engalanado; jamás pude pensar que un público católico olvidaría hasta ese punto el respeto a su culto. ¡Oh! En Norteamérica no se consentiría eso, no; ¡ni entre los negros!

—*Roma veduta, fede perduta.*[26] ¿No sabía usted eso, miss Kate? Pero lo mejor sería salir fuera, ¿no le parece?

Y, cogiéndola de la mano como a una niña, la llevó, haciendo mil rodeos para evitar otra escena como la anterior, hasta la salida.

Kate dejábase conducir. Se le iba poco a poco pasando el sofoco, y ahora, ya tranquila con la protección de un hombre, sonreía, como riéndose de su propia emoción.

Tenía encendido el color, y ese algo muy seductor que tienen a ratos las que, sin ser lo que se llama guapas, no son tampoco feas. En el atrio, un guarda real díjole a uno pontificio:

—*Senti, senti; enamorati francese, bella fanciulla!*[27]

Lo oyeron. Kate púsose aún más arrebolada. Andrés sonrió, con esa instintiva fatuidad del hombre que luce una conquista. Y, por primera vez, pensó que a lo mejor pudiera ser Kate efectivamente para él lo que pensaba aquel soldado.

Kate soltóle la mano, y, para disipar su turbación:

—¡Qué perspicacia! Nos toman por franceses.

—Es como en mi tierra —dijo Andrés, sonriendo siempre—. Allí a todos los extranjeros los creen ingleses. La nacionalidad importa poco. Lo que importa...

—¿Qué?

—Ya sabe usted... Nos toman por enamorados.

Kate rióse francamente.

26. Refrán italiano: Roma vista, fe perdida.
27. Ital.: escucha, escucha, enamorados franceses, bella muchacha.

—¡Qué tontos!

—¿Por qué? ¿Acaso sería imposible?

—Completamente —afirmó ella, muy seria.

—¿Por qué? —insistió Andrés, ya picado su amor propio.

—Pues porque... —empezó muy seria miss Kate, y terminó, riendo: —Porque he venido a Roma a estudiar los monumentos nada más.

—Bueno; pues, entonces, en lugar de intentar enamorarla, me dedicaré a ser su profesor de arte y de arqueología. ¿Quiere usted?

—Según... Si es usted un buen profesor...

—Admirable. Me sé a Roma de memoria. Verá cuánto aprende usted conmigo.

—¿Sí?

—Sí.

—Pues acepto.

Y le dio un *shakehand*[28] completamente yanqui, prometedor de buena amistad y demostrativo de vigor físico.

IV

ESCARAMUZAS

Ya llevaba Andrés media hora sentado en el *Faraglia*. Había leído el *Giornale* desde el fondo hasta el pie de imprenta, y nada.

Algo insólito ocurría. Kate le había citado en el café a la una y media. Era muy puntual, y ya habían dado, solemnes en el reposo de esa hora de siesta, las campanadas de las dos.

Llevaban más de quince días de correrías por todo

28. *Shakehand:* (Ingl.) saludo, apretón de manos.

Roma. La yanqui, tomando en serio el ofrecimiento de su "profesor", no perdonaba ruina ni iglesia. Y él, cada vez más enamoriscado, estudiaba por las noches concienzudamente la guía más detallada que había logrado encontrar en la Ciudad Eterna, y le hacía a su amiga a cada paso verdaderas y documentadas conferencias, salpicadas con galanterías que no parecían desagradar.

—Chico —habíale dicho Martos, un barbarote pensionado en la Academia, y a quien, a falta de otro mejor ante quien empavonarse, honraba con sus confidencias "favorecidas"—, chico, duro con ella. A las mujeres se las toma por asalto, y estas *extranjis* son todas unas chifladas histéricas, que en cualquier momento, ¡pum!, se te caen encima dando jipíos[29]. No seas *litri*[30], y ve siempre preparado.

Andrés seguía el consejo al pie de la letra. Se había comprado unas mudas *dernier cri*[31] y había despedido a su última beldad, una modelo pizpireta y mugrienta que tenía la mala costumbre de alimentarse de embutidos y de inundar a sus amantes de perfume de ajo. Pero la cosa es que Kate, si era histérica y chiflada, como suponía Martos gratuitamente, lo disimulaba muy bien. Es más: Andrés, aunque sin decírselo a Martos, había creído a veces ver brillar en los ojos dorados de la norteamericana una lucecita un tanto irónica.

Las dos y cuarto. Andrés determinóse a ir a ver lo que pasaba. Justo llegaba un *bestiamen,* uno de esos tranvías sin asiento alguno en los que caben —han de caber— en pie cuantas personas pueden humana o animalmente ser prensadas, y que, inaugurados cuando la guerra, para

29. *jipíos:* (And.) suspiros, gemidos, modo de modular la voz en la copla andaluza.
30. *litri:* (Coloq.) tonto, cursi.
31. *dernier cri:* (Fr.) último grito, última moda.

transporte de tropas, perduran con la tácita, alegre y forzada aquiescencia de todos.

Andrés subió en marcha, y, empujado —una persona, una bestia más— a empellones por la cobradora, dulce ejemplar del sexo débil, empleado, sin duda, como prueba evidente de que este sexo tiene arrestos para dominar cualquier jaula —*Avanti! Avanti!*—, fue a caer en el interior del coche sobre las rodillas de un "viajero de ventana": uno de esos tipos de *cine,* con pañuelo de seda al cuello, sombrero alto, blando y redondo, y cara de bandido calabrés, que montan por fuera en los tranvías romanos, se sientan en las ventanillas, dejando cómodamente colgar sus piernas hacia adentro, y a los cuales, "como no han subido al coche", la conductora, por muy bravía que sea y mucho arte que se dé en prensar su "mercancía", no se atrevería nunca a reclamar amenazadoramente el *bighlieto*[32].

Después de unos minutos de sacudidas, blasfemias y pisotones, se apeó en la plaza de las Termas, y, rozando las paredes, al amparo de la mezquina sombra de los toldos mercantiles, encaminóse hacia el barrio Ludovisi, en una de cuyas recogidas y aristocráticas avenidas habitaba, en una pensión, Kate Findlay.

El dueño de esta pensión era napolitano y concejal, y había tenido venas de artista hasta el día en que su legítima unión con una señora retirada con suerte del comercio de sus encantos, habíale librado de lo que él mismo, en líricos arrebatos, llamaba "la férrea esclavitud del arte sometido a las necesidades crematísticas". Pero la inspiración es delirio impuesto por los dioses, y no se apaga ya nunca en el noble corazón que un día iluminó con su áureo fulgor. Así es que este artista hostelero, no conten-

---

32. *bighlieto:* (It.) billete.

tándose con las preocupaciones del cargo a que había sido elevado por la consideración de sus convecinos, dedicaba sus ocios a decorar la pensión, por otra parte admirablemente regentada por su digna consorte. Andrés no había estado nunca allí; para mayor comodidad de ambos, las citas con Kate eran siempre en sitios más céntricos, y únicamente había acompañado a su amiga hasta la puerta cuando habían ido de noche a algún teatro. Al entrar quedóse desconcertado por la decoración, furibundamente modernista, fruto del ingenio del señor concejal. El saloncito en que lo introdujeron, atestado de asientos hasta el punto de ser materialmente imposible estar en él en otra actitud que sentado, no tenía, sin embargo, dos asientos iguales, ni siquiera parecidos, ni en forma, ni en color. Los había estilo de todos los Luises, Carlos y Felipes que trotan por la historia universal, desde el que parecía una silla de coro, hasta el que parecía butaquita versallesca. Los había redondos, cuadrados y macizos como moles, y puntiagudos como instrumentos de tortura. Unos eran gualda rabioso, y otros morados, y otros azules. Y lisos, y estriados, y con motas, y con grecas... Andrés, en pie en el umbral, no sabía por cuál decidirse, y paseaba su estupefacta mirada por todos los detalles de la incomparable habitación.

Una risa sobradamente conocida hízole volverse hacia un rincón medio disimulado por un biombo rojo y no menos singular que el resto del mobiliario. Allí estaba Kate tomando café, en compañía de un señor de barba gris, chaquet y gafas de oro, con aspecto entre *clergyman*, diplomático, y voceador de específicos para callos y neuralgias.

—Perdone usted, Kate; pero, la verdad, esta decoración me anonada —dijo, con disgusto mal disimulado, al par que besaba la muñeca de su amiga, gesto en él inusitado, pero con el cual quería afirmar su confianza ante "el intruso".

—Es muy pintoresca, ¿verdad? —repuso ella, con la

mayor naturalidad—. Marea un poquito al principio. Cuestión de costumbre. Pero, ante todo, déjeme que le presente a míster Riddell, uno de mis más ilustres compatriotas, director en Roma del Instituto Artístico de Chicago. Seguramente le conocería usted ya de nombre.

—No —dijo secamente Andrés.

¡Conque le daba cita, no iba, le hacía correr hasta aquí con un solazo de mil diablos y la lengua fuera, temiendo las peores catástrofes, y era para encontrársela coqueteando con un viejo grotesco! ¡Pues ya vería esa niña cómo las gastaba el hijo de su madre!

—Tomará usted café, ¿verdad? —preguntó Kate, extrañada de la grosería.

—Gracias. Ya lo he tomado, a la una y media —y recalcó las palabras—, en el *Faraglia.*

—Buen café —afirmó míster Riddell—. Buen café.

Debía de referirse al del *Faraglia.* Pero se sirvió otra taza del que había sobre la mesa.

Andrés miraba a Kate con un aire sombrío, medio sincero y medio intencionado, por creerlo de gran efecto. La muchacha, sin alterarse lo más mínimo, disculpóse cortés y escuetamente por no haber acudido a la cita. Se lo había impedido la visita de míster Riddell, y ya pensaba ella que, no viéndola llegar, Andrés vendría en su busca.

—¿Verdaderamente lo pensaba usted? Y también pensaría usted, sin duda, que estaría intranquilo, ¿no?

—¡Oh, no! ¿Por qué intranquilo? Pueden suceder muchas cosas que impidan acudir a una cita. No hay motivo para intranquilizarse antes de saber.

Hablaba pausadamente. A Andrés le pareció que le reprendía como a un niño. Sentía crecer en él vehementísimos deseos de darle una bofetada, o de tirar una taza al suelo y hacerla añicos. ¡Y ese esperpento del otro mundo, ahí entre los dos, con su parsimonia y su amor al café!...

Repantigóse en su butaca, mortificándose la espalda con los ángulos agudos del respaldo, y apretó los labios en un mutismo rencoroso y tozudo.

Míster Riddell, después de apurar meticulosamente con la cucharilla el azúcar que quedaba en el fondo de su taza, desabrochóse, primero el chaquet, luego el chaleco, y sacó de un bolsillo interior una cartera, y de esta cartera, un cuadernito.

—Martes, diez —anunció, con la solemnidad con que, por lo visto, lo anunciaba todo—. Martes, diez. A las cuatro, recepción en la Legación de Siam. Debo marcharme.

—¿Ya? —dijo Kate, sonriendo maliciosamente y mirando a Andrés con el rabillo del ojo.

—Sí, miss Findlay: ya. Crea usted que lo siento. Pero tengo una vida de sociedad que me abruma, que me abruma literalmente. Ya ve usted: hoy tengo todavía que asistir a una recepción y a tres tés. Y mañana será lo mismo, y pasado también. Gracias que lo llevo todo anotado. A usted también la tenía anotada: "Martes, diez. Café miss Findlay." Pero volveré; en cuanto tenga un día menos lleno, la anotaré a usted otra vez.

Y, saludando a Andrés con una leve inclinación de cabeza, que éste contestó en la misma forma, se fue, acompañado hasta la puerta por la muchacha.

Al volver ésta, encontróse a Andrés en la misma actitud. Creyó conveniente alabar al que se acababa de ir.

—No se crea; a pesar de su aspecto ridículo, es un hombre de gran mérito. Es un gran artista, muy celebrado.

—¿Eso un artista? —dignóse, por fin, proferir Andrés en tono sarcástico.

—Sí; un gran escultor. Hace aún muy pocos años, vivía en su país retraídamente, sin pensar sino en su arte; y hacía grandes cosas. Pero le dieron este puesto; de la noche a la mañana, este hombre ya maduro, de origen y costumbres humildes, vióse entrado de lleno en la más alta sociedad, considerado aquí poco menos que como un embajador, y al pobre se le ha subido a la cabeza. Pero es buena persona, y...

—¿Y se cree usted —interrumpió Andrés violentamente— que yo he venido aquí a escuchar el panegírico de ese viejo lúbrico?

—¡Oh! —exclamó tan sólo Kate, estupefacta.

—Sí, viejo lúbrico. Verdad es que con las coqueterías que hace usted con él...

—¿Yo coqueterías? ¡Oh! —repitió nuevamente la americana—. ¡Oh! ¡Usted hoy no está bien, pobre amigo!...

—¿Que no estoy bien? ¿Que no estoy bien?

Se había puesto en pie y le hablaba de muy cerca, con aire furioso, como si le escupiera su mal humor a la cara.

La yanqui, acostumbrada al impasible comedimiento de su tierra, turbóse un punto. Su fisonomía ablandóse en una expresión de ternura; inició vagamente un gesto con la mano... Pero rehízose inmediatamente, y, ya dueña de sí, con su tono habitual de *camarada:*

—Y bien, querido profesor: ¿olvida usted que hoy es día de visita en la Galería Doria y que me ha prometido usted una larga conferencia sobre Velázquez, su excelso compatriota?

V

ESPERANZAS

Aquel segundo de emoción, en que Andrés había creído sentir a su "discípula" tan cerca de él, no se volvió a repetir, a pesar de todos los esfuerzos hechos y de todas las ocasiones buscadas con ese propósito.

La emoción había sido tan fugaz, que ninguna alusión a ella era posible. Y Andrés, acuciado por un lado por Martos, que le preguntaba socarronamente si "le daba por lo romántico", o si "aspiraba a la palma de virgen y mártir", e irritado por otro lado contra sí mismo al comprender que la yanqui le iba ya interesando en demasía y que llevaba camino, si esto se prolongaba, de hacerle perder la ecuanimidad que se preciaba de conservar frente a todas las mujeres, Andrés llevaba unos días de un humor de perros.

—Llévatela al Coliseo anochecido —aconsejó Martos—, a ver qué efecto le producen las parejitas.

Pero no le habían producido ninguno.

So pretexto de describirle minuciosamente, *en el sitio,* el calvario de los cristianos arrojados a las fieras y la pompa de las fiestas imperiales, Andrés llevó a Kate por todos los pasadizos que sabía susceptibles de cobijar dulces coloquios.

La yanqui parecía atenta tan sólo a las explicaciones acerca del monumento, y cuando Andrés, harto encandilado, señalábale alguna pareja estrechamente confundida, que ni siquiera se separaba al verlos, ella saltaba, imperturbablemente flemática, con alguna pregunta suplementaria sobre la profundidad del pasillo marmóreo de Calígula, o sobre la exacta situación del palco de las vestales[33]. ¡Era para desesperar de Dios y de los hombres!

—¿Qué tal el Coliseo? —preguntaba Martos al día siguiente.

Andrés, avergonzado de su fracaso y temiendo las cuchufletas, prefirió no contestar e hizo un gesto de suficiencia que podía pasar por elocuente.

—Pero ¿triunfo completo? —insistió Martos.

33. *vestales:* doncellas romanas consagradas a la diosa Vesta.

—Hombre, tanto como completo...; pero no lo he pasado del todo mal.

—¿Qué te decía yo? Mucho remilgo y mucha arqueología, y al fin son todas unas furcias —resumió triunfante, como si se tratase de un éxito personal, Martos, cuya psicología amorosa circunscribíase a las señoritas que, después de las diez de la noche, le decían: "Oye, rico" por las esquinas.

Andrés no protestó.

La verdad era que al regresar del Coliseo se había encerrado en su cuarto en el paroxismo de la irritación. Ya muy entrada la noche, cierto cosquilleo en el estómago recordóle que no había cenado. Hacía rato que debía de haber transcurrido la hora normal de la cena. No quiso salir. Le molestaba la idea de rozarse con nadie. Por teléfono pidió al *bureau* del hotel que le subiesen unos fiambres y una botella de vino. Se los subió la camarera de guardia, una piamontesa de pecho abundante y pelo rubio, que andaba contoneándose como ofreciendo a cada paso sus abultadas caderas a un pellizco probable. Miró a Andrés y se echó a reír; Andrés rióse también y cerró de una patada la puerta, que había quedado entreabierta.

....

Iglesias, galerías, termas, reliquias... Andrés veía ya hasta en sueños *escalas sanctas* y estatuas mutiladas.

—¿Quiere usted ir hoy a las catacumbas, Kate? Así podremos luego dar un paseo por la Vía Appia y sabrá usted que Roma, además de la ciudad de las piedras antiguas, es también la ciudad de los ocasos divinos.

El quiosco de los billetes dejó maravillada a la norteamericana, que no se habituaba a ver la tranquilidad con que se halla establecido en Roma el negocio de la religión.

—Dos liras, señor, comprendido el cabo de vela.

Y el trapense, "haciendo el artículo" con facilidad de elocución que habría enviado cualquier feriante, enumeraba:

—Entrada por persona, una lira; hay indulgencias aplicables a cualquier difunto desde cinco liras; medallas en cobre, plata y oro, habiendo tocado el lugar en que descansaron los restos de los santos mártires, desde dos liras; se dicen misas en la capilla de Santa Cecilia; hay guía francés, alemán, inglés e italiano. Ahora mismo empieza la visita del grupo francés; pueden sumarse todavía a él los señores visitantes que así lo deseen; dentro de media hora comenzará su visita el grupo español.

Kate y Andrés cogieron cada uno su cabo de vela y se unieron al grupo formado, a la entrada de las galerías, en torno a otro trapense que hacía, en francés, una breve historia de la creación y descubrimiento de las catacumbas.

Era un grupo compuesto en su totalidad de mujeres. Ninguna muy joven, y ninguna guapa. Vestían con esa ranciedad —cuellos demasiado altos, faldas demasiado largas y pelo demasiado tirante— de las provincianas francesas, a un tiempo solteronas y beatas. Consideraron con escasa simpatía a Kate, que iba toda de blanco, con una blusa transparente y escotada, y una falda cortísima, que descubría, hasta media pierna, sus medias de seda, y que, destocada[34], por una costumbre que le hacía llevar el sombrero en la mano en cuanto salía de las calles céntricas, ostentaba, como graciosa aureola, el revoltijo de sus cortos bucles.

Comenzó la visita. Kate y Andrés, advirtiendo la animosidad de las beatas, divertíanse en hacerlas rabiar, pareciendo muy acarameladitos. En la primera cuesta, Andrés había cogido a Kate del brazo para preservarla de los resbalones; en la segunda intentó, con cierta timidez, aga-

34. *destocada:* sin sombrero.

rrarla de la cintura; ella se dejó hacer, y él entonces la agarró fuertemente.

Las beatas, escandalizadas, prestaban más atención a los gestos de la pareja que a las explicaciones del fraile; éste, un tipo forzudo de aldeano, con mucho pelo, mucha barba, mucho color en la nariz y las mejillas, y mucho brillo en los ojos, sonreía picarescamente.

En la capilla de Santa Cecilia, las francesas se arrodillaron. Andrés señaló a Kate la estatua de la santa con la singular actitud que le ha dado el artista.

—Más que una santa parece una mujer extenuada de pasión, ¿verdad?

Y Kate soltó una carcajada que le valió un cuchicheo indignado de las beatas.

Nunca la había visto Andrés tan animada. Se había despojado por completo de la tiesura que revestía ordinariamente sus actos, por muy libres que fuesen, de un tinte puritano insoportable a los ojos de un español. No se contentaba con sonreír, sino que se reía francamente, a pleno pulmón y a plena boca. Siempre habíale parecido a Andrés tener una edad idéntica a la suya. Hoy veía que tendría escasamente veinte o veintidós años.

Al salir nuevamente a la luz del día, dio un *¡hurra!* que hizo santiguarse a las beatas como una blasfemia. Andrés no le soltó el talle hasta subir al coche.

Ya caía la tarde. Grupos de rapazuelos descalzos y casi desnudos corrían tras el coche, pidiendo cuartos entre alabanzas a la *sua signora* y deseos de felicidad eterna y de muchos *bambini*. Al cabo de un rato, destacóse en el cielo de añil la mole imponente de la tumba de Cecilia Metella[35]. Se apearon.

---

35. Cecilia Metella fue esposa de Craso el Joven. En tiempos de Augusto se le construyó una tumba circular de 20 m. de diámetro en la Vía Appia.

La puerta de la fortaleza estaba cerrada. A fuerza de llamar, apareció un viejecito con gorra galoneada que se deshizo en excusas: había ya cerrado, porque no creía que vendría ya nadie; pero si el *nobile signor* y la *nobilisima signora* querían tomarse la molestia de entrar...

Dentro reinaba una melancolía emocionante, en contraste con el esplendor de la luminosidad de fuera. Las altas paredes cubrían de un sudario de sombra las estatuas mutiladas y los restos de sarcófagos medio disimulados por las hierbas que brotaban pujantes entre las carcomidas losas.

El viejo, con voz monótona y gangosa, recitaba la historia del panteón patricio. Kate y Andrés le seguían, silenciosos, sobrecogidos de pronto por la augusta tristeza de esa tumba vacía.

—Voy por una vela —dijo el viejo—, para que puedan darse cuenta de la profundidad de los cimientos.

Andrés miró a su amiga. Estaban en un rincón más obscuro aún que el resto del recinto. La silueta toda blanca de la muchacha apoyábase en la forma menos blanca y musgosa de una estela de mármol. Los rizos rubios parecían haber recogido toda la luz del exterior.

—Kate... —empezó Andrés en voz muy baja.

Ella, a su vez, le miró.

—Kate —prosiguió él en el mismo tono—, si no se enfadase usted...

Ella le interrogó con la mirada.

—Kate —continuó Andrés, siempre en voz muy baja—, ¿me deja que la dé un beso?

La americana, sin responder, se acercó a él y le presentó la boca. Andrés la besó muy despacio, sintiendo un martilleo en las sienes que le quitaba la noción exacta de lo que hacía...

Volvió el viejo con la vela, y recomenzó su gangosa y monótona letanía.

299

Junto a la puerta cortó unas cuantas rosas silvestres y, también con votos de felicidad, ofreció el humilde ramillete a la *nobilisima signora.*

Kate cogió una de las flores y se la puso a Andrés en el ojal.

En el coche permanecieron todo el camino con las manos enlazadas. Kate, ensimismada, tenía la cabeza caída sobre el pecho, y Andrés no se atrevía a interrumpir sus pensamientos. Sentía una alegría que le invadía todo; una sensación de ternura y de respeto insospechada hasta entonces en sus amoríos a flor de piel con hembras de posesión fácil y muchachas que sabía hipócritas y calculadoras. Al entrar en la ciudad tuvo que hacer un gran esfuerzo para reaccionar contra la emoción que le embargaba.

Kate estaba invitada a cenar con unos amigos en el "Excelsior"; pero tenía antes que pasar por la pensión para cambiar de ropa.

—La esperaré para conducirla hasta el hotel; no quiero que vaya sola, de noche, con estos cocheros que me inspiran tan poca confianza —dijo Andrés, que no se decidía a separarse de ella y hubiera querido crear pretextos para que necesitase de su protección.

Ella agradeció sonriendo, y subió a su habitación.

Andrés entró en el salón modernista. Maquinalmente, sin ver lo que miraba, se puso a considerar los frescos que decoraban las paredes y que, tal vez para demostrar la devoción de su autor por el arte egipcio, o tal vez porque el tal autor no estaba muy fuerte en reglas de dibujo, representaban varias figuras de perfil con los ojos de frente.

—¿Al señor le gustan las obras de arte? ¿Quizás sea él también artista? —dijo de pronto tras él una voz de bajo condescendiente y cordial.

Andrés volvióse sobresaltado. La voz de bajo provenía de un hombre casi enano, con una hermosa barba rubia, una espléndida cabellera rizada, y una faja de seda roja en un traje de pana negra.

—Soy el autor —dijo el liliputiense[36] con mal disimulado orgullo—. El autor y el esposo de la dueña, para servir a usted.

—Tanto gusto —dijo Andrés conteniendo a duras penas el regocijo—. ¿Conque usted es el autor de estas pinturas?

—De las pinturas, de los muebles, de todo. Todo ha salido de aquí —y se dio un sonoro palmetazo en la frente—. ¿Qué le parece?

—Admirable; jamás vi cosa igual. Se lo digo sinceramente.

—¿El señor es artista?

—Efectivamente; soy...

No pudo acabar. El liliputiense estrujábalo entre sus musculosos brazos, llamándole "caro cofrade".

Después del abrazo, Andrés hubo de sufrir, detalladamente, la explicación de lo que su interlocutor llamaba "el hilo cerebral de sus creaciones"; explicación que no hubiera tenido razón alguna para acabar, a no ser la que a la postre hubiera impuesto el tiempo, pues tal era la prolija complacencia del hostelero consorte en tal materia, si, felizmente, Kate no hubiera tardado poco en su *toilette*.

Cuando apareció, Andrés quedóse un punto suspenso. No la había visto aún más que en traje de calle, y siempre con la indumentaria excesivamente sobria y sencilla de las sajonas en viaje. Creíala incluso poco experta en artes de tocador. Ignoraba que en su tierra las mujeres preocúpanse poco de trapos durante las horas del día, dedicadas a

---

36. *liliputiense:* persona pequeña y endeble, por alusión a los personajes de «Lil-liput» en *Viajes de Gulliver*, del novelista inglés Jonathan Swift (1667-1745).

otras ocupaciones, pero reservan toda la elegancia para por la noche. Le pareció otra, otra Kate casi igual a la primera, pero infinitamente más sugestiva y seductora. Confirmóse en la idea que había ido formándose vagamente durante sus paseos de "profesor" y que le mostraba a la yanqui cada vez menos en camarada y más en amante posible.

Recordó el beso de la tumba de Cecilia Metella, y no pudo reprimir una sonrisa de vanidad al oír las exclamaciones de admiración con que la voz de bajo saludaba a su huésped.

—Kate, ¿nos veremos muy temprano mañana? —suplicóle mientras el coche los llevaba por entre los dormidos *villinis*[37] de la vía Boncompagni hacia la vía Veneto.

—Me acostaré sin duda tarde —vaciló ella.

—Entonces, al menos almorzaremos juntos, ¿verdad?

—¿Almorzar?… Mire, me siento muy cansada; de verdad. Quiero descansar un día. Mejor cenar.

—¿Todo el día sin vernos, Kate? ¡Eso no es posible! —protestó Andrés con vehemencia.

—¡Qué niño! —dijo ella pasándole la mano por la cara en un gesto de caricia que le tranquilizó—. Sí, cenaremos juntos.

—Bueno —resignóse él—. ¿Dónde?

—Donde usted quiera. ¿Dónde acostumbra a comer cuando está solo?

—Según; hoy he comido en el pequeño restaurante de la Piazza Venecia. Es fresco y tranquilo.

—Pues allí, a las ocho.

Andrés la ayudó a bajar delante del hotel y, a la entrada del *hall,* despidióse de ella apretándole las puntas de los dedos y murmurando muy dulcemente:

—¡Kate!

---

37. *villinis:* (Ital.) *villini,* casas con jardín.

VI

LA CENA DE AMOR

—Oye, ¿me puedes prestar cien liras?

—¿Cómo has dicho?

Martos creyó que su amigo se había vuelto loco. ¡Cien liras! Así, como quien dice: "¡Dame una cerilla!"

—Andresito de mi alma, vuelve en ti; recobra la noción del tiempo, del espacio y del presupuesto de un pensionado en la Academia Española[38]. Te lo suplico, serénate; date cuenta...

—Bueno; ¿me puedes prestar cien liras, sí o no? —interrumpió Andrés incomodado—. Si puedes te lo agradeceré. Si no, *abur*[39]. Que te advierto que no estoy con ganas de guasa.

—¡Caray! ¿Tan a mal traer te trae tu Venus ultramarina? Pues no decías que ya...

—¡Yo no he dicho nada, idiota, imbécil, analfabeto, borracho!...

—Eh, poco a poco, tú —dijo Martos incorporándose a medias encima de la estrecha cama de hierro negro que, con una cómoda, un palanganero, dos sillas y un yeso de la *Nike de Samotracia*[40], constituía todo el lujoso mobiliario de su cuarto de la Academia—. ¡Poco a poco, tú! El que cuando necesites dinero des precisamente con un amigo en la palmancia, no es motivo para echar por tierra una amistad confirmada en trescientas veintitrés borracheras y sesenta y ocho...

—Bueno —volvió a interrumpir Andrés impacienta-

38. Se refiere a la Academia Española de Bellas Artes en Roma.
39. *abur:* interjección de despedida, forma familiar sobre el vasco *agur*.
40. *Nike de Samotracia*: famosa escultura del arte helenístico (220-190 a.C.). Se conserva en el Museo del Louvre de París.

do—; eso quiere decir que no me das las cien liras, ¿verdad?

—¡Qué más quisiera yo que dártelas! ¡Sería prueba de que las tenía! —suspiró Martos—. Pero, hijo, estamos a veintidós de mayo, y, en pasando el primer mes del trimestre, ¡ni para colores busques aquí! Con la pensión generosamente suministrada por nuestro amantísimo Estado tenemos que optar entre pintar o comer; aunque te parezca repugnantemente prosaico, te confieso que todos los pensionados hemos optado por comer. Comer, y el resto del tiempo dormir, que engorda y no cuesta nada. Así se fraguan los genios. Pero, oye —dijo cambiando de tono—, ¿por qué no les pides un suplemento a tus tías? Viejas y en un pueblo, ¿qué falta les hace a ellas el dinero?

Andrés vio mentalmente a *mamá* Isabel y *mamá* Charito menguando cada día más su reducidísimo tren de vida para enviar, con la pensión de cada mes, algunas golosinas al "niño". Las veía recomponiendo hasta lo inverosímil su eterno traje negro; ahorrando el brasero; suprimiendo el café después de las comidas —¡su único vicio!—, y hasta reemplazando por una mísera lamparilla de aceite el farol que siempre lucía ante una imagen del Perpetuo Socorro, en memoria de los muertos queridos... No; por nada del mundo hubiera exigido un nuevo sacrificio a sus dos madres adoptivas.

—Mis tías no son ricas. Y, además, necesito el dinero hoy mismo.

—¿Es que te ha puesto precio tu...?

No acabó. Andrés, congestionado, abalanzóse sobre él con ánimo de estrangularle.

—Bueno, hijo, perdona. No es para tanto. Entonces, si no es para faldas, ¿qué prisa te corre el dinero?

—Me corre prisa porque la he invitado a cenar esta noche. Quiero quedar bien, y a mí también este fin de mes me viene estrecho. Pero, si no puedes, pon que no he dicho nada, y hasta otro día.

—¿Qué vas a hacer?

—¡Yo qué sé! Empeñaré la sortija y el reloj, y diré que lo tengo en el relojero. ¡Salud!

Ya estaba a la otra extremidad del pasillo, cuando oyó a Martos que le gritaba:

—¡El del Foro Trajano es el que da más! ¡Y conste que lo siento, eh!

En el patio de la Academia, un grupo de turistas leían el *Baedeker*[41] ante el templete de Bramante. En la puerta, dos vendedores de baratijas de mosaico esperaban filosóficamente el final de la lectura. Andrés salió a la explanada de San Pietro in Montorio, y, maquinalmente, por la costumbre que tenía cada vez que venía a la Academia, se puso a contemplar el panorama.

Hacía una de esas diáfanas tardes romanas en que el azul del cielo da una sensación aérea imponderable, y en que todas las formas de la Ciudad Eterna parecen espiritualizadas. Al fondo, detrás de los montes del Latium, advertíase, muy tenue, una línea blanca: el mar. De frente, los montes Sabinos y Tivoli; luego, Rocca di Papa, Grattaferrata, Frascati, Rocca Priore; abajo, Colonna; más cerca, aislado en medio del campo, San Pablo; extramuros, el Testaccio, el Aventino coronado de iglesias, el Palatino; y, por fin, todos los monumentos paganos y cristianos, desde la torre del Capitolio hasta, completamente a la izquierda, la cúpula de San Pedro.

Andrés, maquinalmente, henchíase los sentidos con la incomparable visión. Una pareja —seguramente unos recién casados—, que vino a maravillarse junto a él, hízole

41. *Baedeker:* véase n. 1.

sentir de pronto, agudamente, la falta de la presencia de Kate. Recordó que tenía que agenciarse dinero.

Era inútil pensar en coger el tranvía, que pasaba de tarde en tarde, y siempre atestado. Andrés prefería además matar el tiempo, que se le antojaba aquel día interminable. Descendió lentamente el Gianicolo por las serpentinas y sombreadas *passeggiata*[42]; cruzó el Tíber por el puente Sixto, y, después de caminar más de una hora sin darse cuenta de ello, encontróse de pronto en el Foro Trajano.

Haciendo como que examinaba los bajorrelieves de la columna central, fue dando lentamente la vuelta al Foro, hasta encontrar la sucursal del Monte de Piedad, una simple oficina instalada en una tienda, a nivel de la calle. Precipitóse..., y cuando ya iba a alcanzar la manilla de la puerta, vio venir hacia él al liliputiense de la pensión de Kate, que le pareció sonreír de un modo socarrón, y hasta mefistofélico.

Rápidamente, dio media vuelta y, huyendo del importuno artista hostelero, se metió por una puerta de iglesia que halló al paso.

Era una iglesia de forma arbitraria, circular; una de las pocas iglesias feas y totalmente desprovistas de interés que hay en Roma.

Ante el altar mayor, lívidamente iluminado por la luz blancuzca que se filtraba a través de los cristales incoloros, subido en una especie de teatrito rojo, un curita joven, guapo, muy atildado, clamaba con voz estudiada y gestos de tenor contra las ideas disolventes del siglo. El auditorio, mujeres elegantes y pollos bien vestidos, le coreaba con murmullos de aprobación.

---

42. *passeggiata:* (Ital.) paseo. Hay aquí una errata, pues el plural, exigido por la concordancia con «serpentinas y sombreadas», es *passeggiate*, o *passeggiatas* si se quiere adoptar el plural castellano.

Al cabo de unos diez minutos, Andrés juzgó que ya no corría peligro de encontrarse con el liliputiense y, siempre como si admirase los bajorrelieves de la columna, llegó nuevamente hasta la casa de empeños.

Cuando salió de la tienda, ya obscurecía. Más valía llegarse al restaurante y poder elegir tranquilamente un sitio propicio, convenientemente resguardado de las miradas indiscretas. Sentóse en la mesa extrema del callejón del palacio de la antigua embajada de Austria. Desde ahí se dominaba toda la plaza y no se estaba tan a la vista como en el resto de la terraza o en el interior.

Desde que se había separado de Kate, ya veinticuatro horas antes, estaba en un estado de excitación que no le permitía analizar sus sentimientos. Lo que sentía por la americana ¿era únicamente deseo? ¿Era algo más hondo? No se lo preguntaba siquiera, y, de habérselo preguntado, no hubiera sabido responder. Se hallaba, eso sí, muy lejos de aquel amorío superficial en que creía condensar al principio su *aventura de Roma*. Poco a poco, inconscientemente, la yanqui había conseguido apoderarse por completo de sus pensamientos. Pero ¿en qué pararía esto? Es más: ¿qué clase de mujer era ésta? ¿Ya sabía en lides amorosas, cuya conquista, después de resolverse como parecía inevitable, no tendría más importancia que la de los agradables momentos pasados juntos? ¿O muchacha emancipada que no querría comprometer en el *flirt* más que aquello que se podía comprometer sin definitiva trascendencia? Las raras veces que Andrés se había planteado a sí mismo este dilema, lo había apartado en seguida de su imaginación como idea importuna. Ahora, lo único que pensaba, era que hoy, dentro de unos instantes, iba a tenerla ahí, frente a él; que la iba a tener ahí, con sus manos tan dulcemente abandonadas, su boca tan rendidamente entregada... Después, ¡ya se vería!...

Había sido aquel día la romería de la *Madonna del Divino Amore*. Los romanos, de regreso ya del Castel di Leva, atravesaban la plaza a galope, doblando luego por el Corso[43], con el bullicio de sus mulas engalanadas, imponiendo, en medio del paseo de la gente elegante, la elegancia genuina de sus carritos pintados, llenos de cantares y de flores de papel. Una muchedumbre compacta, ebria de gritos, presenciaba, desde las aceras, el desfile de las *carrozelas* premiadas. En el fondo de la plaza, el monumento a Vittorio Emmanuele aplastaba el cuadro con su masa blanca e inarmoniosa de gigantesco merengue[44].

El bullicio de los romeros se fue poco a poco apagando hasta desvanecerse por completo en el estruendo acostumbrado de los tranvías, que, después de alcanzar el final de su recorrido, cambiaban de línea para subir nuevamente hacia la plaza de las Termas o hacia San Pedro. La terraza del *Faraglia* iluminóse bruscamente con el fulgor crudo de sus focos; la entrada del Corso iba quedando casi desierta. Oyéronse chirriar, uno tras otro, los cierres metálicos de los bancos; la masa informe del monumento anegó lentamente su estrepitosa blancura en la penumbra, hasta no chocar demasiado junto a los dorados palacios de otros siglos. Ya debían de ser las ocho. Kate iba a llegar.

Andrés llamó al camarero y le ordenó que pusiese más flores en la mesa. El camarero quedóse sorprendido:

—Es que...; dispense el señor...; como no tenemos por costumbre... No hay flores en la casa.

—Pues que vayan por ellas.

---

43. El Corso es una de las calles principales de Roma.

44. Este monumento, situado en la *piazza Venezia*, uno de los centros de Roma, es conocido popularmente, por sus dimensiones, forma y aspecto general, como "la tarta".

—A estas horas… costará trabajo encontrar un florista abierto.

—Cueste lo que cueste.

—Está bien, señor.

Un chiquillo con un acordeón vino a instalar su silla de tijera en el ángulo de la terraza. Otro chico pasó un platillo entre las mesas con la dignidad de quien cumple un trabajo y recaba un derecho. Más tarde, una mujer ciega, apoyada en el hombro de un cojo, vino a cantar, con voz lastimera, la romanza de moda. El monumento dibujaba ya apenas su masa obscura entre la sombra.

—¿Es usted *il signor* Andrés Marín?

—Sí. ¿Qué pasa?

Andrés, con una brusca corazonada, se puso en pie de un brinco. El botones le tendió una carta, excusándose:

—Ya hacía un rato que le andaba buscando…; como el señor estaba en esa mesa del fondo… Esta carta para el señor…

—Traiga.

Quedóse un momento con el sobre entre las manos; no se decidía a abrirlo. Y, por fin, leyó:

"*Dear* Andrés:

"Sí, soy yo quien le escribo, y es una carta mía la que acudirá en mi lugar, a la cena tan simpáticamente combinada. Yo, mientras, estaré sacudida en un vagón que me llevará, implacablemente muy lejos de la Piazza Venecia y de mi "profesor".

"No me guarde rencor. No me acuse. No soy ingrata. Al contrario. Pasado el primer momento de enojo, verá cómo hice bien en marcharme.

"Ya hacía días que comprendí que nuestra camaradería corría riesgo de acabar feamente. ¿Comprende? Feamente; rompiéndola yo bruscamente y dejando luego entre los dos el escozor de un recuerdo violento. Pero la escena de

309

ayer —el beso, ya ve que no soy cobarde— me demostró palpablemente que las cosas estaban aún más precipitadas de lo que yo creía. Usted, Andrés, sin duda, como español, da a ciertos actos un valor que yo desconozco; pone unos matices para mí ignorados. Y olvida que yo no soy española, sino norteamericana. Y yo no tuve la precaución de acordarme de que no era usted norteamericano, sino español.

"Usted me ofreció su amistad porque soy una mujer, y, sin duda (lo puedo decir ahora que ya no nos volveremos a ver), porque soy una mujer que le gustaba. Yo acepté porque vi en usted a un camarada, a un camarada agradable..., y que me podía enseñar precisamente lo que yo vine aquí a aprender.

"Mi sinceridad le parecerá tal vez un poco ruda; pero nosotros somos así; carecemos de la suavidad latina. Y yo soy siempre muy franca. En una cosa tan sólo no lo he sido: debí decirle, desde un principio, que estaba prometida. Pero... al principio no era necesario, y luego... ¡me halagaba tanto sentirme, como ustedes dicen, cortejada! En Norteamérica los hombres no son así. Y también tenía miedo de que entonces cesara usted de acompañarme y de darme sus explicaciones ¡siempre tan interesantes! Porque mi novio tiene precisamente la intención de escribir un gran libro sobre Roma. Él es profesor en un colegio de Washington y no puede hacer el viaje; por eso he venido yo. En cada carta le contaba muy detalladamente lo que usted me decía, y él seguramente se felicitará también mucho de tener todos esos datos, que no están en ninguna guía.

"Le he hablado mucho de usted. Le cree un buen camarada mío. Y así le recordará siempre con agradecimiento y simpatía

Kate Findlay."

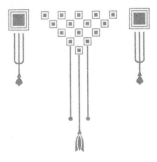

Carmen Eva Nelken
(*Magda Donato*)

LA CARABINA

Carmen Eva Nelken *(Magda Donato)*

Nace en Madrid, en el año 1900. Mujer que gozó en su época de gran popularidad, como periodista y escritora de literatura infantil, hoy ha sido relegada a un olvido casi absoluto en España. Resulta difícil obtener datos de su biografía* y cuando es recordada, aparece siempre en calidad de hermana de Margarita Nelken y/o compañera del famoso dibujante Salvador Bartolozzi (ilustrador, recreador en España de *Pinocho* y creador de *Chapete* para la Editorial Calleja, creador asimismo de los personajes *Pipo* y *Pipa* y fundador, entre otras cosas, del Guiñol en el Teatro de la Comedia), a quien conoce siendo casi una niña —Antonio Espina, en la biografía de Bartolozzi, afirma que se conocieron en 1914—, por pertenecer aquél al círculo de amistades de su hermana. Poseedora de una amplia cultura, desde muy joven colabora en los principales periódicos y revistas de la época, *El Imparcial, La Estampa,* etc. Practica un periodismo que ha sido calificado de sensacionalista por tratar de temas que causaban gran impacto en la sociedad, a la vez que se hace popular por sus series de entrevistas a personajes célebres. En colaboración con S. Bartolozzi, con quien compartirá su vida y sus actividades artísticas, se introduce en la literatura y en el teatro infantil. Colabora en la sección infantil de *Los Lunes del Imparcial,* como autora de cuentos, ilustrados por Bartolozzi, que muchas veces aparecen bajo distintos pseudónimos como *El Abue-*

---

* Agradezco a Francis Bartolozzi, hija del gran dibujante y de su esposa, Angustias Sánchez, algunos datos sobre la vida de *Magda Donato* que gentilmente me ofreció.

lo, El Sr. Pickwick, Pinocho, Pim-pam-pum, El gato con botas (alguno de éstos puede ocultar a *Magda Donato* o al mismo Bartolozzi). Igualmente destacable es su vocación por el teatro —gran actriz ella misma— que la llevará a participar en las numerosas actividades que en este campo lleva a cabo Bartolozzi, a realizar adaptaciones de obras de otros autores y a colaborar activamente con grupos teatrales vanguardistas como el Teatro de la Escuela Nueva (1921) y El Caracol (1928-1929), ambos fundados por Cipriano de Rivas Cherif.

Aunque no participó de forma activa en la política, siempre mostró su inquietud por los problemas sociales y fue defensora de los derechos de la mujer desde su posición de intelectual moderna y progresista. De gran popularidad fue su serie de artículos sobre la vida en la cárcel de mujeres, publicada en *La Estampa,* para cuya realización no dudó en hacerse pasar por una presa —con el permiso del director del centro— y vivir en la Cárcel Modelo de Madrid durante un mes.

Su producción abarca también la novela, particularmente, novela breve, donde descubre sus dotes literarias en la narración, creación de ambientes y construcción de personajes.

En 1939 inicia el exilio que la lleva a Francia, pero ante la invasión alemana marcha, junto a S. Bartolozzi, a México, en donde se establecen en 1941. Allí sigue colaborando en las actividades teatrales de éste, el cual dirige un Teatro Infantil en el Teatro de Bellas Artes de la capital e, incluso, realiza en 1942 una película infantil: *Aventuras de Cucuruchito y Pinocho* (en Madrid se estrena en 1945). *Magda Donato,* en México, tiene ocasión de desarrollar su faceta de actriz teatral, cinematográfica y aun de televisión, alcanzando una gran populariodad. En 1960 fue designada como la mejor actriz en México y llegó a instituir el Premio Magda Donato para estimular a los jóvenes artistas. Murió en México, en 1966.

Realizó numerosas traducciones del inglés, francés y alemán: *Los caballeros de Bois-Doré,* de Jorge Sand; *Melo (Melodrama),* de Henri Beinstein (1934); *Rosario al sol,* de Francis Jammes (Espasa-Calpe, Col. Austral, 1958); *Las sillas* de Eugene Ionesco (México, 1960), etc.

Hizo adaptaciones para la escena española de obras como *Aquella noche,* de Lajos Zilahy (1936), *Cuentos escogidos,* de Jean Lafontaine (1941). Fue coautora de obras dramáticas: con Antonio Paso, *¡Maldita sea mi cara! Farsa cómica* (1929); con Salvador Bartolozzi, *Pipo, Pipa y el lobo Tragalotodo. Comedia infantil* (1936). Colaboró en algunas colecciones de novela breve: *La carabina* (1924), *Las otras dos* (1931), ambas en *La Novela de hoy,* y destaca su contribución a la narrativa infantil con cuentos como *La protegida de las flores* y sobre todo su habitual presencia en la sección infantil de *Los Lunes del Imparcial,* como autora de breves relatos de una delicada fantasía.

A.E.B.

A MANERA DE PRÓLOGO

LAS IDEAS Y LOS PENSAMIENTOS DE LA GRAN ESCRITORA Y BELLÍSIMA MUJER MAGDA DONATO

La novela de hoy se enorgullece presentando hoy a sus lectores a una escritora de nervio, llamada a ser, si cultiva este género, uno de nuestros primeros novelistas. Su estilo limpio, correcto y ático, matizado por un desdén irónico, presta a la narración un encanto que se apodera del lector desde el primer momento.

Muy joven, Magda Donato, además de una escritora meritísima es una mujer de una belleza soberana, realmente majestuosa, de tipo griego, del más puro clasicismo.

Es, además, una actriz en toda la extensión de la palabra, con lo que sobran los adjetivos... Avanzada de ideas, como verá el lector, va contestando a mis preguntas con su voz dulce y sonora, que se aparta por igual del matiz masculino como de los dengues y flautas de ciertas mujercitas demasiado femeninos.

—¿Dónde y cuándo nació?

—Nací con el siglo, en Madrid, en la plaza de Santa Cruz.

—¿A qué edad empezó a escribir?

—A los diez y siete años, en "El Imparcial", publicando el día 6 de enero de 1917 una croniquilla que quería ser graciosa y se titulaba "Divagaciones sobre la moda".

—¿Conoce muchos países?

—Solamente he estado temporadas más o menos largas en Francia, Alemania, Bélgica y Suiza.

—¿Qué concepto le merecen las mujeres de los países por donde ha viajado?

—La francesa de París, del pueblo, es admirable: trabajadora, enérgica, inteligente. La burguesa me irrita por su prurito —a mi entender equivocado— de batir el récord mundial de la elegancia y el buen gusto. La francesa de provincias —completamente distinta de la parisina— es mojigata y gazmoña, mucho más todavía que la española.

"En la alemana aprecio la cultura, la libertad de pensamiento y la amplitud de ideas. Desgraciadamente, esta amplitud de ideas las pone a menudo en práctica con exceso, sobre todo desde la guerra. Y su cultura se matiza generalmente de pedantería.

"A la belga la he tratado muy poco; apenas lo bastante para creer que es la mujer más cariñosa y amable del mundo.

"De la suiza no puedo hablar con conocimiento de causa; en su propio país solamente traté con extranjeras.

—Y del hombre francés, alemán, etc., ¿qué opina usted?

—El alemán, como todos los hombres del Norte —así el bávaro menos que el prusiano—, es algo pesado, difuso y lento de espíritu. Antiguamente tenía una admirable rectitud de carácter, una buena fe simpáticamente infantil, una lealtad muy grande y una perfecta sujeción a la palabra dada; pero desde la guerra todas estas cualidades se han desvanecido.

"Al francés creo que le perjudican dos cosas: la primera es su desconocimiento absoluto de los demás países, causa o consecuencia de su "chauvinismo" exasperado. La segunda es su facilidad a dejarse dominar por las mujeres, lo cual le lleva en la literatura y en el teatro a dar un lugar *preeminente, con perjuicio de todos los demás, a los pro-blemas del amor, que en la vida, sobre todo ahora, no pasan de ser secundarios.*

—Y en cuanto al español, ¿qué opina?

—Así, en conjunto, el español no parece que vale gran cosa, como lo ha demostrado en varias ocasiones, algunas de ellas, ¡ay!, bien recientes. Pero aisladamente, el español me parece el hombre más hombre del mundo.

—¿Es partidaria del divorcio?

—No lo soy, desde el momento que el divorcio implica, naturalmente, el matrimonio, institución, a mi entender, inmoral y que creo que está llamada a desaparecer. Y me temo que el divorcio, suavizando el matrimonio, retrase su abolición. Las cosas malas más vale que lo sean sin ate-nuantes.

—¿Y del voto femenino?

—Creo que conviene que la mujer intervenga en los asuntos públicos, pero siempre muy en mujer, para ocu-parse de temas relacionados con la beneficiencia, la mater-nidad, la higiene del hogar, la escuela, etc. El feminismo debe entenderse como "feminidad cultivada, elevada, consciente"; hacerlo sinónimo de "masculinismo" es un contrasentido, sobre absurdo, peligroso y desagradable.

—Qué cree usted que es más disculpable, ¿la infidelidad del marido o de la mujer?

—Disculpable no lo es ninguna; el engaño y la mentira son siempre viles y rebajan a quien los practica, sea hom-bre o sea mujer. Ahora, justificables, lo son los dos. El adulterio es una consecuencia lógica del matrimonio, sobre todo del matrimonio sin divorcio. En cambio, en el amor libre, la infidelidad me parece un crimen sin atenuantes de ninguna clase. Verdad es que en el amor libre la infidelidad es cosa rara y, por lo mismo, la moral mucho más pura y elevada.

—¿Qué mujer española cree usted que es o ha sido más digna de admiración?

—Concepción Arenal, porque supo ser buena.

—Y entre las mujeres de otras tierras cuyas vidas pertenezcan a la historia, ¿de cuál de ellas tiene usted más alto concepto?

—De Mrs. Harriett Beecher Stowe, por los resultados prodigiosamente humanitarios que consiguió con su libro, literariamente malo, "La cabaña de Tom". El siglo XX necesitaba otra Beecher Stowe que consiguiese la abolición de la pena de muerte, como la del siglo XIX consiguió la de la esclavitud.

—¿A qué escritor clásico admira más?

—A Quevedo.

—¿Y de los contemporáneos?

—Si le parece, volveremos a hablar de ellos dentro de un par de siglos.

—¿Es usted rica? ¿De qué vive?

—Como vivo en casa de mis padres, ya puede suponerse lo barata que me sale la fonda. Por lo demás, me costeo todos mis gastos con mi trabajo, desde las medias suelas de los zapatos hasta el "Ford"... que me pienso comprar, tan pronto como los despachen en el "Todo a 0,65", que dicen que ya no falta mucho.

Y los labios de Magda Donato sonríen, dejando libre el brillo cegador de sus dientes...

La autora de esta deliciosa novela que hoy publicamos es hermana de otra gran artista: Margarita Nelken... Dios, cuando quiere ser generoso con una familia, no vacila...

ARTEMIO PRECIOSO*

* Véase p. 269.

La carabina

I

Había días aciagos en que Paulina Bedoya se veía precisada a cenar, agotando así, en esta comida imprevista, las sobras del mediodía, cuidadosamente apartadas para el día siguiente. Pero por lo general merendaba, y la merienda la libraba de la temida eventualidad de la cena.

Afortunadamente para ella, la herencia de su padre, el comandante Bedoya, y los recuerdos dejados por su marido, el doctor Romero, no se limitaban solamente a la sillería negra con incrustaciones de nácar, los retratos y cuadritos con marcos de terciopelo, los cojines de raso con flores pintadas o bordadas, la pulsera de pedida, el reloj de plata y otras menudencias, sino que comprendían algo más sólido y útil: las relaciones.

Paulina Bedoya tenía muchas relaciones, tantas, que raro era el día en que no cayese el santo de alguna amiga, y todos estos santos Paulina los tenía metódicamente registrados en su almanaque de bolsillo, en el cual las apuntaciones de gastos e ingresos hubieran dejado excesivas hojas en blanco.

Aun apartando los "santos inútiles", a los que Paulina acudía desinteresadamente, "por amor al arte", esos santos que significaban, a lo sumo, unas pastitas, un poco de turrón cortado en trozos menudos y una copita de curasao fabricado en casa, quedaban bastantes "santos nutritivos", o sea con merienda auténtica.

Éstos eran la principal razón y, sobre todo, la ayuda más positiva de su existencia. Las frases efusivas de la acogida: "¡Oh! Paulina, ¡cuánto bueno por aquí!", "¡Dichosos los ojos, mujer!", "Qué cara te vendes!", "¡Hace un año que no se te ve!" (y efectivamente solía hacer un año: desde el santo anterior), no eran en tales casos meras fórmulas de cortesía; en los oídos de Paulina sonaban deliciosamente a promesas confortadoras. Ya en el comedor, instalada ante la mesa abundantemente servida, Paulina, sin golosina peligrosa, rechazaba enérgicamente los platos de dulces y el té; su dominio de la situación y su habilidad eran tales, que sabía arreglárselas para atracarse de emparedados, fiambres, y *puddings* con el aire más distraído del mundo y llenar copiosamente su plato, sin dejar un momento de captar con su charla la atención de sus vecinas.

Los días vacíos de todo santo quedaba el recurso de las visitas a la prima Luisa Carrillo, en el momento en que ésta se disponía a salir, momento oportuno para dejarse invitar a la tertulia de Pombo[1], donde Paulina, fiel a su sistema, desdeñaba los refrescos en beneficio de la nutritiva taza de chocolate con ensaimada.

Para visitar a la señora de Carrillo, Paulina llevaba siempre un pretexto inmejorable: la indicación de un nuevo saldo.

Los saldos eran la pasión de Luisa, y Luisa era la providencia de los saldos y el terror de sus dependientes. Ni por casualidad habría ella comprado un metro de tela en una tienda "normal"; todo habían de ser "ocasiones", y en "ocasiones" esta mujer de su casa, económica hasta la tacañería, derrochaba más dinero que cualquier coquetuela frívola en modelos de las principales casas de modas.

---

1. *Pombo:* véase *Colombine, Los negociantes de la Puerta del Sol,* n. 28.

En casa de la señora de Carrillo había permanentemente una costurera de esas cuyo jornal es también una "ocasión", ocupada en unir retales de tela, trocitos de encaje o bordados, adornos de abalorios disparatados, que rebosaban por todos los cajones y los armarios, y en confeccionar con estos pingos inservibles los vestidos de Luisa y sus dos hijas.

Realmente, era necesaria la habilidad prodigiosa de Paulina, inspirada por su necesidad de chocolate pombiano[2] sin gasto propio ni apariencia de gorronería, para conseguir constantemente descubrir saldos desconocidos por su prima.

Salvado casi por completo el problema de las meriendas y así el de las cenas, le quedaban aún a Paulina bastantes problemas que resolver para solucionar el problema general de la existencia.

El dinero indispensable para el alquiler del cuarto, los almuerzos, la luz y las medias suelas lo ganaba al margen de la moda.

Paulina no conocía a fondo ningún oficio, ni siquiera ninguna labor; pero sabía un poco de todo, y de esta manera "iba tirando", sin dejar un solo día de repetir con la mayor seriedad del mundo que "estaba resuelta a aprender a hacer flores artificiales".

Cuando los bolsillos de cuentas estuvieron en boga, Paulina hizo bolsillos de cuentas[3]; cuando existió el furor de los collares exóticos, ella enhebró perlas de distintos gruesos y colores; manejó las agujas de madera para hacer "jerseys" de punto cuando los impuso la moda, y anudó briznas de pluma de avestruz en la época en que las

---

2. *pombiano:* (creac. pers.) de Pombo.
3. Se refiere a bolsos de mano hechos con abalorios o cuentecillas de vidrio.

lloronas[4] eran el adorno predilecto para los sombreros femeninos.

Como no tenía mucho gusto, ni habilidad, ni siquiera paciencia, su clientela no era la de las casas de lujo, capaces de pagar una cantidad crecida por la creación de un nuevo modelo, sino la de las fábricas y mercerías que pagan miserablemente las copias adocenadas.

II

Paulina Bedoya tenía un hijo.

Cuando el doctor Romero murió y la viuda "vino a menos", los frailes de la escuela a la que acudía el niño, siguiendo su tradición de generosidad y desprendimiento, consintieron en continuar su instrucción de balde, sin hacer diferencia alguna entre él y los alumnos de pago. Y, en efecto, no hicieron más diferencia que la de repertirle varias veces al día que no hacían ninguna.

Al cumplir los trece años, Luciano, harto de vejaciones y poco aficionado al estudio, declaró que "ya sabía bastante" y que estaba resuelto a no volver a "pisar la escuela".

Paulina poseía en grado sumo esa pasividad enemiga de altercados ni complicaciones, que en unos se llama apocamiento y en otros bondad.

Sin una protesta se fue a ver a unos parientes lejanos de su marido, cuya ayuda e influencias tenía casi sin explotar, reservándolas para las grandes ocasiones.

Y el pariente lejano encontró para el muchacho una colocación de aprendiz en una fábrica de platería.

---

4. *llorona:* especie de penacho de plumas que caía suavemente sobre el ala del sombrero de señora.

Sin ser una madre que se forjase grandes ambiciones respecto al porvenir de su hijo, Paulina Bedoya pensó siempre que el niño "llegaría a algo". La colocación de aprendiz no le hacía mucha gracia, pero le aterraba aún más la perspectiva de que Luciano, desocupado, se pasase el día junto a sus faldas, y como, por otra parte, el muchacho no sabía echar una cuenta sin equivocarse ni escribir una carta sin faltas de ortografía, aceptaron la proposición, reservándose para la intimidad las censuras amargas y las quejas respecto a la protección del pariente.

Hubo entonces un período de tranquilidad relativa. Acababa de fenecer la boga de las "lloronas", y las señoras aprovechaban sus plumas para "boas"[5]; esta transformación de adornos de sombrero en "boas" era casualmente lo que a Paulina le salía menos fulero, y le valió varios encargos para tiendas y señoras amigas de Luisa Carrillo. Por otra parte, Luciano afirmaba que sus jefes estaban encantados con él y muy en breve cobraría un sueldo.

Un día, el pariente lejano se personó en casa de Paulina; pero ella no tuvo tiempo de saborear el honor de esta visita imprevista. El pariente venía iracundo, y su indignación se desbordó en seguida: Luciano era un miserable, un sinvergüenza, un verdadero golfo. ¡Bien había sabido agradecerle sus bondades! Hasta entonces, el dueño de la fábrica, en atención a quien le enviaba, había soportado pacientemente su mala conducta; pero el aprendiz acababa de colmar la medida, robando —así como suena— un reloj de pulsera para conquistar los favores de cierta señorita oficiala de costura en casa de "Madame Pilar".

En el alma de Paulina Bedoya, como en la de casi todas las mujeres, dormitaba una actriz melodramática; estas

5. *boa:* véase Blanca de los Ríos, *Las hijas de don Juan,* n. 32.

revelaciones despertaron súbitamente en ella el instinto teatral, como lo probó la escena con que recibió aquella noche al hijo culpable.

Hubo de todo: llantos, gritos, gestos, hasta maldiciones. "¡Has manchado el nombre de tu padre! ¡Me matarás a disgustos! ¿Para qué te habré yo traído al mundo, Dios mío? ¿Qué he hecho yo al cielo para que me castigue de esta manera? ¡Antes hubiera querido verte muerto que ladrón!"

Desgraciadamente, en la vida suele ocurrir lo que en el teatro, y es que el actor no conmueve por sincero, sino por experto. La pobre Paulina era sincera al gritar, llorar y maldecir; sufría en su cariño de madre, en su honradez personal y, sobre todo, en su amor propio de viuda de médico y huérfana de militar. Pero Luciano permaneció en espectador, y estos extremos trágicos no lograron sino aburrirle e irritarle.

Sin manifestar el menor arrepentimiento, declaró tranquilamente que quería marcharse a América y que le dejasen de tonterías.

A Paulina, mujer indecisa y acostumbrada a dejarse llevar por la corriente de las cosas, las resoluciones firmes y súbitas le imponían un respeto profundo. Estas palabras de su hijo arrojaron una ducha de tila y azahar sobre el soplo de tragedia que la animaba. Y al día siguiente, obedeciendo a las órdenes del muchacho, temblorosa y cabizbaja, fue a suplicar al pariente lejano que proporcionase para el culpable un billete de ferrocarril a mitad de precio hasta Barcelona, donde el viajero se embarcaría en calidad de emigrante.

Vacilando entre alabar el arranque del mozo o censurar la loca pretensión que sin duda abrigaba de hacer fortuna en América, el pariente optó por callar, encogerse de hombros y proporcionar el billete solicitado.

Paulina empeñó entonces todo lo que le quedaba por

empeñar, vendió los muebles de su alcoba y reunió así una cantidad suficiente para pagar el medio billete y dar al emigrante una modestísima suma para los primeros gastos.

Ya sola, levantó la casa y fue a instalarse, con los cuatro trastos que le quedaban, en una habitación alquilada en casa de una mujer revendedora de oficio, que vivía en la calle de la Espada.

De lejos, Luciano se mostró más cariñoso que de cerca; escribió al pisar la tierra de Méjico, y tres o cuatro veces al año ponía unas letras a su madre dándole noticias de su vida; se hartaba de repetir que todo le salía perfectamente, a fin de demostrar que él no necesitaba de nadie para arreglárselas en la vida; pero confesaba los oficios de pinche de cocina en un café, ayudante de charlatán en las plazas públicas y otros por el estilo que se veía precisado a ejercer; de esta manera estaba seguro de que su madre no tendría nunca la inoportuna ocurrencia de pedirle dinero.

Paulina estaba tranquila respecto a su hijo; estas noticias bastaban a su solicitud maternal.

III

Aquel verano fue excepcionalmente duro para Paulina Bedoya. Los primeros calores no significaron solamente, como otros años, ausencia de "las relaciones", que con el veraneo se llevaban sus fiestas onomásticas y meriendas correspondientes, sino que además mataron despiadadamente la boga de las "écharpes" de punto de lana, última limosna de la moda a las que viven de sus migajas.

Paulina debía dos mensualidades a su patrona; llevaba los tacones torcidos y en las suelas de sus zapatos, a pesar de que andaba lo menos posible, se iban dibujando ciertos redondelillos aterradores.

Desde hacía cinco años llevaba el mismo traje de sastre, de lana, con levita en invierno, con blusa de seda en verano. Como todo ello era negro, parecía gastar luto eterno y distinguido.

Pero ¡ay! Este verano ruinoso el desgaste de la blusa, que hasta entonces había tenido la discreción de manifestarse sólo en los sobacos, invadía la delantera, y Paulina se asfixiaba con su levita puesta y abrochada hasta arriba.

Hasta su abanico de batista gris con lilas pintadas, que compró en un día de opulencia, la abandonaba, y esto era triste, porque el abanico, pendiente de una cadena de azabache que ella se fabricó descosiendo el adorno de un antiguo vestido de noche, constituía su último lujo veraniego, así como su piel de cabra, que imitaba la de la zorra, constituía su último lujo invernal.

Menudeaban las noches en que se acostaba suspirando una y mil veces: "¡Ay, Señor mío! ¿Qué va a ser de mí?"

Y un día se sintió animada por una fuerza extraordinaria, una fuerza compuesta por muchas causas agobiadoras: las suelas, el abanico, la blusa, las amenazas de la revendedora... y el hambre. Esta fuerza la llevó hasta la casa de Luisa Carrillo, aunque ninguna noticia de saldo sensacional tenía quedarle, y le hizo pronunciar esta frase decisiva: "Ya no puedo seguir así."

La señora de Carrillo quedó anonadada. Quejas, suspiros y hasta súplicas que acababan por sonsacarle, además de los consejos y sermones, algunas pesetas, estaba acostumbrada a oírlos de labios de su parienta; pero esto ya era otra cosa. Creyó entrever un porvenir nebuloso de sablazos considerables, y se anticipó valerosamente al peligro:

—Es preciso que te ganes la vida.

Paulina la miró con la misma sonrisa descorazonada con que hubiese oído que le decían: "Es preciso que te toque la lotería." Murmuró débilmente:

—¿Cómo?

Luisa reflexionó un momento; luego propuso con tono resuelto:

—¿Y si entraras de dependienta en alguna tienda?

Paulina exclamó con energía agridulce:

—¡Pero, mujer, suponte tú que algún antiguo compañero de mi padre y alguna de "nuestras relaciones" me viera despachando!

La eventualidad era horrorosa; Luisa se hizo cargo; propuso dos o tres soluciones más: entrar como mecanógrafa en una oficina; "hacerse secretaria" de algún grande hombre de negocios; tras examen detenido convinieron en abandonar estas proposiciones, que "quizá" necesitaran de alguna preparación previa.

Al fin, Luisa dio en el clavo:

—Lo que te convendría es acompañar señoritas.

Efectivamente, ésta era la ocupación más adecuada para una señora venida a menos. El mismo título de "señora de compañía" es, en cierto modo, una garantía de distinción. Paulina aprobó, y tras de regalarle una blusa en buen uso, con algunos trocitos de cinta y puntilla y un paquetito de avalorios[6] que sacó de sus cajones para adornarla, Luisa prometió dedicarse a buscar una señorita "acompañable" con el mismo ahínco que ponía en buscar saldos y liquidaciones.

IV

Don José del Peral se había casado con doña Eloísa cuando Emilita, la hija de ambos, cumplió los nueve años.

Entonces era él el principal en la zapatería donde había

---

6. *avalorios (sic):* abalorios.

entrado de aprendiz; ella acababa de dejar su oficio de planchadora, y había perdido su silueta de chulilla coqueta y hasta algo más que coqueta.

En la actualidad, el señor Del Peral era concejal y uno de los más importantes accionistas de una fábrica de curtidos, y la señora de Peral era una señora gorda y austeramente virtuosa, tanto más cuanto que lo era desde hacía poco tiempo.

Doña Eloísa gastaba impertinentes, pretendiendo corregir por medio de este artefacto distinguido —ser distinguida era su obsesión— la vulgaridad de su persona. La fortuna y la elevación de su situación social no la habían aturdido hasta el punto de hacerle descuidar sus deberes de ama de casa; desde muy temprano, por la mañana, se la podía ver con un collar de perlas al cuello y pulseras de brillantes en los brazos, trajinar en la cocina, azuzando a los criados, o tendiendo ropa con sus manos regordetas cargadas de sortijas.

Emilita del Peral —hoy Lily— era una rubita adorable, que había sido educada en el Sagrado Corazón, usaba patillas postizas y se empeñaba en ocultar bajo densa capa de polvos de arroz crudamente blancos los colores naturales de sus mejillas. Al paseo lo llamaba *footing;* al plato nacional, el *piri,* y a emplear este idioma complejo lo llamaba estar *dans le train.*

La constante trepidación de su espíritu, de su carácter y diríase que de sus piernas, la impedía permanecer en casa más que para comer y dormir; las labores la horrorizaban por "cursis", y la lectura, por aburrida.

Como para su madre el ideal de la existencia se limitaba a hacer ganchillo rodeada de los muebles "modernestilos"[7]

7. "modernestilos": irónica castellanización de la expresión inglesa "modern style".

de su gabinete, y el salir de casa tomaba proporciones de acontecimiento, y el andar significaba un martirio, aquel año, al regreso de Santander, Lily consiguió que sus papás la tomasen una *carabina* para acompañarla.

Paulina Bedoya, calurosamente recomendada por una amiga de su prima, fue aceptada sin dificultad. A don José le pareció muy formal y de aspecto debidamente respetable; doña Eloísa, deslumbrada por su delgadez, la encontró sumamente distinguida, y Lily declaró que le convenía porque debía ser una infeliz como una casa.

V

Paulina Bedoya abrigaba una ilusión, y era que al verla con Lily no había razón alguna para que la gente no la tomase por la madre o la tía de la muchacha.

El primer día que en tranvía Lily pagó con toda naturalidad por las dos, Paulina miró a derecha e izquierda con el terror de que alguna de "sus relaciones" se hallase en el vehículo, presenciando este hecho significativo.

El día que Lily se encontró en la calle a un caballero amigo de sus padres y se detuvo a hablar con él, sin pensar, naturalmente, en presentárselo a la *carabina* y sin que él pensase tampoco en dirigirle un saludo, le costó cierto trabajo a Paulina figurarse distraída y muy ocupada en considerar a un hombre-anuncio parado en la acera. Durante un cuarto de hora estuvo leyendo concienzudamente el cartel del hombre-anuncio y aprendiendo de memoria los menores detalles del programa de cierto parque de recreos con *souper tango* y *jazz-band*.

Los tragos más amargos eran los de las visitas a las que acompañaba a Lily y que le resultaban muy diferentes de las que poco antes hacía por cuenta propia.

Así, por ejemplo, hubo el día en que, hallándose en un salón donde había más personas que sillas, Paulina hubo de permanecer toda la tarde de pie detrás de Lily, sin que a ninguno de los pollos que charlaban animadamente con la señorita del Peral se le ocurriese ofrecer el asiento a su acompañante.

Verdad es que en otra casa este inconveniente de la presencia de las *carabinas* había sido hábilmente subsanado; al entrar, y después de depositar su paraguas en el perchero del recibimiento, Lily depositó a su señora de compañía en una habitación contigua a la sala, en la que se hallaban ya unas cuentas señoras modestas y resignadas.

VI

Pocos días después de cobrar su primera mensualidad Paulina empezó a notar que entre los numerosos muchachos conocidos y adoradores de Lily había uno con el que se encontraban con singular frecuencia; pero no tuvo lugar a ejercer su sentido detectivesco, que por lo demás tenía poco desarrollado. Lily, cariñosa y sencilla hasta el punto de tratarla casi como a igual, le confesó que Pepito Losada le había pedido relaciones y que ella no se las había negado.

—Por Dios, madame —suplicó (la llamaba madame porque los géneros del país están desacreditados y así había probabilidad de que se tomase a su señora de compañía por una francesa)—, no diga usted nada de esto a papá y mamá, porque dicen que soy demasiado joven para tener novio.

No necesitaba Paulina ser un águila para comprender que el silencio respecto a los papás era mucho más conveniente que la enemistad con la hija. Ahora que, caritativa con su propia dignidad, se dio a sí misma otras razones: ¿Qué mal había en estos amores? Después de todo, puesto que los niños "se idolatraban" —así había dicho Lily—; y ya que el joven Losada era un muchacho de buena posición, familia rica y carrera honrosa, el noviazgo había de ser más conveniente que perjudicial para la hija de sus am...igos.

A la mañana siguiente, en lugar de efectuar su *footing* tradicional por el paseo de coches del Retiro, Paulina y Emilita se internaron en uno de los senderos y se sentaron en un banco, adonde Pepito no tardó en ir a reunirse con ellas.

No venía solo; traía un paquete que, con exquisita y mimosa cortesía, entregó a la *carabina*. Era un tarjetero de piel, de refinado gusto; dentro había un billete de cincuenta pesetas.

Paulina Bedoya se puso colorada e inició un gesto de dignidad ofendida para rechazar el regalo; pero se acordó a tiempo que el relativo bienestar económico proporcionado por la cobranza de su primera mensualidad estaba a punto de terminar por la sencilla razón de que, una vez pagado lo atrasado a la patrona, al lechero, al panadero y al tendero, no le quedaba casi nada para el resto del mes; también se acordó de que le faltaban todavía infinidad de cosas indispensables: guantes de lana y camisetas para el invierno, que se le echaba encima; un velo que disimulase la ramplonería de su sombrero y las arrugas de su cara; un cristal para reemplazar el que había roto en la ventana de su cuarto, pues el trozo de periódico que pegó en su lugar, si bien interceptaba la luz, no hacía otro tanto con el aire; un tubo de tabletas de aspirina para calmar sus neuralgias.

La visión de todas estas cosas y algunas más fue rápida, pero precisa. Paulina Bedoya conservó su aire de dignidad, pero le dio un matiz sonriente para decir, como refiriéndose tan sólo al monedero: "¡Oh! Por Dios. ¡Qué bonito! ¿Por qué se ha molestado usted?", con la cortesía distinguida de una dama que recibe de manos de un caballero la ofrenda de un ramo de flores o de una caja de *marrons glacés*.

VII

Ya Paulina Bedoya no tenía que trotar todo el día junto a Lily, acompañándola en el *footing,* al *cine* o a las odiosas visitas: se pasaba las horas muertas en un banco del Retiro, leyendo folletines, gozando la dulzura del otoño madrileño o dormitando, mecida por el monótono cuchicheo de los enamorados.

Pepito Losada tenía a menudo con ella exquisitas y útiles "atenciones", siempre ofrecidas con la misma cortesía respetuosa, siempre aceptadas con la misma dignidad irreprochable. Y Lily, declarándose encantada con los buenos servicios de su señora de compañía, había conseguido que su papá le subiese espontáneamente el sueldo a partir del segundo mes.

Paulina había arrinconado su viejo traje de sastre, dejándole para los días de lluvia; llevaba un cálido abrigo de terciopelo de lana color ciruela con cuello de piel; un sombrero que se fabricó ella misma, pero con tela comprada exprofeso, y unos zapatos nuevos de ante gris.

En fin, suprema dicha, había abandonado el cuarto de la revendedora y vuelto a poner casa; vivía en un pisito diminuto y casi sin amueblar, pero claro y risueño.

Aquel día, la señora del Peral había hecho el considerable esfuerzo de salir de casa para acudir a una función de teatro a beneficio de una obra bienhechora, de cuya junta de damas formaba parte, y Lily, aunque a regañadientes, no había tenido más remedio que acompañar a su madre.

Paulina Bedoya aprovechó esta tarde de libertad para ir a visitar a su prima.

Luisa Carrillo, en compañía de una amiga, se disponía precisamente a ir a Pombo, como siempre. Ambas señoras hicieron grandes elogios a Paulina por el valor que había tenido de "salirse de su clase para ganarse la vida con su trabajo". Pero al bajar la escalera y llegar a la puerta de la calle, se despidieron de ella con toda naturalidad, sin insinuar siquiera la posibilidad de que fuese con ellas a la tertulia, como en otros tiempos, los tiempos en que Paulina llevaba los tacones torcidos y la cara de hambre, pero formaba todavía parte de "su clase".

Paulina Bedoya tenía el tacto suficiente para comprender las cosas a medias. Sintió como un peso raro en el pecho, pero se dominó; tomó el aire más indiferente del mundo y se marchó a su casa, donde vertió unas cuantas lágrimas y desgarró un pañuelo.

Luego aprovechó el tiempo para poner orden en "su ropa" y limpiar "sus muebles"; finalmente cenó con buen apetito, se acostó y no volvió a hacer visitas por cuenta propia.

VIII

Finalizaba noviembre. Lily estaba llorosa y desesperada; "Madame" no lo estaba menos; el frío hacía ya imposible la permanencia prolongada en los bancos del Retiro; los paseítos por los senderos cubiertos de hojas secas, entre los árboles esqueléticos, resultaban tristes, casi lúgubres; y he aquí que aquel día, desde por la mañana, la lluvia caía menuda, persistente, infatigable.

A la puerta del paseo de coches, la niña, el novio y la *carabina* celebraron un importante conciliábulo; mejor dicho, el conciliábulo lo celebraron Lily y Pepito, cobijados bajo el mismo paraguas, mientras que Paulina esperaba pacientemente, pegada a la verja del parque.

—Podríamos meternos en un teatro, o en un *cine*, o en una pastelería —proponía el joven Losada.

—¡De ningún modo! —protestaba Lily—. Fatalmente había de vernos algún conocido de esos que se meten en lo que no les importa y les iría con el cuento a papá y mamá.

Siguieron algunas frases cambiadas muy quedo; luego, la chiquilla dijo en voz alta:

—Se me están quedando los pies helados; podíamos ir andando...

—¿Y si nos ven? —murmuró la viuda.

Lily contestó suavemente:

—Vamos por O'Donnell, que está desierta.

Caminaron unos minutos, chapoteando en el agua y el barro; luego torcieron a la izquierda, por Antonio Acuña. ya en la calle de Alcalá, maquinalmente, por lo menos sin que nadie pareciese guiar su marcha, se internaron en el segundo trozo de Jorge Juan.

Al final de esta calle, en el último piso del noventa y dos, vivía Paulina Bedoya.

Al llegar ante los desmontes que preceden la última manzana de casas, se detuvieron, y Pepito dijo con voz patética:

—Es inútil seguir. ¿Para qué? Frío ha de hacerlo todo el invierno, y no podemos vernos de un modo tan absurdo. Más vale, vida mía, que me despida de ti hasta la primavera...

—¡No quiero! ¡No quiero! —gritó Lily, pataleando como una niña rabiosa—. Si no te veo no saldré de casa;

me quedaré encerrada en mi cuarto todo el día, llorando. ¡Me dejaré morir de hambre!

Entonces Paulina Bedoya tuvo una idea, que ella, pobre ingenua de cuarenta años, creyó espontánea.

—¿Quieren subir un momento a mi casa —ofreció—, aunque sólo sea para descansar, secarse los pies y buscar una solución?

La proposición fue aceptada.

En el microscópico comedor decansaron, y se calentaron los pies al brasero, cuyas cenizas Paulina reavivó cuidadosamente.

Pero por mucho que discurrieron, pasando revista a todos los lugares honestos donde dos novios pueden verse a escondidas de sus papás y custodiados por una *carabina* respetable, no quedaron de acuerdo sobre ninguno, y al día siguiente fue preciso volver a la casa de Paulina Bedoya para seguir buscando una solución.

Y lo mismo hicieron al otro, a pesar de que la lluvia había cesado, y un sol casi primaveral brillaba en un cielo de añil.

IX

La combinación otoñal resultaba, en definitiva, casi más agradable y cómoda que la veraniega.

Todas las tardes, a las cuatro, Paulina Bedoya iba en busca de Lily y se la traía a su casa, donde, a los pocos minutos, resonaba el timbrazo impaciente del joven Losada. Pepito, siempre atento, llegaba cargado con pasteles y dulces para "jugar a las comiditas", amén de las chucherías prácticas que seguía regalando de vez en cuando a la *carabina*.

Al principio, Paulina no se movía del lado de los enamorados; permanecía a diez pasos de ellos —el comedor tampoco se prestaba a mayores distancias—, leyendo, cosiendo o dormitando, ni más ni menos que en el Retiro. Pero un día Lily le pidió un vaso de agua, y al volver de la cocina notó un no sé qué, que la hizo sospechar que su presencia no era todo lo apreciada que hubiera debido ser.

A Paulina no le gustaba ser indiscreta y molestar a la gente, sobre todo tratándose de personas tan cariñosas y agradecidas; tomó el partido de permanecer en su alcoba, contigua al comedor, claro está que dejando la puerta de comunicación abierta de par en par.

Hasta que cierta tarde, ya anochecido, hallándose sentada ante su balcón, cogiendo puntos a unas medias con el ganchillo, un leve crujido le hizo levantar la cabeza; la puerta de comunicación acababa de cerrarse suavemente.

Paulina Bedoya se puso en pie de un salto y dio resueltamente un paso hacia delante; luego se detuvo, retrocedió, volvió a sentarse y siguió cogiendo puntos.

X

Aquella tarde, al llegar Paulina a casa de los Del Peral, la doncella, en lugar de conducirla directamente, como de costumbre, al cuarto de la señorita, le dijo, con ese tono especial, mezcla de antipatía y descaro, que emplean los criados para hablar con los que ellos califican de "asalariados como nosotros, pero con más humos que los amos":

—Ha dicho el señor que pase usted a su despacho.

Desde la primera mirada de don José, Paulina comprendió que algo muy grande y muy terrible se le venía encima.

El martirio fue progresivo y largo; primero, la revelación brutal: Lily estaba embarazada. Algunos datos infalibles habían hecho concebir sospechas a su madre; y la niña, estrechada a preguntas, le había contado todo, llorando a lágrima viva, pero jurando, con la robusta fe de sus diez y siete años, que "su Pepito se casaría con ella".

Luego vinieron los reproches sangrientos: "abuso de confianza", "engaño a unos padres ciegos y honrados", hasta llegar a las amenazas: "los tribunales", "la justicia", "diez años de cárcel por corrupción de menor", y, finalmente, los insultos más groseros y soeces, en los que se destacaba, volviendo como *leit-motiv* abofeteador, una misma palabra cruda y sonora que penetraba en la carne de la paciente hasta la médula de los huesos.

Y como acompañamiento lamentable, los sollozos y los hipidos de doña Eloísa, hundida en una butaca cual informe montón de grasa, tan grotesca la pobre, que su dolor resultaba doblemente desgarrador, doblemente humano.

Paulina no se había movido; de pie, rígida, atormentando maquinalmente los cordones de su bolsillo, un temblor invencible le sacudía rítmicamente las rodillas, y como tenía la boca entreabierta, su corta y rápida respiración le secaba la garganta hasta el sufrimiento.

Y todo: la revelación espantosa, las amenazas, los reproches y los insultos, hasta la misma voz del verdugo, llegaba hasta ella como un murmullo vago, lejano, ininteligible; solamente la bofetada de aquella palabra cruda y sonora provocaba en su faz una contracción dolorosa, semejante a la que produce un ruido imprevisto en una persona que tiene dolor de cabeza.

La mirada de Paulina estaba fija en la pared, como enganchada en cierta panoplia[8] turca, en la que veía repro-

---

8. *panoplia:* tabla, generalmente en forma de escudo, donde se colocan floretes, sables y otras armas de esgrima.

ducirse netamente un recuerdo nimio de su infancia: su padre, el comandante de Administración militar, riñéndola formidablemente, con uniforme y todo, por haber roto un jarrón de porcelana al jugar a la pelota dentro de las habitaciones.

E inconscientemente sentía la tentación irresistible de murmurar, como entonces, la eterna disculpa estúpida y enternecedora de los niños: "¡No lo he hecho a posta! ¡No lo he hecho a posta!"

XI

Paulina Bedoya sabía que no le pasaría nada; una reticencia se lo había hecho comprender: "Si no fuera por miedo al escándalo..." Y esta frase, que borraba todas las amenazas anteriores, se le aparecía como un refugio en medio de la tormenta; un refugio nauseabundo, pero seguro.

Apartado el peligro inmediato de "los tribunales", "la justicia", los "diez años de cárcel por corrupción de menor", quedaba una infinidad de peligros vagos y pequeños que, reunidos, constituían como una especie de avalancha formidable y progresiva, que avanzaba hacia ella para envolverla, estrecharla, aplastarla quizá.

Tendría que irse desprendiendo de "sus muebles" y de "sus ropas"; tendría que marcharse de "su casa"; tendría que renunciar a satisfacer su apetito tres veces al día; tendría, en fin, que renunciar a las mil menudencias del bienestar cotidiano de que se había visto privada durante tantos años, y que desde hacía algunos meses gozaba, saboreándolos a cada minuto del día con una satisfacción íntima, inefable, prodigiosa; la satisfacción única con que se saborea lo que teme perderse y lo que fatalmente se ha de perder.

Por segunda vez en su vida, y ya sin el consuelo de las relaciones —con todas ellas rompió al "salirse de su clase"— y sus compensaciones correspondientes, iba a sentir las infinitas y constantes mordeduras de la miseria.

Por segunda vez, sí... Y esta segunda vez era incomparablemente más espantosa que la primera. Así también, el enfermo que nunca ha sido operado se deja cloroformizar con la sonrisa en los labios, y el que ya ha padecido el calvario quirúrgico, siente la carne contraérsele ante el solo aspecto de un bisturí.

En aquellos días terribles de incertidumbre y terror, Paulina Bedoya tuvo, sin embargo, el apoyo efusivo y experimentado de una confidente inmejorable: su portera.

Siempre habían mediado relaciones cordiales entre la señora Antonia y su inquilina del tercero A —eufemismo que servía para designar el sexto piso—, pues Paulina poseía una cualidad que las porteras suelen estimar tanto como la esplendidez monetaria: era curiosa; al entrar y salir gustaba de acercarse un momento a la portería y ofrecer con su atención amplio campo para que la señora Antonia luciera sus profundos conocimientos respecto a la vida y milagros de los demás vecinos de la casa.

Desde el día en que, volviendo por última vez de casa de los Del Peral, Paulina había sido acometida por un síncope, seguido de ataque de nervios, al pisar el portal de su casa, las relaciones se habían estrechado considerablemente.

La señora Antonia, que con su perspicacia acostumbrada, ya "se maliciaba algo", no había tenido gran trabajo para sonsacar a "doña Paulina", y el relato de su aventura había parecido interesarla de un modo extraordinario. Encontró para defender, justificar y hasta aprobar la conducta de la *carabina,* frases y argumentos que fueron dulcísimos calmantes para la agitada conciencia de Paulina.

Con toda energía censuró la dureza, la grosería y, sobre todo, la injusticia del señor del Peral. "¡Vaya un tío bruto! —bramaba furiosamente—. Ya podía haberse guardado a su niña en un fanal[9]. ¡Además, la que quiere defenderse, lo hace en todas partes, y la que ha de salir mala, mala sale, aunque se la encierre con siete llaves! ¡Bien dice el refrán que "más vale pájaro en mano que ciento volando"!"

La señora Antonia tenía una cultura filosófica amplia y profunda, que se manifestaba en refranes y proverbios, que terminaban siempre sus frases lapidarias; ahora que los refranes y proverbios, quintaesencia de la sabiduría de los pueblos, le inspiraban tal respeto, que no hubiera permitido descifrar su sentido, para ella oculto y misterioso; y así, los espetaba al buen tuntún, dándose la pícara casualidad de que ni por coincidencia caía alguno dónde y cuándo debía caer.

Sus consuelos respecto a la situación actual y sus augurios para el porvenir eran singulares. No trataba de tranquilizar y levantar la esperanza de la desdichada, sino que, por el contrario, ennegrecía cuanto podía los colores de la avalancha trágica que se acercaba a pasos agigantados.

—Mal se va usted a ver en cuanto tenga que dejar la casa, doña Paulina —decía—, porque los caseros, ya se sabe, en nada de tiempo que una se retrase en pagar, los trastos a la calle. Si es que para entonces aún le quedan trastos. ¡Ay, Jesús mío! Bien decía mi madre que "agua pasada no corre molino".

Y nunca se le olvidaba añadir:

—Diga usted que la lástima ha sido que la chica queda-

---

9. *fanal:* campana de cristal cerrada por arriba que sirve para resguardar del polvo lo que se cubre con ella.

se embarazada y los padres se enterasen; que si no, ¡bueno, bueno!, ellos seguían viniendo aquí a arrullarse, y usted, tan ricamente.

Paulina bajaba la cabeza, y casi sin hablar, sus labios dibujaban un "es verdad" avergonzado y pensativo.

—¡Toma que no! —concluía la portera—. "Cuando las barbas de tu vecino veas pelar..."

Y se encogía de hombros con una seguridad llena de suficiencia.

Un día que Paulina volvía de la calle, la señora Antonia la obligó a pasar y sentarse en su cuchitril.

—¿Sabe usted quién se marcha? —preguntó en seguida—. Pues los del entresuelo izquierda, ese cuarto[10] que es el más mono de la casa, porque ha vivido en él nada menos que el propio hijo del casero, y lo dejó precioso. ¿Se acuerda usted que un día me dijo que le gustaría tomarle? Pues ahí le tiene usted; que se nos queda vacío dentro de nada, y con cinco duros nada más que le van a subir, y usted sin poder aprovechar la ocasión. ¡Mire usted que es lástima, doña Paulina!

En aquel momento se interrumpió para respirar y notó entonces que el abatimiento de Paulina era mayor que de costumbre. Y era que, reuniendo el poco valor que le quedaba, acababa de hacer un esfuerzo decisivo para ganarse de nuevo el pan de cada día.

No es que buscase una colocación de señora de compañía; de sobra sabía ella que, sin recomendaciones ni ayuda de ninguna clase, la tentativa resultaría absurda; además, la sola idea de un nuevo experimento después del primero, desastroso, la horrorizaba.

Pero había recorrido una por una, en una sola mañana,

---

10. *cuarto:* aquí significa piso. En *DRAE* "parte de una vivienda destinada a una familia".

todas las fábricas y mercerías donde en otros tiempos le daban algún trabajo; todo en vano; no traía un solo encargo, y solamente en dos sitios le habían aconsejado que llevase "muestras de bolsillos para ver si gustaban". ¿Acaso tenía ella medios de proporcionarse material para hacer un trabajo inseguro?

Al oír estas explicaciones lamentables, la portera, con ese sentido admirable de la oportunidad que sólo la abandonaba en tratándose de refranes, comprendió que había llegado el momento de soltar lo que le quemaba los labios desde hacía días:

—¡Déjese usted de labores que la destrozan a una la vista para ganar dos reales al cabo del día! —exclamó—. Si me quiere usted hacer caso, yo le voy a dar a usted un medio de volver a estar lo mismo de tranquila que antes y hasta de tomar el cuartito del entresuelo si le entra en gana.

Y como Paulina la mirase con ojos de asombro, temiendo quizá le fuera a hacer alguna proposición deshonesta, poco acorde con sus años, sus canas y su pobre cara de cuarentona marchita, la señora Antonia se inclinó y cuchicheó misteriosamente:

—Conozco yo a un señorito, hijo de unos señores donde yo servía antes de casarme con mi difunto. Pues bien; este señorito tiene novia y, claro, no tienen donde verse de vez en cuando. Usted calcule, doña Paulina, que esto no había de saberlo nadie más que yo; como que la única que se exponía era yo; pero ya sabe usted que yo la quiero talmente como si fuera mi hija...

En los ojos de Paulina Bedoya el asombro había desaparecido y se reflejaba un terror inmenso; instintivamente hizo un gesto para agarrarse a la mesa de la portería, como si temiera caerse en algo muy profundo y muy negro. Pero la señora Antonia le tenía preparado un argumento decisivo:

—Vamos, doña Paulina, no lo piense usted más. Después de todo, ¡bien tonta había usted de ser en tirar la piedra y esconder la mano!

XII

Luciano, el hijo de Paulina Bedoya, había vuelto a España.

No había hecho fortuna en América; su dejadez natural, su carácter inconstante y, sobre todo, su afición a la vida aventurera en pequeño y en mediocre, le habían impedido labrarse una posición estable. Esto no le preocupaba: "Puesto que he vivido hasta ahora —pensaba—, hay probabilidades para suponer que ya no me moriré de hambre, que es lo que se trataba de demostrar".

Y volvió a España exactamente como se había ido: sin dinero y sin entusiasmos.

No había anunciado a su madre sus intenciones de regresar; puerilmente, quería "darle una sorpresa". Los años de ausencia habían ido difuminando la impresión de irritación nerviosa que le producían los constantes lamentos, suspiros y "recuerdos familiares" de Paulina, a quien, desde muy joven, él se acostumbró a considerar menos como madre que como nena insignificante, inexperimentada y un poco tonta.

Ahora sentía una verdadera impaciencia por verla y abrazarla, y esta impaciencia, que no temía nada de filial, era más bien una ternura paternal mezclada a la alegría febril de la vuelta.

—¿La señora viuda de Romero?

—Entresuelo izquierda.

Luciano quedó algo extrañado; en su última carta, que

345

databa de seis o siete meses, Paulina le hablaba de su microscópico cuarto con terraza del sexto piso...

—¿Está la señora?

—¿Doña Josefa? Ahora saldrá.

Luciano quiso exclamar: "Usted perdone; me he equivocado de piso; yo no busco a ninguna doña Josefa." Pero ya Paulina aparecía, lanzaba un grito ahogado y le echaba los brazos al cuello.

Sentados frente a frente en un saloncito coquetón, Luciano examinaba a su madre con asombro. ¿Qué tenían que ver aquel peinado de bandos lisos y correctos, aquel vestido de seda negra tan "señor", aquellos lentes de oro de maestra de la Normal[11], aquel empaque majestuoso y decidido a la vez, aquel aire austero, de una austeridad inquietantemente exagerada, con el peinado siempre algo desordenado de Paulina Bedoya, sus trajes raídos, su torpeza de gestos, su aspecto de una pasividad casi bovina?

—¿Sigues siendo señora de compañía, mamá?

—No..., digo sí...; pero ahora acompaño a otra señorita.

Paulina había levantado repentinamente el tono, y su voz no lograba cubrir un ruido de pasos, un cuchicheo, la puerta de la calle que se abría y se cerraba suavemente.

—¿Tenías visita, mamá?

—¡No, no!... ¡Yo, no! Eran... unos parientes de la criada.

Estas palabras rememoraron en el muchacho un recuerdo reciente y nimio:

—Mamá, ¿quién es esa doña Josefa que vive aquí, contigo?

La mirada de Luciano era penetrante, y de pronto toda la presencia de ánimo, la seguridad de sí misma, el ci-

---

11. Se refiere a la Escuela Normal de Magisterio.

nismo adquirido demasiado recientemente para no ser superficial, abandonaron a la pobre mujer, y se echó a llorar.

La explicación fue larga y complicada. ¡"Doña Josefa" tenía tanto que contar! Su existencia de *carabina;* el idilio de Lily y Pepito; su desgracia y su desesperación; los consejos de la portera; la mudanza al entresuelo en lugar del desahucio inminente: las "visitas" de aquel señorito conocido de la señora Antonia con su novia; luego, las "visitas" de otro señorito amigo de aquél; luego, las de otro, y otro, y otro...

Atento, mudo, Luciano escuchaba con las cejas fruncidas en perfecto justiciero consciente de su alta misión.

Paulina se interrumpía a cada instante para enjugarse las lágrimas, cobrar aliento, imponer mayor humildad a su mirada y más persuasión a su acento, y, sin que ella misma quizá se diera cuenta, lo que pretendía con todas sus fuerzas no era solamente diculpar el pasado y el presente, sino justificar y preparar el porvenir.

Y mientras hablaba y lloraba, su corazón maternal, eternamente ingenuo, se esponjaba al ver serenarse progresivamente el ceño del justiciero.

Y al final, tras de un abrazo lleno de emoción y de paz, una alegría dulcísima le inundó el alma cuando, al despedirse para abandonar aquella casa, en la que su dignidad le prohibía permanecer más tiempo, Luciano le dio la mayor prueba de confianza y de perdón que un hijo puede conceder a su madre culpable:

—Mamá —dijo—, ¿podrías prestarme unas pesetas hasta fin de mes?

Pilar Millán Astray

LAS DOS ESTRELLAS

Pilar Millán Astray

Nace en La Coruña, en el año 1879. Poco conocida en la actualidad, fue, sin embargo, una prolífica escritora que gozó de gran popularidad en su época. Colaboradora en periódicos y revistas de la época, particularmente en las de tema teatral, como *El Espectador,* fue autora de numerosos cuentos y novelas, por alguna de las cuales fue distinguida con premios literarios. Es el caso de *La Hermana Teresa,* que obtiene el "Premio Blanco y Negro", en 1919. Igualmente asidua colaborabora de colecciones de novela breve *(Los Novelistas, La Novela de Hoy),* será, no obstante, en el teatro donde consiga los mayores éxitos a través de sus sainetes y comedias asainetadas pudiendo pasar a la historia de nuestra literatura como una de las pocas mujeres que, hasta la época actual, han cultivado el género dramático. Su obra *La tonta del bote* (1925), posteriormente llevada a la pantalla, se convirtió en una de las películas más aplaudidas por el público de la época. Perteneciente a una familia de ideología conservadora, durante la guerra civil estuvo en la cárcel, experiencia que narra en *Cautivos 32 meses en las prisiones rojas* (1940). Fue igualmente defensora de los derechos de la mujer, resaltando en ella, a la vez, los valores tradicionales y, en un tratamiento casticista, coherente con el género que con mayor frecuencia cultiva (el sainete), descubre en los personajes más populares las raíces auténticas de la sociedad española. El título de una de sus comedias es altamente significativo en este sentido: *Una chula de corazón. Dedicada a todas las mujeres de los barrios bajos* (1931). Murió en Madrid en el año 1949, cuando participaba en un homenaje a la actriz Josita Hernán.

En su producción hay que destacar sus novelas *La Hermana Teresa* (1919), *La llave de oro* (1921), *El ogro* (1921), *Las dos estrellas* (en *Los Novelistas,* 1928); en la colección *La Novela de Hoy* publica varios títulos, de los que no todos corresponden a novelas, algunos son sainetes: *¡Un caballero español!* (1929), *La velada de la señá Isidra* (1929), *La ramita de olivo* (1930), *Una chula de corazón* (1930), *La miniatura de M.ª Antonieta* (1931). Entre sus mayores éxitos teatrales están *El juramento de la Primorosa* (1924) y *La tonta del bote* (1925), junto a las publicadas (tras su estreno) en la colección teatral *La Farsa: La galana* (1926), *Mademoiselle Naná* (1928), *El millonario y la bailarina* (1930), *Los amores de la Nati* (1931), *La mercería de la Dalia Roja* (1932), *La casa de la bruja* (1934), *Las tres Marías* (1936), y la adaptación de la comedia norteamericana de Guy Boltón y George Middleton, *Adán y Eva* (1929). Obras publicadas en otras colecciones son *Al rugir el león* (1923), *Ruth la israelita* (1923), *El pazo de las hortensias* (1924), *Las ilusiones de la Patro* (1925), *Magda la tirana* (1926), *Sancho Robles* (1926). Después de 1936 todavía sigue escribiendo: *La condesa Maribel* (1942), *Sol de España* (1945), etc., y los teatros españoles siguen estrenando y reponiendo sus obras con gran éxito de público. Su última comedia, póstuma, fue *La feliz burguesa* (1950).

A.E.B.

Las dos estrellas

I

No y mil veces no. ¡Antes prefiero morirme de hambre!

—Mamá, es muy triste morirse de hambre a los dieci-siete años, pudiendo trabajar...

—Pero ¿eso es trabajar? Pero ¿tú llamas trabajo a salir en un escenario medio desnuda? Yo le llamo impudor, falta total de la dignidad.

—No te canses, Charito, en tratar de convencerla; seguiré cosiendo camisas para los soldados. ¡Con eso gano tres pesetas diarias, de las que tengo que comprar el hilo y los botones!...

—¡Pagan tan mal el trabajo de la mujer! ¡Si al menos te pudiera ayudar!

—¡Demasiado desgraciada eres al verte como te ves! Bien sabe Dios que nuestra miseria me duele más por ti que por mí.

Suspiró con pena la paralítica. Volvió Charito a la carga.

—¡Tiene una voz tan linda y una figura tan preciosa! Yo, con valer menos, estoy loca con mi baile. Ayer me decía la maestra que el público entrará en seguida conmigo... A mi madre también le costó trabajillo ceder; pero desde que se nos quemó el taller de plancha, venimos pa-

sando el sino[1]... ¡Y con poquito gusto que lo hago!...,
¡digo!... Tengo a quien salir; mi abuela, la Macarrona, era
la primera bailaora de Sevilla. Un día me vio un empresario de teatros en casa de unas amigas; llamó aparte a mi
padre y le dijo, muy serio: "Chupitos, en esa chavala tiene usted una fortuna, le daré una buena recomendación
para Paulina Ruiz y ella la preparará para debutar." Mire
usted, doña Carmela, cuando la maestra aseguró que servía, no se puede figurar la satisfacción que sentí. ¡Por mí
volverá la casa a subir como la espuma, mis hermanillas
no carecerán de nada!... ¡Son tan bonitas las dos!

—¿Cuándo debutas?

—Cuando estén los trajes. Mi madre consiguió de una
paisana amiga suya, que puso una tienda de modas, que
me los hiciera a pagar a plazos. Hay dos preciosos, uno
encarnado con muchos volantitos para las bulerías gitanas
y otro rosa, para el bolero...

—¿Es sólo baile andaluz lo que aprendes?

—Ése es mi estilo; pero yo bailo hasta una marcha fú-
nebre si me lo propongo... Esta afición viene de naci-
miento, al mes tuvieron que acortarme[2] porque trenzaba
los pies dentro de los pañales... ¡Ande, vecina, deje ir a
Margarita a casa del maestro de música, aprenderá unos
cuplets..., los hay muy decentitos...

—Yo no tengo dinero para pagar las lecciones.

—Eso corre de mi cuenta. ¡Qué buen ángel tiene esta
doña Carmela de mi alma!

Salió corriendo la graciosa chiquilla y detrás de ella su
amiga.

---

1. *pasar el sino:* aquí, pasarlo mal (generalmente en el aspecto económico).

2. *acortar:* a un niño "de pañales", quitarle definitivamente éstos y ves-
tirlo con vestidos —faldas o pantalones— cortos. En algunas zonas españolas se utiliza la expresión "vestir de corto".

—¡Hija, me has hecho gastar una arroba de saliva; con hoy, siete días que estoy dándole al yunque!

—¡Pero, al fin, lo conseguiste, Charito de mi vida!... Oye, rica, ¿cuándo vamos a casa del maestro?

—Esta misma tarde; ven a la academia y desde allí nos llegaremos de un salto.

Se besaron las dos muchachas muy contentas; la andaluza bajó al entresuelo donde vivía; Margarita entró junto a su madre.

—¡Dios quiera que no nos tengamos que arrepentir de mi debilidad!

—Mamá, la mujer honrada lo es en todos los sitios.

—Para evitar la tentación, huir del peligro.

—¡Más en peligro que una está teniendo hambre y viendo a su madre postrada en un sillón sin poder aliviarla por falta de recursos!...

"Ahora el arte se mira de distinta manera que antes; las artistas van a Palacio a cantar delante de los reyes, son obsequiadas con banquetes...

—Eso le sucede a dos o tres en España... ¡Mira cuántas mueren en ignorado montón!

—¿Por qué no he de contarme yo entre esas dos o tres?

—Es muy difícil; lo de Charito lo encuentro natural, pertenece a una familia humilde, su padre es un borracho que nada hace por ellas, la pobre madre se mata trabajando en un taller de plancha; esa criatura baila maravillosamente y quiere con su habilidad sacar a todos a flote; ella misma confiesa que lleva en sus venas la sangre de la célebre Macarrona. Tú, en cambio, eres nieta de los barones de la Santa Espina, en tu alma sólo anida la distinción.

—Mamaíta, no te exaltes, por Dios te lo pido... Te ruego que no hablemos más sobre este asunto, nuestra vida tiene que solucionarse sea como sea, porque los descendientes de los barones de la Santa Espina nos volvieron bonitamente la espalda desde que te quedaste viuda, por miedo a que les pidas dinero...

—Tú bien sabes que, por desgracia, en nuestra familia las arcas del tesoro no están a la altura de los pergaminos.

—¡Si con los pergaminos comiéramos! Pero ésos no hacen en el puchero ni un ojo de grasa...

—¡El apellido de tu padre irá rodando por los carteles de los teatros!

—Ni el de mi padre ni el tuyo aparecerán para nada; buscaremos otro, y que Dios me dé suerte para hacer por ti cuanto te mereces.

Por la abierta ventana del patio subió el alegre sonido de unas castañuelas primorosamente repicadas; la voz de uno de los tipógrafos de la imprenta que había en los bajos, jaleó gozosa: "¡Viva la sal de mi tierra, que toca los palillos[3] como la Virgen!..."

Suspiró doña Carmela, y dijo mirando a su hija, que escuchaba embelesada los ensayos de Charito:

—¡Gentuza, niña, gentuza!...

* * *

En la salita del Chupitos todo era alegría; éste tañía una guitarra arrancando de sus cuerdas dulces sonidos; la madre, una cordobesa muy garbosa, cantaba un bolero que bailaba Charito; Mariquilla y Rafaelita, dos chiquillas de diez y doce años, tocaban las palmas llevando admirablemente el compás.

Cuando Mari Pepa terminó de cantar, dijo el Chupitos soltando la guitarra:

—¡Olé mi niña! ¡Bendita sea la Macarena que me dio una cosa tan rica!

3. *palillos:* (And.) castañuelas.

—Gracias, padre —respondió la chiquilla, secándose el sudor de la frente—. Gustará, ¿verdad?

—Gustarás tú, pimpollo, que eres más bonita que las pesetas. ¡Maresita[4] mía, si tu abuela te viera!

—Lo que a mí me da rabia —exclamó Mari Pepa— es que aprenda a bailar jotas y valencianas; andaluz y sólo andaluz...

—Dice la maestra que es bueno... ¡Me cuesta tan poco trabajo aprenderlo!...

—Déjala, mujer, no la atosigues; la que va a bailar por el mundo tiene que saber de todo... A lo mejor está en Zaragoza y se les ocurre pedir a los baturros la jota, y si no la sabe, se ve más negra que la pez para salir del paso...: encima de las tablas hay que alternar...

—Eso sí que es verdad... Oye, nena, ¿cómo está la vecina?

—Sigue clavada en el sillón como una mártir; por fin conseguí que deje aprender unos cuantos cuplés a Margarita.

—Es muy parada esa chavala.

—No lo crea; está encogida delante de su madre y por la debilidad... ya verá usted cómo llega... es guapísima, y con una voz como un ruiseñor.

—Debieron de ser muy ricas...

—Mucho; los malos negocios del padre las dejaron en la ruina.

"Doña Carmela dice que sus abuelos eran condeses[5] y marqueses, pero ahora las pobrecillas pasan más hambre que Carracuca. Niñas, ¿vamos a la academia?

—Cuando quieras.

---

4. *Maresita:* (And. fam.) Madrecita.
5. Son frecuentes los vulgarismos para caracterizar el habla de personajes de procedencia popular.

—Adiós, padre, que no venga usted ajumau[6] de la Villa Rosa, como esta mañana. Toda la vecindad se ocupa de eso...

—Me obsequian... y chupito a chupito[7], se hace una cuba de manzanilla en el estómago.

—¡Sabe Dios de dónde saldrán los obsequios!... Hoy iré a preguntar al gitano si es verdad que no te pagaron esta semana. Si eso es cierto, bajará San Pedro a tocar la guitarra para que bailen sus hijas.

—Mujer, te pido que no vayas; me pones en ridículo con tus sospechas... tú sabes que la palabra de Chupitos el sevillano es palabra...

—¡Maldita sea tu estampa, borracho! Yo tostándome con las planchas, como San Lorenzo[8], mientras tú te hinchas de chatos de manzanilla. ¡Ay, Virgen de la Soledad, cuándo ganará mi Charito para tirar a este hombre al arroyo!...

—Servidor, y que lo pases bien... —dijo el Chupitos, haciendo un saludo de torero, con la mano. Con quemarte la sangre nada sacas en limpio, parienta de mi vida.

—Vete, vete, so ladrón...

—¡Olé las hembras bravías!... Me tienes loco, gitana.

—¡Maltrabaja![9]

—¡Negra!

Se oyó un portazo. Charito dijo con mimo:

—No se enfade, madre; el pobrecillo es muy bueno...

—Hay que dejarlo, tiene mucha gracia... hace diez y ocho años que está haciendo lo mismo... en el fondo es un pan bendito... ¿Cómo van las pequeñas en la academia?

---

6. *ajumau:* (And. fam.) borracho.
7. *chupito:* (fam.) traguito.
8. Alude al martirio de San Lorenzo, que murió quemado en una parrilla.
9. *maltrabaja:* vago.

—Divinamente. Mariquilla está para comérsela; Rafaelita se destaca que da gloria; su cuerpo parece de goma; dice la maestra que quiere hacer de ella una buena danzarina.

—¡Virgen Santísima!, si veo yo a una hija mía haciendo esas memeces, me caigo desmayada.

—Madre, cada una sirve para lo que sirve... no crea usted que por eso abandono el flamenco...

—No dejes de pasarte a las ocho por casa de la modista. Me dijo el encargado de las artistas que debutarás dentro de quince días...

—¡Ay, qué emoción! —exclamó la niña, clavando los rasgados ojos en su madre. El día en que yo vea el nombre de Charito de Córdoba en los carteles, me va a parecer que no soy tan chica.

Era la hora de la lección en la academia de la célebre bailadora; sesenta niñas vestidas con vaporosos toneletes[10] seguían las indicaciones de su maestra con rítmicos movimientos. A una voz se elevaban todos los brazos; a otra, quedaban sobre la punta de los pies, luciendo de este modo sus cuerpos esbeltos.

Sonaba la música; seguía la voz indicando actitudes; danzaban las discípulas; unas veces eran bandadas de palomas que emprendían el vuelo, otras, lánguidas bayaderas[11]; ahora, la danza es lenta, un grito la convierte en vertiginosas vueltas; pero, pausadas o ágiles, siempre impera en todas una exquisita estética. Es un conjunto de graciosa elegancia que enamora. De aquella academia salieron célebres bailarinas. Las paredes ostentaban con orgullo sus retratos con los autógrafos.

Paulina Ruiz había ocupado los puestos de preferencia

---

10. *tonelete:* falda corta que sólo cubría hasta las rodillas (*DRAE*).
11. *bayadera:* bailarina y cantora india.

en el teatro Real; ella fue la primera figura del cuerpo de baile durante veinte años; a los cuarenta se retiró, dedicándose a la enseñanza de su arte.

En la escuela no admitía más que sesenta discípulas; muchas de ellas, para entrar, tuvieron que recurrir a grandes influencias.

Paulina era un tipo digno de estudio; la cara muy arrugadita, las manos apergaminadas, el pecho hundido, pero las piernas ágiles y los movimientos graciosos, a pesar de sus setenta abriles.

El mérito principal de aquella mujer consistía en su excelente golpe de vista para conocer el porvenir que les estaba reservado artísticamente a sus discípulas.

Se ponía una linda muchacha delante, hacía ella cuatro movimientos, los repetía la niña.

—Esta será una mujer preciosa —decía al oído de la segunda directora—; encontrará salida por otro lado, pero lo que haga bailando, que me lo claven en la frente...

Se presentaba otra; con verla plantada y la postura de la cabeza, sonreía.

—¡Tú bailarás, nena, tú bailarás!

Al ver a Charito, dijo con unción: "¡La primera estrella que va a lucir desde hace diez años!" Y puso toda su alma de artista en enseñarla. Cuando fue la madre a suplicar que le hiciera rebaja en el precio de las lecciones, le respondió, sonriendo:

—Señora, a sus hijas las enseño de balde.

La sección de baile francés había terminado; empezó la de español. Ensayó primero Charito, como próxima debutante; después pidió permiso a la maestra para acompañar a su amiga; le fue otorgado; se vistió de calle; aconsejó a sus hermanitas que cuando terminaran la clase fueran derechas a casa, y salió con Margarita, encaminándose hacia la academia de música.

En una sala modestamente alhajada[12] había un gran piano; en uno de los extremos, un tablado que servía de escenario a las futuras artistas. Varias muchachitas esperaban su turno sentadas en los divanes de una habitación contigua.

Al pasar el maestro vio a las dos jóvenes, saludó con afecto a Charito:

—¿Te gustó el arreglo de la zambra? Paulina me dijo que la bailas de primera.

—¡Digo, como que está preciosa!... Le doy muchas gracias por ello. Mire, don Eduardo, ésta es la señorita de que tanto le hablé. ¿Haría usted el favor de probarle la voz? Si no sirve, lo dice francamente, y se dedicará a otra cosa...

—Ya sabes que soy muy claro; mi conciencia no me permite engañar a nadie; la que no sirve, se lo digo; las hay que, a pesar de decírselo varias veces, se empeñan en seguir. ¡Allá ellas; eso ya no es cuenta mía! Con mucho gusto probaré la voz de tu amiguita. ¡Si es tan hermosa como su cara!...

—Gracias, señor —respondió Margarita, ruborizándose.

—No hay gracias que valgan; con ese don para ser artista, lleva la mitad del camino andado, pero no todo. Hay quien, fiada en su palmito, salió dando gallos sobre las tablas y la retiraron a silbidos; en cambio, otras, feas, con buena voz y mucho corazón para el arte, llegaron a las nubes... ¿Qué sabe usted cantar?

—Nada de estudio; sólo de oído, y eso, porque lo oigo a los ciegos que cantan por la calle.

—Vamos al piano y no tenga miedo.

Se sentó el maestro; preludió una de las más populares canciones. Margarita empezó muy bajito, pero se fue en-

12. *alhajada:* amueblada.

tusiasmando poco a poco; su gusto para cantar era exquisito, su voz muy linda y afinada.

—¿Dónde debutará? —preguntó el profesor, con amable sonrisa.

—No sé... Donde lo haga Charito.

—Entonces, con tres cuplés que aprenda, tiene bastante; así podrá debutar con su amiga.

—Yo... no tengo posibles para pagar las lecciones...

—No se apure; cuando gane, saldaremos cuentas.

II

Llegó Pepito Forteza a la peña.

—¿Qué noticias traes, ilustre cretino? —preguntó Alfonso del Castillo.

—¿Por qué me llamáis cosas raras? Tengo mi nombre.

—Y tu título, chico, y tu título, que buenas pesetas te costó —exclamó, con burla, Luis Giral.

El reciente marqués sonrió satisfecho, y en sus ojos brilló una llama de orgullo.

—Pepito, no hagas caso a estos necios —dijo muy serio Julio Puncel—, y cuéntanos qué nos preparas para esta noche...

—En el Alkázar[13] debutan dos chiquillas.

—¿Bonitas? —preguntó indolentemente Alfonso.

—Dicen que "bocato di cardinali".

—A lo mejor, no será ni de sacristán... Si son feas, te prometo una broma de la que te acordarás toda la vida.

—¡Hombre, yo digo lo que me han dicho!...

13. El *Alcázar* y —véase unas líneas más adelante— el *Romea* eran salas de teatro, muy populares por dedicarse fundamentalmente al género musical.

—No hay disculpa que valga; estamos hartos de ir de un lado para otro con tus exageraciones, y despúes aburrirnos como ostras. "Este sábado aparecerá en Romea una muchacha que es una divinidad…" Vamos a Romea, sale la ninfa, y es un loro que mete miedo... Al siguiente nos llevas, a uña de caballo, para ver a una pareja mejicana que es un tronco de mulas... De hoy no pasa; nuestra paciencia llegó a la meta. A esas dos niñas las invitamos desde luego a cenar; si valen la pena, te obsequiaremos llamándote marqués durante la cena, y si no valen, pagarás el gasto de todos.

—De ninguna manera me convienen esos tratos; prefiero no ir.

—Pues entonces, te retiramos nuestra amistad —dijo solemnemente Luis Giral.

—Ante eso me expongo a todo, porque sé que sois capaces de cumplirlo.

Siguieron guaseándose del imbécil marqués. Al despedirse quedaron citados para las diez.

La peña de los inseparables era muy conocida.

Julio Puncel tenía treinta y cuatro años; había hecho muchos millones de pesetas en el comercio de maderas; fuera del comercio, su trato dulce y afable conquistaba en seguida simpatías. Luis Giral era hijo único de uno de los mejores abogados de Madrid; seducido por las fabulosas ganancias de Julio, se había metido a negociar con él. Alfonso del Castillo, hijo de ilustre familia, estudió por gusto dos carreras, que no ejercía porque sus rentas le permitían vivir con holgura. Su carácter bondadoso y sus buenos sentimientos quedaban a veces ocultos por la terquedad.

José Forteza, marqués de Villarrama era un perfecto imbécil, con todos los vicios; sus depravados instintos pretendía esconderlos bajo una capa de hipocresía.

Servía a los amigos de sujeto de risa; cuando se aburrían lo llamaban, y al poco tiempo, cansados de sus simplezas, le volvían sin piedad la espalda.

Llegó la noche. El teatro estaba de bote en bote; lindas mujeres ocupaban los palcos. En el patio no había ni una sola butaca vacía.

Suena alegre la música. Aparece el primer número. La más desgraciada, la más sosa de todas las artistas del catálogo. ¡Qué pena da el primer número de las "variétés"! Después se van sucediendo según sus dotes personales, su presentación o su influencia con el director artístico. En la segunda parte está la medianía. En la tercera, se reconcentra la atención del espectador; rico vestuario, bellas mujeres, futuras estrellas... Sus actitudes son más desenvueltas. La presentación suele ser lujosa; muchas llevan brillantes.

En la tercera sección la que no tiene hermosura y elegancia tiene traviesa pillería; la que sale humildemente vestida por falta de recursos y debuta de golpe en la parte final, ésa tiene una cosa que se impone: ¡arte! Ante ese don divino se olvida todo. ¿Qué nos importa la riqueza de la seda o los reflejos de un brillante, si la bailarina adopta una postura estatuaria o la cantante filtra su voz dulcísima hasta nuestro corazón?

"Debut de Margarita Velázquez", decía un cartel que sacó una mano oculta por entre las cortinas del escenario.

La curiosidad de los espectadores estaba excitada: debían valer mucho aquellas jovencitas para salir en los últimos números...

Margarita conquistó al público desde el primer momento; un nutrido aplauso premió su belleza. El foco cegó sus ojos... no veía a nadie.

Empezó el cuplé con voz deliciosamente timbrada; sus actitudes eran encantadoras.

La obligaron a cantar cuantos cuplés sabía; en el último sacó el mismo traje del segundo, por no tener otro.

Los inseparables, que ocupaban la fila de orquesta, aplaudían frenéticos.

—Aunque la otra sea fea, te lo perdonamos, querido Pepito; esto es una preciosidad...

Los ojos del marqués se retorcieron dentro de la órbita.

—¡Qué piernas..., qué líneas! ¡Es un caballo de carreras!...

—Para este bestia el arte es un mito —dijo con desprecio Luis.

"Charito de Córdoba", anunció otra vez el cartel de la mano oculta.

Apareció la andaluza. Una falda encarnada de menudos volantes le permitía lucir sus menudos piececitos; un pañuelo de talle, bordado con claveles, le ceñía el busto; su cabello negro y brillante, peinado en lisos bandos, remataba en un moño sobre el cuello. Sus hermosos ojos verdes bajaban ruborosos los párpados; en sus manos apretaba, nerviosa, los palillos.

Aplaudió el público tibiamente; la orquesta preludió un baile; sonaron valientes las castañuelas, y la grácil chiquilla empezó a bailar una bella composición española; poco a poco se fue creciendo; el ruido de las postizas[14] se hizo más sonoro; embriagada por él, sus pies se movían con más ligereza, su cuerpo se arqueaba con movimientos de serpiente; en sus ojos brilló la purísima llama del arte; su boca se entreabrió con celestial sonrisa; perdió el miedo; se olvidó de todo cuanto la rodeaba, para no vivir más que para aquella música que inundaba su alma; cada postura hubiera provocado gritos de entusiasmo a los escultores.

---

14. *postizas:* castañuelas (*DRAE*).

El público, electrizado, no respiraba. La cimbreante tanagra[15] llenó el escenario.

Aquella niña casi sin formar resultaba sobre las tablas esbeltísima. Terminó el primer baile, tardó unos segundos en estallar el aplauso; en la sala se oyó una voz cascada:

—¡Será una gloria del arte español!...

Por las mejillas arrugadas de Paulina Ruiz corrían abundantes lágrimas.

Margarita esperaba impaciente la vuelta de su amiga en el camerino. De las paredes, llenas de perchas, colgaban trajes, abrigos y sombreros; sobre las sillas, mantones de Manila; en la tabla que servía de tocador, infinidad de objetos se confundían en revuelto montón; polvos, coloretes, adornos de piedras falsas para la cabeza, lápices para los labios y los ojos...; una peineta de teja descansaba dentro de una coquetona gorrita de holandesa... lazos de terciopelo... flores de trapo...

La preciosa danzarina Azucena se iba poco a poco despojando de su ropa; quedó completamente desnuda ante los ojos de sus compañeras; su carne morena, con reflejos dorados, era una maravilla; sostuvo indiferente las miradas de inspección, sin temer los flechazos de la envidia; tenía la seguridad de su belleza, por lo que nunca quiso cubrirla con mallas.

De la sala subía el rumor de los aplausos y el eco de los oles con que premiaban los bailes de Charito. Margarita lloraba emocionada.

—¿Viste a los inseparables? —preguntó Nora, la gitana, a Perla Blanca, mientras la ayudaba a vestir un pomposo traje de maja.

---

15. *tanagra:* "estatuita modelada", que se fabricaba en Tanagra, Beocia (*DRAE*).

—Sí; el tonto intentó propasarse cuando entraba y le arreé un pellizco que le hizo poner el grito en el cielo.

—Mujer, lo tienes acribillado...

—Me tiene que pagar la mala pasada que le hizo a la pobre Romero. ¡Perderla engañándola con promesas falsas!... Y el muy canalla, cuando la ve, huye... ¡Había de estar yo en el lugar de la Romerito; con tiras de pellejo me cobraría la deuda!... Desde entonces, le detesto...

—La verdad, que fue una pasadita serrana... A mí también me es muy antipático; siempre a ver lo que se pesca, sin soltar la mosca...

Margarita estaba avergonzada. ¿En dónde se había metido? Azucena le dijo muy bajito:

—Aún estás a tiempo; esto no es nada en comparación a lo que oirás después. ¡Yo he sufrido mucho hasta acostumbrarme! Mi padre fue un comerciante muy rico, pero quebró, y al morir nos dejó por completo en la miseria... Tú llegarás a ser muy buena artista, lo haces muy bien, tus ademanes son muy distinguidos, tienes la escuela de la Meller[16].

—No vi nunca a la Meller...

—Eso se lleva dentro...

—Renunciar a cantar es imposible, porque también quedamos pobres... mamá está paralítica.

—Pues cierra los ojos y arrójate al abismo... ¡Es el hambre tan negra!

Por los ojos de Azucena pasó una sombra; sus pies pequeños, con las uñitas rojas, jugaban nerviosos.

Paró la música de tocar; los aplausos seguían.

Entró Charito casi en brazos de Mari Pepa.

16. Raquel Meller (1888-1962) es el nombre artístico de Francisca Marqués López, famosa tonadillera que alcanzó grandes triunfos con cuplés tan populares como *El relicario, La violetera,* etc.

—¡Hija de mi alma... reina de tu madre!... Parecía un ángel del cielo sobre las tablas... ¡Cómo baila mi gloria!... ¡Si su abuela trajo chalá[17] a toda Sevilla mientras tuvo fuerzas en sus manos para sostener los palillos!

—¡Ay, marecita, qué contenta estoy!... ¡Mire, mire la maestra!...

Paulina Ruiz estrechó gozosa a su discípula contra su corazón; su caricia era suave, como si temiera romper con sus brazos el frágil cuerpecito.

—No hiciste nada igual en los ensayos; interpretas con los pies lo que expresa la música... Mi experiencia me demostró que para el arte no hay regla fija, sentimiento y alma; la que no tenga eso, que se quede en su casa...

—¡Señorita Azucena! —gritó el encargado de las artistas. Salió la danzarina, después de dar la enhorabuena a su compañera. Nora la gitana y Perla Blanca miraban a la debutante con un poquillo de rencor.

La estrella terminó el último cuplé. Margarita y Charito, modestamente vestidas, se encaminaron al "foyer"[18] acompañadas de Mari Pepa. Al ir a entrar fueron detenidas por un criado.

—A las madres de las artistas no se les permite la entrada; puede usted esperar aquí.

—Yo no quiero dejar a mis niñas; no tienen costumbre de verse solas.

—Tampoco la tenía la mía, señora —dijo una mujer gruesa y bigotuda—, pero como se divierten, pronto se hacen a ello.

Mari Pepa cedió ante el escándalo que se preparaba,

17. *chalá:* (vulg.) chalada, es decir, un poco trastornada o loca.
18. *foyer:* en los teatros, sala para esparcimiento de los espectadores en los entreactos. También: lugar de reunión de los artistas.

yendo a reunirse con las otras madres, que esperaban durmiendo arrulladas por los gritos de alegría y los taponazos del champaña...

En el "foyer" unas artistas fumaban medio echadas en los divanes, otras sostenían tiernos coloquios con sus amigos; muchas bailaban en el centro de la sala con hábiles parejas...

Charito y Margarita no sabían adónde dirigirse; se llegó a ellas la florista.

—Unos caballeros os invitan a cenar...

—No los conocemos...

—¿Y eso qué?

Azucena les dijo, amable:

—Os advierto que no contéis penas ni asuntos caseros... la que se pone en plan sentimental y miserable, se fastidia; la huyen como de la peste...

El marqués de Villarrama se acercó al grupo:

—Preciosas niñas, podéis venir las tres; tenemos dos mesas.

Una mirada suplicante de las debutantes animó a la danzarina.

—Tenía otro compromiso, pero prefiero estar con vosotros.

Se encaminaron a una de las esquinas del "foyer" y los tres amigos las recibieron galantes.

—Sois unas verdaderas artistas —dijo Alfonso—; auguro que no tardaréis en brillar como estrellas.

—Muchas gracias, señor; la acogida del público nos da ánimos para proseguir la carrera empezada.

—¿Eres de aquí? —preguntó Julio Puncel.

—No, señor; nací en un pueblo de Castilla la Vieja.

Siguió Julio hablando con Margarita, mientras la obsequiaba con entremeses.

Charito reía con las ocurrencias de Alfonso. Azucena y

369

Luis charlaban muy bajito. El marqués se deshacía queriendo obsequiar a todas.

Empezaron a servir una excelente cena.

Charito estaba encantadora, haciendo gala de su gracia andaluza. Margarita se puso tristona, mirando los azules ojos de Julio. Azucena le contaba a Luis que tenía amores con un estudiante de Medicina, por el que sentía ciega adoración. Luis correspondió a su franqueza confesándole que amaba mucho a su amiga.

—¿Y por qué vienes de juerga, chiquillo?

—Por los amigos; por no deshacer la peña de los inseparables. ¡Si vieras con qué pena dejo a mi nena llorando!

—Abandona a estos pelmazos, que ellos no te darán otro amor si tu amor se cansa... ¡Si supieran los hombres lo expuesto que es dejar triste y sola a la mujer amada! Mientras sufre, cometéis una crueldad... Cuando se acostumbre... ¡pobres de vosotros!...

—¡Ay, nena, no me ahogues más... te lo suplico!... Estoy decidido a poner punto final; si se enfadan, que se enfaden...

—El día que ellos encuentren un amor, no se ocuparán de ti para nada.

—Y tú, ¿por qué haces esto adorando a tu estudiante?

—Porque no tiene una peseta... Las veinticinco que gano todas las noches las doy íntegras en mi casa... Somos muchos, y no hay nadie que trabaje más que yo... Lo que me da mi amigo, un viejo muy bueno, lo empleo en vestirme y... en ayudar a Enrique; su padre le manda treinta duros para todo... ¡En estos tiempos! Ahora pasamos apuros; ya vendrán los días felices. Este año termina la carrera; pensamos que obtenga la titular de un pueblecito donde haya muchos árboles y un río con el agua muy clara; tomaremos una casa con huerta y viviremos dichosos...

Raquel Meller (Foto *ABC*).

Alfonso le preguntaba a la Cordobesa.

—Charito, ¿tienes novio?

—¡Jesús, qué disparate! Soy muy chica: cumplí los dieciséis hace tres meses.

—Te vas a aburrir.

—No tengo tiempo.

—¿Quieres que seamos muy amigos?

—¡Digo, con muchísimo gusto!

—¿Así es que yo soy el primero que te habló de amor?

—Pero, ¿es que usted me pedía la conversación, o me dijo que sería mi amigo? ¡Pues no varía poco la cosa!

—Amigos íntimos…

—¡Qué guasón! Me acaba de ver, y ya somos íntimos.

Sonrió Alfonso con pena. ¡Pobre ingenua; qué pronto arrancarán a tirones la venda que cegaba sus ojos!

Se acercó Perla Blanca a la mesa; bebió una copa de champaña que le fue ofrecida. Pepito, harto de que no le hicieran caso, empezó a ponerse tierno con la traviesa chiquilla.

—¿Me das un beso, Perlita de Oriente?

—Por lo cursi que eres, te lo voy a dar con mucho gusto.

Pepito se puso colorado.

—¿Me das el beso o no? Contesta en serio…

—Sí, hombre, sí —dijo Perla, presentándole con coquetería el gracioso hociquito.

Todos estaban extrañados de que la muchacha cediera.

Pepito se acercó, relamiéndose de gusto los labios; cuando estuvieron junto a los que se le ofrecían, se oyó un grito de dolor. Los dientecitos de Perla se clavaron crueles en la cara del marqués.

—¿Te hice daño, monín? —preguntó la malísima—. Perdona, no me detengo a curarte, porque he de dar un recado a la Romerito.

Después de decir esto se fue dando saltitos como un pájaro.

371

Los amigos reían; Charito, apurada al oír los chillidos del herido, pedía vinagre para echarlo en agua y que aquél se lavara. Azucena permanecía indiferente. Margarita temblaba, asustadísima.

Terminó la cena; prometieron reunirse entre semana para dar un paseo en automóvil. Bajaron a buscar a Mari Pepa; la pobre dormía al lado de la bigotuda. Los ronquidos de aquella señora no interrumpían el sueño de las inútiles guardianas.

III

Margarita lloraba. El auto corría veloz hacia la Ciudad Lineal.

—No llores, nena; no llores.

—Mamá se muere; el doctor dice que está gravísima.

—Se pondrán todos los medios para salvarla. ¿No me dijiste ayer que en ese Sanatorio de Suiza encontraría alivio?

—Sí, eso dicen... pero...

—No hay pero que valga; mañana deshaces el contrato; es decir, lo deshago yo, y a Suiza los tres...

—Si no llevo más que veinte días...

—No te preocupes... ¡Qué felicidad viajar contigo!...

—Los tres juntos será imposible; mi madre no sabe nada de esto...

—Pues iremos separados en el mismo tren; después, cuando se ponga buena, vendrás con ella al hotel que te voy a enseñar.

—¡Cómo pagarte lo que haces por mí!

—Yo no pido más que cariño.

—Yo te querré muchísimo.

—¿Por agradecimiento?

—No, rico, no.

Llegaron al hotel, recorrieron el pequeño jardín muy bien cuidado.

La casita era una linda bombonera, un nido de amor. En una habitación con las paredes tapizadas de azul se selló un pacto que parecía irrompible. Un cupido que sostenía una lámpara eléctrica sonreía incrédulo al escuchar eternas promesas...

Cuando la niña volvió a su casa, doña Carmela se moría entre los caritativos brazos de Mari Pepa.

—¡Hija de mi alma, qué sola te dejo! Es superior a mis fuerzas presenciar desde este sillón que vas derecha al abismo... ¡Aún eres buena, Margarita; conserva tu pureza y acuérdate de esta pobre mártir!

Al decir esto, un débil suspiró levantó su pecho, cerró los ojos y se quedó muerta.

—¡Madre de mi vida, llévame contigo!

Mari Pepa trataba de consolar a la infeliz. Cuando la desnudó para acostarla, porque había perdido el sentido, cayeron al suelo cinco billetes de a mil pesetas; sonrió con amargura la andaluza... ¡De nada le sirvió su sacrificio a la pobre huérfana!

La pena de Margarita fue muy grande; pero la ley de la vida se impuso. El primer paso, que es el que más cuesta, estaba dado. Julio la retiró del teatro, seguían dulcemente los amores en el nido azul.

Luis Giral abandonó a sus amigos, y prometió a su amada no volverla a dejar ninguna noche.

Alfonso del Castillo se fue a Italia en compañía de una condesa rusa divorciada de su marido.

La peña de los inseparables estaba deshecha; no hay ningún lazo sólido cuando el amor se mete por medio. Ya no volvieron a verlos en las primeras filas de los teatros ni dominando en los cabarets con la fama de sus millones ante los que se inclinan las infelices mujeres por si de ellos pueden sacar algo.

Charito seguía bailando con fe ciega, con entusiasmo loco; era la niña mimada del público, su sueldo había aumentado diez duros.

Un día entró Margarita en casa de sus antiguos vecinos.

—¿Qué te trae por aquí, pimpollo? —preguntó cariñosa Mari Pepa—. ¡Nos tienes tan olvidados desde que vives con el desaborío[19] rubiales!

—Eso se acabó... anoche recibí una carta diciéndome que su madre le obligaba a casarse y que antes de hacerlo se iba a Nueva York a realizar unos importantes negocios... Figúrese usted, ésas son excusas, se casa porque le da la gana... ¡A los treinta y cinco años no hay madre ni padre que obliguen a nada!... ¡Es lo eterno... en consiguiendo su objeto se cansan de una y buscan cosa nueva!...

—¡Quizá vuelva, mujer...!

—Sí, la espalda; en su carta me manda la escritura del hotel puesto a mi nombre y un cheque de quince mil pesetas para que pueda presentarme otra vez en escena; me aconseja que estudie, dice que con mis condiciones puedo llegar a mucho.

—Chiquilla, ese hombre tiene buen ángel...

El cheque de los tres mil duros había modificado los juicios de la andaluza.

—¿Tú le amabas? —preguntó Charito.

—Le apreciaba... es un buen chico, pero... ¡tan soso!

—Pues entonces vaya con Dios el hijo de su madre.

—¡Para esto perdí mi honra!...

—Calla, niña, que tuviste suerte. Hay quien la pierde por nada y el gachó al marcharse la deja, como recuerdo, una joya con dientes. ¿Qué piensas hacer del hotel?

19. *desaborío:* (And.) soso, sin gracia.

—No sé; alquilarlo, venderlo...

—Eso sería lo mejor; las que andan por el mundo son como las golondrinas, en el alero que más les gusta allí hacen su nido. ¿Sabes que mi Charito tiene una contrata de rechupete para América? Aquello sí que es bueno, se gana mucho, los regalos de alhajas quitan el hipo. Ayer me enseñó Lolita la malagueña las preciosidades que trajo de Buenos Aires: unas orlas de brillantes como ruedas de carro, una sortija que la coge más de medio dedo, pandantifes[20], pulseras... ¿Quieres que le diga al empresario que te contrate a ti también?

—Haga lo que quiera. ¡Al irse ustedes me quedo tan sola! ¿Quién te acompaña, Charito?

—¡Digo, mi madre! Mariquita y Rafelita van de pareja para baile andaluz.

—¿Y tu padre?

—De secretario mío... Mi pena era dejarte... ¡Si es milagroso que puedas venir con nosotros...!

—¿Y si no me contratan?

—¡Ni que decir tiene; pidiéndoselo yo al argentino lo hace de coronilla! ¿Sabes quién va en el elenco artístico? ¡Azucena!

—¿Y el estudiante?

—Terminó la carrera y se fue a su pueblo para casarse con una muchacha muy rica... ¡Cualquiera se fía de esos golfos...! Yo sabía por el marqués que tendrías mal pago.

—¿Os contó algo?

—Pone a sus amigos por los pies de los caballos... está loco por mí; figúrate si iba a hacer caso a ese pelele.

—Me dijo Julio muchas veces que es un bicho de muy mala baba, se hace el tonto para ocultar sus intenciones. ¡Anda con cuidado!

20. *pandantifes:* insólita castellanización del francés *pendentif.*

—Si lo decía yo y ésta no me quería creer... Cuando guipo[21] a una persona, nunca me engaño; en los ojos lleva su alma retratada, pero con Mari Pepa la Sultana no juega ese marqués ni todos los marqueses de España. Antes de salir de Madrid le he de hacer algo que le duela.

Siguiendo a Mariquilla entró Pepito en la sala con un paquete de bombones en la mano; al ver a Margarita sonrió maliciosamente.

—Vaya una pasadita la de Julio... ¿Tú crees lo del casorio?... Ahora anda tras la mecanógrafa que tiene en el despacho; te lo digo por si quieres pedir cuentas; tiene un miedo horroroso a los escándalos... pero, por tu madre, no se te escape que fui yo quien te lo dijo.

—Ni pido cuentas ni doy escándalos a nadie; lo que sí haré es avisarle que es usted un mal amigo.

—Por Dios, Margarita, que yo lo hice con intención de favorecerte...

—No necesito favores de nadie.

Viendo que la cosa se agriaba y para evitar la intervención de Mari Pepa, a quien tenía un poco de respeto, se despidió el marqués pretextando una visita urgente.

Margarita fue admitida entre las artistas contratadas para Buenos Aires. Juanita, la célebre modista de teatros, le hizo lindos trajes para los cuplés, que aprendió afanosa en casa de su maestro. Entre tanto trabajo olvidó a Julio, fue un idilio que no pasó de a flor de corazón.

Pepito seguía tenaz persiguiendo a la linda chiquilla; solapadamente habló de casamiento. La indignación de Mari Pepa llegó al colmo cuando se enteró por Margarita de que era casado y de que la mujer harta de él pidió el divorcio. En el primer momento lo quiso echar a puntapiés, pero esa venganza le pareció pequeña.

---

21. *guipar:* ver, observar, examinar.

La víspera de partir, la casa de Charito estaba trastornada; cinco mil pesetas que les prestó Margarita las invirtieron en el vestuario. El Chupitos estaba elegantísimo con su traje achulado, su sombrero pavero[22], botas de caña y corbata encarnada. Mari Pepa, sobre su brazo moreno, lucía orgullosa una pulsera que le regaló Margarita.

La alegría reinaba en todos los semblantes. Iban contratados estupendamente; no dejaban ningún cariño en su patria, a la que se prometían volver millonarios...

Llegó el día de la marcha. Los cuatro trastos que tenían los vendieron a un trapero con la condición de que los fuera a recoger al día siguiente.

Charito hablaba con el marqués en la salita.

—¿Y dices que no hay nadie en casa?

—No. Mi madre fue a recoger unas cosas a la tienda de Juanita y mi padre salió con las niñas.

Los ojos del infame brillaron; creyó la partida ganada, dio un salto de tigre y empezó a besar a la niña. Un fuerte golpe le hizo volver la cabeza. Mari Pepa, furiosa, le pegaba escobazos; el Chupitos echaba saliva en la palma de la mano para prepararse al boxeo. Charito desapareció discretamente.

—¿Conque deshonrar a mi niña, so ladrón? Anda con él Chupitos, y déjale un recuerdo.

Mientras decía esto la bravía andaluza lo molía a escobazos; el tocador de guitarra le daba unos metidos[23] en el estómago que lo dejaban sin resuello, haciéndole botar como una pelota. Pepito imploraba cobardemente perdón, pero no lanzó un grito por miedo al ridículo. Entonces perdería su fama de bueno. ¡Qué disgusto para su madre que tenía a su hijo por un dechado de virtud!...

22. *sombrero pavero:* sombrero andaluz.
23. *metidos:* golpes.

Cansado el matrimonio de golpearle, quiso Mari Pepa rematar la aventura.

—Chupitos, quítale los calzones.

—¡Por Dios, señora, no haga eso conmigo!

—A obedecer.

Cuando tuvo en la mano la prenda pedida, la andaluza cortó los camales[24]; con las mangas de la chaqueta hizo lo mismo. Le registraron los bolsillos y la cartera; entre todo llevaba el marqués unos setenta duros. El marqués palideció intensamente. Aquel despojo le dolió infinitamente más que los golpes.

—Esto, para la vecina del sotabanco[25] —dijo gozosa Mari Pepa—, es una pobre viuda con cinco hijos... ¡Poquito bien que le ha venido a la infeliz la canallada de ese charrán! Tiene para pagar la casa y vivir dos meses. Corro a dárselos...

Cogió el Chupitos la escoba que abandonó su mujer y se puso de guardia. No tardó aquélla en estar de vuelta. Pepito seguía anonadado; su figura aún resultaba más ridícula contemplando horrorizado la chaqueta sin mangas y los pantalones sin camales.

Los autores de la hazaña ya no le hacían caso; cogieron su guardapolvos[26] y el bolso de viaje. La despedida del andaluz fue un fuerte tirón de la nariz; la de su mujer, un nuevo escobazo sobre la cabeza.

Salieron las vecinas a despedirlos a la escalera; contó Mari Pepa lo que quiso hacer el marqués con Charito;

---

24. *camales:* parte del pantalón que cubre las piernas, según parece deducirse del texto.

25. *sotabanco:* piso situado por encima de la cornisa general de la casa (*DRAE*).

26. *guardapolvo:* bata de tela ligera para preservar el traje de polvo y manchas, especialmente en los viajes.

la indignación de las mujeres llegó al colmo. Una que era amiga de un socialista suplicó que lo dejaran por su cuenta.

A las ocho de la noche la policía llevaba medio muerto dentro de un coche al ilustre marqués. Cuando su madre y hermana le curaban los cardenales, decía él con unción:

—¡Por llevar el consuelo a unos desgraciados, me maltrataron los criminales!

—Tu resignación edifica, hijo de mi alma... ¡Cuántas espinas tiene la virtud... pero ten el consuelo de que has practicado una de las obras más hermosas ante los ojos de Dios!

—¡Perdónales, Señor, que no supieron lo que hacían! —musitó la solterona.

IV

Un derroche de buen gusto imperaba en el hotel de Margarita Velázquez; la elegancia de su dueña se advertía hasta en los más pequeños detalles.

El gabinete íntimo de la gran artista era un nido encantador; las sedas claras de sus muebles, los encajes de los estores, las dos enormes pieles de oso blanco daban un tono suave al delicioso retiro; el ambiente estaba perfumado por grandes ramos de violetas metidos en búcaros de cristal de Bohemia.

Eran las cuatro de la tarde; Margarita escuchaba las excusas de su amigo; su intensa palidez denotaba la ruda lucha que sostenía consigo misma.

—No insistas en hacerme comprender esas razones; ante un amor como el que tú pretendes tenerme no hay obstáculos.

—¿Dudas de que te amo?

—Me amas a tu manera, que no es, ni mucho menos, lo que yo soñé. A mí te trajo la vanidad; empecé a dudar y quise ponerte a prueba... ¡Si es cierto tanto amor, arrostrará por todo!... O tu mujer, o nada; piénsalo bien, medita antes de decidirte. Yo vi tus luchas interiores en las miradas de tus ojos, en tus distracciones; pero callé paciente hasta conocer tu decisión. Hoy vienes a decirme... que eres el primogénito de un apellido ilustre, que la herencia de tu tía pasaría a tus primos... y... una porción de obstáculos que no me convencen... el amor lo avasalla todo; ante él, cuando es verdadero, no se piensa en pérdidas materiales... ¡Antes de abandonar al ser amado se va sonriendo a la miseria... tus prejuicios pueden más que yo, pues quédate con tus prejuicios!

—No puedo vivir sin ti, Margarita de mi alma; yo seré tu esclavo.

—¿Y mi amante, verdad? El amante de la Velázquez, la artista aclamada en el extranjero... ¡Ay, hijo, para amantes tendría reyes si reyes quisiera!...

—Casarnos es imposible, no me atrevo a decirlo a mis padres...

—¡Y dices que me amas!...

—Tendremos amores ocultos si tú quieres.

—¿Amores ocultos después de haberlos tenido descaradamente a la luz del día? Eso sería una bajeza en un hombre como tú y en una mujer con tanto valor de sus actos como yo... Después de conocer tus sentimientos no me resta decirte más que desde hoy hemos terminado para siempre.

—¿Sin esperanzas de reconciliación?

—¡Sin esperanzas! Si la Velázquez es poco para ti, tú eres muy insignificante para ser amante de la Velázquez.

—¡Eres muy cruel!

—Soy digna.

Tocó la artista un timbre y apareció la doncella.

—Juanita, acompaña al señor.

Se acercó él y le dijo al oído:

—¡Por Dios, ten compasión!

—Ya sabes las condiciones; no serías el primero, otros más nobles que tú dieron su apellido a otras que en el arte no llegaron a ser lo que yo...

—¡Eso es imposible!...

—No tengo nada que añadir —respondió Margarita tendiéndole fríamente la mano.

Salió Ignacio seguido de Juanita.

—¡Y dicen que saben amar algunos hombres! Creyó el infeliz que era verdad lo del casorio... ¡Por cuánto pierdo yo mi hermosa libertad a los veintiocho años! Vi que me impresionaba de verdad y lo puse a prueba... No merece ser amado... ¡Vanidoso y cobarde, pobre hombre!

Un recuerdo hizo asomar las lágrimas a sus ojos... "¡Aquello sí que era adoración!... ¡Creyó el pobre que me seducirían sus regalos de joyas!... ¡Si yo hubiera sabido lo que hacía... por mí abandonó a los suyos!... ¡que le fueran a decir, si rey hubiera sido, que me diera su corona!... ¡Si me dio la vida, qué importa todo lo demás ante eso!

Juanita anunció al barón de Sanjurjo.

—¡No quería recibir a nadie!

—Si la señorita me hubiera advertido... Ahora ya le dije que estaba en casa...

—Que pase.

Entró el distinguido diplomático y besó galante la mano de la artista.

—No quise dejar pasar esta memorable fecha sin venir a saludarla.

—Es cierto; hoy es el aniversario de mi debut en el Alcázar. ¿Cómo lo sabe?

—Porque estaba de paso en Madrid; al día siguiente salí para Berlín, donde desempeñaba el cargo de secretario en la embajada española. Las dos estrellas que hoy día brillan más en el mundo del arte se revelaron aquella noche ante mis ojos. ¿Dónde está ahora Charito de Córdoba?

—Aquí; tiene un contrato en Romea, en seguida que ella lo termine empezaré yo.

—Bailando es colosal esa mujer; la zambra gitana la borda, sus brazos maravillosos no tienen más rivales que unos...

—No tienen rival, Sanjurjo; la quiero como a una hermana; sus éxitos no despertaron jamás en mí la envidia.

—¡Si los de usted son tan grandes o mayores!

—Nuestro arte es distinto y no admite comparaciones. Diez años han pasado desde la célebre noche del Alcázar... mucho hemos luchado para llegar a ocupar el puesto que ocupamos.

—¿Viajaban juntas, verdad?

—Las primeras contratas las firmamos unidas; cuando subimos a la categoría de estrellas ya no pudo ser, el último número nos pertenecía a las dos. Estuvimos recorriendo América algún tiempo; allí murió el célebre Chupitos y se casaron estúpidamente con dos comerciantes gallegos Mariquilla y Rafaelita. Charito y yo volvimos de nuevo a España en compañía de la bonísima Mari Pepa, que no se separa de su hija ni un momento.

—Se corre por Madrid que se casa con Curriyo el Trianero.

—No sé... haría una tontería muy grande...

—Opino lo mismo... Hoy leí en los periódicos que canta usted en la embajada inglesa, donde asistirán los reyes.

—Sí; me mandaron los embajadores una carta rogándomelo. ¿Lo veré por allí?

—¡Pues no faltaba más! Tendré el gusto de presentarle a todos mis compañeros.

Dio Margarita amablemente las gracias. A los pocos minutos se despidió el diplomático. Aún no tenía tiempo de haber salido del hotel, cuando entró en el gabinete Rosario de Córdoba.

—Pero hija, ese pelmazo merece que lo ahorquen por pesado... estoy escondida en tu cuarto desde hace dos horas... no tengo gana de hablar con nadie más que contigo!...

¡Quién hubiera conocido en Rosario de Córdoba a la grácil Charito! Había crecido; su cuerpo se había convertido en soberbia escultura; sus modales eran más finos; las manos cuidadas con esmero lucían riquísimas sortijas; de sus orejas, ocultas por los bandós de su cabello, pendían gruesos brillantes... Sólo conservaba como recuerdo de antaño sus admirables ojos de color de uva, la misma mirada dulce y traviesa a la vez los seguían haciendo adorables.

Margarita tenía una belleza interesante; la "pose" de gran artista se unía a su natural distinción. En muchos cuplés de princesas y castellanas evocaba las figuras de las nobles señoras. ¡Quién sabe si el espíritu de doña Carmela flotaba en la sala del teatro creyendo ver en la genial cupletista a sus ascendientes baronesas de la Santa Espina!

—¿Y tu madre? —preguntó Margarita a su amiga.

—La dejé en casa de una paisana, yo me aproveché para charlar a solas contigo.

—Cuenta, nena, que ardo en deseos de saber tu secreto.

—Yo estoy enamorada de Curriyo...

—¡Cosa nueva!

—Calla, mujer, que hay un lío muy gordo. A él no le confesé más que aquello del inglés chato; como era tan feo, no le dio celos... pues bien, no sé qué pajolera[27] alma le dijo que yo tenía una hija...

—Al fin lo había de saber, más vale que haya sido ahora.

—¡Sí, pensaba contárselo!... Pero, vamos, no así de golpe... además, metieron el embuste de que estaba loca por el padre de la nena... ¡Quién se acuerda de aquello! —suspiró Charito—. No te puedes figurar cómo se puso; echando fuego por los ojos me dijo: "Para que yo me case contigo tienes que separarte de tu hija; en ella vería siempre la estampa del otro... detesto a esa criatura. No quiero cargar con mochuelos ajenos!" Oír esto y ponerme en jarras todo fue uno. Oye, le dije, ¿pero tú sabes lo que es tener un hijo? —¡Mujer, cómo voy a saber eso!— Pues entonces no hables, yo no abandono a mi niña por nada del mundo; si me quieres me tomas con ella, y si no, te largas con viento fresco, no me hace falta maridos; tengo muy ágiles los pinreles[28] para pisar aún muchas tablas y ganarme muy buenos duros.

—¿Qué contestó a eso?

—Chiquilla, ¡qué escena!, me llamó lo que no quiero repetir; por aquella boca salían unas ordinarieces que asqueaban y, por último, me dijo que la chica o él.

—Amor que impone condiciones, y condiciones tan duras, no es amor, Charito querida; olvida a Curriyo, que Curriyo no es bueno.

—¡Pobre Margot mía, qué sería de ella sin el cariñito de su madre!

—¡Olvida, nenita, olvida!

—¿Y tú cómo andas con Ignacio?

---

27. *pajolera:* se aplica a la persona o cosa molesta e impertinente (*DRAE*).

28. *pinreles:* (gitanismo) pies de las personas.

—Terminé del todo; no tuvo valor para arrostrar una prueba que le pedí... ¡Otro amor con obstáculos! ¡El que no sabe vencerlos no sabe amar!

Entró Mari Pepa; estaba muy gruesa, pero con la misma simpatía de siempre. Antes de saludar a Margarita se quitó de un tirón el sombrero, arrojándolo con desprecio sobre una silla.

—Hijas, por mucho que os empeñéis, ese cachucho[29] pesa más que la campana de la Vela... ¡Olé mi niña! —dijo dando dos sonoros besos a la dueña de la casa—. ¿Te contó Charito lo de Curriyo? ¡Mira que el mal ángel aborrecer a mi nieta que es más bonita que un sol... quería que la tiráramos a la alcantarilla, como se hace con los gatos que estorban!...

—No hablemos más de eso; lo pasao, pasao.

—Lo que quieras... ¡De qué buena gana repetía con el torerito ese la jugada que le hicimos al marqués!

—Madre, aquéllos eran otros tiempos; entonces la llamaban a usted Mari Pepa; ahora doña María Josefa.

—Pero siempre seré la misma, con "din" o con "don". Ni aunque llegara mi postín a las nubes podría olvidar que serví muchos chatos de manzanilla en el colmado de tu abuelo y que después me casé con el Chupitos de mi alma que en gloria esté.

—Ni yo quiero que lo olvide. Digo, si soy la primera en contárselo a quien lo quiere oír... Poquito orgullo que siento cuando leo en los periódicos que Rosario de Córdoba es la encarnación de la raza española, que lleva a las almas la fragancia de nuestros cármenes andaluces... ¿No es mérito que naciendo en pobre cuna llegara la humilde Charito a ser el ídolo de su patria?

---

29. *cachucho:* especie de gorra (*DRAE, s.v.* cachucha).

—Sí, hija, sí —dijo entusiasmada Margarita—; todo lo que eres te lo debes a ti misma, a tu arte soberano...

—No me la pongas tonta, por la Virgen te lo pido, que entonces va a perder mi niña lo más bonito que tiene... ¿A que no os acordáis ninguna de las dos qué fecha es hoy?

—¡Como que eso se olvida! ¿Te acuerdas, chiquilla? ¡Qué noche! ¡Cómo me temblaban los palillos en las manos! ¡Y tú, vestida de estudiante, qué rebonita estabas! Después en el foyer pescaste al más rico de los inseparables... Aquellos amores duraron lo que el tren en Campanillas... ¿Qué será de toda esa gente?

—Quién sabe; a lo mejor cuando estamos trabajando nos contemplarán desde algún palco convertidos en padres de familia.

—Y nuestras compañeras ¿dónde habrán ido a parar?

—De algunas sabemos; Perla Blanca tiene dos chiquillos con un comerciante de Mataró y vive hecha una burguesa; Nora la gitana se casó con un bodeguero de Jerez; la Chenza sigue dando tumbos por los cafés conciertos, al igual que la Arévalo... la Marietina...

—Ahora me acaba de decir mi amiga —interrumpió Mari Pepa —que Azucena murió en un hospital.

—Pobrecilla, si hubiera recurrido a nosotras la hubiéramos ayudado —dijo Charito apenada.

—Era un poquito orgullosa —respondió Margarita suspirando—, fue una mujer muy desgraciada en todo... la familia, una colección de sinvergüenzas que vivía a costa de ella, mientras ganaba, fuera como fuera, era una santa; si no llevaba pasta, una cualquier cosa... En los amores el romanticismo la perdió siempre, todos sus amantes de corazón la engañaron; en el arte, valiendo más que muchas, se fue al foso...

Por la imaginación de las dos artistas pasó la película cinematográfica de su vida. ¡Cuántos trabajos para llegar

386

a la cumbre; cuántos seres agonizantes fueron dejando en la penosa cuesta!... Al fin la vanidad estaba satisfecha, la admiración general las llenaba de orgullo, la riqueza de comodidades, las joyas y sedas aumentaban sus encantos... ¡Sólo una cosa les faltaba: un amor verdadero, un amor desinteresado y leal, y ese amor no venía! Ellas no hablaban más que a los sentidos y ellas tenían un alma ansiosa de ternura.

El día de mañana, ese día frío y triste en que los aplausos se apagan y la hermosura se esfuma, quedarían ignoradas; la trompeta de la fama sonaría para otra; la humanidad pasaría indiferente por su lado; los palacios cerrarían sus puertas a la vieja artista... De sus triunfos no quedarían más que lejanos recuerdos.

Juanita dio luz al encantador gabinete. Su resplandor alejó los melancólicos pensamientos; las sedas de los muebles brillaron, las violetas seguían emanando suave aroma.

—¿Tiene la señorita la bondad de decirme qué vestido preparo para cantar en la embajada?

—El rosa bordado de perlas.

—¿Y joyas?

—El collar del príncipe indio.

Desapareció la doncella.

—¿Quieres cenar conmigo?

—Imposible; tenemos invitados al empresario y a un amigo de Córdoba.

—¿Cuándo debutas?

—Mañana. Llevo tres bailes preciosos; hay una fantasía de Granada que gustará a rabiar. ¿Y tú qué preparas?

—Un repertorio nuevo completamente; seis canciones ideales y una napolitana que se mete en el alma. Dentro de un mes se oirán por todo Madrid. Los trajes son maravillosos; ven a verlos despacio.

—¿Qué cantas esta noche delante de los reyes?

—Eligió la embajadora el repertorio... No son mis preferidos; pero me da lo mismo.

—Yo siempre llevo el imperdible que me regaló la infanta cuando bailé en su palacio —dijo Charito mostrando con orgullo la joya que ostentaba en el pecho.

Se despidieron las amigas. Al besar Margarita a Mari Pepa susurró a su oído:

—Cuide mucho a mi ahijada; preveo que será el único rayo de sol que alumbre nuestro ocaso.

La doncella de la célebre artista atravesaba el pasillo sosteniendo entre sus brazos el vestido rosa bordado de perlas.

María Teresa León

EL TIZÓN EN LOS TRIGOS

María Teresa León

Nace en Logroño, en el año 1903, aunque ella se consideró siempre enraizada en Burgos, de donde era originaria su madre. Perteneciente a una familia acomodada —su padre era militar de alta graduación— mostró desde temprana edad un espíritu inquieto y de rebeldía. Realiza en Madrid sus primeros estudios y es en casa de sus tíos, Ramón Menéndez Pidal y María Goyri, donde recibe una influencia literaria que constituirá la base fundamental de su cultura y quedará reflejada en su variada y extensa obra: utilización del romancero como fuente inicial de inspiración, atención a los temas cidianos y a otros de la literatura clásica, etc. Siendo todavía muy joven, en 1920, contrae matrimonio, tiene dos hijos, pero su carrera literaria estaba ya trazada: a los 15 años había escrito su primer libro de cuentos y entre 1921 y 1926 colabora asiduamente en el *Diario de Burgos,* bajo el pseudónimo de *Isabel Inghirami,* la heroína de D'Annunzio. En 1929, ya roto su matrimonio, publica su primer libro en Burgos —*Cuentos para soñar*—, viaja frecuentemente a Madrid, se integra en el rico ambiente cultural de la llamada Generación del 27 y conoce al poeta Rafael Alberti, con quien compartirá su vida, su obra, sus inquietudes y la larga trayectoria de su destino. Tras obtener ella su divorcio, se casan en 1933.

A partir de aquí la actividad de María Teresa León se desarrolla en intensidad y con rapidez: Viajes al extranjero, dirección de la revista *Octubre,* participación en Congresos (Primer Congreso de Escritores Soviéticos en Moscú, Congreso Internacional de la Paz en Amsterdam). En 1934 ingresa en el Partido Comunista de España. Durante la guerra civil, María Teresa

León desempeña diversas funciones de gran responsabilidad, siempre dentro de un marco cultural y político. La Junta de Incautación del Tesoro Artístico le encomienda la labor de rescatar y trasladar a lugar seguro diversas obras de arte de Toledo, El Escorial y el Museo del Prado, experiencia que narra en *La Historia tiene la palabra*. En 1937 —tras un viaje a Rusia— colabora en la preparación del Segundo Congreso Internacional de Escritores y dirige el "Teatro de Arte y Propaganda", con sede en el teatro de la Zarzuela, de donde surgen las "Guerrillas del Teatro", que, dirigidas también por María Teresa, llevan el teatro al frente. En 1939 inicia junto a Rafael Alberti un exilio que los llevará a Orán, París —donde trabajan en las emisiones castellanas de Radio "París-Mondial"—, y, ante la invasión alemana marchan a Argentina, donde María Teresa León vive su época de máxima actividad literaria. En 1941 nace su hija Aitana. Tras 23 años de estancia en Argentina, marchan a Italia. Su casa del Trastevere romano sigue siendo centro de reunión de amigos españoles. En 1977 vuelve a España, cuando su memoria —tal vez herida de melancolía— está ya dañada. Y, habiéndose quejado en el gran libro sobre su vida: "Estoy cansada de no saber dónde morirme", murió en Madrid el 14 de diciembre de 1988.

La obra literaria de María Teresa León es extensa, variada y en constante evolución. Cultiva todos los géneros: cuento, novela, teatro, biografía, ensayo, artículo, incluidas la conferencia y la labor en el campo de la radio, televisión y cine.

Sus primeros libros son colecciones de cuentos de temática infantil: *Cuentos para soñar* (Burgos, 1929), *Rosa-Fría, patinadora de la luna* (Madrid, Espasa-Calpe, 1934; Barcelona, La Gaya Ciencia, 1973); o de tema rural castellano, inspirados en la literatura tradicional: *La bella del mar amor* (Burgos, 1930). Continúa cultivando el cuento, aunque con un profundo cambio de contenido, en *Cuentos de la España actual* (1936), *Morirás lejos* (1942) y *Fábulas del tiempo amargo* (1962). Estas tres colecciones de cuentos han sido publicadas bajo el título de *Una estrella roja* —cuento incluido en *Fábulas del tiempo amargo*— en Madrid, España-Calpe, 1979. Escribió tres novelas: *Contra viento y marea* (Buenos Aires, Ed. Aiape, 1941), *Juego limpio* (Buenos Aires, Ed. Goyanarte, 1959), y *Menesteos* (México, Ed. Era, 1965). Fue autora de una obra de teatro, *Huelga en el Puerto* (en *Octubre*, 1933, publicada después en *Teatro de agitación política, 1933-1939,* Madrid, Cuadernos para el Diálogo, 1976). La sólida cultura literaria que poseía la llevó a adentrarse en la semblanza biográfica de autores y personajes de nuestra literatura: *El gran amor de Gustavo Adolfo Bécquer* (Buenos Aires, Ed. Losada, 1946), *Don Rodrigo Díaz de Vivar, el Cid Campeador* (Buenos Aires, Cía. Fabril Ed., 1958), *Doña Jimena Díaz de Vivar, gran señora de todos los deberes* (Buenos Aires, Losada, 1960; Madrid, Biblioteca Nueva, 1968), *El soldado que nos enseñó a hablar. Cervantes*, Madrid, Altalena Ed., 1978. Finalmente, hay que recordar los libros que recogen vivencias, recuerdos y viajes: *Crónica General de la Guerra Civil* (Madrid, 1937), *La Historia tiene la palabra* (Buenos Aires, 1944), *Sonríe China*, en colaboración con Rafael Alberti (Buenos Aires, 1958), y su último gran libro, en el que recoge el sentir de toda una época: *Memoria de la melancolía* (Buenos Aires, Losada, 1970).

A.E.B.

El tizón en los trigos

Pero, señora, para los que hemos sido propietarios, para los que hemos visto cómo crece un árbol y rompe flores en primavera y madura el fruto en agosto, es un martirio ver pelar las manzanas así.

Suavemente alterado el tío Lino exponía sus quejas a doña Prudencia, que con su imprudente retoño y otro muchacho de igual catadura, se atracaban en la *Venta del Fraile* de reinetas amarillas.

—Chicos, a pelar las manzanas como es debido, si no queréis verme enfadada.

Y lo dijo doña Prudencia con una sonrisita suficiente, dejando caer aquella condescendencia sobre los cabellos blancos del tío Lino, que la conoció de chica y sabía de sus orgullos jerárquicos.

—¿Cuánto tardarán en volver con la pieza del coche?

—A Lerma, señora, hay tal cual. Y por entre los canosos mechones engarfió los dedos pidiendo a sus rascaduras el camino en kilómetros[1], cosa que jamás acertó a comprender. Leguas, leguas castellanas que a buen andar se merman bajo los pies en dos horas de camino. Polvo de sequías cubre de mantas grises la carretera y cuando "Bendito" —el burro que su yerno llama así porque fue de su padre, al que no se le caía la expresión de la boca—,

---

1. Quiere decir: calculando, mientras se arrascaba, el número de kilómetros.

llega a los andurriales de Lerma, parece rebozado y su color prieto[2] de grises, llega sin esfuerzo al blanco.

—Así, señora, que aun tienen aguarda[3].

Ríe el tío Lino, cazurro, con un pellejo de manzana entre los dientes y el reojo posado en los pimpollos que han concluído el hartazgo de manzanas, para virar miradas campo adelante.

Es un día trigal, esto es, sol que sazona la sementera y enrubiece[4] los campos y hace estallar la tierra. El viento está guardado en los odres paternos y sólo huelga[5] un cefirillo[6] que apenas peina las mieses. La calina hace subir del río hervor, y las salcedas[7] se esponjan con la mansa compasión de las aguas. Han estado solos los campos demasiado tiempo, y ahora macerarán[8] los labrantíos las pisadas de los segadores. Día trigal. Sonrisa de aldeanos. Esperanza.

—Mucho coche tío Lino.

—Tal cual, señora.

—¿Han llegado los de Guímara?

—Para la Virgen agostera caerán.

—Tus hijos...

—Uno al moro[9], Cándida y Agustín aquí, a la labranza.

—Suerte tuvo Julia casarse.

—Era honrada como los ángeles; aquello fue un mal querer.

—¿Y la pobre Celes?

2. *prieto:* oscuro.
3. *aguarda:* espera.
4. *enrubiece:* (creac. pers.) pone rubios.
5. *huelga:* (de *holgar*) aquí, alegra, juega.
6. *cefirillo:* dim. de *céfiro* (poét.), cualquier viento suave y apacible.
7. *salcedo:* lugar poblado de sauces.
8. *macerar:* aquí, ablandar estrujando, golpeando.
9. Puede significar: "está en la guerra con Marruecos" o "está cumpliendo el servicio militar en África".

Entonces el tío Lino irguió su talle aún fuerte y dominando la habitación lanzó a la señora:

—A la guardia civil no consentiría tanta requisitoria. Deje a los pobres campearse sus vidas y no hurgue en las quemaduras, que salta sangre.

—No quiero ofenderlo, tío Lino. Vaya a ver si traen la pieza del coche.

La *Venta del Fraile* es una fresca casona en el camino de chopos. En la corraliza caben hasta tres carros, y a más de la cocina de arrieros hay un comedor donde pueden despacharse unos huevos fritos o unas perdices escabechadas. La carretera la muestra desde lejos en una recta, y raro es el vehículo que la distingue que no para a tomar un vaso de churrillo de Aranda[10], helado en las mismas profundidades de la bodega.

El ventero es el tío Lino, añoso como una encina y tesonudo cual un roble; pasó las primeras aradas de la vida cambiando horizontes y conoce los silbos de todos los vientos. Le llevó a Manila de trompetilla[11] un capitán de cazadores, y vuelto de los países tostados, mudó rumbos hacia otros paralelos, cayendo en plena insurrección cubana. De aquellas zancadas, tierra adelante, trae lueñas[12] historias en el forro de la frente y de allí las saca a la curiosidad de los arrieros y mozonas los largos anochecidos de la invernada. En la frente, patrañas andariegas; en los ojos, plegaduras de lejanías; en el corazón, un bondadoso vellón de cordero.

Cuando regresó al pueblo, Lerma entero se soliviantó con el aventurero. Acababa Cuba de malograrse y la *Mar-*

10. churrillo de Aranda: cierto tipo de vino de esta zona (Aranda de Duero).

11. Se refiere, en uso diminutivo y, a la vez, despectivo, al soldado que toca la corneta.

12. *lueñas:* (arcaísmo) antiguas.

cha de Cádiz[13] aún enrojecía los ojos de los que salieron a despedir a los barcos, llenos de soldados enracimados, con los ojos agua y el alma pañuelos. Un tránsito bochornoso avergonzaba la vida nacional y la vuelta de los que marcharon llenaba de rayadillos[14] nostálgicos de sol las ciudades y las aldeas.

Uno de aquellos pobrecillos fue el tío Lino. El vómito[15] le dio semblanza de espectro y la facilidad con que mezclaba Camagüey, La Habana, Santiago de Cuba y un *jipi*[16] sobre su cabeza greñuda y barbada, le dio la prestancia de lo inédito y trascendental. Además, como una añadidura a tal racimo de admiraciones, había sido asistente[17] del marido de doña Prudencia Olavide.

Amo y asistente se compenetraron. Doña Prudencia, desde su silla de criolla rica, manejaba a su placer los destinos familiares con un arrastrado tono de mando que trascendía a calma tropical. Como el marido era de Lerma, allá fueron después de los heroísmos de Cavite[18] y Santiago de Cuba, y la vieja ciudad castellana guardó a un tiempo la brusca melancolía del coronel y la indiferencia austera del asistente trotamundos.

El coronel Sanmillán reposó de su esposa apenas unos años de volver de ultramar. Un día le encontraron cabeza

13. *marcha de Cádiz:* Marcha-pasodoble de la zarzuela *Cádiz*, que se convirtió en símbolo patriota durante la guerra de España con EE.UU. en 1898 (guerra de Cuba). La zarzuela *Cádiz* fue compuesta por los maestros Chueca y Valverde, con libreto de Javier de Burgos, en 1886.

14. Se refiere así a los soldados que regresaban de Cuba, por el rayado de su uniforme.

15. Puede aludir al "vómito negro" o fiebre amarilla.

16. *jipi:* véase Margarita Nelken, *La aventura de Roma*, n. 4.

17. *asistente:* aquí, "soldado destinado al servicio personal de un oficial" *(DRAE)*.

18. La batalla de Cavite (Filipinas), en 1898, significó la derrota de la flota española frente a la estadounidense.

abajo, derrangado[19] el cuerpo de la cama a la estera de la habitación. Embolia. Un pequeño inconveniente de tomar tan a pecho aquella trastada de los yanquis. La herencia llegó a unas panoplias[20] retumbantes de aceros donde la herrumbre ponía un matiz sanguinario. Los mambises[21] hubieran encontrado algún cuchillón de insurrecto y Maceo[22], reído de verse propietario de un viejo Winchester, cuando lo que le perteneció fue aquel puñalito que se alzaba en la cumbre de tanta espadería[23] con su empuñadura de hueso rubio.

El tiempo trajo muertes, olvidos y canas. Era impropio censurar a una nación como la yanqui, y los recuerdos dormían arrojados en mantas de indiferencia. La estrella cubana centelleaba cariños hacia la antigua madrina. Y una lumbre de retorno transverberaba[24] el corazón de Hispanoamérica.

Los blancores dieron a tío Lino su máscara actual de pastor arcaico, lejos del aventurero espectral que devolvió Cuba, y cerca de los divinos semblantes de los patriarcas.

Esos años de su vida le habían añadido aún cinco hijos: aventurero uno, labrador el otro y tres hembras, con más visos de ardimiento amoroso que de compostura monjil.

La pequeña trasudaba[25] juventud en las faenas de la venta llenándola de sahumerios[26] de refajos y las otras... una casada, y la mayor... perdida.

---

19. *derrangado: (derrengado)* caído *(DRAE)*.

20. *panoplias:* véase *Magda Donato, La carabina,* n. 8.

21. *mambises:* soldados patriotas cubanos durante la guerra de independencia contra España.

22. Antonio Maceo (1845-1896), patriota cubano, luchó y murió por la independencia de su país.

23. *espadería:* aquí, conjunto o acumulación de espadas.

24. *transverberar:* traspasar, atravesar.

25. *trasudar:* exhalar sudor. Aquí, en sentido metafórico.

26. *sahumerios:* aquí, en sentido figurado, aromas.

La madre —¿pero había existido alguna vez?— se llamó Cándida y fue un temblor de paloma. Aleteó lo suficiente para que nacieran los pequeñuelos y los dejó una mañana de Sábado Santo en que temblaban de luz los cristales del caserío.

Los chicos se criaron con las gallinas y los cerdos, en casa de las vecinas, trenzando aquélla las trenzas, quitando miserias la otra, corrigiendo a gritos la tercera. —¡Jesús, que gusanera de críos! ¡Agustín, a las letras, que viene tu padre!

Y el padre, con todo su centón de leyendas y viajatas[27], no daba en el buen clavo de la educación, levantando la tranca a destiempo y azucarándose al gozar los melindres de Celes, tan rebonita y pizpireta que no hacía pareja con ninguna de las mocitas lermeñas[28].

Danzando de ayudante de molino a gaitero, y de gaitero a segador, conoció todos los oficios que el campo ofrece a los necesitados; cansó sus brazos primero de un fusil y luego de la azada, supo de los chasquidos de las balas y del vaivén dulzón de la gaita; y cuando ya la yunta, la molienda y la vendimia fueron demasiado para sus fuerzas, la señora le alquiló por diez años la *Venta del Fraile*, lugar con su cuento[29] de agonías y almas que gemía como un agonizante los días picados de tormenta.

Todos los años, doña Prudencia y sus hijos paraban en casa del antiguo asistente. La señora reverdecía mocedades, y el ventero despachaba la devanadera de las memorias. Creía él tener derechos sobre aquel crío trasnochado que nació luego de muerto el coronel y le mandaba con superioridad.

27. *viajata:* caminata.
28. *lermeña:* natural de Lerma.
29. *cuento:* aquí, leyenda.

—Oye, tú, Carlos, bájate del cerezo porque más dañas tú que los tordos. —Y así en esta tarde de julio ha ofendido a la señora negándose a hablar de la *Desgraciada*, e impidiendo a Carlos-Mari hacer equilibrios en el árbol.

El cerezo de la *Venta del Fraile* es popular en la comarca. Copudo y relleno de fruta, rojea la golosina en cuando media junio. Aquello le hace tomar visos de maravilla por lo tempranero, sabroso y corpulento.

Carlos-Mari, a horcajo sobre una rama, pellizca las más próximas y tira a su compañero racimos que corta, sin fijarse, con hojas y todo, y que Antonio Blázquez recibe con la boca llena y los brazos ávidos.

—Carlos, baja de ahí, que desgajarás la rama.

El chico —diecisiete años reidores— esquiva las motas de sol, tuerce la cabeza, salva su cuerpo hacia otra rama y se pasea, ¡vaya, que sí!, mejor que un tordo.

A los gritos de tío Lino ha salido el yerno, la hija casada y la moza; todos ríen aquella burla del señoritín que parece trepar por la arboladura de un velero que balancease bolitas rojizas. Un frescor marino amaina la tostada rigidez que tiene el aire. El chico danza sobre las ramas altas, y los de abajo le miran con los brazos y los ojos en alto.

—Carlos-Mari, baja.

Chilla la señora. Todo el árbol se ha estremecido y entre chasquidos de ramas, volar de pájaros y silencio de espectadores, Carlos-Mari cae revuelto en hojas y cerezas sobre Cándida, la mocita fuerte que alegra el mesón con sonrisas. Han caído en una reguera y el justillo de la pequeña al desatarse descubre alburas que cuajan gracia y juventud; al tocarlas manoteando Carlos-Mari, se ha puesto encarnado; la chica le mira entre divertida y pesarosa. ¡Tantos ojos!, y el sol no molesta la escena, porque se escondió picaresco tras una nube sonrosada.

—Señor, señor, ¡qué chicos!, dice doña Prudencia.

Y la pieza venida, la[30] parece poco la ligereza de su mecánico, la ayuda del yerno, el desvelo del tío Lino para arrastrar al hijo fuera del área seductora de aquella floración, que bajaba las pestañas largas y negras sobre los ojos que avizoraban[31] misterios desde el portalón de la *Venta del Fraile*.

El camino carretero de la vida de tío Lino le había proporcionado goces y lágrimas. Una vez que habían leído su mano, aseguraron que moriría viejo y medraría poco. Escorpión presidía su destino. Así, al fin de trabajos, se encontraba con su cayado desguarnecido de flores y sólo apuntando espinas.

¡Aquellas hijas! Habían sido, las mayores, la cicuta de su corazón. Las llamaban las *Linas*. Y las *Linas* sabían bien de las caricias de mozos sudados y de retuestes de siestas camperas. Todos los países recorridos por el antiguo trompetilla trascendían por herencia en aquella carne de su carne.

—Son orientales estas mujeres, son igorrotas[32], ¿qué son estas condenadas?

Y la respuesta a tan pintorescos enunciados quedaba en la punta del chopo entre graznidos de picazas. Se llevaban un año; la mayor cumplía veinte por las Candelas, y hacía tres que se alojaba en una casa no recomendable de la capital. Regusto montuno[33] la puso a la moda, y hasta las señoritas supieron que aquella pécora con cara saludable, que robaba a horas maridos y novios, era la *Lina*, rosa carnal de una vieja venta castellana.

---

30. laísmo.
31. *avizorar:* acechar.
32. *igorrote:* indio de la isla de Luzón, en las Filipinas *(DRAE)*.
33. Se entiende: afición por lo rústico. *Montuno* es creación de la autora.

Lo que nadie conoció fue su correspondencia con Cándida, la pequeña de las hermanas.

—¡Vente! —y le pasaba por la vista los oropeles del bajo vicio de las capitales de tercera, las caricias borrachas, el traje pimpante que paga las horas y las horas de desnudez.

Cándida no hacía caso de aquellos espejuelos. Ahí está más crecida, amasando la hornada semanal con los brazos espolvoreados y la cabeza fresca sobre el brazado de lilas de su cuerpo. No es hermosa; es más y es menos. Sus labios tienen la miel eterna, y todas las sabidurías pulen las niñas de sus ojos. Ha pasado el invierno con sus lobos atraillados[34] al viento, y la nieve acolchó caminos y alejó visitantes.

Sólo una noche golpearon el portalón. La luna mataba el esfuerzo del candil[35].

El estudiante marinero se alejaba sobre una goleta a estudiar marinería, y recordando aquel albor que le tiñó los ojos una tarde, la[36] decía ¡adiós! La luna ayudó al candil a iluminar las letras y su dedo las fue agrupando hasta dar con la clave.

¡Es tanto un invierno! Las noches traen veladuras de penas, y el día corto no acierta a levantar neblinas. Alguna noticia llegó a la *Venta* pregonera de albas. Carlos-Mari, estudiante en El Ferrol, escribía proyectos para cuando solease los caminos agosto, y Cándida rompía las cartas de la hermana y secreteaba al viento su congoja sentimental.

---

34. *atraillar:* seguir el cazador a la pieza, guiado por el perro que va atado por la traílla [correa] *(DRAE).*
35. Se entiende: la luna iluminaba más que el candil.
36. laísmo.

Adoleció la niña de melancolía y trasegaba agraz[37] y miel su corazón. ¿Cómo pudo el espino romper flores? Así Cándida se sintió florecer, dudar, sufrir, agrandarse; se vio elevada sobre la hermana mayor, que cambiaba sus besos por dinero, la consideró menos hermosa al verla en los retratos con los brazos desnudos, el sombrero ocultando los ardores del mirar y las dijerías[38] de la cadena combadas[39] sobre el pecho.

Una preocupación la atormentaba. ¿Cómo era aquel mar que se llevaba a Carlos-Mari? ¿Cómo seguirle si nunca le vio, anclada ella misma en el mar terroso de la meseta?

Una vez le dijeron:

—Mira a lo lejos, lejotes, y lo mismo es estarlo contemplando.

Pero el tío Lino terció:

—Zagala, el mar es más espejeado[40]; los trigales sí que le semejan al cabecear[41].

Cándida, desde entonces, juzgó que el océano eran sementeras azules y verdes que saludaban al paso de las brisas.

Un soplo que envió la sierra le mató el candil. Voló en lo negro el papelillo del telegrama.

—Cándida, sube, que entra una cellisca[42] que estoy aterido.

Pero la moza se perdió en la sombra. Las manos, palpando las piedras, persiguiendo el volandero papel, angustiada, tropezando con las tinieblas. ¡Ahora sí que de

---

37. *agraz:* uva sin madurar y el zumo que se saca de ésta.
38. *dijerías:* (creac. pers.), conjunto de dijes o colgantes.
39. *combadas:* aquí, colgadas, "columpiadas".
40. *espejear:* relucir o resplandecer al modo que lo hace un espejo.
41. *cabecear:* sentido figurado, mover las espigas.
42. *cellisca:* temporal de agua y nieve muy menuda, con fuerte viento.

veras se había marchado, ahora sí que se lo arrebataba lo obscuro del porvenir y no veía alborear!

Pero hoy... la vemos mover garbosa los brazos, ha amasado para toda la semana y cualquiera hubiera quedado roto del esfuerzo. Cándida aún tiene brío para la copla, aunque en lo íntimo de ella duerme una nostalgia. Su padre sigue mascullando historias, y en el pueblo, los mozos, han suprimido a Cándida del cortejo. Nada de marzas, de rondadores, ni de ramos de flores. Juanito, el de Jerez, que vende vinos por aquellas tierras, la consultó una tarde un agobio de corazón que sentía por ella, y ella contestó al viajante que no la gustaban los que corrían tierras, sino mares. Era Juanito un vendedor romántico de caldos andaluces, sembraba pasiones y recogía alojamientos rebajados y besos gratuitos. Allá, en Jerez de la Frontera, le esperaba una mujer cetrina y cuatro chavalillos; pero Juanito había llegado al alarde de suprimir ese estorbo desde que ponía el pie en el estribo, alternando mentiras y viajes.

Fue él quien trajo a Lino la noticia:

—Tu hija Celes quiere volver; sólo un abrazo y a seguir el vuelo.

Y tío Lino, después de subir el grito, arrió rencores y consintió en la vuelta.

Hoy debe llegar. Cándida hace revoloteos con la voz, tímida ante la fama de la aguardada, pero contenta porque su alma está llena de novelerías.

—Ya viene, padre. Baja, Agustín. Julia, allá está el coche.

Y Cándida salta por el saco de harina, vuelca la cacharra[43] del agua, pisa sobre las aliagas del horno, rueda en

43. *cacharra:* recipiente de barro.

las cestas y por fin, cuando llega al portalón, trae las mejillas rojas, los ojos brillantes y los tomillos que se han enganchado en el pelo y el traje, la perfuman de mocedad.

Todos se han adelantado a la portezuela; un poco lejos, el tío Lino guardando la compostura, y los demás —cuñado y hermanos— presurosos por la atracción de aquella mujer de deseo que vendía besos y placeres vedados a ellos.

Sólo Cándida, que tan presurosa llegaba, se ha detenido contra la jamba de la puerta. Desde allí ve cómo la *señorita* —ensombrerada, traje verde ceñido y rojo portamonedas de piel— salta sobre los guijos con los zapatos de charol mínimos y bellos. Es alta. Los del auto de línea la miran golosos; lleva el pelo oxigenado al tono más fuerte y los polvos la cubren de una luz artificial las mejillas, pero es hermosa, hermosa como un día demasiado luminoso; hace daño porque se mete por los sentidos y duerme al llegar al alma los sentimientos.

Cándida no encuentra a la hermana que marchó; la parece, cuando el auto arranca, que se la llevan y que han dejado en brazos del padre otra mujer.

El tío Lino la recibe fruncido el ceño y una dolorosa vejez le anubla. Ella reparte besos sensuales con todos los labios largos y carnosos al hermano, a la hermana, al cuñado...

—Ya estoy aquí, padre. —Y una frescura de camino llega, como si fuera un viaje que rendía, sin comprender su vida irregular, salvajemente inconsciente. Y el padre se encontró en la frase. Así era él, así decía a sus viejos cuando retornaba con bandas de horizontes en los recuerdos y sencillamente gritaba:

—¡Aquí estoy!

¿Y la conciencia que le carcomía? ¿Y aquel sombrero haldudo que nunca usaron las de su casta? Pero Lino era hombre de experiencia. Cuando la tierra rueda bajo los pies del hombre y no es él quien acompaña inmóvil sus giros, se abren nuevas ventanas en los pareceres. Y en parecer del tío Lino fue recibirla en hija que viajó y hoy retorna.

El cuñado siente que aumenta la saliva en las fauces, Agustín la rechaza, y la hermana la admira.

—Cándida, hija, cómo has crecido; estás hecha un encanto.

—Sí que medré.

Contenta con silencio a las lisonjas y a los abrazos. Se siente inferior, cautamente responde a los halagos y sus razones quedan prendidas en los regueros de su sangre que circulan mal agolpándose al corazón.

—Vamos arriba, estoy muerta del auto; además le traigo, padre, unas gafas que me dijo Cándida precisaba.

—Ya no tengo la visión de neblí[44]; para lejos tal cual, pero aun así confundo al burro con el cura.

Al reírse el tío Lino ya comprendieron todos que la hija entraba por la puerta grande y que la parábola evangélica[45] tenía una edición vulgar en la *Venta del Fraile*.

Subieron. Cándida miró a lo lejos los oleajes de las sementeras, sumergió mar adentro los ojos, y la graciosa silueta de un navío perfiló jarcias y velas en el horizonte.

—Cándida, ¿subes?

La escalera tembló a sus pasos y los trigales se dejaron acunar por el viento.

La espiga chilló de indignación.

¿Por qué me asaltas? ¿Por qué me muerdes y me llenas de negro? ¿Qué mal te hice para que ahogues mi semilla y

44. *neblí:* ave de rapiña, muy apreciada en cetrería por la rapidez de su vuelo.
45. Se refiere a la parábola del hijo pródigo.

qué pena tienen que purgar los hombres? Me has quitado mi color de oro y no puedo librarme de ti.

Todo el campo está de luto, el tizón[46] hizo presa en los trigos y ríe las quejas de las espigas en granazón.

Al principio no preocupó mucho; luego, cuando vieron negrear la cosecha, entonces cuidaron de la enmienda, pero era tarde: morían una a una las mieses, nada se podía esperar de aquellas fanegas que el tío Lino labrara en los antiguos helechares de la *Venta*.

Y después, del mismo modo, entró en los hombres. Lo trajo una risa, una canción.

—Padre, padre —le gritaba la pequeñina a Juan Prieto, el yerno, que parecía un pan bendito—. Venga que agüelo le llama.

Pero la voz se mezclaba en el viento sin llegarle, tamizada por las hojas de las salcedas, donde Celes aguardaba al mediar de la tarde a Juan Prieto, el hombre austero, con ese desprecio a la sensualidad del que tiene que varear su cuerpo en la rudeza de la jornada, trabajador, cumpliendo la tarea de arar los campos y cosecharlos, no podemos decir que con la risa en los labios, pero con la paz en el corazón.

La llegada de Celes rompió la corteza de indiferencia; la vio blanca y rosa, aumentaron los clientes de la *Venta*, con ellos las ganancias, el regocijo de tío Lino y la pendenciera pasión del cuñado.

—Padre, venga...

La vocecilla de la chica se perdió muchas tardes en que las libélulas se buscan con las alas tensas, y los nidos palpitan corazoncitos nuevos.

Julia ya atisbó pesadumbres y los vigila encelada. Cán-

---

46. *tizón:* "honguillo parásito, negruzco que destruye los granos del trigo y de otros cereales" *(DRAE)*.

ERO, señora, para los que hemos sido propietarios, para los que hemos visto cómo
crece un árbol y rompe flores en primavera y madura el fruto en Agosto, es un
martirio ver pelar las manzanas así.

Suavemente alterado el tío Lino exponía sus quejas
a doña Prudencia, que con su imprudente retoño y otro
muchacho de igual catadura, se atracaban en la *Venta
del Fraile* de reinetas amarillas.

—Chicos, a pelar las manzanas como es debido,
si no queréis verme enfadada.

Y lo dijo doña Prudencia con una sonrisita suficiente, dejando caer aquella condescendencia sobre

Facsímil de la página inicial de la primera edición de *El tizón de los trigos.*

dida, dejándose arrastrar por sus ansias de confidencias, le contó aquel ensoñar que la tiene oreada de marinería, y la Celes la aconsejó:

—Todos los hombres, unos puercos; dímelo a mí, igualitos, y además señoritingos, los conozco más...

—Pero él es distinto; desde chicos nos conocemos. Me aprecia con aprecio verdadero.

—Lo único verdadero aquí es que se busca una querida para cuando llegue. Pero chica ¿te has mirado al espejo?, con ese revuelto de sayas y esas trazas... ¡Tú la nuera de doña Prudencia!

Desde entonces la mocita la odió. Juan, el de Jerez, también andaba enamoricado. Las nubes densas traen truenos, y por sus miradas se pegaron Juan el de Jerez y Juan Prieto.

Aquellos dos Juanes, sabidor de aventuras el uno, inexperto el otro, se pegaron una noche después de saturarse de churrillo. El tizón negreaba los campos y los corazones.

—Padre, padre, esto no puede seguir así —dijo Cándida entre lágrimas—; o se marcha la Celes o se arruina la casa.

—Nunca estuvimos más boyantes.

—Eso será su parecer.

—Y quién manda en la casa...; todos alzando el "gallo" y yo no he puesto cresta a las gallinas. Largo de aquí, si no quieres...

Y Cándida se fue.

La voz de la nieta volvióse a perder por las riberas enviada por Cándida.

—Padre, padre...

Los del río dijeron:

—Parece que llaman...

—Será un engañapastores[47].

---

47. *engañapastores:* chotacabras (cierto tipo de ave trepadora).

—No, escucha.

Las salcedas cortaban las sílabas.

—Pa... dre..., pa... dre...

Es casi noche. El claror último no consigue traspasar las hojas y en aquel hueco está obscuro, mientras el río se funde en plomo. Juan tiene miedo.

—Padre..., padre...

Se oyen chascar las matas, los doce años de la niña tiemblan. Los ha encontrado...; ellos, aturdidos la miran. Se apoya en el mimbreral el cuerpo de la hija, absorta ante aquello que no comprende, y los mimbres se pliegan sobre el agua con su peso... y la niña rompe con su cuerpo la corriente.

—Pa... dre...

Era ya densa la noche cuando llegaron con la niña ahogada. Noche aulladora de penas. El remordimiento idiotizó a Juan. Los ojos en blanco de la niña, guardaban el secreto.

Cándida, entre los alaridos de Julia y el tesón silencioso donde chocheaba el abuelo, levantó su honradez.

—Afuera, afuera de esta casa, indecente, perdida, mala mujer.

Y la indignación la convirtió en hierro que aherrojó voluntades, y la Celes aguardó en la cuneta el paso del auto de línea que cruza por las madrugadas.

—Manzanilla, manzanilla, chica, déjate de cuentos; estoy harto de caña, whisky, brandy, envenenado de cocktail y de mezcolanzas. Manzanilla de Sanlúcar, como las candelas, como tus ojos, como tu pelo.

—Estás curda, Carlos; soy más negra que un santo ahumado.

—Tú, si tienes maíz, panojas de maíz en la cabeza.

—Si sigues por esa vereda, me marcho con aquéllos.

—No, te quedas conmigo; esos no te entienden, yo te conozco desde que eras así.

Y con una terquedad de borracho iba llevando la mano al suelo hasta tocar los ladrillos del piso.

—...te conozco y te quiero...

—Pero Carlos-Mari, no loquees; apenas las nueve de la noche y con una borrachera de albañil.

—Chica, qué quieres; el mar dicen que es de agua, pero es de vino en cuanto se ve desde tierra. Una vez en un puerto encontré una mujer como tú, más opulenta, más alta, pero bien, bien... Me gustas porque tienes los ojos de una armenia que me acariciaba con una superstición religiosa y...

—De manera que no soy yo, son las otras. *Abur*, chico, que te despejes.

—No, Celes, déjame recordar. Tienes las caderas blancas, te las he visto en la represa del río una mañana: pusiste primero los pies en la corriente y luego te quitaste las sayas, pero te quedaste con una chambra; estabas absurdamente deseable. Era la primera mujer que tenía en los ojos.

—Chocheces, antiguallas; todos los señoritos os creéis que somos una tierra más de vuestra hijuela.

—No, yo te deseé todas las noches y luego...

—Luego te decidiste por Cándida. Ésa no la tendrás.

Y en la obscura mentalidad de la hembra surgió la ofensa de la hermana, le rastreó el pecho aquel amor de la pequeña, la tuvo envidia, envidia a su sereno mirar, a su cinta de hija de María, a la altivez con que la echó, a la proceridad[48] de su honradez. La moza defendía la casa con la autoridad que la llegaba a la sangre de aquellas mujeres, hoscas como espinos y blandas como mieles, que

48. *proceridad:* aquí, vigor.

se perdían en la noche de los linajes humildes de un pueblo de Castilla.

Y la hembra la envidió.

—¿Y mi hermana? —repitió al navegante en tierra.

—Tu hermana... déjala no la manches y dame tus labios. Tengo sed...

Las luces madrugadoras levantaron cortinas de sombra y silencio. Pregonó nuevas el gallo. Se desentumecieron los vidrios de la helada.

Trajinaron las gentes laboriosas. Y en la cara dormida de Celes, la luz sembró una lluvia de estrellas.

Al tizón sucedió el pedrisco. Las sementeras fueron cementerios de espigas y esperanzas. Pasaron sobre las pobres vidas de los trigales el furor de los vientos. Gimieron cabeceando las avenas y las cebadas, y cuando el sol se encendió en la mañana, la piedra se había llevado lo que la enfermedad dejó.

Junto a las fanegas de helechar, Juan Prieto hace cálculos, los dientes juntos. Cándida sacude las sayas, aún llenas de agua y de sombras, mientras su hermana, con su pesar de celos y de muerte, cuida que el tío Lino no aprecie por sí mismo los daños.

—Hija, hija. ¿Dónde está Dios que no ve esto?

La hija apretaba los párpados y se hacía más hosco el fruncir de la boca y el ahogo de su corazón. ¡Todo!, todo sobre ellos. ¡Jesús!, ¡Jesús!

Con aquel malogro del trigo, se acabaron los proyectos de comprar una vaca; con las cebadas muertas se fundió la corona de pensamientos de latón para la tierra del camposanto donde aquella hija..., y sin la fruta que cubría el suelo, ¡Ay Dios!, ni la *Venta* podría prosperar.

Las alas membranosas de la pena aleteaban murciélagos. Pero el sol renovaba lozanías en un derroche de oros,

412

y las olas muertas sobre los campos trigales, eran una bíblica maldición.

Y en aquella mañana donde las blasfemias desesperadas de los hombres ofendían al sol, que llegaba en heraldo de paz, el tío Lino sufrió la primera enfermedad de su vida.

—Parálisis —dijo el médico, aquel don Macario que llevaba sobre su cabalgadura cuarenta años sirviendo en el partido, una ciencia olvidada y una experiencia adquirida.

—¡Un paralís! —tembló entre labios Cándida—, y ahora que no tenemos cosecha.

Siguió el silencio, porque todas las sensibilidades se liman en la pena material del pan cotidiano.

Otras malas nuevas llegaron a la *Venta* aquella misma tarde. Las trajo un arriero entre un terno y cuatro puñetazos. Cándida le servía muda, y él se empeñó en contar. ¿Quién le dijo que dañaría con aquello? ¿Fueron los del pueblo o fue el comisionista de Jerez? Tan mal, tan rápido cayó en la niña, que la mesa tiembla entre sus manos enclavijadas.

—¿Quién, quién te mintió?

El arriero, encrespado de aquella agresividad, se defendía.

—Yo mismo lo vi con mis ojos. La llevaba pegada al costado y dicen que al tren de los Madriles.

—Quieres perderme. No, no eran Carlos-Mari y mi hermana. Mira, aquí tengo una postal que llegó ayer.

Aletearon sus manos sobre el pecho.

—Mira.

—No sé leer —rió cazurro el mocetón.

—Pues yo sí —le dijo la Cándida.

—"Me acuerdo siempre de tus besos. Carlos-Mari." Lo leyó apretando con el dedo las letras para que no volasen, fijos los ojos en aquella esperanza. No, Carlos-Mari no podía marcharse con la Celes...

El arriero arguyó tozudo:

—¿Y de cuándo es la tarjeta? Porque digo yo que traerá fecha.

—Colombo. Ceylán —deletreó con esfuerzo Cándida, y una fecha de hacía tres meses.

—Es cierto, es cierto entonces que los viste. ¡Ay Dios!

Se quedó tiesa, arrugado el rostro, alimonándose[49] por momentos, los ojos duros como piedras y los sentidos flechados hacia el horizonte, cabalgando quimeras sobre las mieses muertas, pidiendo cuenta de sus daños al sol, a las nubes, al *calmo* pasar de los vientos; mientras sobre las líneas lejanas, lejanas de la llanura que terminaba su mundo, el barco a la deriva de Carlos-Mari perfilaba jarcias y velas en los últimos dominios del sol.

El arriero se marchó sin pagar.

En la *Venta del Fraile* sólo el pilón[50] espeja[51] el cielo y hace alegrías con el chorro del agua. Murió el tío Lino. Hubo nieves a destajo y los temporales consumieron el invierno. En todas las casas del pueblo se aguardó confiados el verano.

"Año de nieves, año de bienes." Sólo los de la *Venta* no tuvieron grano que echar en el surco ni manos con que arar la tierra.

Los hombres se han ido en el ala de la aventura: emi-

---

49. *alimonarse:* "enfermar ciertos árboles de hoja perenne, tomando sus hojas color amarillento" *(DRAE)*. Obsérvese que la autora, en esa marcada preferencia por el léxico rústico, elige esta forma para indicar el color que adquiere el rostro del personaje.

50. *pilón:* véase *Colombine, Los negociantes de la Puerta del Sol,* n. 56.

51. *espejar:* reflejar, antes, véase n. 40, ha empleado *espejear.*

grantes. Las mujeres quedan hasta que la cosecha las reclame a jornalear[52].

La casona es tan grande que parece habitada; tanto parlan dentro de ella el aire y la lluvia y las ratas. Julia y Cándida no desmerecen de aquel caserón; ellas también son ráfagas. La saya negra, el pelo tirante, los ojos adustos, la color cenicienta. Ya no se distinguen los años; pueden tener y no tener límite. Cándida atiende si alguien llega, y lo que ganan lo estiran milagrosas para tener un poco de harina para amasar. Cuando los fríos fueron recios, cayó el cerezo a los golpes del hacha.

Cándida sintió un alivio, pero luego empeoró.

Han vuelto los días amarillos del comienzo de las faenas. Son praderas los trigos, y las lejanías se vuelven cárdenas en la tarde. Y es un anochecido de primeros de junio, cuando Cándida vio entrar a la hermana odiada.

—¿A qué vienes? —preguntó.

Ella, con los ojos afiebrados, preguntó a su vez.

—¿Ha muerto padre?

—Sí.

—Vengo enferma —gimió, perdida en el temor de que la despidieran.

Su traje rojo la moldeaba una gravidez que hacía inminente su cuidado. Sobre los hombros colgaba un abrigo.

—Pasa —masculló Cándida.

Y la mujer pasó.

Las tres hermanas se han mirado un minuto.

—Tengo sed —ha dicho Celes.— Las otras dos se han callado.

La mujer ve cómo todo se desmenuza en la miseria. Que el hambre siguió al tizón y que las bocas y los corazones están exhaustos.

---

52. *jornalear:* (creac. pers.), trabajar a jornal.

—Tengo sed —repite.

Y las dos hermanas se han marchado, dejándola sola. Con sudores recorre la casa. Nada, no hay nada. Hace girar con esfuerzo la roldana[53] del pozo, y el agua helada la quema en el vientre. Grita, nadie contesta. No hay más que sombras llegando con la noche.

Y con la noche llegó aquella flor de carne a abrir sus entrañas. ¿Por qué ocurrió aquello? ¿Por qué Carlos-Mari se dejó aletargar en el amor de aquella mujer? ¿Por qué fue fecundo su vientre?

Llamó, gritó para que acudieran sus hermanas, tuvo el miedo al dolor de los que han gozado de salud. ¿Pero es que en aquella casa ya no había nadie? ¿Es que todos habían huido al llegar ella?

Por fin apareció Julia, dejó el velón[54] sobre una mesa y la niña nació...

Cándida fue del patio al desván mientras duró la angustia. No eran pudores los que evitaban intervenir a la moza en el trance. Para ella la vida no había tenido cendales[55]; su honestidad llegaba de su conocimiento. Se tapó los oídos para no saber, hundió las manos en el pecho para parar su corazón. ¡Aquello, aquello que nacería en cuanto hubiese estrellas, era un hijo de Carlos-Mari! Aquello que debía ser su hijo...

Se palpó los hombros temiendo no vivir, sintió dedos de estranguladora llegar a los suyos, se tornó espiral que tornaba y giraba, giraba a compás de la noche y de los gritos... La despertó el silencio. La casa estaba hueca. Cándida escuchó aterrada, El frío de la amanecida hizo

---

53. *roldana:* rueda por la que corre la cuerda en la garrucha del pozo.
54. *velón:* véase *Colombine, Los negociantes...,* n. 43.
55. *cendales:* algodones *(DRAE).*

llantear[56] a la pequeña. ¿Qué era aquel gruñidito en su casa? La niña lloró más fuerte, llorar de hambre y de abandono.

¿Era el frío o la madre muerta junto a ella? Por la ventanuca pasaban golondrinas. Cándida no pudo con aquel llanto que empapaba tristezas en su pecho. Se acercó suave a la cama, ligera, con un brazado de maternidades entre las manos y un calor de nido en el regazo. La niña lloraba y Cándida sonreía a los harapitos, a los ojuelos cerrados, a la caruca fruncida... La levantó hasta sus mejillas y la apretó desbordada de alegrías nuevas.

—Duérmete tú, solecito; ea... ea...

La silla golpeó rítmicamente el suelo y la *Venta del Fraile* despertó a los ecos de una canción de cuna.

Sobre las sementeras —sobre los corazones— rompía el alba.

---

56. *llantear:* (ant.) llorar *(DRAE)*.

Federica Montseny

HEROÍNAS

Federica Montseny

Perteneció a una familia que facilitó la trayectoria de su vida. Sus padres fueron Juan Montseny, el mítico *Federico Urales,* editor, escritor y figura clave en la historia del anarquismo español, y Teresa Mañé, más conocida como *Soledad Gustavo,* maestra, escritora y una de las pioneras del feminismo libertario español, junto con otra mujer, cuyo papel es fundamental en este campo: Teresa Claramunt. Ambas ejercieron una influencia imborrable en la joven Federica, como ella misma ha reconocido en numerosas ocasiones. Federica Montseny nace en el año 1905, en Madrid, donde vivía su familia, tras el destierro de Barcelona que sufrieron sus padres, a causa de los acontecimientos de Montjuich en 1898. Durante su infancia vivió en un ambiente de libertad, en contacto con la naturaleza, y hasta los 18 años, su madre y los libros fueron sus únicos maestros. Su afición a la literatura y su vocación política corren parejas y tienen el mismo origen. A los 17 años, en 1922, es ya colaboradora en las más importantes publicaciones anarquistas: *La Novela Roja, Tierra, Redención, Nueva Senda, Solidaridad Obrera,* etc. A la vez, Federica Montseny interviene activamente en la editorial que habían fundado sus padres, Ediciones de la Revista Blanca, que edita varias colecciones y publicaciones: *La Revista Blanca, La Novela Ideal, La Novela Libre, El Luchador, El Mundo al Día.* Elocuente oradora y conferenciante, publica varias novelas, participa en actos políticos de la CNT y en 1928 conoce a Germinal Esgleas, al que se unirá en 1930 y con quien tendrá tres hijos.

Desde el comienzo de la guerra civil, Federica Montseny despliega una intensa actividad. En julio de 1936 ingresa en la FAI y en noviembre es nombrada ministra de Sanidad por el presidente del Gobierno, Largo Caballero, pasando a ser la primera mujer que ocupa un ministerio en Europa. Cuando el Gobierno abandona la capital y marcha a Valencia, Federica regresa a Madrid, donde colabora en la organización de la resistencia de la ciudad. En 1939 inicia una penosa marcha hacia el exilio. Se instala en París. Tras la entrada de los alemanes en Francia sufre diversas penalidades. En 1942 es encarcelada y a punto están de conceder su extradición, solicitada por el Gobierno de Madrid. Finalmente se instaló en la ciudad francesa de Toulouse, donde todavía hoy sigue siendo una de las figuras más respetadas de la política y la cultura española.

Federica Montseny es autora de una extensa obra, en la que literatura y política están estrechamente hermanadas. Escribió varias novelas: *La Victoria* (1927), *El hijo de Clara* (1929), continuación de la anterior, y *La indomable* (1928) de carácter autobiográfico. Colaboró en colecciones de novela breve. Es autora de *Ana María, Vampiresa, Heroínas,* todas en *La Novela Libre.*

Sus ensayos políticos son muchos y variados. Incluye la biografía: *Vida y obra de Anselmo Lorenzo* (1938; Madrid, Libros Dogal, 1977). Memorias y recuerdos: *Mi experiencia en el Ministerio de Sanidad y Asistencia Social* (1938); *Cien días de la vida de una mujer* (1949; *Cents dies de la vida de una dona,* Barcelona, Galba, 1977); *Seis años de mi vida (1939-1945)* (Barcelona, Sagitario, 1968); *Mis primeros cuarenta años* (Esplugas de Llobregat, Plaza y Janés, 1987). Obras que expresan su pensamiento político o trata de temas sociales: *La mujer, problema del hombre* (1932); *Mujeres en la cárcel* (1949); *Pasión y muerte de los españoles en Francia* (1950; Barcelona, Galba, 1977); *Qué es el anarquismo* (Barcelona, La Gaya Ciencia, 1976); *Escrits politics* (Barcelona, La Gaya Ciencia, 1979); *Els anarquistes educadors del poble: "La Revista Blanca" (1898-1905).* Iról. de F. Montseny (Barcelona, Curial, 1977).

A.E.B.

Heroínas

I

LA MAESTRA

Los chiquillos se levantaron bulliciosamente, al dar María Luisa la señal de que la sesión de la tarde había terminado.

Un sol dulce cubría aún los campos circundantes. La tarde moría serenamente, en la paz infinita de los atardeceres en la montaña. Una bruma azulada flotaba por encima de los montes próximos, y los rayos solares, cayendo oblicuamente, irisaban de rojo el tramonto[1].

La joven aproximóse a la puerta, viendo como los muchachos marchaban en orden. Las niñas, instintivamente, formaban grupo aparte, más parlanchín, más coquetón, buscando ya, con sus risas y sus chillidos, la ocasión de llamar la atención de los varones.

María Luisa contempló durante un buen rato el panorama que ante ella se extendía. La escuela estaba situada en las afueras del pueblo, en una casa nueva y rodeada de árboles jóvenes. Durante el día habría sido muy calurosa, de no templar la temperatura el aire que bajaba de la sierra. Por la noche quedaba oculta y solitaria, al borde de la carretera que va de Orbejo a Paradiño[2].

1. *tramonto:* detrás de los montes.
2. *Orbejo* y *Paradiño:* topónimos imaginarios.

423

La muchacha no tenía miedo. Un año largo hacía ya que moraba en la casona, pasando las largas noches de invierno sola con sus libros y sus perros. De las cinco, en que partían los chiquillos, hasta las once en que se acostaba, iban un puñado diario de horas. La mujer que le lavaba la ropa y le aseaba la casa marchaba también alrededor de las cinco, y la joven quedaba absolutamente sola.

En verano salía a dar largos paseos, hasta que se le hacía noche. Llegaba a veces hasta la misma boca de la mina, encontrándose con grupos de mineros que la saludaban al pasar. La sabían muy seria, encerrada siempre en su casa, continuamente abstraída en sus sueños interiores, y la miraban con cierto respeto, aun los más ajenos a su manera de pensar.

En Orbejo había otra maestra: la nacional, ya entrada en años y famosa por su mal genio. Empezaron a llamar a María Luisa la maestra joven, cuando llegó al cabo del tiempo.

Era María Luisa alta, robusta, de hermoso pelo negro y ojos de un castaño luminoso, profundos y pensativos. No podía ser considerada hermosa, pero había en su persona tal aire de distinción y de inteligencia, una elegancia natural tan discreta y tan señora, que pocos hombres dejaban de encontrarla atractiva.

Cayó en el pueblo, produciendo en él una revolución, pronto aquietada por su manera de ser, tan seria y tan callada. La trajo como maestra racionalista[3] el Sindicato de Mineros que en él existía, afecto a la Confederación Nacional del Trabajo. Orbejo, pequeño por sus habitan-

---

3. La Escuela Racionalista fue uno de los logros más conocidos de los anarquistas en el terreno de la educación. La primera fue inaugurada por Francisco Ferrer i Guardia en Barcelona, el 8 de septiembre de 1901. Fundó también una Escuela Normal, para formar al profesorado y unas Conferencias Dominicales Públicas.

tes, era, sin embargo, el centro de una activa producción hullera. En sus minas trabajaban miles de hombres, que desparramábanse por los pueblos vecinos, siendo Orbejo el centro a que afluían numerosas aldeas aún más pequeñas y desplazadas del corazón de las minas.

La escuela de María Luisa comenzó con una veintena de alumnos de ambos sexos; pero al cabo del año, tenía ya más de cien, que gobernaba con firme mano la muchacha, utilizando a los mayorcitos para dar lección a los pequeños, ensayando métodos pedagógicos nuevos, que la daban excelentes resultados.

Eran raras las tardes que, en verano, permanecía con los chiquillos en la casa. Las lecciones las daba al aire libre, en largos paseos a los montes y fuentes cercanos. Cantabria, tan rica en naturaleza, le brindaba mil ocasiones de enseñar a sus pequeños, mostrándoles la maravilla viviente de la vida.

Pronto acudieron a su escuela hasta chiquillos hijos de personas desafectas a las ideas vinculadas a la existencia del pequeño centro educativo. Cundió la voz de que enseñaba más y mejor que la otra maestra. En verdad, los chiquillos que acudían a la escuela racionalista eran más cultos y estaban mejor educados que los de la otra. María Luisa les enseñaba el amor a las personas y a los animales, dominaba los malos caracteres, estimulaba los buenos; conseguía el difícil milagro de hacer de una legión de salvajillos una multitud de pequeñas individualidades con carácter propio, no exento de respeto y de maneras afables y urbanas.

La enseñanza bisexual, conseguida aún con criaturas de padres más o menos preocupados, era un verdadero triunfo de las ideas modernas. Los chiquillos convivían juntos durante unas horas, y se mezclaban en los juegos y en las horas de asueto. La mirada vigilante de María Luisa no dejaba escapar detalle. Y no fue poco su trabajo, hasta encauzar bien aquellos temperamentos desordenados, en los que existía —contagio del medio ambiente— el deseo de la violencia y del atropello de los más débiles; la tendencia a la burla y a los juegos más brutales.

La veían enérgica a la par de dulce, y sin un golpe, sin un castigo, con el dominio de un carácter poderoso sobre las demás almas, lo mismo si son infantiles que adultas, los controló a todos.

Acabó por dominar moralmente a todo el pueblo. Pararon las malas lenguas, cuando vieron su existencia tan recogida y tan modesta. Ningún hombre entraba en aquella casa, más allá de las ocho de la noche. Ni novio la conocían, y cuantos mozos del pueblo intentaron rondarla, retrocedieron ante la seriedad de su mirada.

Los ricachos de la villa y de los pueblos vecinos llegaron también a codiciarla. El médico del pueblo, viudo y buen mozo, fue quien más lejos llegó en el asedio. Pero todo fue inútil. La maestra joven era plaza que no se rendía.

¿De dónde llegó María Luisa? Acudió por correspondencia al leer un anuncio que publicó la Junta del Sindicato en la prensa obrera, a raíz de haberse construido la casita para la escuela. Escribió simplemente, ofreciéndose con su título, sin recomendaciones de ningún orden.

Vivía entonces en Girón[4], en una pensión de señoritas estudiantes, y había acabado la carrera de maestra. Llamábase María Luisa Montoya y era huérfana de padre y

---

4. *Girón:* topónimo imaginario. Podría referirse a Gijón, forma con la que guarda similitud fónica. No hay que olvidar, por otra parte, la estrecha correlación que surge en el relato entre Girón-Vetusta (Oviedo), aunque, en este deseo de ocultar los nombres reales de los lugares, la autora sitúa toda la acción en Cantabria y no en Asturias, como los hechos históricos, que se desarrollan en el relato, exigen.

madre. Crióla una tía algo adinerada, profesora de la Escuela Normal, soltera y vieja, un tanto extravagante, que hizo de ella ese tipo un poco nuevo de mujer a la moderna, que vive en Residencias de Estudiantes[5] y viaja sola y libre.

María Luisa tenía veintitrés años cuando llegó a Orbejo. No había ejercido en ninguna escuela más, sin deseo de ejercer la enseñanza en los colegios del Estado y viviendo en Girón, hasta entonces, con la pequeña pensión que le daba su tía y lo que ganaba mediante algunos trabajos de traducción.

Tenía una vasta cultura; dominaba perfectamente varios idiomas y tenía derecho a esperar algo más que aquella escuela de pueblo, solitaria y perdida entre montes y minas.

Pero fue ella misma quien trazóse y eligió su destino. Había soñado, durante mucho tiempo, con encontar una cosa parecida, con inaugurar aquella existencia de apostolado en una escuela así, repitiendo en España la historia de las nihilistas rusas. Era un corazón ardiente, además de una inteligencia imaginativa y mística. Del mismo modo que, en la Edad Media, tantas mujeres apasionadas y deseosas de renunciación y de sacrificio, se hacían monjas, misioneras y soldados, ocultando su sexo, en aquella nueva cruzada en persecución de otras fórmulas de convivencia social, María Luisa se hizo maestra. Y salió en busca de almas que modelar, de existencias que dirigir, de conciencias que formar, absolutamente virgen de desengaños, con todo su ser entregado generosamente a la obra.

---

5. Podría aludir a la *Residencia Femenina* de Madrid, auspiciada por la Institución Libre de Enseñanza, que fue inaugurada el 15 de octubre de 1915 y dirigida por María de Maeztu.

II

ALEJANDRO PEREDA

Habían llegado hasta el pie de la fuente, situada muy cerca de la mina Mayor, la más antigua, prolífica como una buena madre, que aún vaciaba hulla de sus entrañas fecundas.

Los chiquillos, incansables, corrían por las verdes praderas, persiguiendo entre carcajadas un rebaño de cabras saltarinas, que les acorneaban bulliciosas, familiarizadas ya con su presencia.

María Luisa se sentó en un pequeño altozano, desde el que dominaba a los pequeños, y abrió el libro que llevaba siempre como recurso y como compañía.

Un rumor de voces le hizo levantar la cabeza. Hacia donde ella estaba avanzaba un grupo de hombres, trajeados elegantemente: por la apariencia, altos empleados de las minas. Hablaban en voz alta, alegremente, y por el timbre de sus voces la maestra pensó que eran jóvenes.

Al irse aproximando, María Luisa creyó reconocer a uno de los que venían. Era un muchacho alto, moreno, de cabellos rizados, guapo y recio, famoso en sus años universitarios por los "fados" que cantaba a las estudiantas guapas.

María Luisa, reconociendo también al ingeniero de las minas y a dos o tres de los empleados en las oficinas, bajó la cabeza y se puso a leer, sin ánimos de ser reconocida por su antiguo compañero de estudios.

Pero fue éste el que, al ver que los otros callaban y le señalaban con una mirada a la maestra, la miró a su vez y, al reconocerla, adelantó alegremente dos pasos hacia ella, exclamando:

—¡María Luisa! ¿Usted por aquí?

Levantó la joven los ojos, sin fingir sorpresa.

—En efecto, Pereda. ¿Qué casualidad nos ha reunido?

—Peregrina, a fe mía. ¿Qué hace usted en este poblacho?

—Regento una escuela.

—¿Y se ha contentado usted con tan poca cosa? ¿No podía aspirar a mejor plaza? Su tía se ha portado muy mal. Con un poco de influencia habría podido quedarse en Girón o en Vetusta[6].

—No culpe usted a mi tía. Fui yo la que solicité la plaza; me encanta esta vida.

Pereda se había separado de sus compañeros, sentándose junto a María Luisa. Recordó que, hacía tres años, había estado un poco enamorado de ella y la miró con ojos interesados. El campo le sentaba bien a María Luisa, y estaba más bella que antes, con las mejillas sonrosadas y los hermosos ojos más brillantes y más vivos que antes.

—¡Qué guapa está usted! —dijo él, sonriendo—. Se ve que le prueba esta vida.

Ella fijó en Pereda sus pupilas límpidas.

—Siempre será usted el mismo, Alejandro. ¿Aún no tiene novia?

—He tenido dos o tres, pero ahora estoy vacante... y sin compromiso. ¿Y usted?

—Yo no cuento, Pereda. Ya sabe usted que soy muy rara y que a mí no puede tratárseme como a las demás mujeres.

—¿Qué hace usted aquí, sola, sin marido, sin familia... y sin un amigo siquiera? ¿Qué escuela regenta usted?

—Una racionalista, organizada por el Sindicato de Mineros.

6. No hay duda de que se trata de la Vetusta clariniana, que oculta —y señala, a la vez— la misma ciudad: Oviedo.

—¡Ah, caramba! Yo creía que estaba usted en la nacional. Entonces aún es más curioso. ¿Cómo ha venido a parar aquí? ¿Quién la trajo?

—Yo sola; un anuncio en un periódico obrero me llamó la atención, ofrecí mis servicios, fui aceptada, y hace ya un año que estoy aquí. Creo que están contentos de la labor realizada con esta legión de salvajillos, hoy niños sociables y bien educados.

—¿No sabe usted a qué vengo yo aquí?

—Si no me lo dice, lo ignoraré siempre.

—Pues a organizar un grupo socialista, por encargo de las Juventudes de Vetusta, que necesitan controlar toda esta zona.

—Me alegro, hombre, de que al fin haga algo de provecho... Aunque no estoy muy segura de que realmente sea útil lo que está usted haciendo.

—¿No sabe usted nada?... Bueno. Déme su dirección e iré luego a su casa y charlaremos... Digo, si usted me lo permite.

—¿Por qué no? Aún recuerdo nuestros años de estudiantes.

—Ahora voy a reunirme con mis amigos; hace ya rato que les he dejado y acabarán por enfadarse.

—¿Pertenecen esos también al grupo en ciernes?

—¡Oh, no! Sé el terreno que piso. Uno hay simpatizante; el ingeniero es amigo mío de la infancia, y por eso he ido a verles. Además, me interesaba entrar en las minas y hacerme amigo del personal.

—¡Qué se trae usted entre manos, mala cabeza! Casi, casi no puedo concebirle, convertido en conspirador.

—No sabe usted nada. He cambiado mucho. Ahora soy casi un hombre público. Me verá usted diputado por esta provincia. Y usted, ¿no aspira a algo parecido?

—¡Oh, no! Esas glorias no me conmueven. Me contento con la obra anónima de formar conciencias, de modelar almas de niños.

Pereda se había levantado, y María Luisa le tendió la mano.

—Hasta muy pronto —dijo Alejandro, estrechándosela.

Los acompañantes le esperaban en un extremo de la plazoleta en que estaba situada la fuente, charlando en grupo.

Por la actitud que observaban, no dirigiendo la vista hacia donde estaban María Luisa y Pereda, pensó la joven que hablaban de ella. Y no se equivocaba.

Cuando se les reunió Alejandro, el ingeniero preguntó con malicia:

—¡Ah, tunante! ¿De modo que conoces a esta chica?

—Sí. ¿Qué tiene de particular que la conozca? Hemos estudiado juntos en Vetusta y hacía dos años que no la veía. Me ha dicho que está de maestra en una escuela...

—Sí, la del Sindicato; la de los anarquistas.

—No me explico cómo ha venido a parar aquí. Es de una familia adinerada; le costeaba los estudios una tía rica y soltera.

—¿Qué clase de muchacha era? Aquí no se la conocen amoríos y lleva una vida muy seria. Al contrario de lo que pensaban muchos. ¡Figúrate! Una muchacha que viene sola a regentar una escuela laica; que vive sola, etc., etc. ¿Quién no piensa mal?

—Ya. Y tú el primero. Pues chico, era de lo más serio que había en la Universidad, y continúa siéndolo. Muy estudiosa, muy inteligente, muy noble con los compañeros; todos la queríamos.

—¡Con qué entusiasmo la defiendes!

—No he de defenderla. ¿Acaso la habéis atacado?

—No nos has dejado tiempo, hombre. ¿Te gustaba, eh, te gustaba?

431

—¡Y me sigue gustando, vaya! Pero ella no es como las otras.

Las voces de los hombres se perdieron entre la lejanía del bosque y del follaje. María Luisa, que había vuelto a bajar la vista sobre su libro, la levantó, mirándoles alejarse.

La presencia de Pereda levantaba ante su memoria una multitud de recuerdos. Volvían a repasar ante ella aquellos días de la Universidad de Vetusta, cuando, llena de ilusiones, con toda la salud y el orgullo noble y ambicioso de su alma, estudiaba el bachillerato. Decidióse por la carrera de maestra al cabo de larga vacilación. Tía Hortensia quería que estudiase la de Derecho; le parecía más nuevo y más lucido eso de tener una sobrina abogado. Soñaba con uno de esos grandes procesos folletinescos, que consagran a un hombre o a una mujer a expensas de la cabeza de otro. María Luisa, por el contrario, aún sin ninguna inquietud ideal, por rectitud de carácter y bondad de alma, sentía invencible repugnancia por la abogacía, carrera de oportunistas y para la que se requerían condiciones que ella no reunía.

Pereda estudiaba, en cambio, para abogado, con entusiasmo. Era ambicioso; deseaba ser alguien; en su fuero interno soñaba seguramente con llegar a regir los destinos de España. Para aquel mozo bilioso y alegre, emprendedor y audaz, la muchacha, tan equilibrada, tan sencilla y tan seria era un violento contraste. Soñó con poseerla, y la persiguió con sus asiduidades sin peligro, mezcla de camaradería y de flirt que le hacían tan agradable a las demás mujeres. Pronto se dio cuenta de que María Luisa "no era como las otras". Así lo decía él, pensando ya seriamente en que María Luisa le hubiera convenido para esposa.

¡Pero cuán lejos estaba la muchacha de aquel destino!

432

Pronto escapó a la visión modesta de Alejandro, desapareciendo de su vista. Y he aquí que pasados los años, se la encontraba en aquel rincón de Cantabria, ejerciendo obscuramente de maestra, sin ambición ninguna, serena y abnegada como apareciera siempre ante sus ojos.

María Luisa sonrió involuntariamente, recordando aquel capricho de Pereda. Vivía sin contacto amoroso de hombre; esto es, sin que la rodeara varón alguno al que hubiese deseado atraer y agradar. Su vida era ascética y casta hasta lo increíble o lo que no podían creer aquellos señoritos de pueblo que la habían asediado. Pereda caía en medio de ella, trayéndole recuerdos gratos y como esfumados; el vaho de la vida y del amor, sin pena apartado de su camino.

III

EL EMISARIO

Entrada ya la noche, llamaron a la puerta de la casita que, al lado de la escuela, ocupaba la maestra.

María Luisa calculó en seguida que debía ser Pereda. Estaba sola; una mujer vecina le limpiaba cada día la casa y cuidaba de dejarle medio arregladas la cena y la comida; después se marchaba. María Luisa encontrábase sola en su casita desde las seis de la noche hasta las ocho de la mañana siguiente.

Fue a abrir sin temor, encontrándose de manos a boca con el mozo.

—¿He venido demasiado tarde? —exclamó el joven.

—Me es igual una hora que otra. Desde las cinco, que cierro la escuela, hasta las diez, que me acuesto, cualquier hora es buena.

—¿Vives aquí completamente sola?

—Completamente. Sólo me acompaña unas cuantas horas una asistenta que me ayuda a poner orden en mi casa, mientras yo estoy en el colegio bregando con los chiquillos.

—¿Y no te aburre esa vida?

María Luisa sonrió, levantando los hombros.

—No... No tengo tiempo. Entre repasar los cuadernos de los chiquillos y leer un poco, se me va la noche. A veces ni de cenar me acuerdo.

Pereda paseó su mirada por la salita recibidor, sencillamente amueblada.

—No estás mal alojada.

—Estoy mejor aún. Entra.

Levantó un portier[7] y le hizo penetrar en una habitación que le servía de comedor y de despacho. Había allí unas butacas cómodas, una buena mesa, un sofá, una chimenea que se encendía en invierno y hasta —lujo inusitado— un piano.

Alejandro dejóse caer sobre uno de los butacones. Espontáneo, en la intimidad de aquel "tête à tête", había vuelto a sus labios el tuteo de sus años de condiscípulos. Admiraba en silencio a aquella mujer animosa, de gustos tan sencillos, que se resignaba a aquella existencia en el campo y que vivía sola, sin perder el humor ni la feminidad, tan rara y tan atractiva.

Fue franco.

—Mira, María Luisa, voy a serte muy expedito. He venido aquí con una misión especial. De su éxito, depende mi porvenir y el que, en unas próximas elecciones, me veas salir victorioso en la política, escalar altos sitios, ser diputado..., quizá ministro. Y parece que el destino se

7. *portier:* cortina (del francés *portière*).

haya complacido en asociar tu persona a este porvenir mío, que ahora se decide. Hace mucho tiempo que me he dicho que ninguna mujer sería una esposa más ideal que tú, tan inteligente, tan buena, tan seria, tan discreta, tan distinguida. Te encuentro aquí como desplazada de tu medio, realizando una hermosa labor de sacrificio, anónima... y poco divertida. Voy a hacerte una proposición: si ganamos, ¿querrás ser mi esposa? Digo si ganamos, porque si perdemos, me va en ello la cabeza.

María Luisa le miraba con ojos pensativos. Más que la declaración, a la que no daba imporancia, intrigábale aquel tono y aquella manera de plantear el asunto.

—Hablemos en serio, Alejandro. ¿Qué barrabasada vais a hacer?

—¿Quién?

—Vosotros, los socialistas.

—¿Quién te ha dicho que sean los socialistas?

—Me lo has dicho tú esta tarde, hablándome de ese grupo juvenil que venías a organizar. Te veo hecho un líder, un personaje político, un hombre de partido. ¿Has triunfado, pues?

—No hemos triunfado aún, pero triunfaremos.

—¿Y qué perseguís?

—Colectivamente, el poder.

—Y personalmente también, ¿verdad?

—¿Por qué no decirlo? Sí. Me creo más capacitado que otros para asumir la responsabilidad de una dirección, después del hecho revolucionario que se está gestando. Soy ambicioso, pero sin ruindad, capaz del sacrificio y de la gallardía. Vamos a jugarnos la vida, como hombres y como partido, a cara o cruz, y yo no seré de los que retrocedan ni hagan traición a sí mismos. Si triunfo, si triunfamos, te asocio a mi vida; si perdemos... no me importará ya nada.

Dejóse llevar de la fiebre interior que le exaltaba, y cogió las muñecas de María Luisa.

—Escucha: es preciso que hablemos. Me han dicho que tú tienes mucha influencia en el Sindicato, que los mineros te quieren y te respetan, que estás algo metida en esos nuevos medios. A mí me interesa que alguien me presente a la Junta; alguien que responda de mí y que pueda garantizar que soy el emisario de un pacto serio. Nos interesa estar en relación directa con los trabajadores y con las directivas de los sindicatos de los pueblos. No basta que se hable de pactos establecidos entre los comités superiores. Es necesario ese contacto de codos con la masa, que sólo se establece tendiendo una red de relaciones en los propios centros de explotación. ¿Tienes tú probabilidades de presentarme a alguien que me vaya introduciendo entre el elemento significado de estas minas, perteneciente a la CNT?

—¿Qué es lo que me propones, Alejandro?

—Algo con lo que nada habéis de perder, ni tú ni tus nuevos amigos. Vamos a realizar un golpe de audacia, tan pronto las circunstancias nos parezcan propicias. Una revolución social ha de hacerla un pueblo. Nosotros iremos, con ella, a la proclamación del socialismo de estado y a la ocupación del Poder. Vosotros… haréis lo que podáis. Si podéis ir más lejos, enhorabuena. Las guerras, lo mismo políticas que sociales, las ganan los más audaces y los que cuentan con el mayor número. Nada arriesgáis con probar. O seguiréis como hasta ahora, o ganaréis un cien por ciento. Esto quiero decir a los trabajadores todos, y particularmente a los que pueden influir en su ánimo en esta zona minera. ¿Hay algún obstáculo que se oponga a ayudarme, María Luisa?

—A ayudarte, sí. A complacerte en tu deseo más simple: ser presentado a la Junta del Sindicato, no. Esto lo podemos hacer hoy o mañana, o cuando sea. Yo sólo diré que te conozco, que sé quien eres, para que no te crean un agente provocador o un emisario de mal agüero. Tú harás el resto.

Alejandro se inclinó hacia ella.

—¿Y no quieres ayudarme?

—¿A qué? Mi concepto es otro. Todo esto que te apasiona, me deja a mí fría. Es otra, más alta y más modesta, la misión que voluntariamente he elegido.

—Y a la primera parte de la propuesta, ¿qué contestas?

—¿Cuál es la primera parte?

—La proposición de unir nuestras vidas, si el éxito nos acompaña.

María Luisa sonrió:

—¿Estás seguro de que no me lo has propuesto para ver si así me seducías y me convertías en una aliada tuya?

El semblante de Pereda emsombrecióse. Con violencia y energía prorrumpió:

—No, María Luisa. Eso es cuenta aparte. Tú sabes que no es de ahora esa preferencia por ti. Eres la única mujer que me ha interesado de cuantas he conocido; he pensado en ti siempre, y cuando desapareciste de mi vista, te lloré como un bien perdido, diciéndome que había sido un imbécil al dejarte perder. Ahora... vuelvo a hallarte en estas extrañas circunstancias. Pero, tanto si me ayudas como si no; lo mismo si me acompaña la suerte como si me es adversa, te he querido y te quiero. ¿Qué contestas a esto?

La mirada de María Luisa perdióse en el espacio que desde la ventana veíase. El día había muerto, dejando aún esa luz vagarosa[8] de los atardeceres de otoño. Una luna pequeña y alargada como una daga turca brillaba en

8. *vagaroso:* tardo, perezoso o pausado.

medio del firmamento pálido, y las primeras estrellas centelleaban como ojos diminutos.

—Nada, Alejandro. Aún sueño.

—¿Aún sueñas?

—Sí. Y tú eres una realidad sólida, corpulenta, alegre, varonil... ¡Pero tan lejos de mi sueño!

—¿En qué sueñas?

—¡Qué sé yo! He sido una soñadora impenitente. He perseguido, durante muchos años, la quimera de un hombre ideal, en el que se reuniera todo, materia y espíritu, cuerpo y alma, excelsitudes e ímpetus viriles. En el fondo, todas las mujeres somos iguales. Príncipe encantador o símbolo de la justicia y de la fuerza, todas perseguimos la misma ilusión, en la que reclama sus derechos el genio de la especie.

Pereda la miró con curiosidad.

—¿Y yo no soy nada de esto?

—Para otra mujer, todo, sin duda. Para mí... no.

—¡Qué rara eres, María Luisa! —murmuró él.

Aproximóse a la muchacha. La soledad, la obscuridad de la estancia, la noche envolvente, su perfume de mujer hermosa y sana, le perturbaban. Era una naturaleza sanguínea, una virilidad floreciente, de deseos violentos e irresistibles. En aquel momento deseó estrecharla entre sus brazos, aspirar el perfume de su cabellera, despertar en la soñadora el sexo, como dormido en un lago de paz y de dulzura.

Se acercó a la joven hasta tocarla. María Luisa se había puesto en pie y apoyó sus manos en los hombros del muchacho.

—Estate quieto —murmuró con ternura—. No quieras aparecer más malo de lo que en realidad eres. Tú lo has dicho. Yo... no soy como las otras.

—¡María Luisa! —repitió él, con pasión contenida.

Sus manos recorrieron los brazos de la joven hasta el hombro, deslizándose luego por su cintura y estrechándola con fuerza contra sí. Con un movimiento vigoroso, brutal casi, María Luisa le rechazó.

—¡No seas grosero! —dijo con dureza—. ¡A mí no se me gana así!

Dio la llave de la luz, mirándole airada, con el ceño fruncido, los labios contraídos y una expresión de cólera reconcentrada que él no conocía.

—¡Perdóname! —murmuró Pereda, pasándose el pañuelo por la frente. Estaba rojo, congestionado, de excitación y de vergüenza.

—Siéntate. Tomarás algo —dijo María Luisa, volviendo la calma a su semblante.

Pero el muchacho se irguió.

—No, prefiero irme.

Dio dos pasos hacia la puerta, olvidándose de cuanto le había dicho: de sus proyectos, de lo que había pedido de ella, de todo.

—Vuelve mañana a esta misma hora y te presentaré a la Junta.

No contestó Pereda, poniéndose el abrigo con tanta torpeza que no acertaba con una manga. María Luisa le ayudó, no pudiendo contener la risa.

—¿Lo ves? ¡Si todos los hombres sois unos niños! Estáis tan pagados de vosotros mismos, que os desconcierta el aplomo de una mujer y os volvéis tímidos y aturdidos como chiquillos.

La alta silueta de Pereda se alejó a grandes pasos por el camino.

María Luisa estuvo un momento en el umbral de la puerta, mirándole marchar. Después la cerró, volviendo a su gabinete de trabajo. Sentóse ante la mesa, cogiendo los cuadernos de los chiquillos. Pero su mente estaba lejos.

Sin querer, pensaba en la escena con Pereda. Y un estremecimiento recorrió su carne poderosa y joven. Al fin y al cabo, Alejandro era guapo, joven, varonil, atrayente como hombre.

Sacudió la cabeza, enojada con ella misma.

—¡Pero qué es eso, María Luisa! —murmuró, frunciendo el gracioso entrecejo—. ¿Te dejarás dominar por el sexo?

Algunas veces, en sus horas de soledad, le acometían pensamientos negros. Eran como llamadas violentas de la materia, tan poderosa en su naturaleza sana; eran también como cansancios del alma, consumida en un fuego interior generoso, en una exaltación ideal intensa. Pensaba en la muerte; la acometía el terror sagrado de todas las personas de vida exuberante y que aman la existencia, al decirse:

—Al final, todo está destinado a pudrirse. Si hemos de morir, si al final de todos los caminos nos acecha el mismo fin fatal, ¿por qué no extraer de la vida el goce íntegro; por qué no aprovecharla apasionadamente; por qué no sentir en toda su intensidad la embriaguez de los goces que ella nos depara?

Vencíase a sí misma. Renacía en ella aquel orgullo íntimo que era la garantía de su pulcritud, de la pureza valerosa y abnegada de su vida.

Ahora, como tantas veces, logró aquietarse el alma, volver a su equilibrio tranquilo y sonriente. Cogió otra vez los cuadernos y púsose a corregir los garabatos de los chiquillos, las cuentas, los problemas pueriles, las páginas de dibujo y de geometría. Así le pasaron las horas, hasta que dieron las once. Cenó frugalmente y acostóse, de nuevo serenada, de nuevo reintegrada a su existencia de olvido de sí misma, de trabajo y de desintegración de sí propia[9].

---

9. A través de este pasaje la maestra racionalista aparece portadora de un misticismo laico, resaltando la idea del olvido de sí misma que, como se

IV

LA ENTREVISTA

Aquella misma tarde, antes de cerrar la escuela, mandó un chiquillo con una nota para Menéndez, el que era presidente de la Junta del Sindicato, diciéndole que necesitaba ver a todo el Comité por la noche.

A las seis y media compareció Pereda, ya tranquilizado, de nuevo en posesión de su alegría y de su desenfado.

No hablaron para nada de la escena del día anterior. María Luisa vistióse para ir al pueblo, mientras Alejandro hojeaba unos álbumes en la salita, y a las siete salieron en dirección de Orbejo.

Era ya noche cerrada. El otoño avanzaba, y los atardeceres descendían sobre el valle una bruma húmeda y fría. Estaba el cielo un poco encapotado y comenzaba a fresquear. Andaban los dos mozos el uno junto al otro. María Luisa conocía bien el camino y guiaba a Pereda por los atajos que acortaban la ruta. Caminaron casi todo el trecho en silencio, rumiando los dos sus pensamientos.

Antes de veinte minutos estaban en Orbejo. María Luisa condujo a Pereda al local del Sindicato y le guió hasta la secretaría, donde, un poco intrigada, les esperaba la Junta en pleno.

La joven había cavilado mucho, durante aquel día, acerca del alcance de aquel diálogo entre Pereda y la directiva del Sindicato. Además, no quería que los otros

---

sabe, es la clave del pensamiento y de la poesía de San Juan de la Cruz. La última estrofa de su más expresivo poema, *Noche oscura*, se centra insistentemente en esta idea: "Quedéme y olvidéme / el rostro recliné sobre el Amado: / cesó todo, y dejéme / dejando mi cuidado / entre las azucenas olvidado".

pensasen que ella tenía interés en favorecer una aproximación entre los elementos socialistas y los obreros que militaban en la CNT, la mayoría bien conocidos por sus ideas ácratas. Su posición en el pueblo era un poco especial. Sólo hacía un año que estaba allí, no sabían de dónde procedía, y, aunque en aquel tiempo se hubiese conquistado el aprecio y la confianza de todos, no estaba segura de hallarse a salvo de toda duda y de toda sospecha.

Cuando estuvieron reunidos, con la Junta, Pereda y María Luisa, la joven, sin más preámbulos, dijo:

—Os he reunido deseando complacer a este amigo, condiscípulo mío, y al que conozco de la Universidad de Vetusta. Según me ha dicho, trae una misión especial, encomentada por las Juventudes Socialistas. Desea entablar diálogo con los elementos de la CNT de esta cuenca minera, con el fin de ponerse de acuerdo para determinados hechos. Se me ha dicho más de lo que quería saber, y porque conozco al señor Pereda y le creo incapaz de servir intereses que no sean los por él confesados, he dado este paso; simplemente, atestiguando que le conozco y que no se trata de ningún agente provocador. Ahora yo me retiraré y ustedes conversarán. Ha terminado mi misión.

Pereda hizo un movimiento de protesta.

—No, no, María Luisa. Deseo que estés presente.

—Y yo, por el contrario, deseo no estarlo. Los compañeros se sentirán más libres y yo también.

La joven se levantó y salió de la estancia, emprendiendo la vuelta hacia su casa.

Pereda, un poco nervioso al verse solo con aquellos hombres, a los que no conocía, que le miraban con ojos inquisitivos y curiosos, hizo un esfuerzo por sobreponerse y recobrar su aplomo habitual.

Con voz calurosa, y poniendo en sus palabras todo el entusiasmo de su ambición, habló durante una hora y media. Los mineros le escuchaban silenciosos, examinándole. Menéndez era un hombre de mediana edad, bajo de estatura, con largo mostacho negro y espesas cejas. Tipo de cántabro puro, calmoso y cazurro, seguro de sí mismo y con una voluntad de hierro.

Cuando Pereda hubo gastado toda su oratoria, exclamó al fin:

—Una cosa nos interesa especialmente. ¿Hay pacto previo establecido entre los comités regionales de la UGT y de la CNT?

Pereda aseguró que sí.

Menéndez frunció el entrecejo:

—No me gusta este asunto. Hubiera preferido que el pacto no existiera. De ese modo, cada comarca quedaba autónoma. Quedaba también mejor la posición de nuestra organización y quedaban mejor aún los componentes de organismos que no tienen ningún carácter ejecutivo y que no han de hacer más que cumplir los mandatos de los trabajadores organizados. En fin: nosotros, de momento, no podemos contestar nada. Necesitamos saber hasta dónde alcanza el compromiso contraído; necesitamos saber también qué es lo que sois capaces de hacer vosotros.

Los demás miembros de la Junta aprobaron con un murmullo las palabras de Menéndez.

No pudo sacarles de allí Pereda. Se marchó disgustado, emprendiendo otra vez el camino de la escuela.

Llegó a ella que ya eran más de las diez de la noche. María Luisa acababa de dar la última mano a los trabajillos de los niños. Al oír llamar, supuso que era Pereda, y corrió a abrir la puerta.

—¿Qué ha pasado?

—Lo que me temía. Desconfían. No han querido dar una respuesta concreta.

—Es natural que así sea. No tienen motivos para confiar mucho en las promesas de los socialistas. Habéis traicionado todos los movimientos y vuestro paso por el Poder no es ninguna garantía de libertad ni de beneficio para los trabajadores.

—No somos los mismos. Aquéllos hoy se han visto arrollados por las Juventudes del partido, que son las que realmente empujan y orientan este movimiento. ¿Cuándo se había visto que los socialistas intentasen hacer una revolución con fines bien concretos: la proclamación del socialismo de estado y de una dictadura socialista?

María Luisa le escuchaba pensativa:

—Cuanto más hablas, menos me gusta esto. Deberíais dejar al pueblo la libre iniciativa. Proclamad en buena hora el socialismo de estado y la dictadura allí donde sólo por la fuerza podáis apoderaros de la dirección de la sociedad. Pero dejad a las regiones mejor preparadas el derecho de organizar la vida conforme a sus posibilidades. En muchos puntos de España, no sería el socialismo de estado lo que dominaría. Costaría muy poco implantar el comunismo libertario.

—¡Ilusiones! Yo conozco mejor que vosotros la real situación de España. Sin un régimen de fuerza, sin un gobierno poderoso, sin una dictadura, en una palabra, nada podrá hacerse. Si perdemos esta ocasión, la cogerán mañana los comunistas de estado, y será peor. Si no nos ayudáis, estamos perdidos.

María Luisa le miró, sonriendo:

—¿De manera que queréis dirigir el movimiento vosotros, pero tenéis conciencia clara de que si no lo hacen todo, o una buena parte, los elementos de la CNT, estáis perdidos? ¡Mira que sois pintorescos!

—Bueno, dejemos esto... Es preciso que me ayudes, María Luisa. Tú tienes sobre esa gente una fuerza moral que yo no tengo. Habla con Menéndez; habla con todos. Que manden un enviado a Vetusta o a Girón que se entreviste con el comité y que compruebe que es cierto cuanto yo he dicho y de qué manera está todo preparado para lanzarse al movimiento en fecha próxima. Estos mineros son desconfiados. Temen que les engañe. Me interesa contar con el sindicato de Orbejo, porque él es la llave de la cuenca minera.

La joven, después de reflexionar, exclamó:

—Lo único que puedo hacer es repetir a la Junta lo que tú acabas de decirme. Que hagan ellos lo que estimen más conveniente. No puedo ni quiero comprometerme a más.

Pereda la miró, sonriente.

—¡Qué buena eres, María Luisa! ¿De verdad me perdonas lo de la otra noche?

—¡Tonto!

—¿No llegarás a quererme, aunque sólo sea un poquitín?

—Eso no cuadra en todo un señor conspirador. Vete a Orbejo y acuéstate. Yo me estoy cayendo de sueño.

Pereda se levantó, sin ganas de volver a las andadas. Pero estuvo en la calle un buen rato, mirando la luz de la ventana de María Luisa, pensando en que debía estarse desnudando, y sin resolverse a marchar. Por un momento, todos sus planes ambiciosos se borraron de su mente. Aquella mujer le interesaba con violencia; deseábala tanto más cuanto más inaccesible la veía, y hubiera sido capaz, por conseguirla, de cometer cualquier tontería.

María Luisa apenas pudo dormir aquella noche. Le preocupaba cada vez más el asunto de la conspiración, en el que se veía envuelta, incluso a pesar suyo.

Vaciló mucho antes de ir a encontrarse con Menéndez.

Al mediodía, cuando los chiquillos se fueron, dirigióse ella al tajo de la mina donde sabía que trabajaba.

Tuvo que andar casi tres cuartos de hora. Lo encontró que acababa de comer, con su mujer al lado y su muchacho, que contaba dieciséis años y hacía ya uno que trabajaba en la explotación minera.

—Quisiera hablarle un minuto, Menéndez —dijo la joven.

El minero, suponiendo de qué se trataba, se levantó y se fueron un trecho más lejos.

—Ayer noche, después de la entrevista, volvió Pereda a mi casa. Me molesta terriblemente este asunto. Pero insistió tanto, que al cabo le prometí que les diría a ustedes lo que él desea. Que vaya un delegado a Girón o a Vetusta y que compruebe cómo el pacto es un hecho desde primeros del mes próximo y cómo está todo preparado para lanzarse al movimiento. Dice que de la ayuda que se les dispense depende el éxito o el fracaso, y que si no son ayudados se lanzarán también, aunque saben que al cabo serán vencidos.

—Que existe el pacto, ya lo sé. Pero lo que nos interesaría averiguar es si realmente va de veras; y si, aparte los comités, están conformes con el movimiento y con ayudarse mutuamente las masas trabajadoras y los militantes más destacados. Hemos pensado en enviar un delegado a la capital, para que se vea con Luis Salcedo y los demás amigos, y nos aconsejen. Esta región fue contraria al pacto y, más que nada, a que el tal se hubiese establecido antes de consultar la voluntad de los sindicatos. Pero si el movimiento estalla, tenemos el deber de secundarlo, procurando sacar de él el máximo de beneficio posible. ¿Le parece a usted ese muchacho serio y de confianza?

María Luisa le explicó cuanto sabía de Pereda, callándose la cuestión de que hubiese sido un pretendiente suyo. Pero Menéndez, con su cazurrería de hombre del campo, lo adivinó. Al cabo dijo:

—Bueno, mire. ¿Le gustaría a usted hacer un viajecito a Vetusta? La mandaríamos a casa de Salcedo, a que se enterase. Además, esto le será bueno. Viajará; saldrá del pueblo y se meterá un poco en nuestras cosas. Ha demostrado usted inteligencia en este asunto. No ha querido meterse en nada y se ha portado con discreción. Aún podremos sacar algo de usted.

No la tuteaban, sabiéndola de otro mundo y no habiéndose franqueado nunca con nadie.

María Luisa enrojeció. Daba más importancia a aquel elogio rudo, de boca de Menéndez, al que admiraba, obrero recio, sin cultura, pero con una admirable y profunda lucidez de juicio, que a todos los cumplimientos mundanos, oídos con profusión en Vetusta y en el medio en que había vivido hasta entonces.

La perspectiva del viaje a Vetusta, con la visita a aquel Luis Salcedo, del que había oído hablar en muchas ocasiones —era hijo de Orbejo y se marchó a la capital de jovenzuelo, trabajando allí y dando a la vez conferencias y mítines—, la alegraba infinitamente. Renovaba su existencia y representaba una entrada oficial en aquel mundo al que se había acostumbrado a contemplar como totalmente superior y distinto.

—¿Qué me dice usted de la ida a Vetusta? —inquirió Menéndez, sonriente.

—Que sí, que acepto; aunque temo. ¿No podría acompañarme alguien?

—¿Teme usted ir sola?

—¡Oh, no! Es otra cosa lo que temo. No quisiera por nada de este mundo que supusieran que por mi amistad con Pereda mi misión no había sido desempeñada con absoluta lealtad.

—Vamos, vamos, María Luisa. Nos conocemos todos. Sabemos que es usted una muchacha seria y honrada. ¿Cree usted que nosotros no tenemos ojo? Al cabo de un año de estar aquí, y de mostrarse tan trabajadora y tan decente, hemos sacado ya una conclusión de su conducta. Sabemos que merece nuestra confianza. Y si no la mereciera, Salcedo lo comprendería en seguida.

—¡Cuánta influencia tiene entre ustedes Luis Salcedo!

—No es influencia. Le conocemos todos de chico y sabemos que es honrado e inteligente. ¿No sabe usted que es hijo de Orbejo? Yo le conozco de cuando era así de chiquitín... Los otros le han oído en mítines y le conocen también de mozalbete. Vale mucho y sabemos que su juicio no falla, cuando examina un asunto. Eso no es tener influencia. Vendrá cualquier espantajo de la política; cualquiera incluso de esos que llaman líderes, y nosotros nos quedaremos tan tranquilos. Salcedo es otra cosa. Es un obrero como nosotros y que tiene el valor moral de sus manos callosas y de su lealtad a una causa sólo persecuciones le ha dado.

María Luisa escuchaba en silencio. En su alma generosa y ardiente, las palabras de Menéndez hallaban eco. Volvió a su casa decidida a ir a Vetusta y pensando, aun sin querer, en la imagen desconocida de Luis Salcedo.

V

LUIS SALCEDO

El tren corría en dirección a Vetusta. Cruzaba las verdes llanuras, el campo surcado de montañas, la naturaleza poderosa y exuberante de Cantabria. María Luisa, sentada junto a la ventanilla, abandonaba muchas veces el libro que iba leyendo, sobre las rodillas, para mirar el paisaje y entregarse a sus pensamientos.

Dentro de pocas horas estaría en Vetusta. En el bolso llevaba la dirección de Salcedo y una carta-presentación de los compañeros de Orbejo. Sentía una impaciencia mezclada de inquietud: el día antes había recibido carta de Pereda, preguntándole cuándo llegaría. No contestó a la misiva, esperando, para volver a verle, a tener la entrevista con Salcedo. No le gustaba tampoco encontrarse en Vetusta con Alejandro. Además, su misión había de ser cumplida, transmitiendo sus impresiones a Menéndez y sus amigos, antes de adelantar ninguna respuesta al joven socialista.

Llegó a Vetusta bien anochecido. Nadie la esperaba en la estación y, con la maletita en la mano, emprendió el camino de la casa de Salcedo.

Llegó a ella al cabo de media hora escasa. Conocía bien Vetusta, donde habían transcurrido muchos días de su vida. El ex minero vivía en una barriada extrema, recogida y simpática, poco poblada.

María Luisa se detuvo ante una casita de dos pisos, examinándola antes de penetrar en ella. En el segundo, por el que se entraba mediante una escalera de caracol, vivía Salcedo.

La joven subió rápidamente, llamando con la aldaba. Oyó un paso ligero y menudo, y la puerta abrióse, encontrándose frente a una mujer joven que le preguntaba con voz dulce:

—¿Qué desea usted?

—¿Está Salcedo?

—No, señora; aún no ha regresado. Pero si quiere usted esperarle...

—En efecto; le esperaré, si usted me lo permite.

Entró en el pisito, pequeño y amueblado con modestia,

449

reluciente de limpio y en el que se veía la mano de una mujer joven y hacendosa.

La muchacha que le había abierto la puerta la seguía, examinándola con curiosidad. María Luisa también la miraba. Era alta, esbelta, de hermosos ojos negros y una espléndida cabellera color castaño. Su semblante, de líneas puras y clásicas, tenía la expresión de una gran nobleza. Al cabo, María Luisa preguntó:

—¿Es usted su… compañera?

—Sí, señora —dijo la muchacha, sonriendo—. Y usted, ¿podría saber quién es?

—Se lo diré, aunque no me conocerá. Me llamo María Luisa Montoya y soy maestra de la escuela racionalista de Orbejo. Traigo una carta del Sindicato de Orbejo para Salcedo. No puedo marcharme sin verle.

—No tardará. Siéntese y no esté molesta. Hágase cargo de que está usted en su casa.

Al cabo de media hora larga hizo su aparición Salcedo. Al oír el timbre, la joven exclamó:

—¡Ya está aquí Luis!

María Luisa se puso en pie. Al abrir la puerta, la joven compañera contuvo el ademán de Salcedo, inclinado hacia ella para besarla, diciéndole en voz baja:

—Hay una visita.

Salcedo levantó la vista, atisbando a María Luisa, de pie en medio del comedorcito.

Salcedo era alto, recio, de rostro bronceado y enérgico. Los ojos, un poco hundidos, brillantes y de mirada profunda, miraban con rectitud y escudriñadoramente. Daba la sensación de ser fuerte e inteligente, una de esas naturalezas privilegiadas que surgen por generación espontánea entre el pueblo español. No podía decirse que fuese guapo, pero era varonil y atrayente por su espíritu y por su voz, sonora y simpática.

Antes de que Salcedo le dijese nada, María Luisa se apresuró a explicarse, tendiéndole la carta del Sindicato de Orbejo:

—Esta carta le ilustrará sobre mi persona.

La cogió Luis sin decir palabra, leyéndola rápidamente. Después levantó la vista y la fijó, con una sonrisa, en la muchacha.

—¡Vamos! ¿Es usted la maestra de Orbejo de que me había hablado otras veces Menéndez? En esta carta me dicen que trae una misión que me explicará usted misma, y además que cuide de buscarla alojamiento y de que nada le falte.

Volvióse hacia su mujer.

—¿Qué te parece, Carmen? Puede quedarse aquí mismo, ¿verdad?

—¿Por qué no? Hay la salita de delante, en la que estará perfectamente.

—¡Oh! No quisiera causarles tanta molestia. Tengo familia en Vetusta y si quieren no necesitan brindarme alojamiento.

—Si prefiere usted irse con su familia, usted misma[10]. Pero para nosotros sería no una molestia, sino una satisfacción tenerla aquí por los dos o tres días de su estancia en Vetusta. La dejamos en libertad. Decida usted misma.

María Luisa se echó a reír. Miró a la compañera de Salcedo, que la miraba también con simpatía, y dijo:

—¿A usted qué le parece que debo hacer?

—Pues quedarse. Aquí estará mejor que con su familia.

—Pues me quedo.

—Pues póngase cómoda, y luego cenaremos y hablaremos.

La joven esposa del militante cogió la maleta de María

10. Falta en el texto: decida (usted misma).

Luisa, conduciéndola a la salita que tenían preparada para las visitas.

—Aquí tiene agua y cuanto necesite. Lávese y pida usted si algo le falta.

—Muchas gracias... Carmen —dijo la joven maestra, tendiendo la mano a la compañera de Salcedo.

Cuando ésta salió, dijo a Luis:

—¡Qué simpática es!

—Sí, a lo menos ésta es la impresión que da.

María Luisa cambió su traje de calle por un quimono de colores claros, lavándose y recogiéndose el pelo. Cuando salió, estaba tan fresca y tan bonita, que los ojos de Salcedo, masculinos al cabo, expresaron silenciosa admiración.

—Bueno, siéntese y hable.

Mientras Carmen servía la sopa, María Luisa comenzó a explicarse. Contó la llegada de Pereda a Orbejo, cuanto le había dicho; la entrevista con los mineros y lo que éstos deseaban saber.

—Conozco a Pereda —dijo Salcedo—. Es un joven abogado socialista de mucho porvenir. No le falta la ambición ni el talento. Me intriga esa especie de acción subterránea de las Juventudes, que empujan a los líderes y les llevan a comprometerse en esa aventura. En fin María Luisa: le diré a usted todo mi pensamiento. Creo que vamos a ir a un fracaso, pero que no podemos dejar de ayudarles, si se lanzan al movimiento. Fracaso, tanto si ganan como si pierden. Las ideas quedarán ahogadas por la marejada autoritaria de los jefes y sólo en contadas regiones los anarquistas podremos llevar la revolución adelante. Pero se trata, realmente, de algo serio y que no puede ser desechado. Mi opinión, que puede transmitir a Menéndez, es: si los socialistas se lanzan al movimiento, debemos secundarles y procurar que la revolución no quede detenida en una dictadura o un socialismo de estado. Partiendo de la base de que los obreros han de tener sus consignas propias y no han de dejarse dominar ni dirigir por los caudillos comunistas, ni socialistas, ni sindicalistas. Éste es mi criterio.

María Luisa le escuchaba con atención profunda. Veía en su frente ancha y contraída el cerebro poderoso, la mente lúcida que dominaba por la inteligencia y el prestigio limpio de sus manos productoras.

E involuntariamente le comparó con Pereda. ¡Qué diferencia había del uno al otro! La idea leal, desinteresada, noble; la entrega generosa a una causa que no podía darle beneficios en éste; en el otro, la ambición, el deseo de poder y de mando, la creencia en su alto destino, el engreimiento del pastor de multitudes.

Después charlaron de mil cosas más. Salcedo hacía preguntas sobre Orbejo y María Luisa contestaba. Carmen asistía a la conversación sin mezclarse en ella, envolviendo a Luis en la mirada luminosa de sus hermosos ojos. Poco a poco, María Luisa se fue franqueando. Explicó su infancia y su adolescencia, su vida sin hogar, en las Residencias de Estudiantes; el año pasado en Orbejo, completamente sola. Los dos esposos se interesaron por ella, adivinando la bondad y la excelsitud de aquella naturaleza. casualmente caída en los medios obreros y anarquistas.

A través del diálogo, el alma de María Luisa se transparentaba, mostrándose con toda su altivez sencilla, en su misticismo innato[11], en aquel desinterés por sí misma, que era el mejor y más extraordinario adorno de su carácter. Quizá nunca se había franqueado como entonces, sintiéndose comprendida y escuchada con simpatía.

Se dieron cuenta de que eran las doce, cuando aún debían lavarse los platos.

11. Véase nota 9.

Carmen exclamó:

—¿Sabéis la hora que es? Está dando la media noche, y aún tengo que lavar los platos.

—No te apures, los lavaremos juntas.

Espontáneo, el tuteo se había establecido entre ellas. Y en la cocina, en medio de los utensilios familiares, continuó la charla. Ahora fue Carmen la que habló de sí misma. No era más que una humilde obrera, tejedora en una fábrica. Conoció a Salcedo en un mitin, al que acudió llevada por su padre. Se enamoraron pronto, y hacía año y medio que estaban unidos. Contaba ahora veintidós años y Luis treinta; ocho más que ella. Se unieron sin dificultades, pues los padres de ella eran algo conscientes y Salcedo les fue muy simpático, por su manera de ser recta y honrada.

Eran perfectamente felices; cada día se querían más y ella estaba más contenta de haber juntado su suerte a la de aquel hombre, tan distinto de los otros. Había estado preso varias veces; ella continuaba trabajando en la fábrica, deseando no perder la ocupación, que tan necesaria le era en las malas épocas.

María Luisa la escuchaba con simpatía, viéndola tan enamorada; en el fondo tan niña aún y tan pueril. Pero en el curso del diálogo se había dado cuenta de que Carmen conocía todos los asuntos de Salcedo y de que era callada e inteligente, guardando dentro de sí tesoros y virtudes sin duda aún ignorados.

—¿No temes por Salcedo, viéndole mezclado en asuntos tan peligrosos? —preguntó María Luisa, en un resto de sus temores de muchacha educada para la vida tranquila y media.

—Sí temo, pero ¿qué remedio me queda? Además, que estoy muy conforme con sus ideas y dispuesta en todo momento a compartir sus sinsabores y sus peligros. La vida es así. Nos la impone la injusticia de esta sociedad y el deseo de luchar por otro mundo mejor.

—Tienes razón —murmuró María Luisa, pensativa—. ¡Qué otra existencia, distinta de la de los demás seres, es la que vivís vosotros, viven cuantos comparten estas luchas y estos anhelos! El mundo desconoce tanto esfuerzo noble, tanto sacrificio, esta dignificación de la vida que vosotros representáis. Digo vosotros, porque aún me siento fuera de este mundo. Vengo de otro muy distinto, sin más guía que mis inquietudes y mi buena voluntad. Espero llegar a donde ya habéis llegado vosotros, sin embargo.

Aquella noche apenas durmió la muchacha. Le sorprendió el nuevo día dando aún vueltas en la cama. Cuando cogió el sueño, durmióse tan profundamente, que no oyó como Carmen y Salcedo se marchaban al trabajo. Levantóse sin saber la hora que era. Se vistió y salió al comedor. Sobre la mesa halló un papel, en el que le daban instrucciones. No habían querido despertarla. Tenía en la cocina el desayuno; a las doce volverían del trabajo y comerían juntos. Entre tanto, que hiciese lo que quisiera; era dueña de la casa.

Le divirtió la forma original de dejarla, entregada a sí misma, en la casa de dos personas que sólo hacía horas que la conocían. Desayunó con apetito el café con leche y tostadas con manteca que le habían dejado, y después se puso a asear la cocina y a pasar la escoba y quitar el polvo del piso. Viendo que sólo eran las once, pensó en preparar la comida. Pero no sabía dónde tenía Carmen los trebejos[12] e ignoraba además qué clase de vida llevaban los dos esposos.

---

12. *trebejos:* utensilios, instrumentos que se utilizan para hacer una cosa (*DRAE*).

Resolvió esperar, pues. A las doce y cuarto hizo su aparición Salcedo, el primero. Cada uno tenía un llavín y entraban y salían sin llamar.

Al ver a María Luisa con las mangas remangadas y comprobar que había aseado toda la casita, púsose a reír alegremente.

—¡Vaya! ¡Cuánto trabajo ha hecho en tan poco tiempo!

—Más haría, si supiera qué coméis y dónde está lo que hay que guisar.

—No se preocupe. Ahora encenderé el fuego y empezaré a poner la comida. El primero que llega de los dos, lo hace. Ésta es la consigna.

—El fuego está ya encendido. Lo que no sé es qué poner en él. A falta de otra cosa, he puesto agua.

—¡Pues de primera! ¡Qué auxiliar tan excelente nos ha salido!

No la tuteaba, viéndola aún fuera de su medio. María Luisa lo notó y exclamó:

—¿Cómo es que el tuteo ha surgido espontáneo entre Carmen y yo, y... tú no me tuteas?

Salcedo, se echó a reír:

—¡Qué sé yo! Bueno, de ahora en adelante se acabó la ceremonia.

Trabajaban los dos en la cocina, alegremente. En más de una ocasión sus manos se rozaron y la turbación, una turbación deliciosa, invadió a María Luisa.

Llegó Carmen alrededor de la una, encontrando la comida hecha. Comieron, perdido ya todo sentimiento de extrañeza, y después salieron los tres. Carmen y Luis, a su trabajo. María Luisa, a ver a sus familiares, según dijo.

En realidad lo que hizo fue deambular por las calles de Vetusta. Le gustaba aquel paseo por rincones que habían sido teatro de su adolescencia. Había nacido en Girón, sin embargo; pero allí pasó los años de estudianta. Tenía una tía anciana, y al caer la tarde fue un momento a verla. No deseaba que la convidasen, y eludió toda invitación.

Salía de casa de esta última, cuando topó de manos a boca con Pereda. Verdadera casualidad, que la desconcertó, pues hubiera preferido no verle.

—¡Qué casualidad haberte hallado! Habrías sido capaz de no mandarme ni una línea.

—Mañana vuelvo a Orbejo.

—¿Y qué resultado ha tenido tu viaje?

—Ninguno podía tener. Salcedo no ha hecho más que exponerme su criterio. Son los mineros de Orbejo los que han de decidir.

—¿Y tú no influirás en ellos en ningún sentido?

—Yo, no.

Iban andando, el uno junto al otro. María Luisa, vestida con elegancia, con su porte distinguido y su hermosa cabeza altiva, llamaba la atención de los paseantes. Pereda la encontraba más apetecible que nunca. De nuevo olvidóse de todos sus planes revolucionarios, y dijo con voz contenida:

—¡María Luisa, no te vayas mañana! Pasaremos el día juntos. Iremos al campo... Donde quieras.

La joven sacudió la cabeza.

—No, no. La escuela me espera.

—¡Qué cruel eres! Sabes que te quiero, que cada día me gustas más, y juegas conmigo.

Se habían detenido a la sombra de los árboles del Paseo Grande. Las luces de los faroles se perdían entre el follaje, y la noche era suave y tibia, propicia a los enamorados.

Pereda cogió las manos de la muchacha. De nuevo sintió ésta aquella sensación de placer turbador recorrerla el cuerpo. Separó las manos, mirando a Pereda a los ojos.

—Es un mal juego éste, Alejandro. No quiero. ¿Entiendes?

457

Echó a andar, sintiendo el cuerpo de Pereda pegado al suyo. La deseaba ahora con violencia. Sentía ella el aliento entrecortado del mozo y le adivinaba excitado hasta el frenesí.

—¡María Luisa! —murnuró de nuevo él, con voz ardiente—. Piensa que voy a jugarme la vida. Que quizá la perderé. Y no te soy desagradable: lo siento, lo adivino.

Pero la joven ya no le escuchaba. Clara y nítida, aparecía ante sus ojos otra imagen: veía el comedor de casa de Salcedo; le veía a él y a Carmen, tan amantes y tan unidos. ¡Oh, una cosa así, ideal y pura; un amor completo, del cuerpo y del espíritu; una compenetración total; una vida de amor eterno, leal y simple; esto es lo que ella ambicionaba!

Y junto al rostro encendido de Pereda, a sus labios sensuales, a sus facciones acusadas, dominadoras, vio el semblante enérgico y noble de Salcedo. Era otro hombre; otro mundo moral, otro hemisferio, ante el que ella sentía respeto y ternura. A Salcedo podía amársele con el alma y con el cuerpo. Pereda era la tentación de los sentidos, murmurada y turbadora en las noches propicias.

Se volvió de cara a él, mirándole largamente.

—No —murmuró—, no. No quiero, Pereda. Busca lejos de mí. Encontrarás, para esposa, otras mujeres mejores que yo. Y para amante, tampoco sirvo. Créeme. Esto es un capricho, en el que te obstinas.

—No es un capricho —insistió él con firmeza—. Aunque no quieras creerlo, a ti es a la única mujer que he querido. Nos separaremos ahora, quizá para no vernos nunca más.

Se estremeció María Luisa. Pasó por su mente como la visión subconsciente; como la anticipación de la tragedia que después había de consumarse. Le tendió la mano temblorosa.

458

—¡Quién sabe! Quizá más tarde nos encontraremos todos.

Le escapó de entre las manos, alejándose en la noche de una callejuela. Pereda quedó en medio del paseo, viéndola alejarse, luchando entre el deseo de seguirla y la cólera despechada que le impulsaba al abandono y al olvido de la mujer esquiva.

VI

LA REVOLUCIÓN

Al día siguiente salió María Luisa para Orbejo. Salcedo y su compañera querían retenerla un par de días más, pero la joven se obstinó en marchar.

Sin saber por qué, sentíase molesta y descontenta de sí misma, como desplazada de su medio. Había perdido además la serenidad moral, aquel hermoso equilibrio que tan fácil y amable le hacía la vida en la escuela. Añoraba a los chiquillos y a los campos y las fuentes del valle de Orbejo.

El tren salía a las cinco de la tarde. Salcedo comenzó aquel día los turnos de noche, y pudo acompañarla. Carmen trabajaba hasta las siete, y se despidieron después de comer.

La tarde que pasaron juntos Salcedo y María Luisa la emplearon charlando. Salcedo, confiado ya a la muchacha, le habló en detalle del movimiento que se planeaba, al que empujaban los socialistas, y que los elementos de la CNT de Cantabria se creían en el deber de coadyuvar. Habló largo y tendido, exponiendo sus puntos de vista, contrarios a la colaboración, pero que, por su pundonor de hombre y de revolucionario, no le dictaban tampoco

459

otro camino que el de la ayuda y la acción, cuando las circunstancias lo determinasen.

María Luisa le escuchaba con interés creciente. Cuando se enardecía, el rostro de Luis, sin atractivo determinado, se transfiguraba y volvíase hermoso. Brillaba la inteligencia en su mirada y su frente aparecía como aureolada de luz.

¡Cuán raro y singular encanto tuvieron aquellas horas de intimidad y de charla afectuosa! Pasaron como un minuto, sin que ni uno ni la otra se dieran cuenta de que transcurrían.

Llegaron a la estación cuando faltaban pocos minutos para salir el tren. Acomodóse María Luisa como pudo, saliendo a la ventanilla a despedir a Salcedo.

Sus miradas se cruzaron un momento, sosteniéndolas con una insistencia y turbación que ni el uno ni la otra se explicaron.

Sin saber por qué, de nuevo la angustia hizo presa en el corazón de la joven. Le penetró como un puñal la misma idea que la había asaltado, frente a Pereda, la noche antes. Se dijo con certeza espantosa:

—¡No le volverás a ver más!

Y este pensamiento le heló el alma; como si aquel encuentro fortuito, fugaz, como si aquella separación fuese el beso rápido y milenario de dos astros, una milésima de segundo en el tiempo reunidos en una misma órbita, sus ojos expresaron la desesperación de lo irreparable.

Apenas se dijeron una palabra más. Pero sus manos, fuertemente unidas, hablaron por ellos. Salcedo, conmovido también, sin saber por qué, contempló alejarse el tren, temblándole una lágrima entre los párpados. La silueta de María Luisa, erguida en medio de la ventanilla, le pareció la vida que se alejaba. La joven miró Vetusta hasta que perdióse de vista entre la bruma del día gris y frío. Sus ojos, anegados en llanto, continuaban aún viendo a

Salcedo en medio del muelle, inmóvil y rígido, saludándola con la mano. Después nada.

* * *

Llegó a Orbejo, bien entrada la noche. En la estación halló a Menéndez que la esperaba, y la acompañó hasta la escuela, diciéndole:

—Mañana, antes de las siete, baje usted, que nos reuniremos con la Junta.

Bajó al día siguiente, contándole el resultado de su ida a Vetusta, las palabras de Salcedo, el criterio que tenía formado acerca de los acontecimientos que se acercaban y las demás impresiones personales sacadas.

Los mineros permanecían silenciosos, reconcentrados. El carácter cántabro, cerrado en el interior de cada uno, con una rectitud y una obstinación parecidas a las de los aragoneses, recapitulaba y formaba un juicio propio.

Al cabo exclamó uno, llamado Valle:

—Bueno; a mí me parece que tenemos que esperar. Si se tiran a la calle los socialistas, les seguiremos y veremos de sacar lo que se pueda del río revuelto. Me parece lo más discreto.

—Pero Pereda espera una respuesta anticipada —dijo Menéndez pensativo.

—Podemos decirle esto mismo. Ellos ya saben que nosotros, cuando de salir a la calle se trata, nunca quedamos en casa.

La reunión se disolvió pronto. Había en todos un nerviosismo, una tensión elevada al máximo. Se presentía que iban a ocurrir grandes cosas y había en todos el temor de no estar a la altura de las circunstancias, de no tener bastante inteligencia para aprovechar la ocasión única que se avecinaba.

El día 4 de octubre amaneció al fin, erizado de presagios. Empezó sordamente la movilización general. Aquella noche había de ser la de la ofensiva; los obreros conocían las órdenes que se cursaban de fábrica a fábrica, de cuenca minera a cuenca minera, de pueblo a pueblo.

El 3 por la tarde apareció Pereda en Orbejo. Antes de ver a María Luisa se entrevistó con los mineros, ya enardecidos y que, modificando un poco lo ambiguo de su primer acuerdo, le dijeron que si se lanzaban a la calle, podían contar con ellos. Era algo que penetraba el ambiente, que lo electrizaba, que lo envolvía todo. Ha sido éste un movimiento único; puede decirse que el pueblo lo desbordó todo, pasó por encima de todo y fue más lejos de lo que unos querían y otros habían previsto.

Alejandro, contento por la respuesta, ya categórica y franca, fuese a ver a María Luisa. Llegó a la escuela a las cuatro. La joven estaba en medio de la clase, dando una lección de geografía a los alumnos.

Antes de llamar, Pereda la contempló un rato a través de las ventanas bajas, hallándola cada vez más apetecible y diciéndose que estaba violentamente encaprichado.

—¡Cómo! ¿Otra vez aquí? —exclamó María Luisa, al verle.

—He venido sólo por unas horas. Me vuelvo esta misma noche a Vetusta.

—¿Con resultado satisfactorio?

—¡Cómo! ¿No sabes nada? ¡Y yo que creía que la nueva actitud de la Junta era obra tuya!

Sacudió la cabeza la joven.

—No les he vuelto a ver desde el día siguiente que llegué de Vetusta. Pero me alegro.

Se había acercado a Pereda y hablaban cerca de la puerta, en voz baja, para que los niños no les oyeran.

—¡Qué poco me has ayudado, María Luisa! —exclamó Pereda con acento de reproche.

—No lo siento eso. Mi obra está aquí, educando estos niños, formado estas almas aún nuevas. Lo otro aún no ha conseguido interesarme.

—Y yo menos que lo otro. Harto lo veo.

—No volvamos a las andadas, Alejandro. ¡Ea! Despidámonos. Son días de acción, que no pueden perderse en juegos amorosos.

—Tienes razón. Me voy. No quería venir, pero me ha sido imposible partir de Orbejo sin saludarte.

—Te lo agradezco, hombre. ¡Tendría gracia que ni aun a saludarme vinieras!

—¿Es que te gusta que venga?

—Ni me gusta ni me disgusta, pero me parece algo obligado, después de haber sido tu… agente político.

—No bromees. La cosa es muy seria.

—Demasiado. ¡Si supieras los tristes presentimientos que tengo!

Al decir esto María Luisa, más que en Pereda, pensaba en Salcedo; pero el mozo sonrió, animado, despidiéndose bajo aquella impresión grata.

—No temas. Triunfaremos. Dame la mano. ¡Hasta después de la victoria!

Se alejó a pie, carretera adelante. Andaba con paso vivo, con el corazón ligero. Sentíase feliz y toda clase de halagüeños pensamientos acudían a su mente. Miraba los verdes campos, los bosques oscuros, el contorno sombrío de la cuenca minera, de la cual salían grandes espirales de humo, y pensaba:

—Dentro de pocas horas, todo esto estará en poder nuestro.

De nuevo sus ambiciosos sueños se desbordaron. Era un hombre de carácter ardiente, dominador, voluntarioso. Sabíase inteligente, culto, colocado muy por encima del nivel de los otros que figuraban y no figuraban en el Partido. Frente a las figuras ya gastadas y caducas de los viejos —Largo Caballero[13], Besteiro[14], Saborit[15], tantos otros— bullía toda una pléyade de jóvenes ansiosos de acción, violentos y apasionados, capaces de todo, con tal de *llegar*. En el fondo, no había en ellos mucho idealismo; eran esas masas, esa fuerza de empuje, que constituyen el Estado Mayor y el cuerpo elegido de todo régimen de fuerza: comunismo, fascismo o socialismo. Pereda creíase inteligente, apto para los más altos destinos. Llevado por el caballo loco de su fantasía, en el trecho que mediaba entre el local de la escuela y la estación de Orbejo, se vio dictador, dueño absoluto de la Confederación Española de Repúblicas Socialistas.

* * *

El día 5 de octubre[16] fue el día nacionalmente señalado para el hecho revolucionario. Pero este hecho sólo se produjo unánimemente, con la cooperación directa y absoluta del pueblo, en Cantabria. En Cataluña fue una revolu-

13. Francisco Largo Caballero (1869-1946), miembro de la UGT y del PSOE, y diputado en varias legislaturas, fue ministro del Trabajo entre 1931-1933. En una línea más radical, opuesta a Besteiro y a Prieto, en 1936 fue nombrado jefe de un gobierno de concentración del Frente Popular.

14. Julián Besteiro (1870-1940), catedrático de Lógica en la Universidad madrileña, fue presidente del PSOE y de la UGT (1818-1932), así como de las Cortes Constituyentes en la II República. Condenado a muerte en 1939, murió en prisión.

15. Andrés Saborit (1889-1980), miembro de la dirección del PSOE y de la UGT, dirigió *El Socialista* entre 1915-1931. Fue diputado por Madrid en 1931. Regresó del exilio en 1977.

16. El 5 de octubre de 1934 comienza la ya conocida históricamente como «revolución de Octubre» en Asturias. En la madrugada de ese día las «columnas de combate», formadas principalmente por obreros de la cuenca minera, salieron de Mieres, Sama de Langreo y La Felguera, en dirección a Oviedo.

ción oficial, amañada y dirigida por la propia policía. En el Centro se limitó a unas cuantas escaramuzas y motines callejeros. Sólo hubo algunos reductos aislados —Medina de Rioseco— en donde vivióse una epopeya parecida a la vivida en Villanueva de la Serena por los soldados sublevados en el movimiento del 9 de diciembre.

María Luisa asistía impasible y desde lejos, al curso y al proceso de la revolución. Veía de qué manera se movilizaban los hombres ocupando las fábricas de armas; los mineros se habían apoderado de los centros de explotación, proclamando en aquella cuenca, bien preparada, el comunismo libertario.

Llegaban las noticias, confusas. Mientras funcionó la radio de Barcelona, recogían las noticias de Cataluña, favorables al movimiento. Pero al producirse el 6 la caída de la Generalidad, fue ya la radio del gobierno la que funcionó, encargada de traer la desconfianza a las filas de los que en Cantabria se mantenían en la calle.

Poco a poco fueron llegando las noticias. Las fuerzas que estaban haciendo maniobras en Aliorga, se dirigían hacia Cantabria.

La provincia de Maragania[17] les interceptaba el paso, oponiéndoles resistencia pueblo a pueblo. En Cantabria, después del sueño triunfante de la revolución victoriosa, se aprestaron a organizar la defensa.

Empezaron a surgir los primeros choques entre socialistas y anarco-sindicalistas. Los primeros se negaban a armar a los segundos, temiéndoles. José María Martínez[18],

---

17. *Maragania:* topónimo imaginario. Su forma guarda un parentesco próximo con Maragatería, comarca de León, por lo que podría muy bien referirse a esta región.

18. José M.ª Martínez, líder sindicalista, había colaborado en construir la Alianza Obrera con comunistas y socialistas. Murió, de modo misterioso, poco después de estallar la "revolución de Octubre".

que fue con un grupo de Girón a entrevistarse con el Ejecutivo revolucionario, fue hallado muerto antes de que pudieran matarle las tropas. Nada puede decirse aún sobre su fin, ya que se desconoce totalmente el misterio que rodeó aquel hecho.

Las tropas iban entrando por Maragania y por el mar. Zumbaban ya los aviones, sembrando de obuses los campos y las ciudades. El día en que cayó Girón y las tropas empezaron la marcha sobre Vetusta, organizáronse en Orbejo las primeras milicias de mineros que iban a defender la capital.

Era un ejército parecido a aquellos ejércitos que salvaron a Francia el 98 y el 99, dirigidos por el general Hoche[19]. Hombres de todas las edades; mujeres de todas las clases sociales, formaban en las milicias.

Ha sido, es esta epopeya de las mujeres en Cantabria la que no se ha escrito y quisiera yo escribir algún día. Muchachas jóvenes que acompañaban a los destacamentos de obreros y campesinos, sirviéndoles la comida, siendo enfermeras cuando era necesario y soldados cuando se terciaba. Mujeres que manejaban las armas con tanta precisión y tanta soltura como los hombres.

¿De dónde salieron? Nadie podrá saberlo nunca, como nadie sabe de dónde salen los productos específicos y determinantes de un hecho revolucionario. Surgen por generación espontánea o son el producto de una elaboración de siglos.

Las noticias que iban llegando a Orbejo eran cada vez más confusas, más contradictorias y más angustiosas. Las tropas iban penetrando en Cantabria, palmo a palmo, entre ríos de sangre y en medio de una defensa y de una

---

19. Lazaro Hoche (1768-1797), general francés, cosechó grandes triunfos para su ejército contra los prusianos y los austríacos.

destrucción espantosas. Sabíase que habían desembarcado Coloniales[20] y Legión Extranjera; que el general que mandaba las fuerzas había lanzado una proclama por medio de aviones, comunicando a las villas que, si no se rendían y dejaban pasar sin resistencia a las tropas que iban hacia Vetusta, soltaría a los moros y a los legionarios, dándoles carta blanca. Los pueblos no cejaban en su resistencia, y la Legión y los Coloniales hacían estragos. Se contaban por centenas las muertes de mujeres y niños; los incendios de poblados, las violaciones de muchachas; la entrada a cuchillo en las poblaciones que más enérgica resistencia oponían.

El día que cayó Vetusta en poder de las tropas, la desesperación se apoderó de todos. No se sabía ya cuántos hombres faltaban en los hogares; la cantidad de criaturas que habían quedado huérfanas de padre y madre.

María Luisa, desde lo alto de un cerro, contemplaba cada día, durante horas y horas, el humo de los incendios de Vetusta. Oíase retumbar el cañón a lo lejos y traspasaba los oídos el estruendo de las explosiones de los obuses.

—¿Qué habrá sido de ellos? —preguntábase mil veces cada minuto.

Pensaba ya, indistintamente, con una angustia espantosa, en Salcedo y en Pereda; en Carmen, en tantos padres de sus alumnos que habían salido movilizados de Orbejo y que no volverían jamás.

Al día siguiente de la caída de Vetusta empezaron a llegar, fugitivos a través de las montañas, los que habían conseguido huir de la ciudad, antes de que las tropas la ocuparan. Ejército de desesperados; batallones harapientos; hombres cubiertos de sangre y de lodo, con la mirada de locos.

20. Se refiere a las tropas coloniales de Marruecos, llevadas a Asturias para reprimir el levantamiento.

Contaban visiones de horror, descripciones de espanto, que helaban la sangre.

María Luisa, entre ellos, mientras les alimentaban y procuraban tranquilizarlos, inquiría ansiosamente:

—¡Contad, contad! ¿Qué habéis visto?

¡Cuántas cosas contaban! Imposible transcribirlas todas. Fue aquello una guerra espantosa, enloquecedora... Fue aquello peor que una guerra, ya que los horrores de la propia guerra europea[21] fueron repetidos, si no superados.

—Y de Salcedo, ¿qué sabéis? —pudo preguntar al cabo a uno que sabía que le conocía, pues era de Orbejo.

—¡De Salcedo! ¡Pobre Salcedo! Ya está muerto. Cayó con la casa donde estaban defendiéndose; había veintiséis. Les cogieron vivos y les pasaron inmediatamente por las armas.

María Luisa apoyóse en una mesa, para no caer al suelo. Estaba espantosamente pálida. Repuesta un poco, pudo continuar interrogando:

—Y de su compañera, ¿qué sabéis?

—No sé nada. Cuando salimos nosotros, aún vivía. ¡Qué mujer! Defendía como una leona ella sola la entrada de una calle. Con una ametralladora en la mano, la disparaba con tanta precisión, que donde ponía el ojo, segaba al enemigo. ¡Quién sabe qué habrá sido de ella![22]

---

21. Se refiere a la I Guerra Mundial.

22. La autora tiene presente aquí el comportamiento heroico de algunas mujeres, tal vez de Libertad Lafuente, a quien recuerda M.ª Teresa León, en una entrevista publicada en el Semanario *Todo* de México, en 1935, en una actitud muy semejante a la de Carmen en este pasaje: "La revolución fue una oportunidad para que sobresalieran muchas mujeres. Después, en la insurrección proletaria de Asturias, se registraron casos de verdadera heroicidad. Como el de Libertad Lafuente, una muchacha de la clase media que defendió Oviedo contra las tropas del Gobierno, manejando una ametralladora; cayeron los que estaban combatiendo cerca de ella, pero siguió luchan-

—¿Y... Pereda? ¿Sabéis algo de Pereda?

Aquellos no sabían nada. Pero otros que vinieron detrás de ellos dijeron que lo habían visto preso, conducido por un pelotón de soldados.

—¡Le condenarán a muerte! —murmuró María Luisa.

—¿Condenarán? Le habrán ya condenado. A los que les encuentran con armas, juicio sumarísimo, y fusilados inmediatamente.

¡Qué noche pasó María Luisa! Sentía como si todo se hubiera desplomado a su alrededor, como si la vida se escapara de sus venas; sentía también como un fuego que le abrasaba las entrañas; un furor sobrehumano poseerla.

Aún no habían llegado al límite. Aún les faltaba ver y sentir con sus propios ojos y con su propia carne. La silueta de Salcedo, esfumada en aquel crepúsculo de sangre y humo; perdida para siempre en la muerte, había de quedar como ahogada por aquel montón horrendo de cadáveres que crecía, crecía, crecía.

VII

EL PASO DE LOS BÁRBAROS

Las fuerzas del gobierno iban subiendo, subiendo. Al frente iban las columnas de choque: los Coloniales y la Legión. Eran ellos los primeros que penetraban en los

do hasta quemar el último cartucho y ser atravesada por las bayonetas enemigas". (Texto tomado de Gregorio Torres Nebrera, "La obra literaria de M.ª Teresa León", *Anuario de Estudios Filológicos,* Cáceres, VII, 1984, p. 373, n. 18). La pertenencia a la clase media de Libertad Lafuente podría haber pasado a ser un elemento constitutivo del personaje central de este relato: la maestrita racionalista, educada en Residencias Femeninas, convertida en valerosa guerrillera. Véase, asimismo, n. 70 de *Introducción.*

poblados, sembrando el espanto y la confusión, siendo mensajeros de horror y de muerte.

En los primeros había la voluptuosidad de la revancha: trataban a los españoles como habían sido tratados por ellos en Marruecos; violaban a las mujeres blancas con el doble placer sádico de una especie de restitución de humillaciones. Los segundos eran los hombres de todas las Legiones extranjeras; desplazados de la sociedad, fugitivos de todas las leyes, puestos fuera de la vida honrada por todos los códigos, refugiados allí, porque no les pedían cédula ni historia de ningún pasado.

En Orbejo les esperaban ya de un momento a otro. Sabían que la revolución había fracasado; que el resto de España no había respondido como debía a aquel ensayo heroico.

Cuantos hombres había hábiles en el pueblo, decidieron ausentarse de él antes de la llegada de las tropas. Toda resistencia era inútil y pensaban que, no oponiéndola, quizá se conseguiría que no se cometieran desmanes.

Quedó el poblado sólo con las mujeres, los niños y los viejos. María Luisa, como cada tarde, se fue al Cerro. Allí la siguieron Menéndez, Valle y un grupo de mineros, que no querían alejarse demasiado de Orbejo para ver a distancia lo que pasaba a la llegada de las fuerzas del gobierno.

Era una tarde de octubre, apacible y serena. Hacía calor aún; no era raro aquel día en el otoño, estación suave y agradable en el mediodía de Europa.

Hacía cosa de una hora que se encontraban en el Cerro María Luisa y los hombres que con ella se hallaban, cuando oyeron redoble de tambores a lo lejos. Pocos momentos después, descargas de fusilería.

—¿Contra quién diablos tiran, si nadie les ofrece resistencia? —exclamó Menéndez, extrañado.

470

—Supongo que de los Caseríos no les habrán hecho algún disparo —murmuró María Luisa.

—¿Qué han de hacerles, si no queda allí más que la madre y los tres chavales?

El ruido de los disparos se oía cada vez más próximo. Los que en el Cerro había alargaban el cuello y la vista, para ver si distinguían hacia dónde dirigíanse las descargas. Pronto vieron algo que les erizó los cabellos. Las fuerzas avanzaban sobre Orbejo, arrojando bombas lanzallamas, que prendieron en las primeras casas del pueblo.

El cura, espantado, temiendo que hiciesen una barbaridad con el pueblo, ordenó al sacristán que pusiera un trapo blanco en el campanario.

Lo vieron o no lo vieron los sitiadores; la cuestión fue que cuando se dieron cuenta de la insignia de paz, habían lanzado sobre Orbejo tantas bombas explosivas, que el poblado no era más que una enorme hoguera. Los moradores que pudieron escapar, huyeron campo a traviesa lanzando gritos. Muchos murieron achicharrados; otros cayeron víctimas del fuego de fusilería que no cesaba.

Pasó esto en el curso breve de una media hora escasa. Los mineros que había en lo alto del Cerro miraban atónitos, con los ojos desorbitados, balbuciendo:

—¡Pero qué es eso, qué es eso! ¿Es que están locos? ¿Qué hacen, qué hacen?

Cuando se dieron cuenta de lo que pasaba, bajaron como rayos, exponiéndose a despeñarse, dispuestos a la defensa, al ataque, a lo que fuese, pensando en las mujeres, en los hijos, en los padres que habían dejado a merced de los sitiadores.

Se toparon con los que huían, chicuelos y mujeres, jadeantes y como locos:

—¡No bajéis, no bajéis! ¡Os van a matar a todos! ¡Todo el pueblo arde! ¡Están locos, locos!

471

María Luisa conservó su sangre fría, en medio del espanto, de la rabia, de la desesperación de aquel puñado de hombres.

—¿De qué va a servirnos volver al pueblo? —gritó—. Os matarán a vosotros; no respetarán tampoco las vidas de las mujeres y de los niños. Debíamos suponer lo que pasaría; que Orbejo no sería una excepción entre tantos pueblos devastados. Volvamos al monte. Allí no vendrán a buscarnos. La mayor parte vais armados; hay quien tiene arma corta y arma larga. Repartámoslas entre todos, hombres y mujeres, y pensemos que esto habrá de ser una lucha sin cuartel; al que cojan con vida, le pasarán por las armas.

—¡Pero yo quiero saber antes qué han hecho de mis chicos! —gritó un minero de rudo semblante, al que surcaban lágrimas como puños—. ¡Hijos de p...! ¡Ojalá no quedara uno!

—Cuando haya pasado el furor del primer momento, cuando estén aposentados en Orbejo o lo dejen, pues probablemente sólo van de paso, bajaréis unos cuantos. Ahora no.

María Luisa hablaba con imperio, con energía, con ojos brillantes y el dominio en la voz que decide a los hombres y les somete inconscientemente.

Permanecieron en un altozano próximo al Cerro un buen rato más. Oyeron de nuevo el redoble de tambores y vieron las columnas de fuerza que se alejaban de Orbejo. Por lo visto, parlamentaron con el cura o con alguien de autoridad de la población, que les explicó la situación del pueblo, dejado sin hombres, y la poca intervención que Orbejo había tenido en los sucesos.

Lamentaron el incendio y la muerte de bastantes vecinos, producida por el fuego de fusilería, y marcharon a marchas forzadas, pues antes de anochecer tenían que reunirse con otra columna en la cabeza de partido.

Los hombres pasaron revista a los que querían bajar a Orbejo, exponiéndose a topar con algún retén de fuerza. Lo hicieron seis, decididos a todo y armados.

En Orbejo no había quedado más que un escaso pelotón de soldados, que, atrincherados en el Ayuntamiento, contemplaban cómo los vecinos corrían llevando cubos de agua e intentando apagar el fuego de las viviendas.

Muchas casas quedaron totalmente quemadas; otras en parte, muriendo en ellas animales y personas. Los vecinos que *lamentaban* —era la frase eufemista creada por las circunstancias— la pérdida de algún deudo, buscaban sus restos entre las ruinas humeantes o lo acarreaban a brazos desde las afueras del pueblo, donde había caído, al intentar huir de las llamas.

Aparte esto, la paz, en Orbejo, era absoluta. Valle buscaba su casa y no pudo hallarla. Buscó a su padre, paralítico, y le dijeron que estaba asado junto con la vivienda. Buscó a su mujer y sus tres chiquillos, y halló a dos llorando al lado del cadáver de la madre y del más pequeñín, que había muerto con ella, cuando querían escapar del pueblo.

Valle no dijo una palabra. Se enjugó con la mano los ojos; cogió a sus dos chiquillos, uno bajo cada brazo, y salió con ellos de Orbejo.

Así se presentó a los ojos de María Luisa y del grupo de mineros que le esperaban en las cercanías del Cerro.

Dejó a las criaturas en el suelo, y con voz en la que estallaban el furor, la desesperación, la sed de venganza, dijo:

—Es todo lo que me han dejado. Yo no vuelvo a Orbejo. Me voy a la montaña, donde sea. Declaro la guerra a los que han destruido mi hogar, asesinado a mi hijo, a mi mujer y a mi padre. El que quiera venir conmigo, que venga. La mujer que quiera apiadarse de los hijos que me quedan y recogerlos y cuidarlos, que los ampare. No volverán a ver a su padre, porque Valle se juega la vida a una sola carta.

Un murmullo se levantó entre los mineros. Todos los pies se adelantaron y cien puños se tendieron, contraídos, hacia el enemigo invisible.

María Luisa, pálida, naciendo de sí misma en aquel minuto decisivo e impresionante, se puso en medio de todos.

—Escuchadme. La revolución ha sido vencida. Se cuentan por miles los muertos, los heridos, los prisioneros. Son muchos los hogares destrozados, las familias destruídas. Quedamos en pie y libres un puñado escaso. Hay, sin embargo, una obra de venganza a hacer. La que nos señala Valle con sus palabras. Yo le sigo. Que le sigan también cuantos no tengan mujeres ni hijos que sostener; cuantos hayan sido víctimas, como él, de la barbarie desencadenada. Yo le sigo porque no tengo ningún interés sentimental creado; carezco de familia, de deberes personales; puedo hacer entrega total de mí misma a esta causa de odio, de rabia, de venganza.

Su voz temblaba; brillaban sus ojos como ascuas; su cuerpo, adelgazado por el sufrimiento moral de aquellos días cruentos, erguíase altanero y soberbio.

Los mineros la miraban, electrizados. Ni uno solo retrocedió. Inconscientemente, María Luisa se puso al frente de aquella pequeña tropa, por el poder de su inteligencia y la claridad de su criterio:

—No. No hemos de ser tantos. Una docena y media, como máximo. Hemos de vivir en el monte, a salto de mata, cayendo por la espalda sobre el enemigo, atacándole por los flancos. La guerrilla, la antigua guerrilla española: he aquí la única obra a hacer. Los pueblos nos apoyarán; nos aprovisionarán de víveres a condición de que no seamos demasiados. Yo misma haré la selección de los hombres que han de seguirnos.

Los fue señalando, con mano firme, separando a los que tenían hijos, eligiendo los solteros y los desesperados.

—¿Estáis conformes?

—Sí —gritaron a una voz todos.

—Los otros volved a Orbejo; reconstruid vuestras casas aniquiladas y ayudadnos tan sólo proporcionándonos comida. Es preciso que mañana, antes de que amanezca, tengamos pan y fiambres bastantes para un par de días, como mínimo. Que suban unos cuantos hombres hasta Piedrahita y lo dejen allí; pasaremos a recogerlo. Después ya procuraremos haceros saber a vosotros o a pueblos vecinos dónde se nos puede dejar comida en los días sucesivos.

Desfiló en silencio el pequeño ejército. Los que quedaban les veían marchar, como estupefactos, no acabando de comprender qué se proponían. Pensaban que la vida se precipitaba de tal forma, producíanse con tan vertiginosa rapidez los hechos, que no era posible ya asombrarse de nada.

María Luisa cambió pronto su vestido de lanilla por unos pantalones de pana y una chaqueta de hombre. Su cabellera, corta y ensortijada, escapábase de las alas de fieltro del sombrero que llevaba. Cargó con una pistola y un arma larga —no les faltaban municiones, por fortuna, restos de los repartos hechos, gracias a la incautación de las fábricas de armas—. Durante doce horas fue la única mujer de la guerrilla. Digo durante doce horas, porque al cabo de ellas, al ir a Piedrahita a recoger la comida, se encontraron sorprendidos por la presencia de una muchacha que les aguardaba, sentada sobre los sacos de comestible.

—¿Qué haces aquí, Juana? —preguntó Valle, asombrado.

—Os esperaba.

—¿Estás loca? ¿Y si te hubiesen encontrado? ¿Qué explicación habrías dado de la presencia aquí de estos sacos de comestibles?

—¿A estas horas quieres que se aventuren por el monte?

—¡Qué loca eres! ¿Y cómo vas a volver ahora a Orbejo? Si te pillan por los caminos, te fusilarán.

—Es que no pienso volver. Quiero quedarme con vosotros.

—Esto, ni pensarlo. No queremos mujeres.

—¡Qué no! Está la maestra. También puedo estar yo.

Valle la miró, muy serio. Conocía a Juana de tiempo, y nunca se había manifestado ni ligera de cascos, ni caprichosa, ni tampoco emprendedora. Era una muchacha insignificante, confundida con el montón. Iba, en invierno, a unas clases nocturnas para adultos que daba María Luisa en la escuela, y así empezó a relacionarse con la gente del Sindicato.

—Mira; lo consultaremos con la maestra; si ella quiere, te quedas; si no, tomas el camino de Orbejo más que de prisa.

La joven dijo con tranquilidad:

—La maestra querrá. Estará mejor con una mujer, que no sola con tantos hombres.

Valle no respondió. Cargaron con los sacos y fueron a encontrarse con el resto de la tropa donde habían quedado citados.

—Mire usted, maestra —dijo a María Luisa—. Aquí tiene esta loca, que quiere venir con nosotros. ¿La dejamos quedarse o le decimos que se vuelva a Orbejo?

—¡Cómo! ¿Eres tú, Juana? ¿Y por qué quieres venir?

—Porque sí. Porque yo también quiero vengar todo lo que han hecho contra tanta gente. No tengo miedo; soy fuerte y podré ayudaros.

María Luisa la miró, reflexionando. Pensó seguramente lo mismo que Juana había dicho. La compañía de una mujer había de serle buena y preciosa.

—Quédate, pues, ya que éste es tu gusto.

Juana sonrió, triunfante.

—Ya sabía yo que si te consultaban, me quedaba. Mira, he pensado en todo lo que no habrían pensado los otros.

Y alargó a María Luisa una mochila llena de ropa de la joven. Había ido a la escuela y revolviendo los cajones de la cómoda de la muchacha, llenó una mochila con ropa interior y una serie de prendas íntimas que habían de serle necesarias.

—¡Qué buena eres, Juana, y cómo has pensado en todo! ¡Ea! En marcha.

Andando ya, sierra arriba, buscando los puntos más ocultos e inexpugnables, María Luisa dijo a la joven:

—Habrás de quitarte este traje. Buscaremos uno de hombre que te venga bien. Son más cómodos para andar y menos comprometedores.

Cuando amaneció el día siguiente al que tan decisivo había sido para la vida de aquel puñado de seres, se hallaban ya a muchos kilómetros de Orbejo. Una existencia azarosa, difícil, de angustia, de sobresalto, de agonía continua, había comenzado.

VIII

LA LUCHA DE GUERRILLAS

¡Qué días fueron los primeros vividos en el monte! Las marchas forzadas, orientándose, formándose un reducto familiar y oculto; el andar en busca de alimentos, huyendo de la fuerza armada, que deambulaba por todas partes;

burlando el ojo avizor de los aviones, que evolucionaban sobre la región casi destruída por los obuses.

María Luisa tenía los pies ensangrentados; estaba rendida, sin fuerzas. Su naturaleza delicada, no acostumbrada a aquel ajetreo y a aquel trajín bárbaros, se rendía. Sólo sosteníase en pie por un milagro de voluntad, resistiendo bravamente, sin una queja, con un estoicismo admirable.

Un día, sin embargo, no pudo más. Se habían detenido a comer junto a un manantial, y ella, recostándose en una piedra, se quedó dormida. Cuando terminaron de comer y se pusieron en pie todos para reanudar la marcha, Juana dijo en voz baja:

—Está dormida.

Valle acercóse a ella.

—¡Pobrecita! —murmuró, con ternura en la voz—. No puede ya más. Tiene los pies en llaga viva. Deberíamos dejar que descansase.

—Pero aquí es peligrosa una estancia demasiado larga. No la podemos dejar sola ni con un par de nosotros, ni es conveniente que nos quedemos todos —dijo otro de los mineros.

—Es verdad; pero ella no puede más. No se queja, porque es valiente, pero hemos de tener conciencia nosotros. Nos caerá derrengada, si no la dejamos reponerse.

Al rumor apagado de las voces, María Luisa abrió los ojos. Los vio a todos en pie, y, haciendo un esfuerzo, irguióse, levantándose también:

—¿Estáis ya? Pues emprendamos otra vez la marcha.

—No puede usted, María Luisa —dijo Valle—. Es necesario tomar una determinación. Le son precisas veinticuatro horas de sueño y un par de baños de pies.

—Todo esto y más tomaré cuando hayamos llegado al Ventisquero. Pero ahora es preciso andar de nuevo. En marcha.

478

Los mineros la miraban con simpatía y admiración. Era para ellos una mujer nueva, extraordinaria, ante la cual se sentían poseídos de mil sentimientos extraños. Su vida, tan seria y tan austera, veíase coronada por aquella resolución trágica, por aquel destino trazado e impuesto por las circunstancias cruentas.

Andaban con lentitud, esforzándose en ayudarla, en que, sin herirla, hallase ella disimuladamente maneras de reponer sus fuerzas.

Pero María Luisa, sostenida por una exaltación febril, con los sentidos agudizados y provistos de una suerte de clarividencia nerviosa, decía sin cesar:

—¡Más aprisa, más aprisa! Aunque reventemos, hemos de llegar al Ventisquero antes de que la noche llegue.

—¡No podrá usted, maestra! —exclamó Valle con resolución—. Esto es una locura. Paremos aquí y acampemos. Mañana será otro día.

—Le digo que no, Valle. Si paramos, estamos perdidos. A estas horas, las fuerzas ya saben que de Orbejo han salido una partida de hombres para la montaña. En el Ventisquero estaremos seguros. Aquí no. Aunque sea arrastrándome, yo llego hasta el Ventisquero.

Apretaron el paso. Iban siguiendo atajos, corriendo como gatos monteses por los riscos. María Luisa sostenía el paso, con una energía que nadie hubiera sospechado en ella. Juana, criada en el campo, robusta y ágil, seguía a los hombres sin dificultad, corriendo más que ellos, señalando muchas veces el camino, pues era hija de leñadores y había pasado los primeros años de su vida viviendo a temporadas en cabañas por aquellos bosques.

Llegaron al Ventisquero, después de una marcha forzada tremenda, antes de que cerrase la noche.

Llamaban Ventisquero a una especie de garganta de montañas rocosas, que se adentraba en el fondo de toda una cordillera escarpada. Había allí como un reducto natural, tan admirablemente constituído, que quedaban los hombres como ocultos por las enormes moles de piedras ingentes. Había allí cuevas y un manantial que sin cesar dejaba correr un hilo de agua riquísima y pura.

María Luisa llegó a la meta al fin de sus fuerzas. Dejóse caer redonda al suelo y quedó dormida. Durmió de un tirón 16 horas. Nadie la llamó, ni ningún ruido, por fuerte que hubiera sido, habría bastado a turbar su sueño.

Cuando despertó, encontró a Juana que la miraba, sonriente. El rostro de la muchacha, rodeado de cabellos rizosos y rubios, era agradable y simpático. Respiraba salud; tenía unas mejillas constantemente sonrosadas y había en su cuerpo una especie de sana alegría.

—¿Cuánto tiempo he dormido? —preguntó María Luisa, incorporándose sobre el codo.

—Dieciséis horas y catorce minutos; ni uno más ni uno menos —respondió Juana, riendo.

—¡Qué barbaridad! ¿Y no habéis sido capaces de despertarme?

—¿Por qué? Esto te era más necesario que todos los baños de pies y todas las comidas.

—¡Qué apetito tengo!

—Está ya el agua calentita y te lavarás los pies bien. Luego comerás.

En un momento le preparó una vasija, donde fue metiendo los pies María Luisa, curando sus llagas. Después, con diligencia y cuidado, le trajo un poco de comida, aderezada campestremente, al estilo primitivo, ya que carecían de platos y de cazuelas.

—¡Qué buena eres, Juana! —dijo María Luisa, acariciándola la cara—. Después añadió:

—Sé franca: ¿por qué has querido venir con nosotros?

—No lo sé. Porque sí. Porque me parece que es algo que deberíamos hacer todos... por lo menos, cuantos no tenemos hijos ni padres que dependan exclusivamente de nosotros.

María Luisa calló, pensativa. No la acababan de convencer los razonamientos de Juana. Le parecía que la muchacha había obedecido a algún designio interior; que había entre los hombres que la habían seguido el secreto de aquella adhesión de la muchacha a la causa de protesta que les reunía en tan azarosa existencia.

Pronto estuvo repuesta y fuerte. Reuniéronse los soldados de la guerrilla al cabo de un par de horas, y María Luisa, inconscientemente puesta al frente de todos, dijo:

—Hemos de organizar desde ahora nuestra acción ofensiva. Se trata de resucitar un procedimiento de combate lento, pero que puede ser eficaz, en un terreno montañoso como es éste. Vamos a dividirnos en tres pequeños grupos, que operarán por lugares diferentes, reuniéndose sólo en caso de peligro en este refugio seguro. Aquí quedará permanentemente, cuidando de la comida y de la ropa, Juana. Nosotros realizaremos expediciones nocturnas, según las circunstancias nos lo permitan. Nos conviene también ponernos en relación con los pueblos cercanos, para que alguien de ellos, y a sitios convenidos, nos lleve comida. Nuestra acción a mi entender, ha de consistir en lo que os diré ahora: cuando sepamos que pasa un destacamento de tropa escaso; un automóvil de directivos de las minas; un convoy de comestibles para la tropa; en cuantas ocasiones el enemigo esté en situación de inferioridad, o podamos atacarle y burlarle mediante un golpe de audacia, caerle encima por la espalda. Lucha de guerrilla, que quiere decir lucha de encrucijada, de recoveco, de agilidad, en la que toda la ventaja es para los menos hábiles y astutos. Si Sandino[23] se sostuvo tanto tiempo en las montañas de Nicaragua, luchando con un enemigo tan poderoso cual es Norteamérica, más tiempo podremos sostenernos nosotros en estas serranías. Eso sí: pensemos que esto es una guerra sin cuartel; que no hemos de tener piedad, ni la tendrán de nosotros. El que caiga, ha de caer para no levantarse jamás. Pensad bien en mis palabras, y decidme si las aceptáis; aún es tiempo para retroceder, si alguno quiere hacerlo. Estamos aún limpios de todo delito, y pueden regresar, los que quieran, a la vida dentro de la ley.

Un silencio impresionante acogió las palabras de María Luisa. Ésta repitió:

—¿Habéis oído bien? Quien tenga algo que decir, que hable.

—Nada tenemos que decir, maestra. Todos estamos conformes.

María Luisa continuó diciendo:

—Todos somos iguales; no hay ni ha de haber jefes entre nosotros. Pero sobre alguien ha de caer la responsabilidad de las iniciativas que tengamos. Quiero que esa responsabilidad recaiga sobre mí, como sobre mí recaerá la gloria de las acciones. Yo he sido la que os he lanzado a esta aventura, siguiendo a Valle y haciendo un propósito colectivo lo que no era más que un acto de desesperación individual. ¿Estáis conformes con esto también?

—Tú dirigirás; eres la más inteligente de nosotros; mereces ser la cabeza pensante; nosotros seremos los brazos ejecutores —dijo la voz fuerte de Valle.

—No. Yo señalaré lo que a mi razón parezca acertado;

---

23. Augusto César Sandino (1893-1934), patriota nicaragüense, luchó y murió por la soberanía de su país y dio nombre al sandinismo, organización política creada en 1962, continuadora de su ideario político.

vosotros aceptaréis o desecharéis la idea. Cuando llegue el momento de realizarla, yo la llevaré a la práctica con vosotros.

—Como quieras.

—Ahora nos interesa, antes de nada, ponernos en contacto con la población de la cuenca minera. Su ayuda nos será preciosa. Ellos han de facilitarnos armas, alimentos e informes. No olvidéis lo que tantas veces os he dicho. La lucha entablada es a muerte, pero es y ha de ser, ante todo, una lucha de astucia. Uno de vosotros debe bajar al poblado más próximo, vestido de harapos, fingiéndose mendigo. A la vez que mendiga, ha de enterarse de dónde están las tropas, de la situación general y ha de trabar conocimiento con cuantos hayan sobrevivido a la revolución, habiendo tomado parte en ella. Una vez haya recogido informes suficientes, ha de venir a reunirse con nosotros. Un voluntario para esta acción.

Se ofreció un hombre ya de cierta edad.

—Muy bien; tú tienes aspecto de mendigo.

Pasaron todo el día dando vueltas por las montañas, familiarizándose con el terreno. Hasta el anochecer no regresó Cosme, sano y salvo, pertrechado de noticias y habiendo incluso trabado relación con personas que podían serles utilísimas.

Según los informes que traía el emisario, el movimiento estaba totalmente sofocado. Quedaba sólo un foco aislado de rebeldes en las montañas del interior, sobre el que marchaban en cerco cerrado las tropas. No tardarían en ser copados. La existencia de María Luisa y sus amigos por las montañas del Cerro la ignoraban totalmente, lo que era una garantía para el buen éxito de las primeras acciones. En cuanto a las personas con quien había trabado relación, tratábase de una familia de mineros, conocida de Cosme —algo parientes, pues procedían de Orbejo—, compuesta de marido y mujer y tres chicos, que vivían en Plandio, otro pueblo de las minas.

La que valía más era la mujer, entusiasta y valiente. Se llamaba Gertrudis y la apodaban la Bruja de las Minas, pues era muy fea. Alta, desgarbada, con la cara arrugadísima, prematuramente envejecida por años de explotación en la cuenca mortífera; con los ojos pitañosos. Físicamente, un verdadero adefesio. Moralmente, un corazón de oro y un temperamento abnegado.

Se casó con Patricio Álvarez nadie sabe por qué misterio. Él era bastante bien plantado, de carácter blando y débil, y nunca sabrá nadie qué encontró de atractivo en la Bruja de las Minas. Tenían tres chicuelos, que, por fortuna, habían salido al padre, merced a esa sabiduría de la Naturaleza, que realiza espontáneamente la selección de las especies.

Gertrudis, informada a medias palabras por Cosme, sólo sabía que por aquellos montes andaban huídos unos cuantos de Orbejo; que les precisaba comida y que si tenía posibilidades de llevarla, le agradecerían que les dejase cada día un saquito conteniendo lo que pudiera en unas rocas llamadas La Cabeza del Perro, por semejar, a distancia, una enorme cabeza de can.

Cumplió su palabra la buena mujer. Durante ocho días seguidos, los amigos de María Luisa encontraron, en La Cabeza del Perro, un saco con pan, almendras, queso, jamón, cuantas cosas podían guardarse y no pesaban demasiado.

Al cabo de estos ocho días, se produjo el hecho que hizo pública la presencia en las montañas de lo que comenzó a llamarse partida de la maestra de Orbejo.

Entretanto, María Luisa pudo informarse de las personas que le interesaban. Salcedo había muerto, fusilado. Carmen, su compañera, cayó defendiendo una calle con una ametralladora, junto a otra muchacha, de familia también obrera, que se batió como una nueva Agustina

484

de Aragón. Esta muchacha, cuyo nombre la historia aún no ha recogido, pasará a la misma con el nombre de La Libertaria de Vetusta[24]. Eran dos hermanas y una madre. Las dos primeras cayeron, una muerta, otra presa y atropellada por las fuerzas victoriosas, que sobre su cuerpo saciaron brutales instintos. La última vivía aún, alentando sólo con el afán desesperado de la venganza. Pereda estaba preso, sujeto a sumario y sería fusilado en fecha muy próxima. Se había portado como un valiente, batiéndose a la desesperada, cuando vio la revolución perdida. Al lado de la cobardía de los jefes principales del partido, la arrogancia del mozo, que representaba un nuevo sentido revolucionario dentro del socialismo, sorprendía y admiraba.

María Luisa alimentaba su energía y su indomable propósito vengador con estas noticias. La impaciencia la dominaba y apenas podía contenerla, al ver que pasaban los días y no se les ofrecía ninguna oportunidad de caer sobre el enemigo.

Hasta que esta oportunidad presentóse en forma de un convoy de automóviles que, conduciendo magnates de la compañía de Minas, habían de pasar no lejos de las montañas del Cerro.

Eran los directivos, que iban a recorrer la cuenca, observando los estragos de la revolución y preparándose para la selección rigurosa de los operarios. Estragos no se había hecho ninguno. En cambio, la confabulación de los núcleos capitalistas contra los obreros tenía por objetivo único dejar fuera del trabajo a cuantos, habiendo tomado parte o no en la revuelta, fuesen conocidos por sus ideas socialistas, comunistas o anarquistas.

La partida de la maestra de Orbejo, pronta a nacer a la vida pública, esperó el convoy, escoltado por un pequeño

24. Este personaje recuerda también la heroicidad de Libertad Lafuente (véase nota 22).

destacamento de guardias en un autocamión, y cayó sobre ellos, después de un tiroteo de más de una hora. Saquearon los autos, llevándose el dinero y las armas que les eran útiles, dejaron atados en medio de la carretera a los guardias supervivientes y ejecutaron, sin contemplaciones y con una implacable sed de venganza, a los directivos que habían quedado con vida.

Se produjo un clamor en toda España. Por las montañas del Cerro existía aún una partida de revolucionarios, dedicados al bandidaje y que realizaban actos de tremenda crueldad, completamente impunes. Se mandó varios destacamentos de fuerza contra ellos. Se dieron batidas minuciosas por el bosque. No se pudo hallar ni rastro de María Luisa y sus amigos.

Pasados unos quince días y encalmado el escándalo producido por aquel hecho, la partida realizó otro sonado: asaltaron un tren, apoderándose de los víveres para abastecer el ejército que conducía y obligando a los viajeros a entregarles cuantas cantidades, superiores a cien pesetas, llevaban encima.

Tampoco pudo darse con ellos, pero establecióse una especie de cordón sanitario alrededor de las montañas del Cerro y por toda la cuenca minera, que vigilaba constantemente y sometía a interrogatorios rigurosos a cuantas personas: leñadores, pastores, mineros, descendían de las sierras o iban hacia ellas.

IX

LA BRUJA DE LAS MINAS

Un día Gertrudis fue sorprendida cuando regresaba de La Cabeza del Perro de llevar un cesto de provisiones a los rebeldes. Hasta entonces, mediante mil ingeniosas estratagemas, valiéndose de su aspecto de mendicante y de la repulsión que inspiraba su rostro, que parecía como comido por la lepra, había ido sorteando los peligros que le acarreaba la ayuda a sus amigos.

Pero aquella mañana daba vueltas por el camino que necesariamente debía recorrer la animosa obrera, un destacamento de tropa al mando de un teniente.

—¿De dónde vienes?

—De coger bellotas.

Le registraron el cesto y hallaron que, en efecto, había en él bastantes bellotas.

—¿Para qué son estas bellotas?

—Para ayuda de nuestra hambre, señor, que no pasamos poca en casa.

El teniente la miraba con desconfianza. Dijo a sus hombres:

—Dejadla pasar.

Y cuando se hubo alejado añadió:

—Esa bruja, con sus respuestas inteligentes, me ha inspirado poca confianza. La vigilaremos.

Gertrudis, en previsión, estuvo dos días sin acercarse a La Cabeza del Perro.

Pero al fin, creyendo que ya no estaría la fuerza en aquel paraje, preparó su cestito de provisiones y se dirigió poco a poco, por senderos y vericuetos, hacia las rocas convenidas. Dejaba allí el hatillo y regresaba recogiendo bellotas. Al cabo de muchas horas y tomando infinitas precauciones, iba algún hombre de la partida de María Luisa a recoger lo que había dejado.

A pesar de que procuró esconderse lo más posible, la vieron y fueron siguiéndola de lejos. Atisbaron cómo dejaba el saco tras unas rocas muy escondidas y cómo regresaba entreteniéndose con la recogida del fruto de las encinas.

Había ya acabado de descender la montaña, cuando le dieron el alto y la detuvieron.

—Guardadla aquí hasta que sepamos qué ha dejado en las rocas a donde se dirige siempre.

Gertrudis pensó:

—Esta vez la cosa va seria.

Y aprestóse a callar y a salvarse y salvar a sus amigos lo mejor posible.

Encontraron al cabo el hatillo y volvieron con él a la presencia del teniente.

—¿A quién llevas esto? —dijo éste con voz iracunda a Gertrudis.

—No lo he llevado yo, señor. Es una equivocación. Yo no llevo nunca más que el cesto, que lleno de bellotas, de madroños y de hierbas buenas.

—¡Tú llevabas eso!

—No lo llevaba, señor. Se lo juro.

—¡No jures! Tú sabes dónde está la partida de la maestra. Si nos dices todo lo que sabes, te dejaremos en libertad. Pero si no hablas, vas a ser fusilada ahora mismo.

—No sé nada, señor. Se lo juro.

Furioso, el teniente la zarandeó con violencia.

—¡Hablas, o te mato como un perro!

—No sé nada, señor.

—¡Cabo! —gritó el teniente—. Prepare a seis hombres y que la pasen por las armas.

Gertrudis permaneció inmóvil. Pensó que querían atemorizarla.

Cuando vio que el cabo hablaba con el teniente y que se preparaban, en efecto, los seis hombres, un sudor frío inundó su frente. Era un alma simple y valerosa, y ni por un momento pasó por ella la idea de hablar, delatando a Cosme y diciendo cuanto sabía de sus amigos.

El teniente aproximóse nuevamente a ella:

—¿Hablas, o no?

—No sé nada, señor.

—¡Fusiladla! —dijo, volviéndola la espalda.

Gertrudis despidióse mentalmente de sus hijos. Con paso vacilante siguió a los soldados.

La pusieron arrimada a un margen de tierra. La vendaron los ojos y, al cabo de dos minutos, el cabo dio la orden de:

—¡Fuego!

Los soldados hicieron la descarga y la Bruja de las Minas se desplomó redonda al suelo.

El teniente, que había contemplado de lejos la escena, se aproximó a ella:

—¡Qué cobarde! —murmuró—. Se ha desmayado. Ahora dirá cuanto sepa.

Habían hecho uno de esos juegos crueles de la guerra: un simulacro de fusilamiento.

Mas cuando el cabo inclinóse sobre Gertrudis, para mojarle las sienes y volverla en sí, exclamó, hallándola rígida:

—¡Mi teniente, esta mujer está muerta!

El teniente palideció:

—¿Qué dices?

—Que está muerta. Debe haber fallecido de un ataque al corazón.

Así era, en efecto. La pobre Bruja de las Minas había muerto por la rotura de un aneurisma[25]. La impresión de la muerte próxima fue tan poderosa, que, por representación mental, prodújose en ella el fallecimiento.

Permanecieron un momento absortos y aturdidos los soldados.

---

25. *aneurisma:* tumor sanguíneo formado por relajación o rotura de una arteria (*DRAE*).

—¡Buena la hemos hecho! —dijo el teniente, dando patadas de cólera en el suelo—. Ahora no podremos saber nada. Dejadla ahí; ya cuidarán de enterrarla. Iremos a apostarnos cerca de La Cabeza del Perro. A ver si asoma alguien y por él sabemos lo que no hemos podido arrancarle a esta bruja.

Éste fue el responso rezado sobre los restos de Gertrudis, heroína anónima, víctima también de aquella revolución cruenta y de cuantos, con sus actos, la habían desencadenado.

Estuvieron hasta la mañana siguiente apostados cerca de La Cabeza del Perro. Nadie asomó por ella.

Los disparos que, sin herirla, habían dado muerte a Gertrudis, sirvieron de aviso a María Luisa y los suyos.

Fue Juana la que, con su oído agudizado, dijo:

—He oído tiros. Voy a ver si puedo enterarme de lo que ha ocurrido.

Con su agilidad de cabra montés fue descendiendo. Oyó el rumor de la caballería que se alejaba del sitio donde quedaba muerta Gertrudis. Fue bajando poco a poco, sin hacer ruido, deslizándose como una sombra por entre la maleza, arrastrándose muchas veces.

Cuando llegó al fondo de la montaña, el destacamento se había apartado de allí, deseando rehuir toda responsabilidad por la muerte de Gertrudis. A la luz amortiguada del día, que ya iba declinando, Juana vio el cuerpo tendido de la que tanto les ayudara.

Corrió hacia ella, comprobando con asombro que su cuerpo no tenía ninguna herida de bala y que en cambio toda la tierra del margen estaba como arañada por la pólvora.

Emprendió de nuevo la marcha, a gran velocidad, hacia el reducto más próximo.

No estaban ya en el Ventisquero, refugio para las gran-

des ocasiones, sino más cerca, divididos en cinco pequeños núcleos, que actuaban independientemente, reuniéndose sólo para las grandes acciones. Por allí cerca estaba
el grupo de María Luisa, del que formaba parte también
Juana.

—¿Qué ha pasado? —preguntó la maestra, al ver regresar descompuesta a Juana.

—Han matado a Gertrudis. Pero de una manera muy
rara.

Explicó lo que había visto. María Luisa la escuchó en
silencio.

—¡Pobre Gertrudis! —murmuró con emoción—. Es la
primera persona que por nosotros cae.

Irguió luego la testa y dijo:

—Es preciso que nadie vaya a buscar lo que Gertrudis
dejó en La Cabeza del Perro. Uno de vosotros que avise
al grupo de Valle, que es el que está, después de nosotros,
más cerca de las rocas.

¿Quién habría reconocido en aquella mujer, vestida de
hombre, de rostro bronceado y facciones enérgicas, a la
delicada María Luisa de las residencias de estudiantes; a
la propia María Luisa que daba la lección entre los niños
de la escuela de Orbejo?

Era toda otra mujer, más recia, con una hermosura poderosa y como sobrenatural. La prensa iba llena de retratos suyos. Aquella revolución había dado muchos ejem-
plos de mujeres, que se batían como los hombres y que
formaban al lado suyo; en las milicias revolucionarias formadas no se establecía diferencia entre los sexos. Pero
una mujer lanzada al bandidaje; una mujer capitanean-
do una partida de bandidos, era algo nuevo para la prensa
de todo el mundo. Se hablaba de la maestra de Orbejo
con profusión. Se documentaron sobre ella y se supo con
asombro que descendía de una familia distinguida; fueron

reporteros a Orbejo y supieron que María Luisa era una mujer de porte elegante, bella y de intachable conducta.

Se buscaron con ahínco retratos suyos y sólo se hallaron fotos en las que aparecía rodeada de los niños de la escuela, vestida de blanco, con su semblante tranquilo y sereno, con la expresión de una gran bondad y una dulzura angélica.

La maestra de Orbejo convirtióse en un mito para el público español. Algunos dudaban de su existencia; otros soñaban con ella, con toda clase de sueños: desde el amor hasta el terror; desde la ilusión hasta la pesadilla.

Entretanto, centenares de hombres armados recorrían las montañas en su busca. Por qué milagro se salvaban siempre, nadie podía saberlo.

Después de la muerte de Gertrudis, tuvieron algunas pérdidas más. Empresas peligrosas, en las que fueron muertos tres de sus hombres. Dos más desertaron, vencidos por el cansancio, sin fuerzas para sostener aquella lucha a muerte. Total, cinco.

La partida quedó reducida a diez. Cuantos menos eran, por lo demás, menor era también el peligro. No les faltaban víveres, pues continuaban practicando el asalto de trenes de mercancías, y cuando no, Cosme les era precioso, bien disfrazado, cambiando de personalidad, siendo unas veces mendigo y otras bajando con un asno cargado de hierbas secas, que voceaba por las calles.

* * *

En el mes de diciembre —dos después del fracasado movimiento— viose el consejo de guerra contra Pereda. Fue condenado a muerte y ejecutado.

Mientras estaba en capilla, escribió una larga carta a María Luisa. Relataba en ella todo cuanto había sufrido, viendo los tratos dados a centenares de hombres, presos con él; explicaba también lo que había hecho, recabando la responsabilidad del movimiento y acusando a los jefes que les habían abandonado.

Mostrábase en él como otro hombre. Abandonado a sí mismo, en la reflexión triste de las horas de cárcel, se dio cuenta de cuán crueles eran sus ambiciones. Por ellas habían perdido la vida muchos hombres; la suya propia, no le importaba. Pero aquellos hombres por él muertos, en el mañana por él soñado habrían continuado sujetos a su destino, encadenados con distintas cadenas. Y escribía a María Luisa:

"Tú, mi dulce amiga, viste mejor, más lejos, más generosamente que yo. Pronto moriré. Para ti serán mis mejores pensamientos. Te he amado siempre. No dejaré de amarte. Si creyéramos en la ultratumba, en el cielo nos reuniríamos los dos. Y quizá allí podríamos realizar las nupcias que ahora la muerte trunca para siempre. No sé dónde estás. Sólo sé que me cabe la fortuna de morir yo primero. Son estas las últimas horas de mi vida, y a ti las ofrendo. Estoy solo; no he querido curas ni compañías enojosas. Si mi madre viviera, a ella también escribiría. Sólo tú vives, de cuantos seres he amado, y a ti te escribo. Adiós, María Luisa. Ahora, después de muerto, sabrás quererme como no me quisiste en vida. Si pudiera desearte felicidad, ¡cuánta te desearía! Pero sufro por ti. Sé que no podrás sostenerte, dondequiera que estés; que al cabo caerás, muerta o prisionera. Esto ennegrece mis últimas horas y me hace llorar, pensando en este destino nuestro, tan semejante y tan triste. Cuando leerás estas líneas, ¡quién sabe cuánto tiempo hará que yo ya habré muerto! María Luisa, te he amado siempre. Tu nombre será el último que pronunciarán mis labios. ¡Adiós para siempre!"

Esta carta fue entregada a un amigo, que la guardó, con

orden expresa de Pereda de sólo entregarla a María Luisa, cuando pudiera ponerse en contacto con ella, si algún día caía presa o si tenía bastante fortuna para ganar la frontera.

A pesar de cuantas demandas se presentaron, solicitando el indulto del muchacho, Pereda fue fusilado. Murió con tranquilidad, recobrando el buen humor, con esa arrogancia latina, fanfarrona y sincera, ante la muerte impuesta.

El fin de la gran tragedia se acercaba. Los consejos de guerra iban mandando hombres a la muerte, poniéndolos delante de los pelotones de ejecución. Los últimos reductos de los rebeldes habían sido rendidos. Sólo quedaban, allá en las montañas, confundidos con la tierra, escapando al ojo avizor de los aviones, burlando la vigilancia de los retenes de tropas, victoriosos e implacables, los guerrilleros de la partida de la maestra de Orbejo. Actuaban con inteligencia y astucia. No prodigaban los golpes, dándolos buenos y pocos. Eran implacables. Había en ellos la furia fría de Valle, vengador incesante de sus muertos; el espíritu justiciero de María Luisa, para siempre en guerra con la sociedad, acompañada sin cesar por el recuerdo de Salcedo, muerto; de Pereda, también fusilado, de Gertrudis, de Carmen, de los miles de hogares deshechos, de hombres, de mujeres, de niños sacrificados.

¿Cómo vivían? ¿De qué manera corrían de un extremo a otro de los vastos cerros; cómo se las arreglaban para avituallarse? ¿Quién les protegía subterráneamente? Imposible saberlo. No les faltaban armas. Cada poblado era una mano solidaria, que, a escondidas, les ayudaba. De vez en cuando, desaparecían mozos de las poblaciones. No se sabía dónde estaban, pero decíase:

—Ése ha ido a engrosar la partida de la maestra de Orbejo.

Se puso precio a la cabeza de María Luisa. Se ofrecieron diez mil pesetas de gratificación a quien la presentara, viva o muerta; cinco mil a quien dijera dónde estaba; tres mil a quien diera aunque sólo fuese un indicio acerca de ella y de sus hombres. Nadie dijo una palabra; nadie supo nada; nadie se prestó a nada.

Un día, María Luisa reunió el pequeño ejército:

—Os he reunido para deciros algo que estimo necesario. Es preciso que tomemos una determinación frente al porvenir. Esta situación tanto puede eternizarse, como terminar cualquier día de la manera más desastrosa para nosotros. Es aún tiempo de que elijáis entre los dos caminos que voy a presentaros: hay probabilidades de que, los que quieran, ganen la frontera de Portugal. Los que deseen continuar aquí, pueden tomar también determinaciones. Cabe la esperanza de que, si se presentan espontáneamente, no se sea muy severo con ellos; incluso, no conociéndose más que a mí, por la persona y por el nombre, pueden regresar a sus hogares, no diciendo a nadie qué ha sido de ellos durante estos meses. Los que, desechando cuantas soluciones les he ofrecido, quieran continuar esta existencia, es preciso que sepan que *no pueden ni deben dejarse coger vivos:* les matarán igualmente y además les someterán a crueles tormentos para hacerles hablar. Decidid vosotros, con pleno conocimiento de causa.

—¿Tú qué piensas hacer? —preguntó Valle.

—¡Yo! ¡Y me lo preguntas! Seguir como hasta aquí. De mí estoy segura. Viva no me cogen. Huir, tampoco quiero. Presentarme, menos.

—Pues entonces, ¿por qué has de tener formado peor concepto de los demás que de ti misma?

—No tengo formado ningún concepto. Os informo, simplemente, y os hago reflexiones que creo necesarias.

495

—Muy bien. Pero nos dejas en libertad de atenderlas o no.

—Desde luego.

—¡Muchachos! ¿Quién de vosotros quiere pasar a Portugal?

Nadie contestó.

—¿Quién quiere presentarse?

Igual silencio.

—¿Quién es capaz de matarse, en el momento en que se vea perdido?

—Todos, Valle —contestaron ocho voces profundas.

María Luisa sintió que se le humedecían los ojos.

—¡Sois unos valientes! Viviremos tanto tiempo como la suerte nos acompañe. Lanzamos un guante de desafío supremo a la Sociedad y al Destino. Lo han recogido. Sabremos ser dignos de este duelo de siglos. ¡Unidos hasta la muerte, hermanos!

En silencio, las manos se estrecharon. Sobre las altas rocas, el sol asomaba su faz redonda y brillante. María Luisa cerró los ojos, viendo dentro de sí misma la figura de Salcedo, en pie en medio de la estación, despidiéndola con la mano. *Entonces,* sintió ella un choque en las entrañas: anticipó cuanto habría de suceder luego. El Destino era esto: Salcedo y Pereda, muertos, confundidos en el mismo fin y el mismo hoyo; ella allí, símbolo de Venganza y de Rebeldía eterna, victoriosa aún, enfrentada con el mundo, aceptando el destino impuesto, con su juventud desviada de su cauce y su vida sobrehumanizada.

Ante el reto aceptado, ante el desafío desigual, la joven pensó:

—Al fin, la victoria será nuestra. Porque, muertos, seremos más fuertes que nunca. ¿Acaso no es la muerte el símbolo mismo de la vida eterna? Somos ya una leyenda heroica; seremos pronto un mito vivo: la religión de las muchedumbres, que aman a los héroes y a los mártires, que necesitan la fuerza de la sangre para verse fecundadas por las grandes ideas. Dormid tranquilos, muertos queridos; miles de seres inmolados: el mañana es todo nuestro. El triunfo nos espera. ¿Qué importa que, ahora aún, nuestro ser también perezca? Lo mejor de nosotros sobrevivirá, como han sobrevivido a sí mismos todos los mártires y todos los héroes.

Índice de láminas

Entre-Págs.

Blanca de los Ríos: *Las hijas de don Juan* 92-93

«Víctor Catalá»: *Idilio Trágico* 134-135

Sofía Casanova: *Princesa del amor hermoso* 170-171

La Puerta del Sol de Madrid 226-227

Margarita Nelken: *La aventura de Roma* 284-285

«Magda Donato»: *La carabina* 330-331

Raquel Meller 370-371

Página Facsímil de: *El tizón en los trigos* 408-409

TÍTULOS PUBLICADOS

1 /
ANTOLOGÍA POÉTICA DE
ESCRITORAS DE LOS SIGLOS
XVI Y XVII
Edición, introducción y notas de
Ana Navarro

2 / *Josefina Carabias*
LOS ALEMANES EN FRANCIA
VISTOS POR UNA ESPAÑOLA
Edición, introducción y notas de
Carmen Rico Godoy

3 / *Emilia Pardo Bazán*
DULCE DUEÑO
Edición, introducción y notas de
Marina Mayoral

4 / *María de Zayas*
TRES NOVELAS AMOROSAS y
TRES DESENGAÑOS
AMOROSOS
Edición, introducción y notas de
Alicia Redondo

5 / *María Martínez Sierra*
UNA MUJER POR CAMINOS
DE ESPAÑA
Edición, introducción y notas de
Alda Blanco

6 / *Concha Espina*
LA ESFINGE MARAGATA
Edición, introducción y notas de
Carmen Díaz Castañón

7 / *Borita Casas*
ANTOÑITA LA FANTÁSTICA
Edición, introducción y notas de
Ramiro Cristóbal

8 / *Carmen de Burgos (Colombine)*
LA FLOR DE LA PLAYA Y
OTRAS NOVELAS CORTAS
Edición, introducción y notas de
Concepción Núñez Rey

9 / *Gertrudis Gómez de Avellaneda*
POESÍA Y EPISTOLARIO DE
AMOR Y DE AMISTAD
Edición, introducción y notas de
Elena Catena

10 /
NOVELAS BREVES DE
ESCRITORAS ESPAÑOLAS
(1990-1936)
Edición, introducción y notas de
Angela Ena Bordonada

11 / *Sofía Casanova*
LA REVOLUCIÓN
BOLCHEVISTA
Edición, introducción y notas de
M.ª Victoria López Cordón

12 /
POESÍA FEMENINA
HISPANOÁRABE
Edición, introducción y notas de
M.ª Jesús Rubiera Mata

13 /
POESÍA FEMENINA EN LOS
CANCIONEROS
Edición, introducción y notas de
Miguel A. Pérez Priego

14 / *Rosario de Acuña*
RIENZI EL TRIBUNO,
EL PADRE JUAN
Edición, introducción y notas de
M.ª del Carmen Simón Palmer

15 / *Beatriz Guido*
EL INCENDIO Y LAS VÍSPERAS
Edición, introducción y notas de
Pedro Luis Barcia

16 / *María Victoria de Atencia*
ANTOLOGÍA POÉTICA
Edición, introducción y notas de
José Luis García Martín

ESTE LIBRO
SE TERMINÓ DE IMPRIMIR
EL DÍA 16 DE JUNIO DE 1990